KB204468

# 다니엘의 역설적인 인생

The Paradoxical Life of Daniel

**세계복음화문제연구소**
(The World Evangelization Research Center)는
한국 교회가 세계 복음화를 위하여
한 모퉁이를 담당해야 한다는 사명으로 사역하고 있습니다.

이 도서에 실린 모든 내용은
**세계복음화문제연구소**의 **도서출판 세 복**이 출판권자이므로,
학문적 논문의 인용을 제외하고는
본 연구소의 동의 없이 복제할 수 없습니다.

## 다니엘의 역설적인 인생
The Paradoxical Life of Daniel

지 은 이    홍 성 철
발 행 인    홍 성 철
초판 1쇄    2016년 09월 22일

**발 행 처**    **도서출판 세 복**
주      소    경기도 파주시 문발로 123
전      화    070-4069-5562
홈페이지    http://www.saebok.net
E-mail    werchelper@hanmail.net
등록번호    제1~1800호 (1994년 10월 29일)

**총 판 처**    미스바출판유통
전      화    031-992-8691
팩      스    031-955-4433

ISBN 978-89-6334-028-9  03230
값 20,000원

국립중앙도서관 출판예정도서목록(CIP)

다니엘의 역설적인 인생 = The paradoxical life of Daniel
/ 지은이: 홍성철. -- 파주 : 세복, 2016
  p. ;    cm

ISBN  978-89-6334-028-9 03230 : ₩20000

성경 인물[聖經人物]
기독교 전기[基督敎傳記]

233.099-KDC6
221.92-DDC23                    CIP2016021565

The Paradoxical Life of Daniel

# 다니엘의 역설적인 인생

그리스도인은 역설적인 삶을 살아간다!
살면 죽고, 죽으면 사는 성경적인 원리 때문이다!

# The Paradoxical Life of Daniel

## John Sungchul Hong

## 홍성철(John Sungchul Hong) 목사의 저서

**국어**
- 『고난 중에도 기뻐하라』 (빌립보서 강해)
- 『눈물로 빚어 낸 기쁨』 (룻기 강해)
- 『복음을 전하세 복음전도의 성경적 근거』
- 『불타는 전도자 존 웨슬리』
- 『성령으로 난 사람』 (요한복음 3장 1-16절 강해)
- 『십자가의 도』
- 『우리에게 일용할 양식을 주소서』 (주기도문 강해)
- 『유대인의 절기와 예수 그리스도』
- 『이렇게 예수 그리스도의 제자가 되자』
- 『절하며 경배하세』
- 『주님의 지상명령 성경적 의미와 적용』
- 『하나님의 사람들』 (마태복음 1장 1절 강해)
- 『현대인을 위한 복음전도의 성경적 모델』
- 『성령의 시대로! 오순절★복음★교제』 (사도행전 2장 강해)
- 『전도학 개론』
- 『기독교의 8가지 핵심진리』
- 『진흙 속에서 피어난 백합화』 (룻기 강해)
- 『회개하라! 천국이 가까이 왔느니라』

**영어**
- *Born of the Spirit* (Emeth Press)
- *John Wesley the Evangelist* (Emeth Press)
- *The Great Commission: Its Biblical Meaning and Application* (Evening Star Enterprise, Inc.)
- *The Genealogy of Jesus Christ: Evangelistic Sermon on the Covenant from Matthew 1:1* (Emeth Press)
- *The Jewish Festivals and Jesus Christ* (Emeth Press)

**편저**
- 『나는 어떻게 예수님을 만났는가?』
- 『회심 거듭남의 의미와 적용』
- 『복음주의 실천신학개론』
- 『전도학』
- 『선교세계』
- 『불교권의 선교신학과 방법』
- *How I Met Jesus*

**번역서**
- 『주님의 전도계획』 외 30권의 기독교 서적

# Contents

# 도해

『다니엘의 역설적인 인생』을 읽으면서 나는 몇 가지 내용에 압도되었습니다. 그 가운데 몇 가지만 열거해보겠습니다. 첫 번째는 유다라는 나라가 세 가지 죄, 곧 우상숭배와 안식일의 비준수非遵守 및 성적 타락 때문에 망했다는 사실입니다. 물론 다니엘은 유다가 멸망된 원인을 밝히지는 않지만, 저자 홍성철 목사는 구약성경 전체에 대한 탁월한 안목을 가지고 이처럼 중대한 원인을 밝힐 수 있습니다.

두 번째는 하나님이 세우신 유다가 이방나라요 우상의 나라인 바벨론에 의하여 멸망당한 결과 하나님의 영역이 확대되었다는 사실입니다. 유대인들에 의하면, 하나님은 유다 나라의 중심지인 예루살렘에 있는 성소에 좌정坐定하셨습니다. 그것도 너무나 좁은 지성소에 계셨습니다. 그러나, 그 하나님은 유다의 하나님일 뿐 아니라, 바벨론의 하나님이요 동시에 세상의 하나님으로 제시되었다는 사실입니다.

세 번째는 느부갓네살의 회심의 과정을 생생하게 묘사했다는 사실입니다. 하나님이 없다고 하면서 솔로몬의 성전을 무너뜨린 바벨론의 왕이 세 단계를 거쳐 마침내 그 하나님을 받아들였다는 내용은 참으로 압도적이었습니다. 느부갓네살 왕이 유다의 하나님을 받아들였을 뿐 아니라, 그 하나님을 바벨론 제국 전역에 전파했다니 놀라움을 금할 수 없습니다. 저자의 깊은 복음적인 안목이 없다면 결코 나올 수 없는 내용입니다.

네 번째로 나를 압도시킨 것은 느부갓네살이 성경 역사(歷史)의 흐름을 바꾸었다는 사실입니다. 구약성경의 역사를 보면, 하나님의 초점은 유대인들이었습니다. 물론 창세기의 처음 11장을 빼고는 말입니다. 그런데, 느부갓네살은 구약성경의 초점을 세계로 바꾼 중요한 인물이었다는 사실입니다. 하나님은 그를 사용하시어서 인간의 중요한 역사를 주관하시는 주권의 하나님으로 등장하셨던 것입니다.

다섯 번째는 하나님은 다니엘에게 보여주신 세 번의 환상을 통하여 종말에 대한 예언을 제법 깊이 그리고 상당히 상세하게 하셨다는 사실입니다. 구약성경 어디에서도 종말과 연관된 시기를 이처럼 구체적으로 제시한 곳은 없었다고 저자는 주장합니다. 그

뿐 아니라, 그 세 번의 환상에서 예언적으로 그리고 묵시적으로
보여준 적그리스도에 대한 묘사는 진정으로 나의 입을 벌리게 한
내용이었습니다.

이처럼 다니엘을 통하여 성경 전체의 주요한 내용을 전개시킨
것은 개인적으로 저자를 잘 아는 나를 놀라게 했습니다. 저자는
신학자요, 전도자요, 선교사요, 목회자입니다. 저자를 통하여
수많은 영혼들이 구원을 받고 주님에게로 돌아왔는데, 나도 그
중 한 사람입니다. 내가 방황하던 청년 시절 예수님을 구주로 영
접하게 해 주셨습니다. 그 후 수십 년이 지나는 동안 저자는 다
니엘처럼 변함없이 하나님을 의지하며 살았습니다.

저자는 성령의 도움으로 어려운 다니엘을 쉽고도 감동적으로,
그리고 누구나 이해할 수 있도록 서술하였습니다. 하나님이 창
조주이심을 거시적<sup>巨視的</sup> 관점과 미시적<sup>微視的</sup> 관점에서 잘 이해할
수 있도록 설명하고 있습니다. 거시적으로는 하나님이 온 우주
의 창조주요, 섭리자요, 역사의 주관자이신 것을 설명했습니다.
미시적으로는 하나님이 개인의 구주, 우리의 구세주인 것을 차

근차근 학자답게 설명하고 있습니다.

신앙생활이 무엇인지 어떻게 살아야하는지 모른 채, 습관과 타성에 젖어 본질에서 벗어나서 신앙생활을 하기 쉬운 그리스도인들에게 이 책은 큰 도전이 되고 전환점이 될 것입니다. 또한, 우리 자신의 신앙을 진단해 보는 기회가 될 것입니다. 『다니엘의 역설적인 인생』이 나에게 축복이 된 것처럼, 독자들에게도 축복이 될 것입니다. 그런 확신을 가지고 이 저서를 강력하게 추천합니다.

세계복음화문제연구소 총무이사
전민새생명장로교회 담임목사
장 수 만

　사실 홍성철 목사님 저서의 추천의 글을 쓰는 일은 작은 교회에서 소박한 믿음으로 봉직하는 장로로서는 격이 맞지 않는 일 같습니다. 그런데도 저는 저자의 요청을 받아들였습니다. 그 이유는 이렇습니다. 저는 전민새생명교회를 섬기는 이십여 년 동안 자주 저자를 만났습니다. 그분이 전하는 하나님의 말씀에 은혜를 많이 받았을 뿐 아니라, 자연스럽게 그분의 삶도 보게 되었습니다.

　저자가 한국의 기독교계에서 얼마나 큰 별이시며 하나님이 이 땅에 주신 얼마나 큰 은혜인지 저는 가늠하기 어렵습니다. 그저 제가 눈으로 보고 겪은 것밖에는 모릅니다. 본 저서는 한국의 대표적인 목사님들이 추천의 글을 써야하는 것이 마땅하다고 생각합니다. 그러나 이 책의 많은 독자들인 평신도에게는 저와 같이 소박한 신앙인이 정직하고 진솔하게 표현한 고백이 더 가슴에 와 닿을 수 있겠다는 생각을 하게 되었습니다. "아버지가 밖에서는 대통령도 되고 성자도 되지만, 집에서는 이래"라는 심정으로 쓰게 되었습니다.

저자는 현재 한국에서 그리스도인들이 마땅히 살아야 할 삶에 대하여 성경대로 설교하는 분이십니다. 성경에 대한 해박한 지식과 감동적인 설교를 하시는 분들은 많습니다. 그러나 세상적인 상식과 문화를 뛰어넘을 만큼 하나님만을 의지하며 정직하게 사는 분은 그리 많지 않은 것 같습니다. 그런데 저자는 그런 삶을 생생하게 보여주고 계십니다. 저도 하나님을 아는 지식과 영적으로 성장하기를 원하기에, 하나님 말씀 가운데 작은 부분까지도 놓치지 않고 삶으로 연결시키려고 애를 쓰고 있는데, 그런 점에서 저자는 저의 롤 모델입니다.

『다니엘의 역설적인 인생』의 내용은 사뭇 저자의 삶과 유사한 점이 있는 것 같습니다. 미련할 정도로 정직하게 신앙을 실천하다가 미움도 받고 무리에게서 배척도 받았지만, 결국엔 하나님에 의해 인생이 역전되는 다니엘의 삶이 어쩌면 저자의 삶과 그렇게 닮았습니까? 하나님과 교제하지 않고는 하루의 삶을 시작하지 않으시는 모습도 제가 본받아야 할 중요한 모습입니다. 목숨을 걸고 창문을 열고 하나님을 향해 기도하는 다니엘과 저자의 모습이 제 눈에 겹쳐 보입니다.

그리스도인의 언어나 업적도 중요하지만, 그런 것이 반드시 신앙의 깊이와 영성의 고매함의 척도라고만 할 수 없을 것입니다. 그 사람의 삶에서 예수님의 인격을 얼마나 나타낼 수 있는가가 중요하다고 믿는 저로서는 이 책에 녹아있는 저자의 삶을 한번 경험해 보시기를 추천해 봅니다. 기독교계에서 큰일은 영성이 옅은 기독인들이나 심지어 비기독인들을 통해서도 이루어질 수 있습니다. 그러나 예수님을 닮은 인격은 그분과의 깊은 교제를 통해서만 이루어지기에 더욱 귀합니다. 실천하는 신앙을 진지하게 사모하는 모든 분들에게 이 책을 추천하고 싶습니다. 저자의 삶이 배어있는『다니엘의 역설적인 인생』은 하나님이 기뻐하시는 저작이 될 줄 믿습니다.

전민새생명장로교회 장로
충남대학교 환경소재공학과 교수
## 서 영 범

# 1. 다니엘--저자

다니엘은 인간적으로 볼 때 참으로 불행한 사람이었다. 그는 비록 유다 지파에 속한 귀족 가문에서 태어났지만, 그리고 성장하면서 매우 출중<sup>出衆</sup>한 소년이 되었지만, 그 시대의 소용돌이에서 벗어날 수 없었다. 그는 10대의 어린 소년의 나이에 나라를 잃는 비극을 두 눈으로 보았다. 이미 북쪽 나라 이스라엘은 앗수르에 정복되어 존재하지 않았다. 다니엘이 속한 남쪽 나라인 유다는 신흥제국인 바벨론에 의하며 무자비하게 짓밟혔던 것이다.

다니엘은 귀족 가문에 속했기에 그에게 몰아닥친 거친 풍파도 그만큼 컸다. 그의 부모는 물론 형제자매들도 죽음을 피하지 못했다. 그의 모든 재산, 곧 집과 전토와 모든 소유물도 사라졌다. 그뿐 아니라, 그가 귀족 출신이며 동시에 빼어난 인물이기에 그는 생명을 부지했으나, 바벨론에 포로로 끌려가는 비운<sup>悲運</sup>을 짊어질 수밖에 없었다. 그에게 어떤 인생이 펼쳐질지 아무도 모르는 상황에서, 차라리 부모와 함께 죽는 것이 좋을 수도 있었다.

그러나, 하나님은 그의 가문과 재주를 간과하지 않으셨다. 그는 바벨론의 느부갓네살 왕에 의하여 선발되었고, 그 결과 다니엘은 바벨론 문화와 종교를 깊이 배울 수 있게 되었다. 그는 히브리어와 바벨론 어<sup>語</sup>는 물론 두 문화에도 정통하게 되었다. 십대의 어린 나이이기에 바벨론 문화와 언어를 빨리 그리고 깊이 터득할 수 있었다. 그렇지 않았더라면 어떻게 그가 바벨론의 총리직을 두 번씩이나 맡을 수 있었겠는가?

다니엘은 그런 시대적 폭풍 속에서 하나님만을 의지하였다. 실제로 그가 의지할 수 있는 사람은 온 천하에 하나도 없었다. 하나님만을 의지한다는 것은 곧 하나님의 말씀과 기도에 그의 생애를 걸었다는 뜻이다. 그렇게 하나님을 의지한 다니엘을 하나님도 내버려두지 않으시고, 그와 동행하시면서 위기들을 극복할 수 있게 하셨다. 그뿐 아니라, 그 위기들을 이용하여 하나님은 한편 다니엘을 높이셨고, 또 한편 당신의 이름을 높이셨다.

다니엘만큼 우상의 나라에 잡혀가서 하나님의 이름을 높인 사람은 구약성경 전체에서 찾아볼 수 없을 것이다. 그는 도덕적으로 흠이 없었고, 왕들에게도 충성했다. 또한 하나님에 대한 증언에도 충성함으로 바벨론의 느부갓네살 왕과 메대 바사의 다리오 왕의 입에서 하나님을 찬양하는 신앙고백을 이끌어냈다. 그런 다니엘에게 하나님이 종말<sup>終末</sup>에 대한 깊은 계시를 허락하신 것은 너무나 당연한 것이었다. 그는 진정으로 하나님과 동행한 선지자였다.

## 2. 다니엘--저서

다니엘은 두 부분으로 나누어지는데, 첫째 부분은 1장~6장이고, 둘째 부분은 7장~12장이다. 첫째 부분에서 다니엘과 그의 세 친구--하나냐와 미사엘과 아사랴_들이 3인칭으로 나오는데 반하여, 둘째 부분에서는 다니엘이 1인칭으로 나온다. 그 이유는 분명하다! 첫째 부분에서 주인공은 다니엘이 아니라 바벨론의 왕들이나, 둘째 부분에서는 주인공이 다니엘이기 때문이다. 그러나 첫째 부분에서도 다니엘의 역할은 지대하였다.

두 부분으로 나누어진 다니엘에서 다니엘의 다른 역할을 알아보는 것은 자못 흥미롭다. 첫째 부분에서 다니엘의 역할은 제한적이었으나, 둘째 부분에서는 다니엘이 주도하는 역할을 맡는다. 그 이유는 간단하다! 첫째 부분에서는 주인공인 왕들이 꿈을 꾸거나 이상을 보면 다니엘은 그것들을 해석해주는 조력자의 역할을 했기 때문이다. 둘째 부분에서는 다니엘이 직접 환상들을 보는데, 그것들의 해석은 천사들이 맡았다.

다니엘에 기록된 언어를 알아보는 것도 흥미롭다. 왜냐하면 다니엘은 두 가지 언어, 곧 히브리어와 아람어로 쓰였기 때문이다. 대략 1장과 8~12장은 히브리어로, 그리고 나머지 2~7장은 아람어로 쓰였다. 그 이유는 간단하다! 다니엘은 모국어인 히브리어와 바벨론에 살면서 배우고 사용한 아람어에 능통했기 때문이다. 그뿐 아니라, 다니엘이 그 책을 기록할 때 독자--히브리 사람들과 바벨론 사람들--에 따라 언어를 달리해서 기록했기 때문이다.

다니엘의 두 부분에서 등장하는 중요한 인물을 알아보는 것은 다니엘을 이해하는데 도움이 될 것이다. 그 이유도 분명하다! 첫째 부분의 주인공은 바벨론 제국을 세운 느부갓네살이고, 둘째 부분의 주인공은 역사의 인물인 북방 왕 안티우코스 에피파네스이다. 느부갓네살은 범죄한 유다를 치는 하나님의 도구가 되었고, 안티우코스는 유다와 하나님을 대적한 사악한 왕이었다. 그의 행악은 마지막 때에 나타날 적그리스도의 모형이기도 했다.

두 부분의 배경을 알아보는 것도 다니엘을 이해하는 열쇠가 될 것이다. 그 이유도 분명하다! 첫째 부분은 역사적인 사건을 다루나, 둘째 부분은 역사를 다루면서도 그 역사에 함축된 종말을 다룬다. 그런 이유 때문에 첫째 부분에서는 다니엘이 왕의 꿈들과 알 수 없는 글을 모두 세 번이나 해석했다. 반면, 둘째 부분에서는 다니엘이 환상을 통하여 앞으로 일어날 종말의 사건들을 세 번이나 다루었다. 결국, 종말에 대한 놀라운 예언이 포함되었던 것이다.

## 3. 대선지서

대선지서의 저자는 네 사람인데, 곧 이사야, 예레미야, 에스겔, 다니엘이다. 구약성경에서 선지서는 17권인데, 그 중 5권--이사야, 예레미야, 예레미야 애가, 에스겔, 다니엘--은 대선지서로 불리고, 나머지 12권은 소선지서로 불린다. 그렇게 대선지서와 소선지서로 구분하는 주된 요인은 선지서들의 부피였다. 이사야는 66장, 예레미야는 52장, 그리고 에스겔은 48장이나 되는 거대한 선지서들이다.

그런데 다니엘은 12장밖에 되지 않은 작은 선지서인데도 불구하고 대선지서로 분류되는 이유는 무엇인가? 소선지서들 중에는 다니엘보다 부피가 큰 책이 2권--호세아와 스가랴--이나 있는데 말이다. 이 두 선지서는 각각 14장이나 되기에 다니엘보다 부피가 크다. 여기에서 내용의 중요성을 생각해보지 않을 수 없다. 이사야와 예레미야와 에스겔의 초점은 이스라엘인데 반하여, 다니엘의 초점은 당시 세상을 호령하던 이방 국가들이다.

이사야는 북쪽의 이스라엘이 앗수르에 의하여 멸망되던 혼란의 시기에 예언을 시작했다. 남쪽 나라인 유다도 정신을 차리고 하나님의 율법과 법도를 지키며 나라를 유지하라는 경고의 메시지를 던지고 있었다. 하나님과 언약관계에 있는 유다를 하나님이 궁극적으로 메시야를 통하여 구원하시리라는 소망을 안겨주기도 했다. 반면, 예레미야는 그 유다가 하나님을 등짐으로 멸망을 당할 것이나, 마침내 언약관계 때문에 회복시키시겠다는 약속을 포함하였다.

에스겔은 유다가 바벨론에 의하여 멸망당한 결과 포로가 된 상태에서 기록되었다. 에스겔은 유다가 멸망당한 원인을 상세히 열거했다. 비록 유다가 그들의 죄 때문에 멸망을 당했지만, 하나님은 유다와 맺은 언약 때문에 결국엔 유다를 구원하신다는 것이다. 그들을 조국으로 돌려보낼 뿐 아니라, 그들과 관계회복의 증거로 성전을 재건하게 하실 것이다. 그 성전의 의미는 하나님이 유다와의 관계를 회복하신다는 것이다.

그러나, 다니엘의 초점은 다르다. 그의 초점은 유다가 아니라 이방 나라들이다. 바벨론, 메대 바사, 헬라 및 역사의 로마가 주된 테마이다. 유다와 예루살렘의 성전에, 그것도 지성소라는 제한적인 공간에 갇혀계시던 하나님을 바벨론, 메대 바사, 헬라 및 로마로 이끌어낸 사람이 바로 다니엘이다. 다니엘은 성경의 역사를 유대인 중심에서 이방인 중심으로 바꾸었다. 다니엘은 하나님을 이방 나라들도 통치하시는 주권적인 하나님으로 소개한 대선지자이다.


## 4. 다니엘의 하나님

다니엘이 소개한 하나님을 알아보는 것도 다니엘을 이해하는 데 도움이 될 것이다. 다니엘이 소개한 하나님은 무엇보다도 공의의 하나님이시다. 유다가 하나님의 뜻을 저버리고 세 가지 범죄를 저질렀을 때, 하나님은 친히 선택하시고 인도하시고 축복하셨던 유다에게 가차 없이 칼을 빼셨다. 유다는 우상을 섬겼고, 안식일을 범했으며, 성적으로 타락했다. 이런 죄들은 하나님이 반복적으로 하신 당신의 말씀, 곧 토라에 명기<sup>明記</sup>된 명령을 거부한 행위였다.

동시에, 다니엘의 하나님은 역사를 주관하시는 하나님이시다. 유다가 나라를 잃고 세상으로 흩어져서 *디아스포라*의 삶을 살게 된 것도 하나님이 허용하셨기 때문이다. 유다가 그처럼 혹독한 시련을 겪으면서, 그러나 그들이 마침내 조국으로 돌아오는 은총을 맛보면서, 유다가 깨달은 것은 하나님이 역사를 주관하신다는 사실이다. 하나님은 유다 뿐 아니라, 바벨론도 그리고 메대바사와 헬라와 로마도 주관하시는 분이시다.

다니엘의 하나님은 역사 속에서 구체적으로 통치하는 분이시다. 그 통치의 실현이 바로 하나님의 나라이다. 하나님은 느부갓네살 왕의 꿈을 다니엘로 하여금 두 번씩이나 해석하게 하심으로 하나님의 통치를 나타내셨다. 그분의 통치는 벨사살 왕으로 벌벌 떨게 한 알 수 없는 글을 다니엘을 통하여 해석하게 하셨다. 그뿐 아니라, 그 하나님은 다니엘의 세 친구를 풀무불 속에서 건져내시고, 다니엘을 사자 굴에서도 건져내심으로 통치의 하나님이심을 증언했다.

다니엘의 하나님은 구원의 하나님이시다. 그분은 다니엘과 세 친구의 생명을 구원하셨다. 그뿐 아니라, 그 하나님은 다니엘을 통하여 느부갓네살 왕도 구원하셨다. 하나님을 가소롭게 여기면서 우상을 섬기고 유다를 패망시킨 왕이 마침내 그 하나님을 경배하게된 것이다. 느부갓네살 왕은 그를 구원해주신 하나님을 찬양했을 뿐 아니라, 그를 구원해주신 하나님을 바벨론 전국에 퍼뜨렸다. 하나님은 그 왕을 통하여 구원의 역사를 계속하셨던 것이다.

다니엘의 하나님은 영원하신 하나님이시다. 하나님이 영원하시다는 것은 시간을 초월하신다는 뜻이다. 그렇지 않다면 어떻게 다니엘에게 미래의 일을 그렇게 생생하게 알려주실 수 있단 말인가? 다니엘에게 보여주신 미래는 약 400년 후에 일어날 사건으로 적나라할 만큼 자세하게 알려주셨다. 그런데 그 미래의 사건은 동시에 종말에 대한 예언이기도 했다. 그러니까 하나님은 한 가지 예언을 통하여 역사와 종말에서 두 번씩이나 성취될 것을 보여주셨다.

## 5. 다니엘의 현대성

다니엘은 오래 전에 기록된 성경이다. 그럼에도 불구하고 다니엘의 메시지는 21세기를 살아가는 그리스도인들에게도 귀중한 성경이다. 그 이유는 성령의 감동으로 성경이 기록되었기 때문이다. 하나님의 말씀은 이렇게 증언한다, "예언은 언제든지 사람의 뜻으로 낸 것이 아니요, 오직 성령의 감동하심을 받은 사람들이 하나님께 받아 말한 것임이라" (벧후 1:21). 성령은 다니엘이란 도구를 사용하여 다니엘을 기록하게 하셨기에 현대에도 적용된다.

다니엘처럼 경건치 않은 시대에 산 사람도 많지 않을 것이다. 그럼에도 불구하고 그는 하나님의 말씀을 있는 그대로 받아들였을 뿐 아니라 기도에 전념했다. 그런 이유 때문에 그는 그처럼 많은 대적에게 둘러싸여 있으면서도 하나님만을 의지하면서 승리를 구가(謳歌)했다. 현대의 그리스도인들도 비슷한 상황이다. 전후 좌우를 둘러보아도 우군은 별로 찾아보기 어렵다. 심지어는 교인들조차도 그렇다. 이런 때에 다니엘은 중요한 경건의 모델이 된다.

다니엘이 섬겼던 나라들, 곧 바벨론과 메대 바사는 결단코 성경적인 삶을 사는 사람들에게 호의적이 아니었다. 그 나라들은 다니엘과 그 친구들에게 그 나라 삶의 방식을 따르기를 바랐다. 그러나 하나님의 나라 백성인 다니엘은 하나님의 법도를 따르면서, 오히려 그 나라 사람들에게 하나님을 증언했다. 현대의 그리스도인들도 마찬가지이다. 끊임없이 뻗치는 유혹의 손길을 뿌리친 다니엘을 모델로 증언하는 삶과 승리를 누려야 할 것이다.

당장에는 다니엘을 종으로 부렸던 느부갓네살과 다리오가 당당한 것 같았다. 그들이 언제나 이기는 갑(甲)과 같았고, 다니엘은 패배할 수밖에 없는 을(乙)과 같이 보였다. 그러나 그들은 다니엘의 증거로 하나님에게 무릎을 꿇었다. 현대의 그리스도인들도 같은 처지이다. 당장은 을이 되어 정치가는 물론 회사의 상관에게 당하며 사는 것 같다. 그러나 다니엘을 모델로 삼고 하나님을 의지한다면, 그들도 결국 하나님 앞에 무릎을 꿇을 것이다.

다니엘의 시대에 얼른 보기에는 칼과 창만으로 세계를 정복하고 지배하는 것 같았다. 그러나 다니엘은 그런 무기를 한 번도 만져보지도 못했지만, 그런 무기로 세상을 재패한 왕들에게 하나님을 삶과 입으로 전했다. 현대에도 똑같다! 권력과 금전으로 세상을 지배하려는 사람들이 얼마나 많은지 모른다. 그러나 그리스도인들이 다니엘을 모델로 하나님만을 그들의 무기로 삼는다면, 궁극적으로 그들도 승리를 쟁취할 것이다. 다니엘은 이처럼 중요한 모델이다!

## 6. 감사

필자는 다니엘 강해설교를 마치면서 감사한 마음을 피력하지 않을 수 없다. 먼저, 감사한 것은 어느 작은 교회에서 시무하는 어느 무명의 목사이다. 필자는 그 목사의 이름도 기억하지 못한다. 우연히 그분이 다니엘을 본문으로 한 설교를 한 번 들었는데, 필자에게 깊은 인상을 남겼다. 필자는 다니엘을 새로운 안목으로 보기 시작하면서 눈이 크게 열렸다. 그 후 어느 교회에서 주일 오후 예배에서 다니엘을 본문으로 강해설교를 시작했다.

그러나 시간이 지날수록 만만치 않은 작업이었다는 사실을 인식하게 되었다. 어떤 부분은 필자에게도 너무나 어려웠다. 다니엘을 택한 것도 후회했었으나, 계속하지 않을 수 없었다. 기도도 많이 했다. 끊임없는 씨름과 연구에 매진하지 않을 수 없었다. 더욱 필자를 무겁게 만든 것은 다니엘 강해설교가 성도들에게 은혜를 끼치고 있지 못하다는 느낌이었다. 적잖은 분들이 다니엘 자체를 어려워하는 것처럼 여겨졌다.

그러다가 안식년을 갖게 된 전민새생명장로교회의 장수만 목사의 초청을 받아, 그분의 안식년 동안 그 교회에서 설교를 하게 되었다. 다시 다니엘로 도전하기로 했다. 물론 어려워하는 성도들이 전혀 없는 것은 아니었지만, 원래 성경적으로 다져진 교인들이라 훨씬 부담이 덜했다. 다니엘 강해를 들으면서 인내와 사랑으로 부족한 필자의 설교를 경청해준 성도들은 물론, 설교의 기회를 준 담임목사에게 깊은 감사의 마음을 전하지 않을 수 없다.

그뿐 아니다! 전민새생명장로교회 담임 목사와 교회에서 다니엘 강해설교를 출판하기로 결정해 주었다. 장로들과 상의하면서 제목도 이렇게 잡았다: 『다니엘의 역설적인 인생』. 한 발 더 나아가서, 이 책을 위하여 장수만 목사와 그 교회의 수석 장로인 서영범 장로가 주저하지 않고 추천서를 써주었다. 그들만큼 추천서를 쓸 자격을 갖춘 사람들은 없을 터인데, 그 이유는 그들이 설교를 경청했기 때문이다. 진심으로 감사를 드린다!

무엇보다도 필자를 거듭나게 하기 위하여 십자가에서 죽으셨다 다시 사신 예수 그리스도의 사랑에 감사한다. 하나님의 말씀에 맛을 붙이게 하시고, 그 말씀에 생애를 걸게 하신, 그리고 다니엘도 설교하게 하신 성령에게도 감사한다. "그런즉 너희가 먹든지 마시든지 무엇을 하든지 다 하나님의 영광을 위하여 하라"고 말씀하신 대로, 하나님의 영광을 위하여 다니엘을 설교하게 하신 하나님에게 마음에서 우러나오는 감사를 올린다.

주후 2016년 6월 23일

홍 성 철

# 다니엘이
# 꿈을
# 해석하다

1

The Paradoxical Life of Daniel

바벨론 지도

# 1 다니엘의 배경

"유다 왕 여호야김이 다스린 지 삼 년이 되는 해에 바벨론 왕 느부갓네살이 예루살렘에 이르러 성을 에워쌌더니, 주께서 유다 왕 여호야김과 하나님의 전 그릇 얼마를 그의 손에 넘기시매, 그가 그것을 가지고 시날 땅 자기 신들의 신전에 가져다가 그 신들의 보물 창고에 두었더라."

다니엘 1:1-2

## 1. 들어가면서

유다는 바벨론의 세 번 침공에 의하여 완전히 멸망되었다. 첫 번째 침공은 주전 605년에 일어났다. 북쪽의 큰 나라인 앗수르와 남쪽의 강국 애굽을 정복한 바벨론의 왕 느부갓네살은 그 여세를 몰아 전략적 요충지인 유다와 예루살렘을 침공하였다. 그는 쉽게 유다와 예루살렘을 점령한 후 왕과 성전의 귀한 기물들을 가지고 돌아갔다. 그때 함께 사로잡혀 간 사람들 중에는 다니엘과 그의 세 친구도 있었다.

그 후 유다가 바벨론에게 반기를 들자 느부갓네살은 이차로 유다를 침공했는데, 때는 주전 597년이었다. 이번에는 왕족, 군대 지휘관들, 기술자들, 제사장들이 포로로 잡혀갔다. 제사장들 가운데는 에스겔도 포함되어 있었다. 몇 해 후 유다가 다시 반항하자, 느부갓네살은 더 이상 유다를 내버려둘 수 없었다. 그는 주전 586년에 예루살렘과 유다를 완전히 무너뜨리고, 그 땅의 백성을 포로로 끌고 갔던 것이다.

하나님이 좌정坐定하신 평화의 도성인 예루살렘과 찬송의 나라인 유다는 왜 이처럼 멸망당했는가? 하나님은 왜 그 도성을 보호하지 않으시고 버리셨는가? 하나님이 그 도성을 버리신 이유는 너무나 분명했다. 유대인들이 그들을 애굽에서 건져내시고, 가나안을 은혜로 주신 하나님을 버렸기 때문이다. 유다가 멸망당하고 그 백성이 포로와 노예로 사로잡힌 것은 하나님의 뜻이었다. 그렇다면 그들은 어떻게 하나님을 버렸는가? 다음과 같은 세 가지 범죄 때문이었다.

## 2. 우상숭배

첫 번째 범죄는 우상숭배였다. 유대인들을 그처럼 엄청나게 축복하신 하나님을 저버리고 우상을 숭배한다는 것은 있을 수 없는 범죄였다. 실제로 하나님은 우상숭배를 하지 말라는 경고를 얼마나 많이 하셨는지 모른다. 그중 한 가지 경고를 들어보자:

"여호와께서 호렙 산 불길 중에서 너희에게 말씀하시던
날에 너희가 어떤 형상도 보지 못하였은즉 너희는 깊이

삼가라. 그리하여 스스로 부패하여 자기를 위해 어떤 형상대로든지 우상을 새겨 만들지 말라. 남자의 형상이든지, 여자의 형상이든지, 땅 위에 있는 어떤 짐승의 형상이든지, 하늘을 나는 날개 가진 어떤 새의 형상이든지, 땅 위에 기는 어떤 곤충의 형상이든지, 땅 아래 물 속에 있는 어떤 어족의 형상이든지 만들지 말라. 또 그리하여 네가 하늘을 향하여 눈을 들어 해와 달과 별들, 하늘 위의 모든 천체 곧 너희의 하나님 여호와께서 천하 만민을 위하여 배정하신 것을 보고 미혹하여 그것에 경배하며 섬기지 말라⋯. 여호와께서 너희를 여러 민족 중에 흩으실 것이요, 여호와께서 너희를 쫓아 보내실 그 여러 민족 중에 너희의 남은 수가 많지 못할 것이며, 너희는 거기서 사람의 손으로 만든 바 보지도 못하며 듣지도 못하며 먹지도 못하며 냄새도 맡지 못하는 목석의 신들을 섬기리라"

(신 4:15-19, 27-28).

얼마나 분명하고 엄중한 경고인가? 그럼에도 불구하고 유대인들은 이런 경고를 무시하고 갖가지 우상을 만들고 또 섬겼다. 그들의 악행을 보면, 참으로 가증스럽다.

"또 내게 이르시되, '들어가서 그들이 거기에서 행하는 가증하고 악한 일을 보라' 하시기로, 내가 들어가 보니 각양 곤충과 가증한 짐승과 이스라엘 족속의 모든 우상을 그 사방 벽에 그렸고, 이스라엘 족속의 장로 중 칠십 명이 그 앞에 섰으며, 사반의 아들 야아사냐도 그 가운데에 섰고, 각기 손에 향로를 들었는데 향연이 구름 같이 오르더라. 또 내게 이르시되, '인자야, 이스라엘 족속의 장로들이 각각 그 우상의 방안 어두운 가운데에서 행하는 것을 네가 보았느냐? 그들이 이르기를 여호와께서 우리를 보지 아니하시며 여호와께서 이 땅을 버리셨다 하느니라.' 또 내게 이르시되, '너는 다시 그들이 행하는 바 다른 큰 가증한 일을 보리라 하시더라.' 그가 또 나를 데리고 여호와의 전으로 들어가는 북문에 이르시기로, 보니, 거기에 여인들이 앉아 담무스를 위하여 애곡하더라. 그가 또 내게 이르시되, '인자야 네가 그것을 보았느냐? 너는 또 이보다 더 큰 가증한 일을 보리라' 하시더라. 그가 또 나를 데리고 여호와의 성전 안뜰에 들어가시니라. 보라, 여호와의 성전 문 곧 현관과 제단 사이에서 약 스물다섯 명이 여호와의 성전을 등지고 낯을 동쪽으로 향하여 동쪽 태양에게 예배하더라" (겔 8:9-16).

## 3. 성적 타락

하나님이 유다에게 가나안 땅을 거저 주신 이유는 두 가지였다. 첫째 이유는 유다가 하나님이 사랑하시는 장자였기 때문이다 (출 4:22). 다른 이유는 가나안에 살던 족속들이 우상숭배는 물론 성적으로 너무나 타락했기 때문이었다. 그러나, 만일 유다가 그들처럼 성적으로 타락한다면, 공의의 하나님은 유다도 심판하실 수밖에 없다. 하나님이 유다에게 주신 경고를 보자:

"네 어머니의 하체는 곧 네 아버지의 하체이니 너는 범하지 말라; 그는 네 어머니인즉 너는 그의 하체를 범하지 말지니라. 너는 네 아버지의 아내의 하체를 범하지 말라; 이는 네 아버지의 하체니라. 너는 네 자매 곧 네 아버지의 딸이나 네 어머니의 딸이나 집에서나 다른 곳에서 출생하였음을 막론하고 그들의 하체를 범하지 말지니라. 네 손녀나 네 외손녀의 하체를 범하지 말라; 이는 네 하체니라. 네 아버지의 아내가 네 아버지에게 낳은 딸은 네 누이니, 너는 그의 하체를 범하지 말지니라. 너는 네 고모의 하체를 범하지 말라; 그는 네 아버지의 살붙이니라. 너는 네 이모의 하체를 범하지 말라; 그는 네 어머니의 살붙이니라. 너는 네 아버지 형제의 아내를 가까이 하여 그의 하체를 범하지 말라; 그는 네 숙모니라. 너는 네 며느리의 하체를 범하지 말라; 그는 네 아들의 아내이니 그의 하체를 범하지 말지니라. 너는 네 형제의 아내의 하체를 범하지 말라; 이는 네 형제의 하체니라. 너는 여인과 그 여인의 딸의 하체를 아울러 범하지 말며, 또 그 여인의 손녀나 외손녀를 아울러 데려다가 그의 하체를 범하지 말라; 그들은 그의 살붙이이니 이는 악행이니라. 너는 아내가 생존할 동안에 그의 자매를 데려다가 그의 하체를 범하여 그로 질투하게 하지 말지니라. 너는 여인이 월경으로 불결한 동안에 그에게 가까이 하여 그의 하체를 범하지 말지니라. 너는 네 이웃의 아내와 동침하여 설정하므로 그 여자와 함께 자기를 더럽히지 말지니라. 너는 결단코 자녀를 몰렉에게 주어 불로 통과하게 함으로 네 하나님의 이름을 욕되게 하지 말라 나는 여호와이니라. 너는 여자와 동침함 같이 남자와 동침하지 말라; 이는 가증한 일이니라. 너는 짐승과 교합하여 자기를 더럽히지 말며, 여자는 짐승 앞에 서서 그것과 교접하지 말라; 이는 문란한 일이니라. 너희는 이 모든 일로 스스로 더럽히지 말라; 내가 너희 앞에서 쫓아내는 족속들이 이 모든 일로 말미암아 더러워졌고, 그 땅도 더러워졌으므로 내가 그 악으로 말미암아 벌하고 그 땅도 스스로 그 주민을 토하여 내느니라. 그러므로 너희 곧 너희의 동족이나 혹은 너희 중에 거류하는 거류민이나 내 규례와 내 법도를 지키고 이런 가증한 일의 하나라도 행하지 말라. 너희가 전에 있던 그 땅 주민이 이 모든 가증한 일을 행하였고 그 땅도 더러워졌느니라. 너희도 더럽히면 그 땅이 너희가 있기 전 주민을 토함같이 너희를 토할까 하노라"(레 18:7-28).

유대인들은 이런 엄중한 경고를 들었던가? 물론 아니다! 그들

의 악행을 보자:

"네 가운데에 피를 흘리려고 이간을 붙이는 자도 있었으
며, 네 가운데에 산 위에서 제물을 먹는 자도 있었으며,
네 가운데에 음행하는 자도 있었으며, 네 가운데에 자기
아버지의 하체를 드러내는 자도 있었으며, 네 가운데에
월경하는 부정한 여인과 관계하는 자도 있었으며, 어떤
사람은 그 이웃의 아내와 가증한 일을 행하였으며, 어떤
사람은 그의 며느리를 더럽혀 음행하였으며, 네 가운데
에 어떤 사람은 그 자매 곧 아버지의 딸과 관계하였으며"
(겔 22:9-11).

## 4. 안식일 파기

하나님은 유대인들에게 안식일을 반드시 지켜야 된다고 누누이
말씀하셨다. 유다가 안식일을 지켜야 되는 이유가 몇 가지 있었
다. 첫째 이유는 창조의 안식 때문이었다. 하나님은 삼라만상을
창조하신 후 안식하셨을 뿐 아니라, 인류가 일주일에 하루는 안
식해야 된다고 명령하셨다 (창 2:1-3). 그 후 하나님은 유대인들
에게 각별하게 안식일을 지켜야 한다고 구체적으로 언급하셨다:

"네 하나님 여호와가 네게 명령한 대로 안식일을 지켜 거

룩하게 하라. 엿새 동안은 힘써 네 모든 일을 행할 것이나, 일곱째 날은 네 하나님 여호와의 안식일인즉, 너나 네 아들이나 네 딸이나 네 남종이나 네 여종이나 네 소나 네 나귀나 네 모든 가축이나 네 문 안에 유하는 객이라도 아무 일도 하지 못하게 하고, 네 남종이나 네 여종에게 너 같이 안식하게 할지니라"(신 5:12-14).

유대인들이 안식일을 지켜야 하는 둘째 이유는 하나님이 그들을 구속하셨기 때문이다. 유대인들은 이레에 하루를 쉬면서 그들을 애굽에서 구속하신 그들의 야웨 하나님에게 예배를 드려야 했다. 다시 모세의 말을 보자, "너는 기억하라; 네가 애굽 땅에서 종이 되었더니 네 하나님 여호와가 강한 손과 편 팔로 거기서 너를 인도하여 내었나니, 그러므로 네 하나님 여호와가 네게 명령하여 안식일을 지키라 하느니라"(신 5:15).

유대인들이 안식일을 반드시 지켜야 하는 또 다른 이유는 그들과 하나님과의 특별한 관계 때문이다. 성경에서는 그런 관계를 표징이라고 한다, "또 나의 안식일을 거룩하게 할지어다. 이것이 나와 너희 사이에 표징이 되어 내가 여호와 너희 하나님인 줄을 너희가 알게 하리라 하였노라"(겔 20:20). 그들이 안식일을 지킨다는 것은 그들이 하나님의 백성이 된다는 것이며, 그렇게 될 때 하나님은 그들을 위하여 두 가지를 해주신다. 하나는 그들을 거룩하게 만드시며, 또 하나는 그들이 행복하게 살게 해주신다.

그런데 유대인들은 언젠가부터 안식일을 파기하기 시작했다.

평민들만 안식일을 범한 것이 아니라, 지도자들도 범했다 (겔 45:17), 특히 영적 지도자들인 제사장들의 죄는 하나님이 각별히 기억하셨다. "그 제사장들은 내 율법을 범하였으며…거룩함과 속된 것을 구별하지 아니하였으며…사람이 구별하게 하지 아니하였으며 그의 눈을 가리어 나의 안식일을 보지 아니하였으므로 내가 그들 가운데에서 더럽힘을 받았느니라" (겔 22:26).

유대인들이 안식일을 범한 것은 어쩌면 자연스러웠을 것이다. 왜냐하면 그들은 우상숭배와 성적 타락에 빠져들면서 하나님의 말씀을 무시했기 때문이다. 그런 이유 때문에 에스겔 선지자는 이 세 가지를 한꺼번에 악행이라고 하였다. "그들이 마음으로 우상을 따라 나의 규례를 업신여기며 나의 율례를 행하지 아니하며 나의 안식일을 더럽혔음이라" (겔 20:16). 이 말씀에서 "율례를 행하지 아니하다"는 것은 성적 죄도 포함된다.


## 5. 나가면서


하나님에 의하여 구속을 경험한 유대인들, 하나님에 의하여 나라를 설립하고 부강해진 유대인들! 그들은 그 하나님을 등지기 시작했다. 그 이유는 간단하다! 모든 축복이 그들의 방법과 능력으로 성취되었다는 착각에 빠져 들어갔기 때문이었다. 어떻게 유대인들이 우상을 섬길 수 있었는가? 어떻게 그들이 성적으로 그토록 타락할 수 있었는가? 어떻게 그들은 안식일을 파괴했는

가? 그들의 하나님은 더 이상 그들과 동행하실 수 있는 하나님이
아니시었다.

그렇다면 우리들은 어떠한가? 우리의 마음 속 깊이에 하나님
보다 더 중요한 것을 갖고 있지는 않은가? 우리들은 성적으로 깨
끗하게 살고 있는가? 하나님의 날을 귀히 여기지 않고 가볍게 생
각하고 있지는 않은가? 우리는 유대인들의 어리석음을 보면서,
그리고 그 어리석음 때문에 가족과 재산과 나라를 잃은 사실을
보면서, 우리 자신을 돌아보고 하나님의 뜻대로 살아가기로 작
정하지 않으면 안 될 것이다.

# 2 역설적 대조

---

"유다 왕 여호야김이 다스린 지 삼 년이 되는 해에 바벨
론 왕 느부갓네살이 예루살렘에 이르러 성을 에워쌌더니,
주께서 유다 왕 여호야김과 하나님의 전 그릇 얼마를 그
의 손에 넘기시매, 그가 그것을 가지고 시날 땅 자기 신
들의 신전에 가져다가 그 신들의 보물 창고에 두었더라."

다니엘 1:1-2

## 1. 들어가면서

지난 장에서 유다가 이방인인 바벨론의 느부갓네살에 의하여
멸망당한 배경을 보았다. 유다는 세 가지 악을 자행했는데, 곧 우
상숭배와 성적타락과 안식일의 파기였다. 하나님은 유다를 단번
에 멸망시키실 수도 있으셨지만, 유다가 잘못에서 돌이킬 수 있
는 기회를 충분히 주셨다. 주전 605년에서 시작된 침공은 주전
586년까지 3차에 걸쳐 일어나면서 자그마치 20년이란 긴 기간
이 주어졌었다. 유다는 그 기간 중 얼마든지 회개할 수 있었다.

그러나 유다는 세 가지 악에서 돌이키지 않았다. 그 악에 대한
하나님의 진단을 보자: "여호야김이 왕위에 오를 때에 나이가 이
십오 세라; 예루살렘에서 십일 년 동안 다스리며 그의 하나님 여

호와 보시기에 **악**을 행하였더라. 바벨론 왕 느부갓네살이 올라와서 그를 치고 그를 쇠사슬로 결박하여 바벨론으로 잡아가고…그의 아들 여호야긴이 대신하여 왕이 되니라. 여호와 보시기에 **악**을 행하였더라"(대하 36:5-6, 9).

여호야긴을 대신하여 왕이 된 시드기야는 하나님의 경고에 귀를 기울였는가? 물론 아니다! 다시 하나님의 진단을 보자: "시드기야가 왕위에 오를 때에…그의 하나님 여호와 보시기에 **악**을 행하고 선지자 예레미야가 여호와의 말씀으로 일러도 그 앞에서 겸손하지 아니하였으며"(대하 36:11-12). 그렇다! 유다의 마지막 세 왕의 모습은 세 가지 악의 연속이었다. 그렇게 못된 지도자 밑에 있던 유다는 바벨론에 의하여 나라를 잃고 말았던 것이다.

물론 하나님은 유다 왕들의 악을 하나도 빠지지 않고 다 보셨고, 또 책임도 혹독하게 물으셨다. 그러나 유다의 멸망을 인간적인 안목으로만 본다면 쉽게 이해할 수 없는 점도 없잖아 있다. 그래도 유다는 바벨론과 달리 하나님을 섬기는 나라가 아니었던가? 여호야김이 비록 악을 행했지만, 느부갓네살처럼 많은 사람들을 무자비하게 죽이고 여러 나라들을 정복할 정도로 악하지는 않았지 않는가? 하나님이 유다를 지나치게 심판하신 것은 아닌가?

## 2. 바벨론 대 유다

이 장의 본문에서 세 가지 역설적인 대조를 끄집어낼 수 있는데, 첫 번째는 바벨론 대 유다이다. 하나님이 이 두 나라 중에서 한 나라만을 선택해야 하신다면, 두말할 필요도 없이 바벨론이 아니라 유다여야 하지 않았겠는가? 유다에는 하나님을 섬기는 백성들도 있고, 더군다나 하나님의 성전도 있지 않았던가? 아무리 유다의 왕들이 악행을 했다 손치더라도, 하나님만을 바라보고 의지하는 사람들이 많이 있지 않았던가?

그러나 하나님은 유다를 선택하지 않으시고, 바벨론을 선택하셨다. 그뿐 아니었다! 하나님은 바벨론을 도구로 사용하여 유다를 멸절<sup>滅絕</sup>시키셨다. 그러니까 유다를 치시기 위하여 하나님은 당신을 전혀 알지 못하는 바벨론을 도구로 사용하셨던 것이다. 그래도 유다는 하나님을 섬기는 나라인데 반하여, 바벨론은 전적으로 우상을 섬기는 나라였다. 그래도 유다에는 십계명을 비롯한 율법이 있었던 반면, 바벨론에는 하나님의 법이 전혀 없었다.

유다는 "하나님을 찬송하다"는 뜻인데 반하여, 바벨론은 전적으로 하나님을 등진 나라인데, 어떻게 하나님은 바벨론을 사용하여 유다를 치도록 허락하셨는가? 그 이유는 간단하다! 하나님이 유다를 사랑하시기 때문이었다. 하나님은 유다를 너무나 사랑하시기 때문에 그들을 내버려두지 않으시고 간섭하셨다. 그들이 선을 행하면 함께 하시면서 축복하셨고, 그들이 악을 행하면 징계의 채찍을 들으셨다.

하나님의 말씀도 이런 사실을 언급한다, "주께서 그 사랑하시는 자를 징계하시고 그가 받아들이시는 아들마다 채찍질하심이라 하였으니" (히 12:6). 징계와 채찍은 사랑하는 아들에게 주시는 보약과 같은 것이다. 왜냐하면 그런 채찍질은 하나님의 자녀로 연단을 받게 하기 때문이다. 계속해서 말씀을 들어보자, "무릇 징계가 당시에는 즐거워 보이지 않고 슬퍼 보이나, 후에 그로 말미암아 연단 받은 자들은 의와 평강의 열매를 맺느니라" (히 12:11).

결국, 유다는 하나님이 사랑하시는 장자이었기에 (출 4:22), 그가 잘못된 길을 갔을 때 하나님은 바벨론이라는 채찍을 휘두르셨다. 다른 말로 표현하면, 하나님은 유다라는 나라를 키 위에 올려놓으시고 키로 까불 듯 흔드셔서 우상숭배와 성적타락과 안식일의 파기라는 악을 골라내게 하셨다. 훗날 유다가 그의 잘못을 회개했을 때 하나님은 다시 유다를 일으키셨고, 세계의 강국으로 발돋움하게 하셨다.

이것은 마치 많은 그리스도인들이 살고 있는 남한을 북한이 1951년 6월 25일에 침공한 것과 같은 것이다. 하나님을 믿는 사람들이 있는 남한은 하나님이 없는 북한 공산국에 의하여 짓밟혔고, 무너졌고, 불탔고, 많은 그리스도인들은 죽임을 당했다. 그러나 남한은 그런 침공에 의하여 완전히 무너졌는가? 물론 아니다! 남한은 정화淨化되어 만난萬難을 딛고 벌떡 일어났고, 마침내 세계적인 경제 강국이 되었다.


## 3. 느부갓네살 대 여호야김

이 장의 본문에서 끄집어낼 수 있는 두 번째 역설적인 대조는 느부갓네살 대 여호야김이다. 여호야김 왕은 11년 동안 유다를 다스리면서 악을 자행하였다. 그럼에도 불구하고 그는 하나님이 세우신 나라, 곧 유다의 왕이었다. 반면, 느부갓네살은 하나님과 전혀 상관없는 이방 나라의 왕이었다. 하나님과 상관없을 뿐아니라, 하나님을 대적하는 못된 인간이었다. 그러나 하나님은 그런 느부갓네살을 사용하셔서 여호야김을 포로로 잡아가게 하셨다.

인간적으로 볼 때 하나님은 느부갓네살이 아니라 여호야김을 선택하셔야 되는 것이 아니었던가? 여호야김이 비록 악을 행했어도 그래도 그는 하나님의 나라인 유다 왕국의 대표가 아니었던가? 여호야김의 악행과 느부갓네살의 악행을 비교해보면, 느부갓네살의 악행은 그보다 훨씬 더 많았을 것이다. 그는 철두철미한 우상숭배자였고, 공개적으로 하나님을 대적하였다. 그런데도 하나님은 여호야김을 버리시고 느부갓네살을 택하셨다.

더군다나 여호야김의 가문을 보라. 그는 아브라함의 후손이며, 다윗의 직계 자손이었다. 그의 아버지 요시야 왕은 성군聖君이었는데, 그에 대한 하나님의 평가는 다음과 같다, "요시야와 같이 마음을 다하며 뜻을 다하며 힘을 다하여 모세의 모든 율법을 따라 여호와께로 돌이킨 왕은 요시야 전에도 없었고 후에도 그와 같은 자가 없었더라" (왕하 23:25). 그렇다면 아버지를 보아서라도 하나님은 느부갓네살보다는 여호야김을 택해야 하지 않으셨는가?

더군다나 하나님이 여호야김으로 하여금 느부갓네살의 침공을 막아내고 승리하게 하셨다면, 하나님이 영광을 받지 않으셨겠는가? 온 유다 백성이 하나님을 찬양하면서 그분에게 모든 영광을 돌리지 않았겠는가? 그런데 왜 하나님은 그런 엄청난 영광을 택하지 않으셨는가? 하나님은 오히려 유다 왕을 느부갓네살에게 붙이심으로 당신의 영광을 가리지 않으셨는지 모르겠다. 주변의 불신자들과 나라들이 하나님과 유다를 비웃었을 것이 틀림없는데도 말이다.

여기에서 우리는 하나님의 생각과 인간의 생각이 다르다는 것을 감지感知할 수 있다 (사 55:8). 인간은 당장에 보이는 가시적인 열매에 관심을 갖지만, 하나님은 궁극적인 결과에 관심을 가지신다. 비록 당장에는 하나님의 영광이 가리는 것 같지만, 여호야김이 깨끗해진다면 그리고 그의 인생을 보면서 많은 그리스도인들이 엄중한 경고를 받는다면, 결국은 하나님이 영광을 받으시게 될 것이다.

실제로 많은 경우 그리스도인들이 불신자들로부터 부당한 대우를 받을 뿐 아니라, 그들이 더 잘 되는 것 같아 보일 때가 허다하다. 과연 하나님이 그리스도인들의 편을 들어주지 않으시는 것 같을 때가 얼마나 많은가? 그럴 때일수록 그들은 자신들을 돌아보면서 보다 깊이 정화되어야 한다. 그리고 부당하게 그리스도인들에게 어려움을 주는 자들을 하나님의 손에 맡겨야 한다 (롬 12:19).

# 4. 인간 대 하나님

이 장의 본문에서 끄집어낼 수 있는 세 번째 역설적인 대조는 인간 대 하나님이다. 그 당시 느부갓네살은 장군 중의 장군이요, 영웅 중의 영웅이었다. 그는 혜성같이 나타나서 세계를 호령하던 북쪽의 앗수르와 남쪽의 애굽을 차례로 접수했을 뿐 아니라, 그들 중간의 전략적 요충지인 유다와 예루살렘도 그의 손아귀에 넣었다. 그의 가는 길을 막을 수 있는 군대나 나라는 존재하지 않았다.

물론 그의 안중에는 하나님도 없었다. 느부갓네살은 솔로몬이 건축한 성전도 거침없이 구둣발로 짓밟았다. 그는 그 성전 어디에서도 하나님을 볼 수 없었다. 그가 믿는 것은 바벨론의 우상뿐이었다. 한편 솔로몬 성전을 접수했다는 사실을 공포하기 위하여, 또 한편 하나님의 존재를 거부한다는 것을 표시하기 위하여, 그는 성전의 그릇들을 가지고 바벨론으로 돌아갔다. 그리고 그 그릇들을 바벨론의 신전에 두었다.

그러나 실제로 그의 성공적인 침공은 여호와 하나님이 허락하셨기에 가능했던 것이다. 그런 이유 때문에 이 장의 본문은 "주께서…그의 손에 넘기셨다"고 분명히 언급하고 있다. 사실, 유다가 망하기 약 150년 전에 하나님은 이 사건을 다음과 같이 예언하신 바 있으셨다. "보라 날이 이르리니, 네 집에 있는 모든 소유와 네 조상들이 오늘까지 쌓아 둔 것이 모두 바벨론으로 옮긴 바 되고 남을 것이 없으리라"(사 39:6). 얼마나 정확한 예언인가!

하나님은 다른 선지자를 통해서도 유다가 받을 재앙과 그 원인을 다음과 같이 말씀하신 적이 있으셨다: "여호와께서 이같이 말씀하시기를, '내가 이 곳과 그 주민에게 재앙을 내리되 곧 유다 왕 앞에서 읽은 책에 기록된 모든 저주대로 하리니, 이는 이 백성들이 나를 버리고 다른 신들에게 분향하며 그의 손의 모든 행위로 나의 노여움을 샀음이라'" (대하 34:24-25). 얼마나 놀라운 예언이며 진단인가!

그와 같은 예언은 또 다른 선지자도 선포한 바 있다: "보라! 내가 사납고 성급한 백성 곧 땅이 넓은 곳으로 다니며 자기의 소유가 아닌 거처들을 점령하는 갈대아 사람을 일으켰나니, 그들은 두렵고 무서우며 당당함과 위엄이 자기들에게서 나오며, 그들의 군마는 표범보다 빠르고 저녁 이리보다 사나우며, 그들의 마병은 먼 곳에서부터 빨리 달려오는 마병이라. 마치 먹이를 움키려 하는 독수리의 날음과 같으니라" (합 1:6-8).

위에 인용한 선지자들의 예언에 의하면, 바벨론의 느부갓네살이 하나님의 도구가 되어 유다를 점령하게끔 되어있었다. 물론 느부갓네살은 이런 하나님도 알지 못했고, 또 하나님의 예언도 알지 못했다. 그러나 이런 예언들에 의하면, 느부갓네살은 하나님이 예정하신 대로 움직이는 꼭두각시에 지나지 않았다. 그도 하나님이 허락하지 않으시면 결코 바벨론 제국을 일으키지 못했을 것이다. 그는 하나님의 뜻을 일구는 하나님의 도구에 불과했던 것이다.

# 5. 나가면서

하나님의 말씀에 포함된 진리가 묘사되는 방법도 다양하다. 이 장에서는 역설적으로 포함된 대조를 찾아보았다. 얼른 보기에는 하나님의 사람들과 나라들이 패배하는 것 같고, 연약한 것 같다. 그러나 하나님은 그처럼 연약한 "패배자들"을 눈동자처럼 지켜보신다. 지켜보실 뿐 아니라, 그들과 함께 하시면서 그들을 하나님의 사람으로 만들어나가신다. 그리고 마침내 그들을 정화시키시고 거룩하게 만들어서 하나님의 쓰임새에 맞게 변화시키신다.

느부갓네살은 역사적으로 그때까지 가장 큰 제국을 이룩한 걸출한 인물이었다. 그러나 그는 하나님의 손아귀를 벗어나지 못했다. 결국 하나님의 뜻을 이루어드리는 존재에 지나지 않았던 것이다. 우리도 마찬가지이다! 현재의 패배와 연약은 궁극적인 승리와 강함으로 변화되기 위한 과정이다. 현재의 아픔, 현재의 눈물--이런 것들은 진주처럼 빛나고 값진 보석으로 바꾸어가는 하나님의 방법인 것이다.

# 3 · 마음도 빼앗으려고!

"왕이 환관장 아스부나스에게 말하여 이스라엘 자손 중에서 왕족과 귀족 몇 사람, 곧 흠이 없고 용모가 아름다우며 모든 지혜를 통찰하며 지식에 통달하며 학문에 익숙하여 왕궁에 설 만한 소년을 데려오게 하였고, 그들에게 갈대아 사람의 학문과 언어를 가르치게 하였고, 또 왕이 지정하여 그들에게 왕의 음식과 그가 마시는 포도주에서 날마다 쓸 것을 주어 삼 년을 기르게 하였으니, 그 후에 그들은 왕 앞에 서게 될 것이더라. 그들 가운데는 유다 자손 곧 다니엘과 하나냐와 미사엘과 아사랴가 있었더니, 환관장이 그들의 이름을 고쳐 다니엘은 벨드사살이라 하고, 하나냐는 사드락이라 하고 미사엘은 메삭이라 하고 아사랴는 아벳느고라 하였더라."

다니엘 1:3-7

## 1. 들어가면서

나라가 적국에 의하여 패망한다면 그 나라는 모든 것을 잃는다. 그것이 바로 유다의 상황이었다. 모든 행정적인 체계가 없어졌다. 나라를 지키던 군대도 없어졌다. 나라의 상징이던 성전도 없어졌다. 성전은 그들의 신앙이며 동시에 그들의 삶 자체였다. 그들은 매달 초하루와 월삭에, 그리고 일 년 중 일곱 절기에 성전으로 올라갔다 (민 28-29). 그러나 이제는 더 이상 성전은 파괴되어 존재하지 않았다.

유다 백성의 기둥이자 인도자이던 왕도 더 이상 존재하지 않았다. 그들의 왕은 사로잡혔고, 두 눈은 뽑혔다. 그리고 바벨론으로 끌려가서 감옥에 갇혀 있다가 죽임을 당했다 (렘 52:11). 유다 백성을 영적으로 이끌어가던 제사장들과 레위인들의 운명도 마찬가지였다. 그들도 죽임을 당했거나, 생명을 부지한 자들은 바벨론으로 끌려가서 종이 되었다. 그리고 바벨론의 우상을 받들지 않으면 안 되는 처절한 운명이 되었다.

유다 백성의 운명도 다를 바가 없었다. 그들은 목자 없는 양들처럼 방향감각을 잃었다. 바람에 팔락거리는 촛불처럼 흔들렸다. 다니엘의 경우를 보자. 그의 부모와 형제들은 십중팔구 죽임을 당했을 것이다. 그의 집과 재산은 모두 불타버렸고, 친척들과 친구들도 뿔뿔이 흩어졌다. 설상가상雪上加霜으로 그는 바벨론 군에게 사로잡혀 바벨론으로 끌려갔다. 그것도 십대의 어린 나이에 말이다. 귀족의 삶을 살았던 그에게 닥친 운명은 너무나 비극적이었다!

## 2. 갈대아 학문과 언어

그렇다! 다니엘과 그의 세 친구들은 더 이상 기댈 것이 없는 천하의 고아가 되었던 것이다. 그들에게 남은 것은 구차한 몸뚱이뿐이었다. 그런데 바벨론 왕 느부갓네살의 특명이 있었는데, 그것은 유대인 중에서 "흠이 없고 용모가 아름다우며 모든 지혜를 통찰하며 지식에 통달하며 학문에 익숙한" 소년들을 선택하라는 것이었다 (단 1:4a). 물론 그 소년들은 왕족이나 귀족이었던 사람들이어야 했다 (단 1:3).

왕이 궁중에서 활동하는 내시의 우두머리인 환관장 아스부나스에게 그 임무를 부여했다. 그렇게 특출한 소년들을 선택한 목적도 분명했는데, 그것은 "왕궁에 서게 하기" 위함이었다. 다시 말해서, 그렇게 선별된 소년들을 훈련시켜서 사용하겠다는 것이었다. 그것도 다른 곳이 아닌 왕궁에서 왕을 보좌하는 역할을 시키겠다는 것이다. 느부갓네살 왕은 과거 20년 동안 유다 때문에 괴로움을 당했기에, 그 민족을 특별히 다루겠다는 계산이 깔려 있었다.

다니엘과 그의 세 친구는 나라와 종교를 잃고 바벨론과 그 왕을 증오하면서, 유다 백성들의 마음에 그런 증오의 마음을 자극시킬 수 있었다. 그러나 왕은 그들을 역이용하여 유대인들을 회유하겠다는 복안을 가지고 있었다. 한 마디로 말해서, 왕의 목적을 위하여 그들을 도구로 삼겠다는 것이었다. 느부갓네살은 그들의 나라와 몸뚱이는 이미 뺏었다. 그러나 그들의 마음도 빼앗으려는 작업을 시작했던 것이다.

다니엘과 세 친구의 마음을 어떻게 빼앗겠다는 것인가? 첫 번째 방법은 "그들에게 갈대아 사람의 학문과 언어를 가르치는" 것을 통해서였다 (단 1:4b). 그들이 가지고 있던 유다의 학문과 언어에 대한 자부심은 대단한 것이었다. 왜냐하면 유다의 학문과 언어는 하나님과 연결되어 있는 것이기 때문이었다. 그들에게 주어진 십계명과 율법, 곧 토라를 보라. 그런 것들은 그들로 하여금 하나님의 성민聖民이요 동시에 선민이 되게 하였던 것이다.

그러니까 학문과 언어는 그 나라의 문화가 된다. 그리고 문화는 사람들의 종교이며 동시에 의식이다. 그런데 다니엘과 세 친구에게 갈대아 사람의 학문과 언어를 가르치겠다는 것은 그들의 문화를 바꾸겠다는 의도였다. 다시 말해서, 그들의 의식구조를 바꾸겠다는 것이다. 그들의 중심에서 여호와 하나님을 제거해버리겠다는 것이다. 그뿐 아니라, 그들의 마음에서 하나님의 법이 기록된 성경을 앗아가겠다는 엄청난 흉계였던 것이다.

특히 "갈대아 학문과 언어"란 표현에서 눈여겨보아야 할 것은 그것이 종교적인 내용을 함축하고 있다는 것이다. "갈대아 학문과 언어"는 주로 제사장들이 사용하는 것으로서, 바벨론의 제사장들은 영향력이 막강한 지배계급의 사람들이었다. 그들이 사용하는 학문과 언어는 주로 종교의식에서 사용되는 신비롭고도 복잡한 것이었다. 한 마디로 말해서, 다니엘과 세 친구들로 하여금 하나님으로부터 바벨론의 종교로 회심시키겠다는 의도였다.


## 3. 왕의 음식


다니엘과 세 친구의 마음을 뺏으려는 두 번째 방법은 음식을 통해서였다. 이 장의 본문이 그런 사실을 어떻게 묘사하고 있는지 다시 보자, "또 왕이 지정하여 그들에게 왕의 음식과 그가 마시는 포도주에서 날마다 쓸 것을 주어 삼 년을 기르게 하였으니"(단 1:5). 느부갓네살 왕은 이처럼 총명한 소년들의 마음을 빼앗기 위하여 최고의 음식을 제공하였다. 그 음식은 왕이 먹는 음식과 왕이 마시는 포도주였다.

그런데 여기에서 꼭 집고 넘어가야 할 사실이 있다. 이 음식들은 바벨론 왕의 음식이지, 결코 유대인의 음식이 아니었다. 유대인들은 하나님의 백성이기에 하나님의 법에 따라 생활하며 또음식도 가려서 먹어야 한다. 하나님은 이스라엘이 애굽에서 나온 후 그들에게 생활의 가이드라인을 정하여 주신 바 있었다. 그들이 시내산에 이르렀을 때 하나님은 모세를 통하여 그들에게 각가지 생활규율을 주셨던 것이다.

물론 그 규율 가운데는 먹는 음식도 포함되어 있었다. 그들이 먹을 수 없는 음식과 먹을 수 있는 음식을 제법 상세하게 열거하셨는데, 구체적인 내용을 알아보려면 레위기 11장으로 가야한다. 그러면 왜 하나님은 유대인들에게 음식에 대하여 그처럼 까다로운 규율을 주셨는가? 그 이유는 간단하다! 음식은 사람들의 많은 것을 결정하기 때문이다. 건강한 음식을 먹으면 물론 몸도 건강해질 뿐 아니라, 마음도 건강해질 수 있다.

느부갓네살은 참으로 영특한 왕이었다. 다니엘과 그의 세 친구에게 왕의 음식과 포도주를 제공하므로 그들을 특별히 대우하였다. 포로로 잡혀온 적국의 사람들을 그렇게 융성하게 대접했다는 것은 어느 모양으로 보나 특별 대우였다. 그러나 그 왕의 속마음에는 다른 계획도 있었다. 그들이 호화롭게 지내면서 점차적으로 그들의 고국과 하나님을 잊게 하는 것이었다. 한 마디로 말해서, 그들의 마음도 빼앗으려는 흉계(凶計)를 가지고 있었다.

동물을 훈련시킬 때 쓰는 방법이 바로 음식을 통해서이다. 동물을 굶주리게 함으로 훈련자는 동물을 굴복시킨다. 그리고 그렇게 굴복된 동물을 서서히 길들이는 것이다. 그런데 이 장의 본문도 "삼 년을 기른다"고 묘사되었다. 그렇다! 다니엘과 그의 세 친구는 바벨론 왕의 음식을 넙죽넙죽 받아먹으면서 동물처럼 길러지게 되어 있었다. 다시 말해서, 음식을 가지고 그들을 훈련시켜서 써먹겠다는 것이 바벨론의 책략이었다.

다니엘과 그의 세 친구를 향한 느부갓네살 왕의 계획은 그들이 잘 먹고 마시면서, 그들이 한 때 겪었던 모든 것을 잃은 고통을 잊게 하는 것이었다. 그리고 그의 조국을 멸망시킨 바벨론과 왕을 위한 대언자가 되라는 것이었다. 느부갓네살은 참으로 여우같이 교활(狡猾)한 인물이었다. 그리고 그가 보낸 음식과 포도주를 누가 감히 거부할 수 있단 말인가? 그런 거부는 죽음을 자초하는 어리석은 행위에 지나지 않을 것이다.


## 4. 바뀐 이름


다니엘과 그의 세 친구의 마음을 뺏으려는 세 번째 방법은 그들의 이름을 바꾸는 것이었다. 유대인들에게 이름은 말할 수 없이 중요하다. 그들의 이름은 개인적으로는 그들의 인격을 나타내기도 하며, 가족적으로는 그들의 가문을 드러내기도 한다. 예를 들면 룻기에 나오미라는 여인이 나온다. 나오미는 "기쁨"이라는 뜻이다. 그녀의 부모가 하나님을 의지하면서 그분의 "기쁨"을 누리며 살라고 지어준 이름이었다.

나오미가 하나님을 잊고 이방의 모압 땅으로 내려갔을 때, 그녀는 "기쁨"을 잃었다. 기쁨만 잃은 것이 아니라, 남편과 두 아들도 잃었다. 그러나 마침내 하나님에게로 다시 돌아왔을 때, 나오미는 "기쁨"을 되찾는다. 기쁨만 되찾은 게 아니라, 스러져가는 그녀의 가문도 되찾았다. 그것도 모압 여인 며느리를 통해서 말이다. 그렇다! "기쁨"의 근원은 하나님이기에, 하나님 안에 있을 때 "기쁨"은 물론 모든 것을 누리게 된다.

유대인들에게 이름이 이처럼 중요하다는 사실을 잘 아는 느부갓네살은 다니엘과 그의 세 친구의 이름을 바꾸었다. 그들의 이름을 나열하면서 그 의미를 알아보자. 다니엘과 미사엘, 그리고 하나냐와 아사랴가 그들의 이름이다. 다니엘과 미사엘이란 이름에서 공통점이 있는데, 그것은 엘이 들어갔다는 사실이다. 엘은 히브리어로 하나님이라는 뜻이다. 그러니까 그 두 사람의 이름에는 하나님의 이름이 들어있었다.

다니엘은 "하나님이 나의 재판자이시다"의 뜻을 지니며, 미사엘은 "누가 하나님과 같겠는가?"의 뜻을 지닌다. 그러니까 다니엘과 미사엘은 그들의 이름이 거명될 때마다 하나님을 상기시키는 의미심장한 이름이었다. 느부갓네살은 그들의 이름을 용인할 수가 없었다. 결국 다니엘의 이름은 벨드사살로, 그리고 미사엘은 메삭으로 바뀌었다. 하나님 대신 바벨론 우상의 이름이 내포된 이름으로 바뀌었던 것이다.

예레미야 50장 2절에 보면 바벨론은 벨과 므로닥이라는 수호신을 섬겼다. 벨드사살에는 벨이 들어있고, 메삭에는 므로닥이 들어있었던 것이다. 다른 두 사람의 이름도 보자: 하나냐와 아사랴. 이 두 이름에는 *야*가 들어있는데, *야*는 야웨 하나님을 의미한다. 그 이름의 뜻을 살펴보면 다음과 같다: 하나냐는 "야웨는 은혜로우시다"이며, 아사랴는 "야웨는 나의 도움이시다"이다. 느부갓네살이 그들의 이름을 그대로 놓아둘 리가 없었다.

하나냐는 사드락으로, 그리고 아사랴는 아벳느고로 바뀌었다. 그들의 이름에도 역시 므로닥과 직접적이든 간접적이든 연관이 되어 있었다. 느부갓네살의 작전은 간교하고도 철저했다. 다니엘과 그의 세 친구는 그들이 섬기던 여호와 하나님을 서서히 잊을 수밖에 없는 처지에 놓였던 것이다. 그들은 지금까지 자랑스러운 하나님의 종이었는데, 갑자기 바벨론 우상의 종이 될 수밖에 없었던 것이다.


## 5. 나가면서


느부갓네살은 문화와 음식과 이름을 통하여 다니엘과 그의 세 친구, 곧 하나냐와 미사엘과 아사랴의 마음을 뺏으려고 했다. 그 왕은 그들의 조국과 성전을 빼앗는 것만으로는 만족할 수 없었다. 그러나 느부갓네살 왕이 알지 못하는 게 한 가지 있었다. 그것은 그가 이처럼 갖가지 방법을 다 구사해도 그들의 마음을 뺏을 수는 없다는 사실이다. 그들의 마음은 느부갓네살에게 달린 것이 아니라, 그들 자신에게 달려있기 때문이다.

현재에도 마찬가지이다! 세상은 주님을 사랑하는 헌신된 그리스도인들을 문화와 음식과 신앙을 통하여 무기력하게 만들려고 한다. 학문과 언어는 정신적인 공격이며, 음식은 육체적인 공격이고, 이름을 바꾸는 것은 신앙적인 공격이다. 얼마나 많은 청년들이 대학에서 새로운 학문을 접하면서 신앙을 놓는가? 술과 담배에 접근하면서 무기력해진 그리스도인들이 얼마나 많은가? 하나님보다 귀한 것이라고 움켜쥐면서 미지근해진 신앙인은 얼마나 많은가?

# 4 다니엘의 결단

> "다니엘은 뜻을 정하여, 왕의 음식과 그가 마시는 포도주로
> 자기를 더럽히지 아니하리라 하고 자기를 더럽히지 아니하도
> 록 환관장에게 구하니, 하나님이 다니엘로 하여금 환관장에게
> 은혜와 긍휼을 얻게 하신지라. 환관장이 다니엘에게 이르되,
> '내가 내 주 왕을 두려워하노라. 그가 너희 먹을 것과 너희 마
> 실 것을 지정하셨거늘, 너희의 얼굴이 초췌하여 같은 또래의
> 소년들만 못한 것을 그가 보게 할 것이 무엇이냐? 그렇게 되
> 면 너희 때문에 내 머리가 왕 앞에서 위태롭게 되리라' 하니
> 라. 환관장이 다니엘과 하나냐와 미사엘과 아사랴를 감독하게
> 한 자에게 다니엘이 말하되, '청하오니 당신의 종들을 열흘
> 동안 시험하여 채식을 주어 먹게 하고 물을 주어 마시게 한
> 후에, 당신 앞에서 우리의 얼굴과 왕의 음식을 먹는 소년들의
> 얼굴을 비교하여 보아서 당신이 보는 대로 종들에게 행하소
> 서' 하매, 그가 그들의 말을 따라 열흘 동안 시험하더라."
>
> 다니엘 1:8-14

## 1. 들어가면서

바벨론의 왕 느부갓네살은 다니엘과 세 친구를 바벨론의 우상
과 문화로 회심시키려고 했다. 다른 말로 하면, 느부갓네살은 왕
족과 귀족 계급에 속했던 그들의 마음을 빼앗으려고 했다. 그렇
게 해서 그들을 써먹겠다는 것이 느부갓네살의 궁극적인 목적이
었다. 한편 바벨론에서 왕을 보좌하는 역할도 맡기고, 또 가능하

다면 그들을 통하여 다루기 어려운 까다로운 유대인들을 보다 쉽게 다루게 되기를 바랐던 것이다.

다니엘과 그의 세 친구는 바벨론에 사로잡혀 온 포로이자 동시에 노예였다. 인간적으로 볼 때 그들이 자의적<sub>恣意的</sub>으로 할 수 있는 건 아무 것도 없었다. 더군다나 절대적인 권한을 휘두르는 왕의 명령을 받아들이지 않을 수 없는 정황이었다. 그 후의 일어난 사건이지만, 안티우코스 에피파네스<sup>Antiochus Epiphanes</sup> 왕은 유대인들에게 부정한 돼지고기를 먹으라고 명령한 적이 있었다. 물론 대부분의 유대인들은 거부하지 못하고 먹었다.

레위기 11장에 들어있는 하나님의 율법에 의하면 성민인 유대인들은 돼지고기를 먹을 수 없었다. 그런데 한 어머니와 그녀의 일곱 아들은 율법을 어기면 자신들이 하나님 앞에서 부정하게 된다는 사실을 알기 때문에 왕명을 거부하면서 돼지고기를 먹지 않았다. 그의 명령이 거부당하자 격노한 왕은 그들을 모두 한 사람씩 차례대로 죽인 적이 있었다. 그렇다! 이방 왕의 명령을 거부한다는 것은 생명을 잃는다는 것을 뜻했다.

## 2. 다니엘의 결단

다니엘과 그의 세 친구가 왕명의 엄중함을 모를 리가 없었다. 그들은 생명을 부지하기 위하여 왕의 명령을 따를 수밖에 없는 상황에 놓여있었다. 뿐만 아니라, 왕명대로 따르는 것이 지혜로운 결정이라고 여겨졌을 것이다. 우선, 잘 먹고 마시면서 풍요롭게 지낼 수 있기 때문이다. 또한, 3년 후에 왕에게 선발되어 왕궁에서 직분을 맡는 기회도 얻을 수 있다고 여겨졌을 것이다. 그러나 그들은 이처럼 편안하고 쉬운 길을 거부했다.

이 장의 본문은 이렇게 시작된다, "다니엘은 뜻을 정하여!" 다른 말로 하면, 다니엘과 그의 세 친구는 왕명을 거부하기로 작정을 한 것이다. 인간적으로 생각할 때 그들은 어리석은 사람들이었다. 그러나 그들이 그렇게 결단할 수 있었던 것은 두 가지 사실 때문이었다. 한 가지 사실은 느부갓네살 왕 위에 계신 하나님을 의지했기 때문이다. 비록 느부갓네살이 유다를 무너뜨렸지만, 그래도 그를 뒤에서 조정하시는 하나님을 의식하였기 때문이다.

또 한 가지 사실은 하나님의 말씀 때문이었다. 하나님의 말씀에 의하면 왕의 음식과 포도주는 그들을 "더럽히기" 때문이다. 그 표현을 두 번씩이나 포함한 본문을 다시 보자, "왕의 음식과 그가 마시는 포도주로 자기를 *더럽히지* 아니하리라 하고, 자기를 *더럽히지* 아니하도록…." 그럼 왜 왕의 음식이 다니엘과 그의 세 친구를 더럽히게 되는가? 그 이유를 알아보기 위하여 레위기에 기록된 돼지고기에 대한 하나님의 명령을 알아보자.

"돼지는 굽이 갈라져 쪽발이로되 새김질을 못하므로 너희에게 부정하니, 너희는 이러한 고기를 먹지 말고 그 주검도 만지지 말라; 이것들은 너희에게 부정하니라" (레 11:7-8). 유대인들이 먹을 수 있는 동물의 고기는 두 가지 조건을 충족해야 한다. 첫째는 발의 굽이 갈라져야 하고, 둘째는 새김질을 해야 한다. 그런데 돼지는 굽이 갈라졌지만, 새김질을 하지 않기에 유대인들은 먹을 수 없고, 먹으면 하나님 보시기에 부정하게 된다.

왕의 음식에는 각종의 어육魚肉으로 가득했을 것이며, 그 가운데는 유대인들이 먹을 수 있는 고기도 있었겠지만, 그렇지 않은 고기도 많았을 것이다. 다니엘과 그의 세 친구는 위로 하나님을 경외하는 신앙인들이었고, 아래로는 하나님의 말씀을 따르는 순종파였다. 그들에게는 느부갓네살 왕도 중요하지만, 그와 비교할 수도 없이 위대하신 하나님이 더 중요했다. 그들은 하나님을 위하여 그들의 생명을 초개草芥처럼 버릴 준비가 되어있었다.

다니엘과 그의 세 친구는 인간적으로 볼 때 어리석은 사람들이었다. 율법적으로 더럽히지 않으려고 하나밖에 없는 생명을 내놓는다는 것은 결코 지혜로운 결단은 아닌 것 같다. 그러나 그들은 유일무이唯一無二한 하나님을 "…마음을 다하고 뜻을 다하고 힘을 다하여" 사랑했던 것이다 (신 6:4-5). 그들을 축복해주신 하나님이 아니라, 나라와 모든 것을 잃게 하신 그런 하나님이신데도 그처럼 사랑한다는 것은 이 진정한 사랑이 아니면 불가능한 것이었다.

## 3. 최초의 시험test

다니엘과 그의 세 친구가 왕의 음식과 포도주를 삼 년씩이나 먹으면서 바벨론의 학문과 언어를 배울 수 있다는 것은 크나큰 특권이었다. 그러나 이처럼 큰 특권에 스며들어있는 시험도 있었다. 그 시험은 왕의 음식과 포도주를 마시는 것이었다. 이 시험은 그들이 훈련 받던 첫날부터 왔는데, 매일 먹는 음식이기 때문이었다. 그리고 이 시험은 그들이 통과해야 될 최초의 시험이었다.

유대인들은 그들이 유대인이라는 사실을 몸으로나 생활에서 의식하고 살았다. 몸으로의 의식은 할례였다. 할례는 그들이 아브라함의 후손이며 동시에 하나님과 언약을 맺은 백성이라는 증표였다 (창 17:9-13). 매일의 생활에서 드러낸 것은 그들이 먹는 음식이었다. 유대인들은 그들에게 허용된 음식만을 먹는데, 코셔<sup>Kosher</sup>라고 불린다. 세 번째는 안식일이었는데, 안식일도 하나님과 유대인 사이의 특별한 관계의 표징이었다 (겔 20:20).

다니엘과 그의 세 친구 앞에 차려진 왕의 산해진미<sup>山海珍味</sup> 중에는 율법이 금하는 것들도 많았을 것이다. 그러나 그 음식 가운데는 율법이 허용하는 것들도 많았을 것이다. 그들이 그런 것들만 골라 먹으면 되지 않았겠는가? 무엇 때문에 그들은 왕의 음식과 포도주를 몽땅 거부했는가? 그들의 행위는 십대의 소년들이나 결단할 수 있는 경망스럽고 신중하지 못한 것은 아니었겠는가? 공연히 핍박을 자초하는 행위는 아니었는가?

물론 아니다! 그 이유는 다음과 같다. 바벨론 사람들은 왕의 진수성찬<sup>珍羞盛饌</sup>을 준비한 후, 먼저 그들의 신에게 드렸다. 그 다음 그 제물을 물려서 먹었다. 그런데 그 제물을 그들의 신에게 드릴 때 대부분 제물 위에 피를 뿌려서 바쳤다. 그러니까 유대인들이 왕의 음식을 먹지 못하는 이유가 분명해졌다. 첫째는 우상에게 바쳐진 제물이었기 때문이고, 둘째는 그 제물에 뿌려진 피 때문이었다.

피에 대한 하나님의 말씀을 보자: "정한 자나 부정한 자를 막론하고 노루나 사슴을 먹는 것 같이 먹을 수 있거니와, 다만 크게 삼가서 그 피는 먹지 말라 피는 그 생명인즉 네가 그 생명을 고기와 함께 먹지 못하리니, 너는 그것을 먹지 말고 물 같이 땅에 쏟으라. 너는 피를 먹지 말라 네가 이같이 여호와께서 의롭게 여기시는 일을 행하면 너와 네 후손이 복을 누리리라"(신 12:22-25).

다니엘과 그의 세 친구가 왕의 훈련 첫날부터 시험을 당했다. 위에서 밝힌 것처럼, 이 시험은 최초의 시험이었다. 그런데 최초의 시험은 너무나 중요하다. 그 이유는 간단하다! 첫 번째 시험에 지면, 모든 것이 와르르 무너지는 법이다. 그러나 첫 번째 시험을 이기면, 그 뒤에 따르는 많은 시험도 이길 수 있다. 다니엘과 그의 세 친구의 장래는 그들이 이 최초의 시험을 극복할 수 있느냐 없느냐에 달려 있었다.

## 4. 열흘간의 시험

느부갓네살의 위임을 받은 환관장 아스부나스는 절대로 받아들일 수 없는 간청을 다니엘로부터 받았다. 다니엘과 그의 세 친구가 하나님 앞에서 "더럽히지" 않도록 왕의 음식과 포도주를 마시지 않게 해 달라는 것이었다. 바벨론의 신하인 환관장에게는 말도 되지 않는 간청이었다. 그런데 두 가지 이유 때문에 환관장은 그 간청을 받아들였다. 첫째는 하나님의 역사가 있었다. "하나님이 다니엘로 하여금 환관장에게 은혜와 긍휼을 얻게 하신지라"(단 1:9).

둘째 이유는 다니엘과 그의 세 친구가 환관장에게 인정을 받을 만한 삶을 보여주었다는 것이다. 비록 그들이 포로였지만, 그래도 그들은 하나님의 사람들이었다. 그들이 처한 상황이 어떠하든 상관없이 그들은 하나님의 사람답게 처신하였던 것이다. 그렇다! 그들이 매일, 아니 매순간 어떻게 살았는지는 너무나 중요했다. 매일의 삶은 그들이 말할 수 없이 중요한 결정을 해야 하는 때에 도움을 받게 하는 도구였다.

실제로 다니엘과 그의 세 친구에게 채식과 물만 준다는 것은 환관장에게도 목숨을 거는 모험이었다. 만일 왕이 그 사실을 알기라도 한다면 그의 목은 붙어있지 못할 것이다. 그의 말을 들어보자, "내가 내 주 왕을 두려워하노라; 그가 너희 먹을 것과 너희 마실 것을 지정하셨거늘, 너희의 얼굴이 초췌하여 같은 또래의 소년들만 못한 것을 그가 보게 할 것이 무엇이냐? 그렇게 되면 너희 때문에 내 머리가 왕 앞에서 위태롭게 되리라"(단 1:10).

환관장의 말을 들은 다니엘은 아주 지혜롭게 반응하여 결국 환관장의 허락을 받았다. 어떻게 말했기에 허락을 받았는지 다니엘의 말을 직접 들어보자, "청하오니, 당신의 종들을 열흘 동안 시험하여 채식을 주어 먹게 하고 물을 주어 마시게 한 후에, 당신 앞에서 우리의 얼굴과 왕의 음식을 먹는 소년들의 얼굴을 비교하여 보아서 당신이 보는 대로 종들에게 행하소서"(단 1:11-13). 열흘 동안 채식과 물로 시험을 해보라는 제안이었다.

다니엘과 그의 세 친구는 하나님의 사람이었지, 느부갓네살의 사람이 아니었다. 그것을 실증할 수 있는 방법은 하나님의 율법을 고수하는 것이었다. 그렇다! 그들은 그렇게 중요한 결정을 할 때 하나님의 법을 따르므로, 그들이 하나님의 사람이라는 사실을 분명히 보여주었던 것이다. 그리고 하나님의 사람들인 그들은 위기의 순간에 다른 사람들과 다르다는 것을 보여줄 수 있었다. 왕의 음식과 포도주 대신 채식과 물을 택했던 것이다.

다니엘과 그의 세 친구가 열흘을 선택한 이유가 또 있었다. 열흘 동안 하나님에게 매달리면서 기도하겠다는 것이다. 유대인들은 하나님의 뜻을 찾으려할 때 왕왕 좋은 음식을 입에 대지 않았다. 다니엘은 종종 고기와 포도주를 입에 대지 않으면서 하나님의 뜻을 구하곤 했다. 그의 행적을 보자, "세 이레가 차기까지 좋은 떡을 먹지 아니하며 고기와 포도주를 입에 대지 아니하며 또 기름을 바르지 아니하니라"(단 10:3).

## 5. 나가면서

다니엘의 말을 더 인용해보자, "당신 앞에서 우리의 얼굴과 왕의 음식을 먹는 소년들의 얼굴을 비교하여 보아서 당신이 보는 대로 종들에게 행하소서!"(단 1:13). 다니엘의 이 제안을 바벨론의 환관장이 받아들였고, 결국 열흘 동안 그들을 채식과 물로 시험하였던 것이다. 한편 다니엘과 그의 세 친구는 얼마나 간절히 기도하면서 하나님의 도움을 구했는지를 쉽게 상상할 수 있다.

현금의 상황도 신앙생활을 유지하기가 참으로 어려운 때이다. 왜냐하면 한국이라는 비기독교의 문화 속에서 그리스도인들이 살기 때문이다. 그들의 주변은 그들로 하여금 타협할 것을 강요한다. 그러나 시험에 닥쳤을 때 인간적인 방법을 택하면 하나님의 뜻을 찾지 못할 것이다. 높고 높은 하나님, 그리고 그리스도인들의 세세한 것까지도 아시는 하나님, 그분을 의지하면서 시험을 이겨야 할 것이다.

# 5 하나님이 함께 하시면!

"열흘 후에 그들의 얼굴이 더욱 아름답고 살이 더욱 윤택하여, 왕의 음식을 먹는 다른 소년들보다 더 좋아 보인지라. 그리하여 감독하는 자가 그들에게 지정된 음식과 마실 포도주를 제하고 채식을 주니라. 하나님이 이 네 소년에게 학문을 주시고 모든 서적을 깨닫게 하시고 지혜를 주셨으니 다니엘은 또 모든 환상과 꿈을 깨달아 알더라. 왕이 말한 대로 그들을 불러들일 기한이 찼으므로 환관장이 그들을 느부갓네살 앞으로 데리고 가니, 왕이 그들과 말하여 보매 무리 중에 다니엘과 하나냐와 미사엘과 아사랴와 같은 자가 없으므로 그들을 왕 앞에 서게 하고, 왕이 그들에게 모든 일을 묻는 중에 그 지혜와 총명이 온 나라 박수와 술객보다 십 배나 나은 줄을 아니라."

다니엘 1:15-20

## 1. 들어가면서

다니엘과 그의 세 친구, 곧 하나냐와 미사엘과 아사랴는 위로 하나님을, 그리고 아래로 하나님의 율례를 따르기로 작정한 신앙인이었다. 그들의 결단은 인간적으로 볼 때 참으로 미련한 것처럼 보였다. 잠깐만 눈을 감고 넘어가면 될 터인데! 뿐만 아니라 우상에게 절하는 것과 같은 심각한 문제도 아니고 단지 먹고 마시는 문제인데, 굳이 목숨까지 내놓으면서 왕명을 거부할 필요가 있었겠는가?

그러나 신앙의 열쇠는 작은 것에 있다. 작은 것에 타협한다면, 십중팔구 큰 것에도 타협할 것이다. 한발 더 나아가서, 첫 번째 시험에 통과하지 못한다면 그 후에 밀어닥치는 시험에 통과할 가능성은 아주 희박하다. 실제로 다니엘의 세 친구는 후에 우상에게 절하지 않으면 안 되는 엄청난 시험을 당한 적이 있었다 (단 3:15). 그들이 먹고 마시는 시험에 넘어졌다면, 우상에게도 절하면서 그들의 생명을 구하려고 했을 것이다.

다니엘과 그의 세 친구는 이처럼 작은 시험이자 동시에 최초의 시험을 극복하였기 때문에, 그들은 하나님이 귀하게 여기시는 신앙인들이 된 것이다. 그렇다! 하나님의 뜻을 받들기 위하여 생명도 버릴 각오가 되어 있는 사람들을 귀하게 여기지 않으신다면, 도대체 하나님은 누구를 귀하게 여기신단 말인가? 하나님은 그들과 특별한 방법으로 함께 하기 시작하셨다. 하나님이 함께 하지 않으셨다면 불가능한 증거들이 일어났던 것이다.


## 2. 육적 증거


다니엘이 환관장에게 제안했던 열흘의 기간이 어느덧 지나갔다. 물론 그 기간 동안 다니엘과 그의 세 친구는 채식과 물만 먹고 마셨다. 그들은 동시에 그들의 하나님에게 간절히 매달려 기도했을 것이다. 어떤 때는 개인적으로 기도했고, 또 어떤 때는 넷이 합심하여 기도했을 것이다. 그들이 이처럼 큰 시험을 당하고 있을 때 그래도 다행인 것은 그 시험을 혼자만 당한 것이 아니라, 네 명이 같이 당했다는 것이다.

그들은 서로를 위로하고, 또 격려하면서 하나님에게 울부짖었을 것이다. 전도서의 말씀을 체험하는 기간이기도 했다: "두 사람이 한 사람보다 나음은 그들이 수고함으로 좋은 상을 얻을 것임이라. 혹시 그들이 넘어지면 하나가 그 동무를 붙들어 일으키려니와, 홀로 있어 넘어지고 붙들어 일으킬 자가 없는 자에게는 화가 있으리라…. 한 사람이면 패하겠거니와 두 사람이면 맞설 수 있나니 세 겹줄은 쉽게 끊어지지 아니하느니라" (전 4:9-10, 12).

마침내 열흘이 물 흐르듯 흘러갔는데, 그 시험의 결과는 어떻게 나타났는가? 이 장의 본문은 이렇게 언급한다, "열흘 후에 그들의 얼굴이 더욱 아름답고 살이 더욱 윤택하여, 왕의 음식을 먹는 다른 소년들보다 더 좋아 보인지라" (단 1:15). 이 네 명의 얼굴은 왕의 진수성찬을 즐긴 다른 소년들보다 더 아름다워졌고, 그들의 육체는 다른 소년들보다 더 건강해 보였다. 어떻게 이런 기적이 일어날 수 있었는가?

그 이유는 간단하다! 그들이 의지한 하나님이 그들과 함께 하셨기 때문이다. 그들과 동행하시면서 그들에게 넘치는 축복을 안겨주셨던 것이다. 실제로 많은 사람들은 매일 진수성찬을 즐기지만, 그들 대부분은 얼굴이 아름답지 못하고 몸은 윤택하지 못하다. 오히려 두 눈은 푹 파이고, 얼굴은 수심(愁心)으로 가득하며, 표정은 밝지 못하고, 우울한 빛을 머금고 있다. 그 이유는 간단하다! 육체는 먹고 마시는 것만으로 윤택해질 수 없기 때문이다.

그러나 다니엘과 그의 세 친구의 얼굴과 몸은 하나님이 함께 하셨기에 아름답고 윤택했다. 마치 모세가 시내산에 올라가서 40일·40야를 아무 것도 먹지 않고 또 마시지 않았는데도 그의 얼굴의 광채가 너무나 황홀하여서 사람들이 그를 볼 수 없을 지경이었다 (출 34:29). 40일이나 굶은 모세의 얼굴에서 이런 광채가 난다는 것은 인간적으로는 불가능하지만, 하나님이 함께 하셨기에 가능했던 것이다.

다니엘과 그의 세 친구의 아름다운 모습을 보고 환관장은 얼마나 놀랐겠는가? 환관장도 그들의 모습을 인정하고 그 이후 그들에게 채식과 물만 공급하였다. 그들의 신앙적인 결단과 그들의 기도로 인하여 그들은 첫 번째 시험을 통과했을 뿐 아니라, 하나님이 함께 하시는 특별한 경험도 맛보게 되었다. 그들은 아무런 갈등 없이 3년 동안 그들의 몸과 마음을 더럽히지 않고 지낼 수 있는 특권이 주어졌던 것이다. 하나님이 함께 하셨기 때문이다!

## 3. 지적 증거

하나님이 함께 하시면, 육적인 증거만 나타나는가? 물론 아니다! 하나님은 인격자이시기에 인간을 인격자로 만드셨다. 다시 말해서, 하나님은 인간을 육체와 지성과 영성을 아울러 가진 존재로 창조하셨다. 그리고 하나님이 다니엘과 그의 세 친구와 함께 하신다는 것은 그들의 육체에만 축복하신다는 뜻이 아니다.

그들의 지성과 영성에도 함께 하시면서 축복하신다는 뜻이다. 그러므로 그들에게 하나님이 함께 하신 두 번째 증거는 지적 증거이다.

다시 본문의 일부를 인용해보자, "하나님이 이 네 소년에게 학문을 주시고 모든 서적을 깨닫게 하시고…"(1:17a). 이 네 소년에게 학문과 서적은 두말할 필요도 없이 바벨론의 학문이고 서적이었다. 그들에게는 그들의 언어인 히브리어가 아닌 바벨론 언어로 공부해야 되는 어려움이 있었다. 그러나 하나님이 함께 하시면서 그들에게 학문도 주시고 또 바벨론의 모든 서적도 깨닫게 하시는 은혜를 부어주셨다.

다니엘과 그의 세 친구는 이미 고국에서 배운 *토라*와 유대문화가 있었다. 바벨론의 학문과 서적은 하나님 위주의 것들이 아니었다. 그런 이유 때문에 그들은 바벨론의 학문과 서적을 거부하거나, 아니면 게을리 하면서 적당히 넘길 수도 있었다. 그들의 태도가 그렇게 부정적이었는데도 하나님이 그들에게 "학문을 주시고 모든 서적을 깨닫게 하셨는가?" 물론 아니다! 그들은 그들에게 주어진 학업에도 최선을 다했던 것이다.

그렇다! 하나님은 결코 학문과 서적에 부정적인 신앙인들을 돕지 않으신다. 비록 그 학문이 하나님이나 율법과는 전혀 관계가 없다손 치더라도, 그 학문에 최선을 다하는 신앙인들을 도우신다. 다니엘은 채식과 물로 연명延命할 수 있도록 허락하신 하나님과 환관장에게 빚이라도 갚겠다는 자세로 최선을 다해서 학문에 매진하고 또 책들을 읽었다. 그렇다! 하나님은 그들에게 주어진

일에 최선을 다하는 신앙인들을 도우신다.

이런 원리는 기독교의 대원리이다. 똑같은 신앙원리를 가르친 바울 사도의 말을 인용해보자, "무슨 일을 하든지 마음을 다하여 주께 하듯 하고 사람에게 하듯 하지 말라. 이는 기업의 상을 주께 받을 줄 아나니, 너희는 주 그리스도를 섬기느니라"(골 3:23-24). 그렇다! 그 일이 학업이든 사업이든, 연구이든 관계이든, 가정의 일이든 교회의 일이든, 주님을 대하듯 최선을 다해야 한다. 그래야 하나님이 함께 하시면서 축복하신다!

## 4. 영적 증거

하나님이 함께 하시면, 무엇보다도 영성에서 그 증거가 두드러지게 나타나는 법이다. 왜냐하면 하나님은 그의 자녀들이 하나님과 영적인 교제를 깊이 하기 원하시기 때문이다. 그런 이유 때문에 다니엘과 그의 세 친구에게도 탁월한 영적 증거가 나타났다. 그 이유는 간단하다! 하나님이 그들과 함께 하셨기 때문이다. 특히 다음과 같은 세 가지 면에서 하나님은 그들을 영적으로 축복하셨던 것이다.

첫 번째 영적 증거는 다니엘을 통해서만 나타났다. 다시 본문을 보자, "다니엘은 또 모든 환상과 꿈을 깨달아 알더라"(1:17b). 환상과 꿈을 깨닫고 해석하는 능력은 다니엘에게 주어진 하나님의 은혜였다. 물론 네 사람이 하나님에게 같이 기도했고 또 같이 연구했지만, 그러나 하나님은 환상과 꿈에 관한 능력은 다니엘에게만 주셨다. 하나님은 모든 신앙인들에게 똑같은 은사를 주지 않으시기 때문이다.

다니엘은 "환상과 꿈을 깨닫고 해석하는" 은사를 십분 발휘하였다. 만일 그에게 그런 은사가 주어지지 않았다면 그들은 일찍 죽임을 당하고 말았을 것이다. 느부갓네살 왕이 꿈을 꾸고 그 꿈과 해석을 알리라는 엄명을 받고 바벨론의 모든 영적 지도자들이 죽게 되었을 때도 다니엘의 해석 때문에 살아난 적이 있었다 (단 2:36). 다니엘은 느부갓네살 왕이 큰 나무에 관한 꿈을 꾸었을 때도 해석해주었다 (단 4:19 이하).

두 번째와 세 번째 영적 증거는 훈련기간이 끝난 3년 후에 나타났다. 훈련을 마친 그들은 느부갓네살 왕 앞으로 불려갔다. 왕은 훈련받은 모든 사람들을 시험해 본 후 다음과 같은 결론을 내렸다, "왕이 그들과 말하여 보매 무리 중에 다니엘과 하나냐와 미사엘과 아사랴와 같은 자가 없으므로 그들을 왕 앞에 서게 하고, 왕이 그들에게 모든 일을 묻는 중에 그 지혜와 총명이 온 나라 박수와 술객보다 십 배나 나은 줄을 아니라" (1:19-20).

두 번째와 세 번째 영적 증거는 총명과 지혜였다. 총명은 깨닫는 능력이다. 무엇을 깨닫는단 말인가? 크게 두 가지를 깨닫는데, 하나는 하나님의 뜻을 깨닫는 것이다. 물론 하나님의 뜻을 깨닫기 위해서는 하나님의 말씀도 깨달아야 한다. 또 하나는 상황을 정확히 파악하는 능력이다. 이런 능력은 지도자에게 없어서는 아니 될 중요한 것이다. 다니엘과 그의 세 친구는 이런 총명을 하나님으로부터 부여받았던 것이다.

지혜는 모든 학문과 독서와 인생의 모든 경험보다도 탁월한 능력이다. 그 이유는 간단하다! 학문과 지식은 인간의 노력과 수고로 얻어질 수 있고, 또 인생의 경험은 세월 속에서 얻어지는 것이지만, 지혜는 그 이상이다. 왜냐하면 지혜는 모든 학문과 지식은 물론 인생의 경험을 바탕으로 현재에 처해 있는 상황에 알맞게 적용하는 능력이기 때문이다. 그러니까 지식이 많다고 해서 반드시 지혜가 있는 것은 아니다.

반대로, 지식이 없다고 해서 지혜가 없는 것도 아니다. 지혜는 하나님이 주시는 특별한 선물이며 은사이다. 특히 성경의 지식을 삶의 현장에서 적용하는 능력은 그야말로 지혜이다. 다니엘과 그의 세 친구는 이런 지혜가 "온 나라의 박수와 술객보다 십 배나 나았다." 어떻게 경험과 나이가 많은 그들보다 지혜가 그렇게 많을 수 있는가? 그 이유도 간단하다! 하나님이 함께 하셨기 때문이다. 다시 말해서, 하나님이 그들에게 주신 선물이요 은사였기 때문이다!

## 5. 나가면서

다니엘과 그의 세 친구, 곧 하나냐와 미사엘과 아사랴는 하나님의 뜻을 따르기 위하여 그들의 생명을 걸었다. 그렇다! 그들은 무엇보다도 하나님의 뜻을 그들의 생명보다 귀하게 여겼다. 그 결과는 가히 상상을 초월하는 것이었다! 전능하시고 전지하신 하나님이 그들과 함께 하시면서, 그들을 육적으로는 물론, 지적으로 그리고 영적으로 축복하셨던 것이다. 그들의 얼굴은 빛났고, 그들의 학문도 탁월했고, 그리고 그들의 영성도 뛰어났다.

현재처럼 사회적으로나 교회적으로 혼탁한 이 한국 땅에 필요한 사람은 누구인가? 하나님의 뜻을 찾으려고 몸부림치는 신앙인들, 그리고 그 뜻을 찾으면 생명을 걸고 지키려는 신앙인들! 하나님은 그런 신앙인들을 찾고 계신다. 한 번 찾으시면, 하나님은 그들과 함께 하시면서 그들에게 육체적으로나, 지적으로나, 영적으로 축복하실 것이다. 이런 전인적$^{whole}$ 축복을 받은 신앙인들을 통하여 변화의 역사를 시작하실 것이다.

# 6 난세亂世가 만들어낸 영웅

> "다니엘은 고레스 왕 원년까지 있으니라."
>
> 다니엘 1:21

## 1. 들어가면서

세상이 깊은 문제의 수렁 속에 빠져든 후 거기서 빠져나오지 못하면 그것을 난세라고 한다. 세상이 심히 혼돈스럽고 어지럽다는 말이다. 하나님의 말씀인 성경에도 그런 난세들이 종종 묘사되고 있다. 노아의 시대를 보라. 하나님은 그 시대를 이렇게 묘사하셨다, "…사람의 죄악이 세상에 가득함과 그의 마음으로 생각하는 모든 계획이 항상 악할 뿐임을 보시고"(창6:5). 도덕적으로 큰 난세였던 것이다.

그런 난세에 하나님은 노아라는 인물을 통하여 한편 세상을 심판하셨으나, 또 다른 한편 세상을 구원하셨다. 그렇다! 그 당시의 난세를 이겼기 때문에 노아는 신앙의 영웅이라는 칭호를 얻게 되었다. 그와 비슷한 신앙의 영웅이 또 있는데, 그는 저 유명한 모세였다. 이스라엘 백성의 입장에서 본다면 얼마나 심각한 난세였는가? 그들은 애굽의 노예로서 전혀 인권 없는 상태로 비참하게 하루하루를 살아가고 있었다.

그런 난세에 나타난 영웅은 바로 모세였다. 모세 자신도 난세를 뼈에 사무치게 절감하면서 오랫동안 양을 치는 목동이었다. 그러나 하나님의 때가 되자 그는 분연히 일어나서 이스라엘 백성을 애굽에서 건져냈다. 하나님은 그를 통하여 한편 애굽을 심판하셨고, 또 다른 한편 이스라엘 백성을 구원해내셨다. 그렇다! 난세 속에서 모세는 우뚝 솟아난 신앙의 영웅이 되었던 것이다.

## 2. 다니엘이 처한 난세

다니엘이 처한 난세는 노아나 모세보다 더 심각하면 심각했지 덜하지 않았다. 물론 노아는 세상의 죄악 때문에 난세에 처하게 되었고, 모세는 이스라엘 백성의 문제로 난세에 처하게 되었다. 그러나 다니엘의 난세는 노아와 모세의 입장과는 다소 달랐다. 다니엘이 처한 난세는 세 가지 측면에서 생각해볼 수 있는데, 첫째는 국가의 입장에서, 둘째는 가정의 입장에서, 그리고 셋째는 개인의 입장에서이다.

먼저, 국가의 입장에서 다니엘이 처한 난세를 보자. 하나님이 세우시고 보호하셨던 유다라는 나라는 바벨론 왕 느부갓네살에 의하여 완전히 멸망당했다. 모세의 경우와는 정반대였다. 모세는 없던 나라를 세웠으나, 다니엘의 경우 지금까지 강성하던 나라가 없어졌기 때문이다. 400여 년이란 긴 기간에 나라의 정치적인 기반도 든든해졌고, 종교적인 토대도 튼튼하게 되었는데, 졸지에 망했던 것이다. 이것이 난세가 아니면 무엇인가?

그 다음, 가정의 입장에서 다니엘이 처한 난세를 보자. 그 시대에는 나라가 망한다는 것은 모든 것을 잃는다는 것을 뜻했다. 물론 다니엘의 가정도 문자 그대로 풍지박살 났다. 평상시 가난했거나 피지배 계급에 속했던 것과는 달랐다. 다니엘의 가정은 상당한 귀족계급, 곧 지배계급에 속해 있었다. 그랬기 때문에 그 가정은 적군에게 응징(膺懲)의 대상이었고, 또 실제로 처참할 정도로 응징을 당했다.

다니엘의 부모도 그 응징의 손길에 죽음을 면치 못했다. 다니엘에게 형제·자매가 있었다면, 그들도 여지없이 죽음의 길을 피하지 못했을 것이다. 그들은 다니엘이 보는 앞에서 피를 토하며 죽었을 것이다. 그들의 가옥과 재산은 몰수되었다. 십중팔구 그의 집이 불에 타서 잿더미로 바뀌는 장면을 다니엘은 두 눈으로 똑똑히 보았을 것이다. 과연 다니엘은 난세에 살아남은 소년이었다.

마지막으로, 다니엘 개인의 입장에서 난세를 보자. 그가 살아남았다는 것 자체가 기적이었다. "이스라엘 자손 중에서 왕족과 귀족 몇 사람, 곧 흠이 없고 용모가 아름다우며 모든 지혜를 통찰하며 지식에 통달하며 학문에 익숙하여 왕궁에 설 만한 소년을 데려오게 하라"한 바벨론 왕 느부갓네살의 특명 때문에 그는 살아났던 것이다 (단 1:3-4). 그러니까 다니엘은 귀족이었고, 용모도 빼어났고, 또 학문적으로도 뛰어났기에 살아남았다.

그러나, 다니엘은 바벨론에 포로로 잡혀가는 신세로 전락되었다. 거기다가 우상의 나라인 바벨론의 관습과 전통을 그의 것으로 받아들이지 않으면 안 되었다. 만일 그가 쉽게 그의 신앙을 타협하는 소년이었다면 그래도 쉽게 견디었을 것이다. 그러나 그는 신앙적으로 타협하기를 거부했다. 다니엘은 그가 처한 난세를 보면서 얼마나 많은 눈물을 흘렸겠는가? 또 그가 내뿜은 한숨은 얼마나 많았겠는가?

## 3. 느부갓네살과 고레스

다니엘이 처한 난세를 이 장의 본문은 다음과 같이 간략하게 서술한다, "다니엘은 고레스 왕 원년까지 있으니라" (1:21). 왜 이 서술이 다니엘이 처한 난세를 뜻하는가? 이 서술은 두 가지를 함축하고 있기 때문이다. 첫 번째는 느부갓네살의 나라인 바벨론 왕국이 망했다는 것을 함축하고 있기 때문이다. 바벨론의 위세는 하늘을 찌를 듯 했다. 요엘 선지자는 바벨론을 다음과 같이 묘사한 바 있었다.

"다른 한 민족이 내 땅에 올라왔음이로다. 그들은 강하고 수가 많으며 그 이빨은 사자의 이빨 같고 그 어금니는 암사자의 어금니 같도다"(욜 1:6). 바벨론은 마치 떼를 이루어 코끼리나 물소를 공격하여 잡아먹는 사자들과 같았다. 그 사자들 앞에서 유다는 어린 사슴과 다를 바 없었다. 바벨론은 유다를 힘도 안들이고 무찔렀고, 그리고 이빨과 어금니로 잘근잘근 씹어 먹어버렸다.

하나님이 예레미야 선지자를 통해 예언하신대로였다: "보라, 내가 북쪽 모든 종족과 내 종 바벨론의 왕 느부갓네살을 불러다가 이 땅과 그 주민과 사방 모든 나라를 쳐서 진멸하여 그들을 놀램과 비웃음거리가 되게 하며, 땅으로 영원한 폐허가 되게 할 것이라. 여호와의 말씀이니라…. 이 모든 땅이 폐허가 되어 놀랄 일이 될 것이며, 이 민족들은 칠십 년 동안 바벨론의 왕을 섬기리라"(렘 25:9, 11).

결국, 이 예언에 의하면, 바벨론의 포로인 유다는 바벨론을 70년 동안 섬기게 되어 있었다. 그러니까 다니엘을 비롯한 모든 유대인들은 우상숭배의 나라인 바벨론을 70년이나 섬겨야 된다는 것이다. 얼마나 긴 기간이며, 그 기간 동안에 그들이 겪은 고통과 고난은 얼마나 컸겠는가? 바벨론은 어두움과 진노를 상징할 만큼 유다를 패망시키고 또 철저하게 착취하였다. 그것도 하루 이틀이 아니라 70년 동안이나 말이다!

"다니엘은 고레스 왕 원년까지 있으니라"가 두 번째로 함축하고 있는 것은 70년이 지나면 고레스 왕이 등장한다는 것이었다. 그러면 고레스 왕의 등장은 무엇을 뜻하는가? 다음과 같이 몇 가지를 생각해볼 수 있을 것이다. 먼저, 그렇게 흉악하고 악독한 바벨론의 멸망을 뜻한다. 그 다음, 새로운 나라인 메데 바사가 바벨론 제국을 대신한다는 것을 뜻한다. 마지막으로, 다니엘과 유다가 겪었던 고통이 끝난다는 것을 뜻한다.

결국, "다니엘이 고레스 왕 원년까지 있으니라"는 하나님의 선포는 난세가 적어도 70년이나 지속된다는 뜻이었다. 그러나 동시에 그 난세는 영원한 것이 아니라, 일시적이라는 것이다. 유대인들과 다니엘은 그런 하나님의 뜻을 인지認知하고, 한편 인내로 그 난세의 기간을 버티라는 충고였다. 또 한편 그 난세는 영원한 것이 아니라 끝이 있다는 소망을 가지라는 격려의 메시지였던 것이다. 이사야 선지자도 그런 뜻으로 예언한 바 있었다.

"고레스에 대하여는 이르기를, '내 목자라 그가 나의 모든 기쁨을 성취하리라' 하며, '예루살렘에 대하여는 이르기를 중건되리라' 하며, 성전에 대하여는 '네 기초가 놓여지리라' 하는 자니라. 여호와께서 그의 기름 부음을 받은 고레스에게 이같이 말씀하시되, '내가 그의 오른손을 붙들고 그 앞에 열국을 항복하게 하며 내가 왕들의 허리를 풀어 그 앞에 문들을 열고 성문들이 닫히지 못하게 하리라'" (사 44:28~45:1, cf. 대하 36:22-23, 스 5:13).


# 4. 다니엘의 영웅적 신앙

다니엘이 왕의 음식과 포도주를 거부할 수 있는 용기는 어쩌면 이사야의 예언을 믿었기 때문이었는지도 모른다. 실제로 고레스가 이 세상에 나타나기 170여 년 전에 선포된 예언의 말씀은 두

말할 필요도 없이 놀랍지만, 동시에 다니엘에게는 얼마나 큰 힘이 되었으며 또 가이드라인이 되었겠는가? 비록 다니엘은 한편 부정적으로 나라가 멸망당하는 것을 경험했지만, 또 한편 적극적으로 나라와 성전이 회복된다는 소망을 갖게 되었을 것이다.

다니엘은 그런 소망 때문에 난세에도 불구하고 그의 신앙을 지켰다. 그뿐 아니라, 신앙의 영웅으로 우뚝 솟게 하는 역사를 이루었다. 도대체 어떤 역사를 이루었는가? 첫째, 다니엘은 포악한 느부갓네살 왕에게 살아계신 하나님을 지혜롭게 그리고 담대히 전했던 것이다. 앞장서서 우상숭배를 주도하던 느부갓네살이 다니엘의 간증을 듣고 다니엘의 하나님을 인정했을 뿐 아니라, 마침내 받아들였던 것이다 (단 2:47, 3:28, 4:47).

다니엘의 증거는 거기에서 끝나지 않았다. 메데의 왕이요 동시에 바벨론을 손수 멸망시킨 다리오 왕에게도 살아계신 하나님을 증언하였다. 그 결과 다리오 왕은 다니엘의 하나님이 살아계실 뿐 아니라, 구원의 하나님이시라는 증언을 하기에 이르렀다. 그것도 개인적으로만 증언한 것이 아니라, 그의 통치 밑에 있는 전국을 향하여 증언했던 것이다. 다니엘의 증언은 노아나 모세와 같은 신앙의 영웅들이 이루지 못한 거대한 신앙의 발걸음이었다.

둘째, 다니엘을 신앙의 영웅으로 우뚝 솟게 만든 역사는 그가 느부갓네살 왕의 꿈을 묘사하고 또 그 꿈을 해석한 사실이었다. 그 꿈의 해석으로 인하여 많은 박수와 술사들의 생명을 구했을 뿐 아니라, 세상을 지배하는 나라들에 대한 예언도 했던 것이다. 지금까지 어떤 유대인도 보지 못한 열국의 역사를 파노라마가 펼쳐지듯 보았다. 노아나 모세도 보지 못한 열국의 미래를 펼쳤는데, 그것도 난세가 만들어낸 것이었다.

셋째, 다니엘을 신앙의 영웅으로 우뚝 솟게 만든 것은 그가 사자굴에서 생명을 유지한 경험이었다. 그는 그의 신앙을 굳건히 지켰기 때문에, 그리고 살아계신 하나님과의 영적 교제를 지속했기 때문에, 사자굴에 던져지는 불행을 경험하였다. 그러나 그런 중에서도 하나님이 사자들의 입을 막아 그를 보호하셨다. 다니엘은 그런 경험을 통하여 히브리서 11장에 열거된 믿음의 영웅의 반열에 들어가게 되었던 것이다 (히 11:33).

넷째, 다니엘을 신앙의 영웅으로 우뚝 솟게 만든 역사는 그에게 계시된 종말에 대한 깨달음이었다. 구약성경 전체에서 유다의 결말과 인류의 종말을 다니엘처럼 구체적으로 보았고, 또 기록한 사람은 아무도 없었다. 종말을 개진開陳했다는 의미에서 다니엘은 노아와 모세와는 전혀 다른 신앙의 영웅이었다. 그런 이유 때문에 다니엘은 노아와 모세처럼 난세가 만들어낸 신앙의 영웅이었다.


## 5. 나가면서

현재의 한국이라는 나라는 총체적으로 난세임에 틀림없다. 정치적으로 흔들리며, 경제적으로 휘청거리며, 도덕적으로 비틀거리고 있다. 그뿐 아니라, 북한의 핵과 미사일 개발은 남한을 궁지에 몰아넣고 있다. 교계는 어떠한가? 올바른 지도자의 부재, 영적 지도자들의 타락, 교인들의 무관심과 얄팍한 신앙--이런 모든 것들이 난세임을 증명한다. 이런 때에 누가 다니엘처럼 생명을 걸고 하나님을 의지하는 신앙의 영웅이 될 것인가?

# 7 위기를 기회로!

"느부갓네살이 다스린 지 이 년이 되는 해에 느부갓네살
이 꿈을 꾸고 그로 말미암아 마음이 번민하여 잠을 이루
지 못한지라. 왕이 그의 꿈을 자기에게 알려 주도록 박수
와 술객과 점쟁이와 갈대아 술사를 부르라 말하매, 그들
이 들어가서 왕의 앞에 선지라."

다니엘 2:1-2

## 1. 들어가면서

인간은 시시때때로 위기에 봉착한다. 여기에서 위기危機란 인
간의 방법과 능력으로 해결할 수 없는 어려운 상황을 뜻한다. 그
런데 위기라는 단어는 위험危險을 뜻하는 말과 기회機會를 뜻하는
말의 합성어이다. 어떻게 인간이 봉착한 위기가 기회가 될 수 있
는가? 인간이 스스로 해결할 수 없는 상황에 처하게 될 때, 그는
하나님 앞에서 무릎을 꿇을 수 있다. 그리할 때 하나님은 세 가
지, 곧 사랑과 능력과 지혜로 그 위기를 기회로 바꾸신다.

성경에는 위기를 기회로 만든 신앙의 영웅들이 있다. 그 중 한
사람이 바로 요셉이다. 요셉은 정직하고 투명한 삶을 영위한 결
과 감옥에 갇히는 몸이 되었다. 그러나 그는 하나님에게 불평하

거나 자신의 운명을 저주하지 않았다. 그는 감옥에서도 최선을 다하며 살았다. 그 결과 그는 감옥에 들어온 왕의 술 관원장과 떡 굽는 관원장의 시중을 들었다. 그에게는 감옥에서 풀려나리라는 희망이 조금도 보이지 않았다.

마침내 요셉이 처한 위기가 바로 기회가 되는 계기가 왔다. 두 관원장이 각각 꿈을 꾸었는데, 그 꿈을 아무도 해석하지 못했던 것이다. 요셉은 하나님의 도움을 받아 그들의 꿈을 해석해주었고, 그리고 그의 해몽대로 일이 전개되었다. 떡 굽는 관원장은 목숨을 잃었고 술 관원장은 복직을 했다. 술 관원장의 소개로 요셉은 바로 왕의 꿈을 해석하였고, 그 결과 그는 일약 애굽의 총리가 되었다. 위기를 기회로 바꾼 하나님의 역사였던 것이다.


## 2. 위기의 발단 (2:1-13)

다니엘이 처한 위기는 어떻게 시작되었는가? 느부갓네살 왕이 꿈을 꾸었다. 그런데 그 꿈은 상당히 심각했던 모양이다. 그 이유는 왕이 그 꿈을 꾼 후 그 꿈으로 "말미암아 마음이 번민되었다"고 두 번씩이나 말했기 때문이다 (1, 3절). 번민이 얼마나 컸던지 왕은 잠도 잘 수 없을 지경까지 되었다. 왕은 즉시 바벨론의 지혜자들, 곧 박수와 술객과 점쟁이와 갈대아 술사를 소집하였다. 그리고 그들에게 그의 꿈을 묘사하고 또 해석도 하라는 명령을 내렸다.

박수와 술객과 점쟁이와 갈대아 술사들은 꿈의 해석에 관한 한 최고의 권위자들이었다. 그렇지 않았다면 그들이 왕의 보호와 공급을 누리면서 권력을 누릴 수 있었겠는가? 그런데 그들의 해석이 정확한지 아닌지는 어떻게 알 수 있는가? 술 관원장의 복직이 요셉의 해몽대로 된 것처럼, 그들의 해몽이 옳은지는 그들의 해몽대로 이루어질 때만 알 수 있다. 그런데 왕의 꿈은 바벨론의 멸망을 포함한 먼 장래의 일이었다.

다른 말로 말하면, 그들의 해몽이 옳은지 아닌지를 알려면 왕은 물론이고 그들 모두가 바벨론의 멸망을 기다리지 않으면 아니되었다. 지난 장에서 본대로, 바벨론은 약 70년 후에 멸망될 것이기에, 그들 지혜자들은 70년 후에는 대부분 죽었을 것이다. 그런 까닭에 그들의 해몽의 진위를 알 수 있는 방법은 없었다. 그리고 박수와 술객과 점쟁이와 갈대아 술사들 중 아무도 그들의 해몽에 대하여 책임을 지지 않을 것이다.

그들의 해몽이 옳은지 아닌지를 알 수 있는 방법이 또 하나 있었다. 그것은 그들이 꿈의 내용을 묘사할 수 있다면, 그들의 해몽이 옳을 수밖에 없을 것이다. 그런 이유 때문에 느부갓네살 왕은 박수와 술객과 점쟁이와 갈대아 술사들에게 그의 꿈도 묘사하고, 그리고 해석도 하라는 엄명을 내렸던 것이다. 느부갓네살 왕은 참으로 영특한 왕이요 지도자였던 것이다. 그러나 지혜자들의 지혜가 아무리 깊더라도 남의 꿈을 알 수는 없었다.

그들은 왕에게 꿈의 내용을 알려주면 해석하겠다고 말했다. 왕은 그 꿈과 그 해석을 알게 하면, "선물과 상과 영광"이 따를 것이나, 그렇지 않으면 그들을 모조리 죽일 뿐 아니라, 그들의 가족도 멸절시키고 재산도 몰수하겠다고 엄히 선포하였다 (2:5). 그들은 세 번씩이나 반복하여 말하면서 그 꿈을 알려주면 해석하겠다고 애원하다시피 말했다 (2:4, 7, 10). 그들의 마지막 간청은 "신들"만이 그 꿈과 해석을 알 수 있다고 하는 것이었다 (2:11).

느부갓네살 왕은 마침내 "진노하고 통분하여 바벨론의 모든 지혜자들을 다 죽이라고 명령하였다" (2:12). 그 결과 다니엘은 물론 그의 세 친구, 하나냐와 미사엘과 아사랴도 지혜자들이기에 죽을 운명에 놓였던 것이다. 그들은 나라의 멸망에도 살아남았고, 왕의 음식과 포도주를 거부하였음에도 살아남았는데, 다시 한 번 죽을 수밖에 없는 처지에 놓이게 되었다. 또 다시, 다니엘과 그의 세 친구는 절대절명絶大絶命의 위기에 봉착했던 것이다.

## 3. 위기 대처 (2:14-18)

죽음의 그림자가 눈앞에 얼씬거릴 때 다니엘은 어떻게 그 위기를 극복했으며 또 어떻게 기회로 만들었는가? 다니엘은 다음과 같은 몇 가지 방법으로 위기를 극복하였는데, 첫째는 그가 마침내 전면으로 나선 행동이었다. 그는 지금까지 전면에 나선 적이 없었다. 그 이유는 간단하다! 그는 나이도 어렸을 뿐 아니라, 그보다 앞선 위대한 선배들이 얼마든지 있었기 때문이었다. 실제로 느부갓네살 왕은 꿈의 해석을 부탁할 때 다니엘을 부르지도 않았다.

　그러나 다니엘은 그처럼 시급한 위기의 상황에서 앉아서 죽음을 기다릴 수 없었다. 그는 어린 나이에도 불구하고 전면으로 나섰다. 그는 왕이 부르지 않았는데도 감히 왕 앞으로 나아갔던 것이다. 이런 행동은 생명을 건 것이었다. 만일 이미 진노한 왕이 기뻐하지 않는다면 그는 당장 죽을 것이다. 그러나 다니엘은 그의 몸이 더럽히지 않기 위하여 이미 생명을 건 바 있었다. 때가 되자 다니엘은 분연히 일어나서 전면으로 나서는 행동을 취했던 것이다.

　다니엘이 생명이 촌각에 달린 위기에 택한 둘째 방법은 그의 말이었다. 그와 그의 세 친구를 죽이러 온 느부갓네살의 근위대장인 아리옥을 보자, 다니엘은 입을 열어서 "명철하고 슬기로운 말"로 그에게 말했다 (2:14). 왕의 명령을 받들어 온 근위대장 앞에서 십대의 소년은 보통 얼굴이 새파래지면서 부들부들 떨 것이다. 기껏 입을 열 수 있다면 살려달라는 외침뿐이었을 것이다.

　그러나 다니엘은 그렇게 어리석지 않았다. 그는 이렇게 말했다, "왕의 명령이 어찌 그리 급하냐?" (2:15). 이처럼 침착하고도 담대하며, 또 지혜로운 다니엘의 반문에 근위대장도 감동을 받았음에 틀림없다. 결국, 다니엘은 왕 앞으로 인도되었다. 다니엘은 또박또박 분명한 어조로 왕에게 아뢰었다, "시간을 주시면 왕에게 그 해석을 알려드리리이다" (2:16). 다른 말로 하면, 그처럼 어린 다니엘이 시간만 주면 왕의 번민을 풀어드리겠다는 말이었다.

다니엘이 그와 같은 위기의 상황에 택한 셋째 방법은 하나님에게 올리는 기도였다. 그의 기도를 보면 다음과 같은 사실들을 찾을 수 있다. 먼저, 그의 심각한 기도제목을 세 친구에게 전했다. 물론 그도 사생결단을 하고 기도했지만, 다니엘은 합심기도의 중요성을 너무나 잘 알고 있었다. 그는 세 친구로 하여금 이처럼 심각한 위기를 극복하기 위하여 마음을 같이하여 기도하게 했던 것이다. 이제 네 명의 신앙인들이 처절하게 기도를 했던 것이다.

다음, 그들의 기도내용을 보면 너무나 놀라운 사실을 찾을 수 있다. "다니엘과 친구들이 바벨론의 다른 지혜자들과 함께 죽임을 당하지 않게 하시기를" 위하여 기도했던 것이다 (2:18). 그들은 자신들의 생명만을 위하여 기도하지 않았다. 그들은 지혜자들, 곧 바벨론의 박수와 점쟁이와 술객들의 생명을 위해서도 기도했던 것이다. 그들은 이방신을 섬기는 이방인들이었지만, 그들도 하나님의 형상을 따라 지음을 받은 존귀한 사람들이었기 때문이었다.

## 4. 새로운 기회 (2:19-23)

그렇다! 인간에게 위기는 하나님에게는 기회이다! 그렇게 하나님에게 생명을 걸고 또 의지하면서 기도한 다니엘과 그의 세 친구의 기도를 하나님이 들어주셨다. 하나님의 말씀은 이렇게 확인하고 있다, "이 은밀한 것이 밤에 환상으로 다니엘에게 나타나 보이매…" (2:19a). 느부갓네살에게 꿈을 꾸게 하신 하나님! 그 꿈을 다니엘에게 다시 보여주신 하나님! 다니엘은 이렇게 외쳤다, "하늘에 계신 하나님을 찬송하니라" (2:19b).

다니엘은 계속해서 하나님을 찬송하는데, 그 찬송의 내용을 보면 다음과 같다: 첫 번째, 하나님에게 있는 지혜와 능력을 찬송하였다 (2:20). 하나님은 기본적으로 인간을 사랑으로 대하신다. 그 사랑을 인간에게 구체적으로 베푸시는 방법이 바로 "지혜와 능력"이다. 인간이 위기에 처할 때 하나님은 그 인간을 사랑하시기에, 그 위기를 기회로 바꾸실 수 있는 지혜도 있으시고, 또 그 지혜대로 역사하실 수 있는 능력도 있으시다.

다니엘이 하나님을 찬송한 두 번째 내용은 그분이 "왕들을 폐하시고 왕들을 세우시기" 때문이다 (2:21). 느부갓네살이 꿈에 본 환상의 핵심은 앞으로 세계를 지배할 열국과 그 왕들에 대한 것이었다. 왕들은 그들이 열국을 세웠다고 자랑할지 몰라도, 하나님의 말씀은 전혀 다르다. 하나님이 왕들을 세우시는가 하면, 또 그 하나님이 왕들을 폐하신다. 한 마디로 말해서, 다니엘은 인류의 역사가 하나님의 손아귀에 있다는 사실을 찬송했던 것이다.

찬송의 세 번째 내용은 그 하나님이 계시의 하나님이시라는 사실이었다. 본문을 다시 보자, "그는 깊고 은밀한 일을 나타내시고, 어두운 데에 있는 것을 아시며, 또 빛이 그와 함께 있도다" (2:22). 다니엘의 하나님은 인간이 알 수 없는 "은밀한 일"도 계시하신다. 그뿐 아니라, 깜깜한 곳에서 이루어진 일도 모두 아시는데, 그 이유는 그분이 바로 빛이시기 때문이다 (시 27:1). 다니엘은 그분의 영역에 속한 것을 그에게 계시하신 하나님을 찬송했던 것이다.

다니엘이 하나님을 찬양한 네 번째 내용은 하나님의 영역에 속한 것을 구체적으로 인간에게 선물로 주셨기 때문이다. 구체적으로 누구에게 무엇을 주신단 말인가? 지혜자에게는 지혜를 주신다 (2:21). 하나님이 지혜를 주지 않으시면, 어떤 인간이 세상을 하나님의 뜻대로 인도할 수 있으며, 하나님의 영광을 드러낼 수 있단 말인가? 그뿐 아니다! 하나님은 총명한 자에게 지식을 주시기 때문에 그는 하나님의 지식을 편만하게 전할 수 있는 것이다.

하나님이 사랑과 지혜와 능력으로 인간을 대하신다고 이미 말했다. 그렇다면 하나님은 어떤 방법을 통하여 그 사랑과 지혜와 능력을 인간에게 보여주시는가? 그 매개는 대부분 인간이다. 그런 이유 때문에 하나님은 당신의 지혜와 능력을 다니엘에게 선물로 주셨던 것이다 (2:23). 다시 말해서, 다니엘은 그 선물로 하나님의 마음을 인간에게 전달하는 매개가 되었다. 그는 왕의 꿈도 해석했고, 다른 지혜자들도 살렸던 것이다.


## 5. 나가면서

사람이라면 누구라도 인생의 위기에 봉착할 때가 있다. 그러나 모든 사람이 그 위기를 기회로 바꾸지 못한다. 오직 하나님 앞에 무릎을 꿇는 자들만이 위기를 기회로 만들 수 있다. 어떻게 하면 위기를 기회로 바꿀 수 있는가? 다니엘처럼 전면에 나서야 할 때는 나서야 하고, 나서지 말아야 할 때는 나서지 않아야 한다. 항상 전면에 나서는 사람도 지혜롭지 못하나, 그렇다고 항상 배후에만 있어도 지혜롭지 못하다.

위기의 순간에 다니엘처럼 슬기롭게 말할 수 있어야 한다. 위기를 원망하면서 감정적인 발언을 하면 안 된다. 감정적인 발언은 위기를 더욱 심각하게 만들뿐이다. 그뿐 아니라, 사생결단死生決斷의 기도를 해야 한다. 그것도 혼자만 기도하지 말고, 다른 그리스도인들과 함께 기도할 수 있어야 한다. 예수님의 약속대로이다, "너희 중의 두 사람이 땅에서 합심하여 무엇이든지 구하면, 하늘에 계신 내 아버지께서 그들을 위하여 이루게 하시리라"(마 18:19).

## 8 초자연적 해석

> "이에 다니엘은 왕이 바벨론 지혜자들을 죽이라 명령한 아리옥에게로 가서 그에게 이같이 이르되, '바벨론 지혜자들을 죽이지 말고 나를 왕의 앞으로 인도하라; 그리하면 내가 그 해석을 왕께 알려 드리리라' 하니, 이에 아리옥이 다니엘을 데리고 급히 왕 앞에 들어가서 아뢰되, 내가 사로잡혀 온 유다 자손 중에서 한 사람을 찾아내었나이다. 그가 그 해석을 왕께 알려 드리리이다' 하니라. 왕이 대답하여 벨드사살이라 이름한 다니엘에게 이르되, '내가 꾼 꿈과 그 해석을 네가 능히 내게 알게 하겠느냐?' 하니, 다니엘이 왕 앞에 대답하여 이르되, '왕이 물으신바 은밀한 것은 지혜자나 술객이나 박수나 점쟁이가 능히 왕께 보일 수 없으되, 오직 은밀한 것을 나타내실 이는 하늘에 계신 하나님이시라. 그가 느부갓네살 왕에게 후일에 될 일을 알게 하셨나이다. 왕의 꿈 곧 왕이 침상에서 머리 속으로 받은 환상은 이러하니이다. 왕이여, 왕이 침상에서 장래 일을 생각하실 때에 은밀한 것을 나타내시는 이가 장래 일을 왕에게 알게 하셨사오며, 내게 이 은밀한 것을 나타내심은 내 지혜가 모든 사람보다 낫기 때문이 아니라, 오직 그 해석을 왕에게 알려서 왕이 마음으로 생각하던 것을 왕에게 알려 주려 하심이니이다. 오직 은밀한 것을 나타내실 이는 하늘에 계신 하나님이시라; 그가 느부갓네살 왕에게 후일에 될 일을 알게 하셨나이다'"
>
> 다니엘 2:24-30

## 1. 들어가면서

바벨론의 왕 느부갓네살이 그의 꿈과 그 해석을 알려주지 못한 바벨론의 지혜자들, 곧 박수와 술객과 점쟁이와 바벨론의 술사를 모조리 죽이라는 불같은 명령이 떨어졌다. 이때 생명을 걸고 하나님에게 기도하던 다니엘은 그 꿈과 해석을 하나님으로부터 받아냈던 것이다. 그러나 그는 결코 자만해지거나 의기양양해 하지 않았다. 그는 즉각적으로 왕의 명령을 수행하는 근위대장 아리옥에게 가서 두 가지를 요구했다.

다니엘이 제일 먼저 요구한 것은 "바벨론 지혜자들을 죽이지 말라"는 것이었다. 다니엘은 왕의 꿈에 대한 기도를 올릴 적에 바벨론의 지혜자들의 생명을 위해서도 기도한 바 있었다 (2:18). 그의 기도를 통하여 왕의 꿈을 보자, 다니엘은 즉각적으로 행동에 나서서 바벨론의 지혜자들을 죽이지 말아달라고 했다. 그렇다! 다니엘은 기도만하고 끝난 것이 아니라, 그 기도의 내용을 행동에 옮겼던 것이다. 바벨론의 지혜자들도 존귀한 인간이었기 때문이었다.

다니엘이 아리옥에게 두 번째로 요구한 것은 그를 왕 앞으로 인도해달라는 것이었다. 아리옥이 그렇게 다니엘의 두 가지 요구를 들어주면, 그가 왕의 꿈과 그 해석을 왕에게 직접 알리겠다는 것이다. 이처럼 담대하면서도 지혜로운 다니엘의 요구를 아리옥이 거부할 이유가 전혀 없었다. 아리옥도 한편 그 꿈에 대한 궁금증에 휩싸여서, 또 한편 왕의 번민을 풀어드릴 수 있다는 충성된 마음으로, 다니엘을 느부갓네살 왕 앞으로 인도하였다.


## 2. "은밀한 것"mystery

다니엘을 보자 왕은 이렇게 물었다, "내가 꾼 꿈과 그 해석을 네가 능히 내게 알게 하겠느냐?" (2:26). 그 질문에 대한 다니엘의 대답은 이렇게 시작되었다, 그 "은밀한 것은 지혜자나 술객이나 박수나 점쟁이가 능히 왕께 보일 수 없으되, 오직 은밀한 것을 나타내실 이는 하늘에 계신 하나님이시라" (2:27-28). 이 대답에서 다니엘은 두 가지 중요한 단어를 사용했는데, 하나는 "은밀한 것"이고 또 하나는 "나타내심"이다.

"은밀한 것"은 다른 말로 표현하면 "비밀"secret 또는 "신비"mystery이다. 그런데 다니엘은 이 단어를 너무나 중요하게 여긴 나머지 이 장에서 "은밀한 것"이라는 단어를 4번이나 사용했다. 구체적으로, 27절에서 한 번, 28절에서 한 번, 29절에서 한 번, 그리고 30절에서 한 번, 도합 4번이나 나온다. 그러면 다니엘은 왜 이 단어를 4번씩이나 사용했는가? 그 이유는 간단하다! 느부갓네살 왕의 꿈과 그 해석은 아무도 알 수 없는 비밀이기 때문이다.

그런 이유 때문에 다니엘은 바벨론의 어떤 지혜자도 알 수 없기 때문에 왕에게도 보일 수 없다고 단언했다. 그 꿈은 하나님이 느부갓네살 왕에게만 허락하셨는데, 왕 자신도 그 꿈의 의미를 알 수 없었다. 그러나 왕은 그 꿈이 보통 꿈이 아니라는 것을 인식하고 있었다. 그렇지 않다면, 그가 그렇게 번민하면서 잠도 이루지 못할 지경까지 될 이유가 없었다. 또한 왕은 그 꿈의 뜻을 알려주지 못하는 모든 지혜자를 죽이라고까지 했다.

여기에서 두 번째 단어가 반드시 필요한데, 그것은 "나타내심"이다. 이 동사도 28절에서 한 번, 29절에서 한 번, 그리고 30절에서 한 번, 도합 3번 나온다. 왜 "나타내심"이 "은밀한 것"이라는 단어와 같이 나오는가? 그 이유는 간단하다! "은밀한 것," 곧 하나님이 느부갓네살 왕에게 주셨기 때문에, 하나님만이 그 뜻을 아신다. 결국, 하나님이 그 꿈과 해석을 알려주지 않으시면, 어떤 사람도 알 수 없다는 말이다.

"나타내심"의 보다 전문적인 용어는 "계시하다"<sup>to reveal</sup>이다. "계시하다"는 동사는 "숨겨진 것," 곧 비밀을 함축하고 있다. 지금까지 아무도 모르던 비밀을 하나님이 인간에게 알려주시는 은혜가 바로 계시이다. 바울 사도도 이렇게 고백하였다, "곧 *계시로* 내게 *비밀*을 알게 하신 것은 내가 먼저 간단히 기록함과 같으니, 그것을 읽으면 내가 그리스도의 *비밀*을 깨달은 것을 너희가 알 수 있으리라" (엡 3:3-4).

그러면 느부갓네살 왕에게 하나님이 꿈으로 알려주신 비밀은 무엇인가? 그것은 앞으로 세계를 좌지우지<sup>左之右之</sup>하는 국가들의 역사<sup>歷史</sup>였는데, 그 역사를 인간은 미리 알 수 없었다. 하나님은 과거와 현재와 미래가 없이 영원이라는 안목으로 보시기에 앞으로 있을 국가들에 대해서 다 아신다. 그런 이유 때문에 하나님은 꿈을 통하여 느부갓네살 왕에게 열국의 흥망성쇠<sup>興亡盛衰</sup>라는 비밀을 보여주셨고, 다니엘을 통하여 그 비밀을 계시하셨던 것이다.

# 3. "후일에 될 일"the latter days

다니엘이 왕에게 꿈의 내용을 묘사하고 또 그 꿈의 해석을 알려주기 전에 이런 말을 왕에게 올렸는데, 이 말은 왕의 질문, 곧 "내가 꾼 꿈과 그 해석을 네가 능히 내게 알게 하겠느냐?"에 대한 답변의 일부였다. "오직 은밀한 것을 나타내실 이는 하늘에 계신 하나님이시라; 그가 느부갓네살 왕에게 **후일에 될 일**을 알게 하셨나이다" (단 2:28). 이 대답에서 다니엘은 또 다시 중요한 표현을 했는데, 그것은 "후일에 될 일"이었다.

다니엘이 28절에서 "후일에 될 일"이라고 했는데, 29절에서는 "장래 일"이라는 말을 두 번씩이나 사용하여 앞 절에서 사용한 "후일에 될 일"을 보충하여 설명하였다. "후일에 될 일," 곧 "장래 일"은 그 표현이 뜻하는 대로, 현재의 일을 가리키지 않는다. 다니엘이 사용한 이 두 가지 표현은 다니엘이 기록한 책을 이해하는데 열쇠가 될 수 있다. 왜냐하면 하나님은 다니엘을 통하여 먼 훗날에 일어날 일을 계시하셨기 때문이다.

그렇다면 하나님이 느부갓네살 왕에게 꿈으로 보여주시고, 또 다니엘을 통하여 해석하게 하신 "후일에 될 일"은 구체적으로 무엇을 가리키는가? 물론 앞으로 다니엘이 펼쳐지면서 "후일에 될 일"이 확실히 그리고 상당히 상세하게 전개될 것이지만, 우선 여기에서 그 개략槪略을 집고 넘어가자. "후일에 될 일"은 크게 세 가지인데, 첫째는 인류 역사의 마지막을 가리킨다. 역사는 종말을 향하여 한걸음씩 가고 있는 것이다.

"후일에 될 일," 곧 "장래 일"의 두 번째는 메시야의 도래到來이다. 두말할 필요도 없이 메시야는 예수 그리스도이시다. 그분은 히브리어로는 메시야라고 불리나, 헬라어로는 그리스도라고 불린다. 메시야와 그리스도는 똑같이 "기름부음을 받은 자"의 뜻이다. 물론 다니엘 시대의 유대인들은 아직 헬라어에 접한 적이 없기 때문에 그리스도라는 칭호를 알지 못하고, 메시야로만 알고 있었다. 그들에게 알려진 메시야는 어떤 분인가?

비록 유대인들이 바벨론이라는 이방국가에 의하여 포로가 되었지만, 그래도 어느 날 메시야가 나타나서 그들을 해방시키실 뿐 아니라, 그들로 하여금 세상을 통치하게 하실 것이라고 믿고 있었다. 유대인들에게는 메시야의 출현이 유일한 소망이었다. 그런데 다니엘을 통하여 그들이 그처럼 소망하던 메시야가 나타날 것을 하나님은 다니엘에게 보여주셨던 것이다. 그런 이유 때문에 다니엘은 유대인들에게 엄청나게 중요한 성경이었다.

"후일에 될 일"의 세 번째는 하나님의 나라, 곧 천국의 출현이다. 그 천국의 통치자는 두말할 필요도 없이 메시야이시다. 그렇게 메시야이신 예수 그리스도가 통치하는 하나님의 나라에서는 어떤 죄악이나 불의도 없을 것이다. 거기에는 평화만 있고 전쟁은 없을 것이다; "무리가 그들의 칼을 쳐서 보습을 만들고 그들의 창을 쳐서 낫을 만들 것이며, 이 나라와 저 나라가 다시는 칼을 들고 서로 치지 아니하며 다시는 전쟁을 연습하지 아니하리라" (사 2:4).

## 4. "해석"interpretation

하나님에게는 은밀한 것이 하나도 없으며, 그런 이유 때문에 하나님은 모든 것을 아시는 전지(全知)의 하나님이시다. 그러나 인간은 그렇지 않다. 유한(有限)한 인간은 내일 일을 알지 못한다. 내일도 모르는데, 마지막 때의 일을 어떻게 알 수 있겠는가? 그뿐아니라, 인간은 하나님의 비밀을 알 수 없다. 하나님의 비밀을 아는 방법이 하나 있긴 있는데, 그것은 하나님이 인간에게 알려주실 때뿐이다.

인간에게 하나님이 알려주시는 것을 계시라고 이미 말했다. 그렇다고 하나님이 모든 사람에게 비밀을 알려주지 않으신다. 어떤 특정한 사람에게 보여주시면, 그것을 해석하는 사람이 있어야 한다. 그 해석을 통하여 하나님의 비밀이 사람들에게 알려지는 것이다. 그렇다! 하나님은 느부갓네살에게 꿈으로 당신의 비밀을 보여주셨고, 다니엘의 해석을 통하여 많은 사람들에게 그비밀의 뜻을 알려주셨다.

그런 이유 때문에 이 장의 본문에서 다니엘은 "해석"이라는 중요한 단어를 사용하였다. 그것도 한 번이 아니라, 네 번씩이나 사용하였다 (2:24, 25, 26, 30). 다니엘의 해석이 없었다면, 아무도 "은밀한 것"과 "후일에 될 일"을 확실하게 그리고 구체적으로 알 수 없었을 것이다. 그러니까 두말할 필요도 없이 해석의 목적은 "알려주기" 위한 것이다. 그러므로 이 장에서 "안다"라는 동사가 자그마치 7번이나 나온다 (2:24, 25, 26, 28, 29, 30-2회).

그렇다면 "은밀한 것"과 "후일에 될 일"을 알리는 목적은 무엇인가? 다음과 같이 세 가지 목적을 제시할 수 있을 것이다. 첫째는 하나님을 높이기 위해서이다. 하나님의 비밀이 알려질 때 사람들은 그 하나님을 높이며 영광을 돌리지 않을 수 없을 것이다. 느부갓네살도 하나님을 이렇게 높였다, "너의 하나님은 참으로 모든 신들의 신이시오, 모든 왕의 주재시로다…네 하나님은 또 은밀한 것을 나타내시는 이시로다" (단 2:47).

하나님이 세우신 유다를 멸망시킨 느부갓네살, 하나님의 성전을 무너뜨린 느부갓네살, 하나님의 백성을 무참히 짓밟은 느부갓네살이 이처럼 하나님을 높이다니! 인간적으로는 절대로 가능하지 않은 고백이었다. 그런 고백을 이끌어낸 것은 다니엘의 해석을 통하여 하나님의 "은밀한 것"과 "후일에 될 일"을 알게 되었기 때문이다. 그렇다! "앎"은 모든 비밀의 근원이신 하나님을 높일 수밖에 없다.

둘째로, 그렇게 해석한 사람이 높임을 받게 된다. 다니엘은 포로요 종이었다. 그러나 동시에 그는 하나님의 사람이었다. 하나님은 그에게 꿈의 내용과 그 해석을 보여주심으로 다니엘을 한껏 높이셨다. 하나님은 종종 그런 방법을 사용하셨다. 셋째로, 다니엘의 해석을 듣고 하나님의 비밀을 알게 된 많은 사람들이 하나님을 경외하게 되었다. 인간의 마지막을 알고서 하나님을 경외하지 않는 사람은 별로 없을 것이다.

## 5. 나가면서

사람의 지혜로는 도저히 풀 수 없는 하나님의 "은밀한 것"과

"후일에 될 일"을 하나님은 이방나라의 왕 느부갓네살에게 꿈으로 보여주셨다. 동시에 그 하나님은 다니엘에게도 그 꿈을 보여주시고, 그 뜻을 알려주셨다. 여기에서 다음과 같은 공식을 유출해낼 수 있을 것이다: 하나님→"은밀한 것"→"후에 될 일"→계시→해석→앎. 그 결과도 분명하다: 느부갓네살의 고백→다니엘의 높아짐→많은 사람들의 하나님 경외.

현재에도 하나님은 당신의 "은밀한 것," 곧 비밀을 알려주기를 원하신다. 왜냐하면 그분에게는 비밀이 얼마든지 있기 때문이다. 그 비밀을 깨닫고 또 전할 사람들을 하나님은 찾고 계신다. 여러분과 내가 다음과 같은 세 가지를 행함으로 비밀을 깨닫는 사람이 되자: 첫째, 다니엘처럼 생명을 걸고 하나님을 따르자. 둘째, 다니엘처럼 생명을 걸고 기도하자. 셋째, 다니엘처럼 하나님의 뜻을 성경에서 찾고 순종하자.

# 9 왕의 꿈

"왕이여, 왕이 한 큰 신상을 보셨나이다! 그 신상이 왕의 앞에 섰는데, 크고 광채가 매우 찬란하며 그 모양이 심히 두려우니, 그 우상의 머리는 순금이요, 가슴과 두 팔은 은이요, 배와 넓적다리는 놋이요, 그 종아리는 쇠요, 그 발은 얼마는 쇠요 얼마는 진흙이었나이다. 또 왕이 보신즉, 손대지 아니한 돌이 나와서 신상의 쇠와 진흙의 발을 쳐서 부서뜨리매, 그 때에 쇠와 진흙과 놋과 은과 금이 다 부서져 여름 타작마당의 겨 같이 되어 바람에 불려 간 곳이 없었고, 우상을 친 돌은 태산을 이루어 온 세계에 가득하였나이다."

다니엘 2:31-35

## 1. 들어가면서

다니엘은 느부갓네살 왕에게 "은밀한 것"과 "후일에 될 일"은 하나님만이 아신다고 역설했다. 한 발 더 나아가서, 그 "은밀한 것"과 "후일에 될 일"을 사람에게 계시하시는 분도 하나님뿐이라고 반복해서 증언하였다. 다니엘의 증언을 직접 들어보자, "…우리가 주께 구한 것을 내게 알게 하셨사오니…곧 주께서 왕의 그 일을 내게 보이셨나이다"(단 2:23). 그렇다! 다니엘과 그 친구들의 합심기도를 하나님이 들으시고 다니엘에게 그 꿈을 보여주셨던 것이다.

다니엘은 이제 왕이 꾸고 번민한 그 꿈을 왕에게 그대로 묘사할 터인데, 그렇게 하기 직전에 자신을 조금도 높이지 않으면서, 그 꿈을 그에게 보여주신 분은 전지全知의 하나님이시었다고 강조했다. 그의 증언을 더 들어보자, "오직 은밀한 것을 나타내실 이는 하늘에 계신 하나님이시라"(단 2:28). 그렇다고 하나님께서 아무 이유도 없이 느부갓네살 왕이 꾼 꿈을 다니엘에게 보여주신 것은 아니었다.

다니엘은 그 이유도 왕에게 알렸다, "…왕이 마음으로 생각하던 것을 왕에게 알려주려 하심이니이다"(단 2:30). 그렇다면 왕은 마음속에 무엇을 생각하고 있었는가? 십중팔구 느부갓네살 왕은 그가 세운 왕국의 영광을 생각하고 있었을 것이다. 동시에, 그 왕국의 장래를 생각하며 마음은 크게 부풀어 있었을 것이다. 그때 그 왕국의 불행한 장래를 암시하는 듯한 불길한 꿈을 꾸었는데, 그 꿈의 해석을 알지 않으면 안 된다는 강박관념에 사로잡혀 있었다.

왕이 꿈을 꾼 신상

## 2. 신상神像

다니엘의 묘사에 의하면, 느부갓네살 왕이 환상 중에 본 것은 신상이었다. 갑자기 왕 앞에 한 신상이 나타났는데, 그 신상이 왕을 압도하듯 그 앞에 서있었다. 다니엘은 그 신상을 크게 두 가지로 묘사했는데, 하나는 신상의 모양을 묘사했고, 다른 하나는 신상의 재료를 묘사했다. 먼저, 다니엘이 묘사한 그 신상의 모양을 보면 다음과 같은 세 가지 특징을 지니고 있었는데, 첫째는 그 신상이 컸다는 것이었다.

그 신상이 얼마나 컸는지 정확하게는 알 수 없으나, 대단히 큰 신상임에 틀림없었다. 그렇지 않다면, "한 큰 신상이 왕의 앞에 섰다"고 묘사했을 이유가 없었을 것이다. 느부갓네살 왕이 후에 큰 신상 하나를 만들었는데, 높이가 60규빗이나 되었다 (단 3:1). 그것을 환산하면 대략 30m나 되었는데, 아파트의 11층의 높이에 해당된다. 느부갓네살이 그처럼 높은 신상을 세운 것은 틀림없이 그가 꿈에 본 큰 신상을 따라 만들었을 것이다.

그처럼 큰 신상의 두 번째 특징은 "광채가 매우 찬란하다"라고 묘사되었다. 그 신상이 찬란한 광채를 발하고 있다는 묘사는 그 신상을 하나님이 보여주셨다는 사실을 나타내는데, 그 이유는 느부갓네살 왕이 세운 거대한 신상이 비록 순금으로 만들어졌지만, 그처럼 찬란한 광채를 드러내지 못했기 때문이다. 하나님이 왕에게 보여주셨고, 또 다니엘에게도 보여주신 그 거대한 신상은 "광채가 매우 찬란했다."

그처럼 크면서도 광채를 발하는 신상의 세 번째 특징은 "그 모양이 심히 두려웠다." 그렇다! 하나님이 보여주셨다는 것은 간접적으로 하나님이 나타나셨다는 뜻이기도 한데, 그분의 임재는 언제나 두려움을 일으켰다. 하나님이 느부갓네살 왕에게 그 신상을 꿈으로 보여주셨을 때, 왕이 번민하며 잠을 이루지 못한 이유가 드러난 것이다. 그런데 다니엘조차도 하나님이 나타내신 그 신상을 보고 심히 두려워했던 것이다.

그 다음, 다니엘이 묘사한 그 신상의 재료는 너무나 이상하였다. 왜냐하면 그 재료는 느부갓네살 왕이 만든 신상과는 달리 여러 가지였기 때문이었다. 왕은 금이라는 재료를 사용하여 신상을 만들었는데, 하나님이 직접 느부갓네살 왕과 다니엘에게 보여주신 신상은 한 가지 재료가 아니었다. 그렇게 여러 가지 재료로 만들어진 신상은 인류 역사에서 한 번도 없었던 것이었다. 정말로 두려움을 일으킬만한 신상이었다.

그렇다면 그 신상은 어떤 재료들로 구성되어 있었는가? 그 재료는 자그마치 다섯 가지나 되었는데, 곧 순금과 은, 동과 쇠, 그리고 진흙이었다. 그 배합도 두려움을 자아내기에 충분했는데, 머리는 순금으로 만들어졌고, 가슴과 두 팔은 은으로, 배와 넓적다리는 놋으로, 종아리는 쇠로, 그리고 발은 쇠와 진흙으로 섞여서 각각 만들어졌기 때문이다. 이처럼 여러 가지 재료로 만들어졌기에 여러 가지 색깔을 발하는 신상은 정말 두려운 것이었다.


## 3. 신상의 재료

하나님이 느부갓네살 왕에게 꿈으로 보여주셨고, 또 다니엘에게 다시 보여준 크고도 찬란한 그 신상은 위에서 언급한 것처럼 다섯 가지 재료로 구성되었다. 금과 은은 전통적으로 보석寶石을 대표하는 광물로 간주되었다. 그런 이유 때문에 금과 은은 종종 영광과 존귀를 나타내는 보석이었다. 그러므로 그 보석을 정치에 적용하면 맨 위에 있는 통치자를 상징하며, 종교에 적용하면 대표를 상징한다.

반면, 놋과 쇠는 금과 은만큼 가치는 없지만, 그래도 그 쓰임새는 매우 중요하다. 왜냐하면 놋과 쇠는 강하고도 단단한 광물이기 때문이다. 그런 이유 때문에 종종 놋과 쇠는 전쟁의 도구가 되었다. 흔히 갑옷과 방패는 놋으로 만들어졌고, 칼과 창은 쇠로 만들어졌다. 그러니까 놋과 쇠는 비록 금과 은에 비해 가치는 떨어지지만, 없어서는 안 될 귀중한 재료였다. 그렇게 만들어진 칼과 창으로 사정없이 사람들을 죽이고 상하게 하기도 했다.

마지막으로 나오는 진흙은 위의 네 가지 광물鑛物과 전혀 다르다. 진흙으로 꽃병과 그릇을 만들 수 있으나, 그것들은 언제든지 깨어질 수 있다. 결국, 진흙은 위의 광물에 비해서 훨씬 연약할 뿐 아니라, 한시적이다. 다시 말해서, 진흙은 금, 은, 놋, 쇠에 비하여 오래 가지 못한다. 그뿐 아니라 진흙은 위의 네 가지 광물보다 가치가 훨씬 떨어진다. 이처럼 약한 진흙이 이 거대한 신상 밑에 있기 때문에 쉽게 부서졌는지도 모른다.

거대하고도 찬란한 신상이 만들어진 다섯 가지 재료 때문에 이 신상의 특징을 다음과 같이 두 가지로 유추類推해 볼 수 있을 것이다. 첫째로 그 가치를 따져보자. 신상의 머리는 순금으로 되어 있으니, 머리의 가치는 그야말로 절정이었다. 그 다음, 가슴과 두 팔은 은으로 되어 있으니, 그 가치는 머리만 못하다. 그러나 놋으로 된 배와 넓적다리보다는 그 가치가 훨씬 크다. 다른 말로, 배와 넓적다리는 가슴과 두 팔만큼 가치가 없다.

종아리를 이루고 있는 쇠는 그 가치에 있어서 놋보다 훨씬 떨어진다. 놋과 쇠는 너무나 가치에 차이가 있어 비교할 수 없을 정도이다. 마지막으로, 종아리 밑에 자리한 발은 쇠와 진흙으로 되어 있으니, 그 가치는 이루 말할 수 없이 떨어진다. 그나마 쇠가 섞여있기에 겨우 그 가치를 인정받을 정도이다. 한 마디로 말해서, 이 신상은 위로부터 아래로 갈수록 그 가치가 떨어진 재료로 된 특징이 있다.

다섯 가지 재료로 된 신상의 둘째 특징은 세상 지향적이다. 다른 말로 말하면, 위에서부터 아래로 내려가면서 묘사되었다. 땅으로 내려가는 세상 지향적이라고 할 수 있다. 갈수록 하나님을 멀리하고, 갈수록 사람을 중요시 하지 않는 모습을 함축한다고 할 수 있다. 사람을 중시하지 않는다는 것은 사람을 무시하며, 사람에 대하여 잔인하다는 것도 함축한다고 할 수 있다. 느부갓네살 왕과 다니엘에게 하나님이 보여준 신상의 특징이다.


## 4. 돌의 출현

그런데 무엇보다도 느부갓네살 왕으로 하여금 잠을 이루지 못하게 하고 번민하게 한 환상은 마지막으로 나타난 현상 때문이었을 것이다. 그처럼 크고 찬란하고 두려움을 자아내는 신상이 갑자기 나타난 돌에 의하여 파괴되었기 때문이다. 이 말씀은 왕과 다니엘은 물론 유대인과 그리스도인에게도 중요한 만큼 다시 인용해보자: "또 왕이 보신즉 손대지 아니한 돌이 나와서 신상의 쇠와 진흙의 발을 쳐서 부서뜨리매"(2:34).

이런 환상을 보고 느부갓네살 왕은 불길한 예감이 들었을 터이고, 두려운 마음도 생겼을 것이다. 어떻게 금과 은과 놋과 쇠와 흙으로 만들어진 거대한 신상이 갑자기 나타난 돌에 의하여 부서질 수 있었을까? 혹시 그 신상은 바벨론과 자신을 상징하지는 않는가? 만일 그렇다면 세계를 호령하는 바벨론과 자신도 무너질 수 있단 말인가? 바벨론과 자신이 무너진다면, 그 돌은 무엇이며 누구인가?

느부갓네살 왕이 꿈에 본 환상은 거기에서 끝나지 않았다. 다니엘의 묘사를 계속 들어보자, "그 때에 쇠와 진흙과 놋과 은과 금이 다 부서져…" 그런데 그 신상이 부서지는 과정도 너무나 선명했는데, 곧 발에서부터 부서졌다는 것이다. 그 돌이 쇠와 흙으로 된 발을 쳐서 부서뜨리니까, 차례로 그 위의 놋으로 된 배와 넓적다리가 부서지고, 그 다음 은으로 된 가슴과 두 팔이 부서지고, 마지막으로 금으로 된 머리가 부서졌다.

그렇게 부서진 거대한 신상은 산산조각이 나서 땅바닥에 흩어져 버렸는가? 인간적으로 생각하면 당연히 그래야 했다. 그러나 그 꿈에 의하면 그렇게 되지 않았다. 그렇게 단단한 광물로 된 신상이 부서지자, 더 이상 쇠붙이가 아니었다. 다니엘은 이렇게 묘사했다, "여름 타작마당의 겨 같이 되어 바람에 불려 간 곳이 없었고." 어떻게 쇠붙이가 겨 같이 되어 바람에 날려간단 말인가? 왕이 이런 꿈을 꾸고 번민한 것은 당연하지 않는가?

그 다음으로 이어지는 다니엘의 묘사를 보면 참으로 당돌하다고 밖에 달리는 말할 수 없다. 그러나 그 꿈도 보여주시고, 해석도 알려주신 하나님을 의지하면서 한 말을 들어보자, "우상을 친 돌은 태산을 이루어 온 세계에 가득하였나이다." 여기에서 다니엘은 그 신상을 "우상"이라고 설명하였다. 우상이라는 표현은 인간이 만들어서 섬긴다는 사실을 함축하고 있다. 비록 그 우상이 크고 찬란했지만, 우상은 어디까지나 우상에 지나지 않았다. 그런 우상을 "손대지 아니한 돌"이 부서뜨렸던 것이다.

우상을 부서뜨린 "손대지 아니한 돌"은 인간이 만들지 않은 것이었다. 비록 그 돌은 가치가 없고 또 쇠붙이처럼 단단하지도 않지만, 그 신상을 부서뜨렸다. 그리고 그 돌은 "태산을 이루었는데," 그 표현은 큰 산이 되었다는 뜻이다. 도대체 얼마나 큰 산이 되었는가? 다니엘은 "온 세계에 가득할" 만큼 큰 산이 되었다고 묘사했다. 이렇게 큰 산은 세상에 없다. 그러니 그 산은 이 세상에 속하지 않은 것임에 틀림없다.


## 5. 나가면서

느부갓네살 왕이 꿈에 본 그 환상을 다니엘도 보았다. 그런데 이 사건을 좀 더 자세히 살펴보면 꿈을 꾸게 하신 분은 하나님이셨다. 하나님이 왕의 머릿속에 신상과 돌을 꿈으로 보여주셨다. 그리고 그 꿈으로 인하여 왕은 번민하고 잠도 이루지 못했다. 그는 번민하면서 그 꿈의 뜻을 알기를 원했다. 그 꿈의 뜻을 알지 못한다면 그는 미칠지도 모를 정도까지 되었다. 그렇지 않다면 그 꿈을 알지 못하는 모든 지혜자들을 죽이라고 했겠는가?

그렇다! 우리 그리스도인들도 하나님의 역사를 눈여겨보아야 한다. 하나님은 그 손길을 꿈으로 보여주실 수 있다. 어떤 때는 사건을 통해서도 그 손길을 보여주실 수 있다. 예를 들면, 큰 지진과 많은 사람들의 죽음이다. 또 어떤 때는 특별한 인물을 통해서도 보여주실 수 있다. 마지막 때의 적그리스도가 좋은 실례이다. 우리 그리스도인들은 하나님의 손길을 보기 위하여 다니엘과 그의 친구들이 기도한 것처럼 기도해야 할 것이다.

# 10 다니엘의 해석

"그 꿈이 이러한즉 내가 이제 그 해석을 왕 앞에 아뢰리이다. 왕이
여 왕은 여러 왕들 중의 왕이시라; 하늘의 하나님이 나라와 권세와
능력과 영광을 왕에게 주셨고, 사람들과 들짐승과 공중의 새들, 어
느 곳에 있는 것을 막론하고 그것들을 왕의 손에 넘기사 다 다스리
게 하셨으니, 왕은 곧 그 금 머리니이다. 왕을 뒤이어 왕보다 못한
다른 나라가 일어날 것이요. 셋째로 또 놋 같은 나라가 일어나서 온
세계를 다스릴 것이며, 넷째 나라는 강하기가 쇠 같으리니 쇠는 모
든 물건을 부서뜨리고 이기는 것이라. 쇠가 모든 것을 부수는 것 같
이 그 나라가 못 나라를 부서뜨리고 찧을 것이며, 왕께서 그 발과
발가락이 얼마는 토기장이의 진흙이요 얼마는 쇠인 것을 보셨은즉,
그 나라가 나누일 것이며, 왕께서 쇠와 진흙이 섞인 것을 보셨은즉,
그 나라가 쇠 같은 든든함이 있을 것이나 그 발가락이 얼마는 쇠요
얼마는 진흙인즉, 그 나라가 얼마는 든든하고 얼마는 부서질 만할
것이며, 왕께서 쇠와 진흙이 섞인 것을 보셨은즉, 그들이 다른 민족
과 서로 섞일 것이나 그들이 피차에 합하지 아니함이 쇠와 진흙이
합하지 않음과 같으리이다. 이 여러 왕들의 시대에 하늘의 하나님
이 한 나라를 세우시리니, 이것은 영원히 망하지도 아니할 것이요
그 국권이 다른 백성에게로 돌아가지도 아니할 것이요 도리어 이
모든 나라를 쳐서 멸망시키고 영원히 설 것이라. 손대지 아니한 돌
이 산에서 나와서 쇠와 놋과 진흙과 은과 금을 부서뜨린 것을 왕께
서 보신 것은 크신 하나님이 장래 일을 왕께 알게 하신 것이라. 이
꿈은 참되고 이 해석은 확실하니이다."

다니엘 2:36-45

## 1. 들어가면서

다니엘은 지난 장에서 살펴본 대로 먼저 왕의 꿈을 묘사하였
다. 그리고 이번 장에서 그 꿈의 해석을 왕에게 아뢰기 시작했다.

이미 언급한 바 있지만, 왕이 꾼 꿈은 다른 사람에게는 "은밀한 것"이었다. 왕 이외에는 어떤 사람도 알 수 없는 "비밀"이었다. 그러나 모든 것을 아시는 하나님은 그 "은밀한 것"을 다니엘에게 계시로 알려주셨다. 그것은 금과 은과 놋과 쇠와 흙으로 이루어진 큰 신상이었다. 하나님만이 보여주실 수 있는 기적이었다!

다섯 가지 재료로 이루어진 큰 신상을 보기는 보았어도, 그것을 해석한다는 것은 또 다른 기적이 없으면 절대로 가능하지 않았다. 인간적으로는 어떤 사람도 그 신상의 뜻을 해석할 수 없었는데, 그 이유는 간단하다! 그 신상은 현재의 일이 아니라, "장래의 일"이었기 때문이다. 어떻게 사람이 "장래의 일"을 알 수 있는가? 지난 장에서 본 대로, "장래의 일"은 "후일에 될 일"이기도 했다. 하나님이 베푸신 기적이 없었다면 다니엘도 해석할 수 없었다.

물론 기적이라는 단어는 사람이 표현한 것이다. 사람의 이성과 경험으로는 해석될 수 없는 일을 기적이라고 한다. 바로 이성과 경험을 초월한 "장래의 일"을 다니엘이 해석했기 때문에 그것도 역시 기적이었다. 그러나, 하나님은 사람의 시간과 공간을 초월하여 처음부터 마지막까지를 아시는 전지(全知)의 하나님이시기에, 다니엘에게 "장래의 일"을 알려주셨으며, 또 그로 하여금 왕에게 해석을 아뢸 수 있게 하셨던 것이다.

## 2. 신상의 묘사

왕이 꿈에 본 신상은 금 머리와 은 가슴과 팔, 놋 배와 넓적다리, 쇠 종아리 및 쇠와 흙 발이었다. 그런데 다니엘의 해석에 의하면, 금 머리는 바벨론 제국을 다스리는 느부갓네살 왕이라는 것이다. 바벨론 제국은 주전 612년경부터 주전 539년까지 맹위를 떨쳤다. 다니엘의 해석을 직접 들어보자, "…하늘의 하나님이 나라와 권세와 능력과 영광을 왕에게 주셨고…그것들을 왕의 손에 넘기사 다 다스리게 하셨으니, 왕은 곧 그 금 머리니이다" (단 2:37-38).

그 밑으로 내려와서 은으로 된 가슴과 두 팔도 역시 다른 제국을 가리켰는데, 다니엘의 해석에 의하면, 그 나라는 "왕을 뒤이어 왕보다 못한 다른 나라가 일어날 것이다" (단 2:39a). 역사적으로 볼 때 바벨론 제국을 멸망시키고 세계를 지배한 제국은 메데 바사였다 (주전 539~주전 331, 단 8:20-21). 그런데 메데 바사는 영토가 바벨론보다 컸는데도 "왕보다 못한 다른 나라"라고 한 것은 그 나라의 영향력이나 국력이 바벨론보다 적었기 때문이었다.

가슴과 두 팔 아래에 자리한 놋으로 된 배와 넓적다리도 역시 다른 제국을 가리켰는데, 그 제국의 특징은 "온 세계를 다스릴 것"이었다. 그 메데 바사 다음으로 일어나서 세계를 지배한 제국은 헬라였다. 헬라에서 알렉산더 대왕이 혜성같이 나타나서 좌충우돌左衝右突하면서 세계를 지배하는 거대한 제국을 이루었던 것이다. 비록 그 대왕은 일찍 죽었지만, 그 휘하에 있던 장군들에 의하여 명맥을 유지하였다 (주전 333~주전 63).

배와 넓적다리 아래에 위치한 종아리는 쇠로 이루어졌는데, 그것도 역시 또 다른 제국을 가리켰다. 이 나라는 헬라제국 후 주전 63년경부터 역사에 등장한 로마제국인데, 다니엘의 해석에 의하면, 로마는 모든 것을 부서뜨리는 쇠 같이 강한 제국이었다. 그의 묘사를 직접 들어보자, "…쇠는 모든 물건을 부서뜨리고 이기는 것이라. 쇠가 모든 것을 부수는 것 같이 그 나라가 뭇 나라를 부서뜨리고 찧을 것이라" (단 2:40).

종아리 아래, 그러니까 그 신상 맨 밑에 자리한 발과 발가락은 쇠와 진흙이 섞여서 이루어진 로마연합국을 가리킨다. 이 나라는 쇠의 특성을 지니고 있어서 매우 든든한 제국이나, 동시에 진흙의 특성도 지니고 있어서 잘 부서질 수 있었다. 이 로마연합국은 여러 민족이 섞여 있기에 항상 분열될 수 있는 가능성을 지닌 약점을 가지고 있었다. 그런 이유 때문에 마침내 그 제국은 한 돌에 의하며 멸망을 당하게 될 것이다.

느부갓네살이 꾼 꿈, 그리고 다니엘의 해석, 이것은 기적 중의 기적이었다. 느부갓네살이 통치하던 시대에 메데 바사는 바벨론의 작은 고을에 지나지 않았다. 헬라는 여기저기로 배회하는 매우 작은 족속이었다. 로마는 타이버 the Tiber River 강변에 자리한 무명의 작은 도시였다. 이처럼 미미한 존재들이 세계를 지배하는 대제국이 될 것을 누가 알았겠는가? 다니엘도 하나님이 보여주셨기에 그 제국들에 대하여 해석할 수 있었던 것이다.

# 3. 금 머리

역사적으로 볼 때 바벨론보다 영토는 보다 광대하고 영향력도 훨씬 더 막강한 제국도 있었다. 그런데 왜 바벨론의 지배자인 느부갓네살이 금 머리인가? 다니엘의 해석을 다시 보자: "왕이여, 왕은 여러 왕들 중의 왕이시라. 하늘의 하나님이 나라와 권세와 능력과 영광을 왕에게 주셨고, 사람들과 들짐승과 공중의 새들, 어느 곳에 있는 것을 막론하고 그것들을 왕의 손에 넘기사 다 다스리게 하셨으니, 왕은 곧 그 금 머리니이다"(단 2;37-38).

다니엘이 왕에게 아뢴 말씀에 의하면, 느부갓네살이 금 머리인 이유가 세 가지였다. 첫째는 그가 "왕은 여러 왕들 중의 왕이기" 때문이었다. "왕들 중의 왕"이라는 표현은 느부갓네살이 세상의 많은 왕들보다도 특출하다는 뜻이었다. 물론 다니엘의 해석은 하나님이 허락하신 것이기에 하나님의 해석이기도 했다. 그런 칭호는 예수 그리스도에게나 적용되는 것인데 (계 15:3, 17:14, 19:16), 이방의 왕을 그렇게 불렀다니 특별한 이유가 있는 것이 틀림없다.

느부갓네살 왕이 금 머리인 둘째 이유는 하나님이 그에게 "나라와 권세와 능력과 영광"을 주셨기 때문이다. 원래 "나라와 권세와 능력과 영광"은 하나님에게만 있는 속성屬性이었다. 예수 그리스도도 주기도문에서 이런 고백을 하신 바 있으셨다, "나라와 권세와 영광이 아버지께 영원히 있사옵나이다"(마 6:13). 결국, 하나님은 당신에게만 있는 그런 특별한 속성을 이방의 왕에게 허락하셨다는 것은 느부갓네살의 특별한 역할 때문이었을 것이다.

느부갓네살 왕이 금 머리인 셋째 이유는 하나님이 그에게 특별한 통치권을 주셨기 때문이다. 다니엘의 말을 다시 보자, "사람들과 들짐승과 공중의 새들, 어느 곳에 있는 것을 막론하고 그것들을 왕의 손에 넘기사 다 다스리게 하셨으니." 이런 통치권은 하나님이 처음 창조하신 아담에게만 주어졌었다 (창 1:28). 최초의 사람인 아담이 하나님을 대리하여 삼라만상森羅萬象을 다스릴 수 있는 권세를 받은 것처럼, 바벨론제국의 느부갓네살 왕도 그와 유사한 막강한 권세를 하나님에게 받았기에 그는 금 머리였다.

그렇다면 어떤 목적을 위하여 하나님은 느부갓네살에게 그처럼 엄청난 특권을 주셨는가? 그 이유는 그가 세계의 역사를 바꾸었기 때문이다. 하나님은 모든 인간에 대한 사랑을 여러 모양으로 표현하셨는데, 그 표현은 창세기 1~11장에서 찾을 수 있다. 그것은 바로 세계의 역사였다. 그런데 그 사랑이 거듭 거부되자, 하나님은 다른 방법을 통하여 세계를 구원하시기로 작정하셨는데, 곧 이스라엘과 예수 그리스도를 통한 것이었다. 그런 이유 때문에 창세기 12장부터 성경에 기록된 세계의 역사는 이스라엘의 역사를 중심으로 이루어졌다.

그런데 이스라엘 중심의 하나님 역사를 세계중심의 역사로 다시 바꾼 사람이 바로 바벨론의 느부갓네살 왕이었다. 그는 이스라엘을 멸망시키고 성전을 파괴함으로, 이스라엘의 역사에 종지부를 찍었다. 그때부터 이스라엘은 세계역사의 일부에 지나지 않았다. 왜냐하면 하나님은 다시 세계를 직접 다루셨기 때문이다. 그렇게 펼쳐진 세계가 바로 바벨론제국, 메데 바사제국, 헬라제국, 로마제국 등이었다. 이스라엘은 그들의 일부에 지나지 않았던 것이다.

## 4. 하나님의 나라

세계의 역사는 언제까지 계속될 것인가? 끝없이 나라들이 바뀌면서 계속될 것인가? 하나님의 선민인 이스라엘은 언제까지 강대한 제국들 사이에서 신음해야 하는가? 인류에 대한 하나님의 사랑은 언제 펼쳐질 것인가? 하나님이 특별히 사랑하시어 언약의 백성으로 삼으신 이스라엘은 언제 다시 인류 역사의 중심에 서게 될 것인가? 이런 모든 질문에 대한 대답이 바로 영원한 하나님의 나라의 도래到來이다.

느부갓네살이 꿈으로 보고, 다니엘이 해석한 "장래의 일"에 대한 그의 설명을 들어보자, "이 여러 왕들의 시대에 하늘의 하나님이 한 나라를 세우시리니, 이것은 영원히 망하지도 아니할 것이요, 그 국권이 다른 백성에게로 돌아가지도 아니할 것이요, 도리어 이 모든 나라를 쳐서 멸망시키고 영원히 설 것이라" (단 2:44). 이 나라는 왕의 꿈에서 "손대지 아니한 돌이 나와서 신상의 쇠와 진흙의 발을 부서뜨린" 바로 그 돌이었다 (단 2:34).

그렇다면 "그 돌"은 누구를 가리키는가? 물론 예수 그리스도를 가리킨다! 그분은 처음에는 십자가에서 죽는 수모를 당하셨지만, 다시 오실 때에는 신상을 깨뜨리는 "그 돌"이시었다. 그분이 직접 인용하신 말씀을 들어보자: "…'그러면 기록된 바, 건축자들의 버린 돌이 모퉁이의 머릿돌이 되었느니라' 함이 어찜이냐? 무릇 이 돌 위에 떨어지는 자는 깨어지겠고, 이 돌이 사람 위에 떨어지면 그를 가루로 만들어 흩으리라" (눅 20:17-18).

그렇다! 세계를 좌지우지하던 열국들을 엎어버리고, 새로운 나라, 영원한 나라, 망하지 않을 나라를 세우실 분은 다른 분이 아닌 예수 그리스도이시다. 그분은 하나님이 정하신 때에 홀연히 나타나셔서 하나님의 나라를 세우실 것이다. 하나님의 나라는 인간이 세운 또 다른 나라가 아니라, 완전히 새롭고 초자연적인 나라이다. 그 하나님의 나라가 이 지구상에 우뚝 서게 될 것이다. 그때에 바로 세계의 역사는 끝이 난다.

세계의 역사가 끝나면서 동시에 이스라엘이 다시 역사의 중심에 서게 될 것이다. 하나님이 창세기 1~11장에서 세계를 다루시다가 12장부터 이스라엘을 다루시듯, 세계의 역사 끝에 하나님은 다시 이스라엘을 역사의 주인공으로 등장시키실 것이다. 바벨론의 포로로 잡혀간 유대인들이 그렇게 학수고대(鶴首苦待)하며 기다렸던 대로, 그들은 세계를 통치하게 될 것이다. 물론 하나님이 세우신 나라이기에 그들은 하나님과 더불어 세계를 통치할 것이다.

그 하나님의 나라가 바로 천년왕국이다. 그 왕국을 세우기 위하여 세계를 인간적으로 그리고 잔인하게 지배하던 열국들을 멸망시킬 것이다. 다른 말로 하면, 한 때 하나님의 도구였던 열국들이 그들의 잔인성과 불의에 대하여 심판을 받게 될 것이다. 그리고 그들이 십자가에 못 박은 예수 그리스도가 왕 중의 왕으로서 천년왕국을 세우시고, 세계를 통치하실 것이다. 어떤 인간도 이루지 못한 세계의 평화를 이루실 것이다.

## 5. 나가면서

느부갓네살이 꿈에 보고 다니엘이 해석한 것은 너무나도 놀라운 예언이었으며, 너무나도 놀랍게 역사적으로 성취된 예언이었다. 하나님만이 보실 수 있는 가까운 장래와 먼 장래를 이 두 사람에게 보여주셨던 것이다. 결국, 역사는 인간이 만들어가는 것처럼 보일지 몰라도, 실제로는 하나님의 계획과 섭리 가운데서 이루어지는 것이다. 궁극적으로는 인간의 역사가 아니라 하나님의 역사인 것이다.

다니엘의 해석과 역사적 성취를 보면서, 우리 그리스도인은 하나님을 깊이 신뢰할 수밖에 없다. 그런 하나님이 우리를 자녀로 삼아주신 것에 감사하자. 그뿐 아니라, 그런 예언이 수십 년, 수백 년, 수천 년 전에 기록된 하나님의 말씀을 깊이 신뢰할 수밖에 없다. 그리고 정말 신뢰한다면 우리는 어떤 방법으로든지 하나님의 말씀에 깊이 들어가야 할 것이다. 그리할 때 우리도 다니엘처럼 하나님과 동행하는 특권을 누릴 수 있을 것이다.

# 11 느부갓네살의 반응

"이에 느부갓네살 왕이 엎드려 다니엘에게 절하고, 명하여 예
물과 향품을 그에게 주게 하니라. 왕이 대답하여 다니엘에게 이
르되, '너희 하나님은 참으로 모든 신들의 신이시오, 모든 왕의
주재시로다. 네가 능히 이 은밀한 것을 나타내었으니, 네 하나
님은 또 은밀한 것을 나타내시는 이시로다.' 왕이 이에 다니엘
을 높여 귀한 선물을 많이 주며, 그를 세워 바벨론 온 지방을 다
스리게 하며, 또 바벨론 모든 지혜자의 어른을 삼았으며, 왕이
또 다니엘의 요구대로 사드락과 메삭과 아벳느고를 세워 바벨
론 지방의 일을 다스리게 하였고, 다니엘은 왕궁에 있었더라."

다니엘 2:46-49

## 1. 들어가면서

앞장에서 살펴본 대로, 다니엘은 느부갓네살 왕의 꿈을 그대
로 묘사했을 뿐 아니라, 그 꿈에 대한 해석을 소상하게 알려드렸
다. 그런데 그 꿈의 해석에 의하면, 금, 은, 놋, 쇠, 흙으로 만들
어진 신상은 바벨론을 비롯한 메데 바사, 헬라, 로마 제국에 대
한 예언이었다. 그뿐 아니라, 사람이 손대지 않은 돌이 나타나서
그 신상을 산산조각 내어버렸을 뿐 아니라, 이 지구상에서 그 흔
적도 찾아볼 수 없게 날려 보냈다.

그러니까 하나님은 느부갓네살 왕에게 세상의 역사를 한 눈에

볼 수 있는 꿈을 꾸게 하셨고, 동시에 그 꿈을 통하여 세상의 종말에 대해서도 알려주셨던 것이다. 비록 느부갓네살은 이방 나라를 통치하는 이방인 왕이었지만, 하나님은 그에게 역사의 흐름과 종말을 보여주셨다. 또 한편 하나님은 그 역사의 흐름에서 느부갓네살로 하여금 말할 수 없이 중요한 역할을 감당하게 하셨다. 한 마디로 말해서, 그의 역할은 역사의 큰 전환점을 긋는 것이었다.

그의 역할을 보기 위하여 다음의 도해를 참고해보자. 이 도해에 의하면, 하나님이 세계의 역사를 직접 다루신 곳은 창세기 1장부터 11장까지였다. 그 후 하나님은 아브라함을 선택하심으로 이스라엘의 역사를 초점으로 세계의 역사를 이끌어가셨다. 그러나 그것을 다시 세계 역사의 초점으로 바꾸어놓은 사람이 바로 느부갓네살이었다. 그가 하나님의 초점이었던 이스라엘을 멸망시킨 후, 하나님의 초점은 다시 세계로 돌아갔던 것이다.

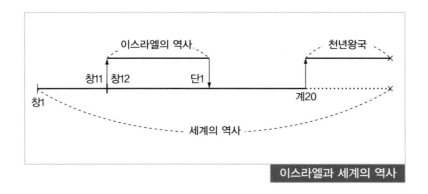

이스라엘과 세계의 역사

## 2. 느부갓네살--낮아짐

다니엘은 느부갓네살의 꿈을 완전히 재현<sup>再現</sup>하였다. 한 치의 오차도 없이 왕이 꾼 꿈을 차례로 묘사했다 (단 2:31-35). 한 발 더 나아가서, 느부갓네살이 요구했던 대로 그 꿈의 해석을 차근차근 설명했다 (단 2:36-45). 이런 묘사와 해석은 인간적으로는 절대로 불가능한 것이었다. 실제로, 느부갓네살 왕조차도 자신 있게 꿈과 그 해석을 알리겠다는 다니엘의 말에 반신반의<sup>半信半疑</sup>하면서 기대하지도 않았을 것이다.

얼마나 느부갓네살은 놀랐겠는가? 그의 꿈을 그렇게 정확하게 묘사하고, 누구도 부인할 수 없을 정도로 분명히 들려준 다니엘의 해석을 듣고서 말이다! 느부갓네살 왕이 그렇게 놀라면서 보여준 최초의 반응은 이런 행위였다, "이에 느부갓네살 왕이 엎드려 다니엘에게 절하고!" 아니, 왕이 다니엘에게 절하다니! 다니엘은 누구인가? 그는 아주 젊은 청년이었다. 그뿐 아니라 그는 느부갓네살이 포로로 데려다가 키운 유대인이었다.

다니엘에게 엎드려 절한 느부갓네살은 누구인가? 그는 다니엘의 나라인 유다를 괴멸<sup>壞滅</sup>시킨 장본인이었다. 그는 많은 나라들을 차례로 무너뜨린 위대한 장군이었다. 유다뿐 아니라, 세계를 그의 손아귀에 넣어버린, 그 결과 세계의 역사를 바꾼 거대한 장군이자 동시에 세계를 호령하는 바벨론이란 거대한 제국의 제왕<sup>帝王</sup>이었다. 그의 말 한마디에 세상 사람들은 벌벌 떨었다. 왜냐하면 그는 절대적인 통치자였기 때문이다.

그뿐 아니었다! 느부갓네살은 그의 목적을 달성하기 위하여 사람들을 닥치는 대로 죽인 사람이었다. 그가 다른 나라들을 침공하면서 인정사정없이 죽인 사람들의 수는 이루 헤아릴 수 없을 만큼 많았을 것이다. 그가 얼마나 잔인했는지 그의 수하에서 존귀한 역할을 감당했던 모든 박수와 술사와 점쟁이들, 곧 바벨론의 지혜자들을 모조리 죽이라고까지 한 사람이었다. 그렇게 잔인한 인간이 어린 다니엘에게 엎드려 절하다니, 있을 수 없는 일이었다.

그렇게 엎드려 절한 느부갓네살은 우상을 섬기는 이방인이었다. 그는 하나님을 섬기는 유다를 섬멸<sup>殲滅</sup>시키면서 하나님의 존재를 거부한 장본인이었다. 반면, 다니엘은 생명을 걸고 하나님을 섬기는 청년이었다. 그 순간--그가 다니엘에게 엎드려 절하는 그 순간, 느부갓네살은 간접적이지만 그가 섬기는 우상도 거부한 셈이고, 우상을 섬기는 자신도 거부한 셈이다. 한 마디로 말해서, 느부갓네살은 거의 제 정신이 아니었을지도 모른다.

느부갓네살이 다니엘에게 엎드려 절한 행위는 인간적으로만 이루어졌다고 보기는 어렵다. 그 배후에는 살아계신 하나님의 압도하는 손길이 있었다. 왜냐하면 하나님은 일찍이 이런 예언을 하셨기 때문이다: "왕들은 네 양부가 되며 왕비들은 네 유모가 될 것이며, 그들이 얼굴을 땅에 대고 네게 절하고 네 발의 티끌을 핥을 것이니, 네가 나를 여호와인 줄을 알리라. 나를 바라는 자는 수치를 당하지 아니하리라" (사 49:23).

## 3. 느부갓네살 - - 고백

느부갓네살 왕은 다니엘에게 엎드려 절만 한 게 아니었다. 그의 행위가 진실임을 입증이라도 하듯, 그는 입을 열어 놀라운 고백을 하였다. 그의 고백을 직접 들어보자: "너희 하나님은 참으로 모든 신들의 신이시오, 모든 왕의 주재시로다. 네가 능히 이 은밀한 것을 나타내었으니, 네 하나님은 또 은밀한 것을 나타내시는 이시로다" (단 2:47). 이 고백에서 느부갓네살은 하나님에 대한 고백을 적어도 세 가지로 했다.

첫 번째 고백은 "너희 하나님은 참으로 모든 신들의 신이시오"였다. 이 고백에서 느부갓네살은 "네 하나님"이라고 하지 않고, "너희 하나님"이라고 함으로, 유대인들의 하나님을 간접적으로라도 인정한 셈이었다. 몸소 하나님의 나라인 유다를 무너뜨리고, 성전의 기물을 바벨론으로 옮겨오면서까지 하나님을 부인<sup>否</sup>認했던 그 왕이 유대인의 하나님을 인정하게 되었다. 그런 고백을 이끌어낸 사람은 다니엘이란 젊은 유대인 청년이었다.

그리고 "모든 신들의 신"이라는 고백은 우상숭배자의 입에서 나올 수 없는 것이었다. 이런 고백은 마치 유대인들이 출애굽 후에 한 고백과도 같은 것이었다. 그 당시 유대인들은 10가지 재앙으로 애굽의 신들을 이기고 그들을 애굽으로부터 건져내신 여호와 하나님을 "모든 신들의 신"이라고 믿었다 (출 5:3). 그 단계를 거쳐서 유대인들은 마침내 하나님을 유일신唯一神으로 받아들이게 되었던 것이다 (신 6:4).

느부갓네살의 두 번째 고백은 "모든 왕의 주재시로다"였다. 이 고백을 영어로 표현하면 이렇다, "Lord of kings!" 이 고백은 참으로 의미심장한 것인데, 그 이유는 다음과 같은 의미 때문이었다: 1) 모든 왕들의 왕권은 하나님이 부여하신 것이다; 2) 그러므로 모든 왕들은 하나님에게 책임을 져야한다; 3) 한 마디로, 하나님이 모든 나라와 왕들을 통치하신다. 느부갓네살 왕을 비롯한 모든 왕들이 하나님의 권세 아래 있다는 고백이었다.

느부갓네살의 세 번째 고백은 다음과 같다, "네가 능히 이 은밀한 것을 나타내었으니, 네 하나님은 또 은밀한 것을 나타내시는 이시로다." 여기에서 "은밀한 것"은 두말할 필요도 없이 느부갓네살 왕이 꾼 꿈이었는데, 그 꿈은 바벨론의 어떤 지혜자도 알 수 없었다. 그러나 다니엘이 그 "은밀한 것"을 알아냈는데, 그런 것이 가능한 것은 다니엘의 배후에 하나님이 계셨다는 고백이었다. 다시 말해서, 하나님에게는 어떤 것도 숨길 수 없다는 고백이었다.

느부갓네살이 고백한 이 세 가지 고백은 이렇게도 표현할 수 있다: 첫째 고백, 곧 "너희 하나님은 참으로 모든 신들의 신이시오"는 그 하나님이 절대자the Absolute라는 고백이었다. 둘째 고백, 곧 "모든 왕의 주재시로다"는 그 하나님이 주권자the Sovereign라는 고백이었다. 그리고 마지막 고백, 곧 "네 하나님은 또 은밀한 것을 나타내시는 이시로다"는 그 하나님이 모든 것을 아시는 하나님, 곧 전지全知의 하나님이시라는 고백이었다.

# 4. 느부갓네살 - 다니엘을 높임

느부갓네살 왕이 다니엘을 한없이 높였는데, 그 방법은 다섯 가지였다. 첫째 방법은 다니엘에게 많은 선물을 주었다. 왕의 명령으로 다니엘은 "예물과 향품"을 받게 되었다. 그뿐 아니었다! "왕이… 다니엘을 높여 귀한 선물을 많이 주었다." 이런 상급은 왕이 약속한 대로였다. 그의 약속을 다시 더듬어보자, "너희가 만일 꿈과 그 해석을 보이면, 너희가 선물과 상과 큰 영광을 내게서 얻으리라"(단 2:6).

느부갓네살이 다니엘을 두 번째로 높인 방법은 다니엘로 하여금 바벨론 제국을 통치할 수 있는 직책을 부여했다. 이 장 본문의 일부를 다시 인용해보자, "그를 세워 바벨론 온 지방을 다스리게 하며." 느부갓네살 왕은 다니엘에게 엎드려 절만 한 것이 아니라, 그 행위에 걸맞게 다니엘을 한껏 높였던 것이다. 이런 행위와 조처는 인간적으로 볼 때 전혀 불가능한 것이었다. 그렇게 젊은 청년으로 그렇게 큰 제국을 통치하게 하다니 기적 중의 기적이었다.

왕이 다니엘을 세 번째로 높인 방법은 그를 모든 지혜자들의 지도자로 임명하였다. 다시 본문을 보자, "또 바벨론 모든 지혜자의 어른을 삼았으며." 이미 누누이 언급한 대로, 바벨론에는 왕의 휘하에 박수와 점쟁이와 술사 등 지혜자들이 있었다. 그들 중에는 연령과 경험에서 뛰어난 인물들도 있었다. 실제로, 왕의 꿈을 해석하라는 명령을 내렸을 때 다니엘은 불림도 받지 못할 정도의 보잘 것 없는 청년에 불과했었다. 그런데 그들의 어른이 되다니!

느부갓네살이 다니엘을 높인 네 번째 방법은 그의 세 친구들도 중용重用한 사실이었다. 다니엘은 함께 마음고생을 하며 함께 생명을 걸고 기도했던 세 친구들을 잊지 않고 왕에게 요청하여, 그들도 지방을 다스리는 직책을 얻게 하였다. 다시 본문을 보자, "왕이 또 다니엘의 요구대로 사드락과 메삭과 아벳느고를 세워 바벨론 지방의 일을 다스리게 하였고." 그러니까 다니엘은 중앙 정부의 고관으로, 그리고 친구들은 지방의 고관으로 각각 다스리게 되었다.

느부갓네살 왕이 다니엘을 높인 다섯 번째 방법은 다니엘로 하여금 왕궁에 상주常住하게 하였다. 다시 본문을 보자, "다니엘은 왕궁에 있었더라." 느부갓네살 왕이 다니엘을 가까이 둔 이유는 시시때때로 생기는 복잡한 문제들을 그의 지혜를 이용하여 빨리 해결하기를 원했기 때문이었을 것이다. 다니엘은 바벨론 제국의 대소사大小事를 왕과 논의하며 결정할 수 있는 가장 높고도 신뢰받는 자리에 올랐던 것이다.

이처럼 하나님을 모르는 이방 지도자 밑에서 다니엘처럼 높아진 사람이 또 있었다. 그는 바로 요셉이었는데, 애굽의 바로 왕은 30세밖에 되지 않은 요셉을 총리로 임명한 적이 있었는데 (창 41:41), 요셉이 바로의 꿈을 해석해주었기 때문이었다. 하나님만을 의지하며 깨끗하게 삶을 영위한 요셉과 다니엘에게 하나님은 "은밀한 것"과 동시에 "장래의 일"을 알려주심으로 그들을 높이셨다. 그리고 하나님은 간접적이지만 그들을 통하여 세계를 통치하셨다.

## 5. 나가면서

그동안 다니엘의 삶을 보면 반전反轉의 연속이었다. 그가 그의 작은 나라를 잃게 되자, 세계를 호령하는 바벨론이라는 큰 나라에 들어가게 되었다. 그가 왕이 하사下賜하는 식음食飮을 거부하자, 그의 용모는 더욱 아름답고 윤택해졌다. 왕이 꾼 꿈을 알릴 뿐 아니라, 그 해석도 하라는 왕의 엄명 때문에 그의 생명은 촌각寸刻을 다투게 되었다. 그러나 그 엄명 때문에 기도했고, 그리고 마침내 하나님이 꿈과 해석을 알려주셨다.

그렇다! 인간의 위기는 하나님에게는 기회였다. 왜냐하면 하나님은 다니엘과 그의 친구들을 세 가지 원리로 다루시기 때문이었다. 그 세 가지 원리는 사랑과 지혜와 능력이었다. 그리스도인들도 때때로 위기를 만날 수 있지만, 그 위기를 기회로 반전시키시는 사랑과 지혜와 능력의 하나님을 의지해야 할 것이다. 왜냐하면 하나님은 당신을 의지하는 자녀들을 결코 버리지 않으시기 때문이다. 반전의 하나님을 의지하며 살아가는 축복을 만끽하자!

## 12 금 신상

"느부갓네살 왕이 금으로 신상을 만들었으니, 높이는 육십 규빗이요 너비는 여섯 규빗이라. 그것을 바벨론 지방의 두라 평지에 세웠더라. 느부갓네살 왕이 사람을 보내어 총독과 수령과 행정관과 모사와 재무관과 재판관과 법률사와 각 지방 모든 관원을 느부갓네살 왕이 세운 신상의 낙성식에 참석하게 하매, 이에 총독과 수령과 행정관과 모사와 재무관과 재판관과 법률사와 각 지방 모든 관원이 느부갓네살 왕이 세운 신상의 낙성식에 참석하여 느부갓네살 왕이 세운 신상 앞에 서니라. 선포하는 자가 크게 외쳐 이르되, '백성들과 나라들과 각 언어로 말하는 자들아 왕이 너희 무리에게 명하시나니, 너희는 나팔과 피리와 수금과 삼현금과 양금과 생황과 및 모든 악기 소리를 들을 때에 엎드리어 느부갓네살 왕이 세운 금 신상에게 절하라. 누구든지 엎드려 절하지 아니하는 자는 즉시 맹렬히 타는 풀무불에 던져 넣으리라' 하였더라. 모든 백성과 나라들과 각 언어를 말하는 자들이 나팔과 피리와 수금과 삼현금과 양금과 및 모든 악기 소리를 듣자 곧 느부갓네살 왕이 세운 금 신상에게 엎드려 절하니라."

다니엘 3:1-7

## 1. 들어가면서

느부갓네살 왕이 금으로 신상을 만들었는데, 그 금신상은 크기와 가치를 쉽게 표현할 수 없을 정도로 어마어마했다. 우선 그 크기를 보면, "높이는 60규빗이요, 너비는 6규빗이었다." 1규빗은 장년의 세 번째 손가락, 곧 중지中指 끝에서 팔꿈치까지의 길이를 뜻한다. 사람에 따라 그 길이가 다르기에 일정한 수치로 말할 수 없지만, 대략 50cm로 환산해도 무리가 없을 것이다. 그러니까 이 신상의 높이는 대략 30m이고 너비는 3m이었다.

높이가 30m라는 것은 현재 한국 아파트의 11층에 해당된다. 거기다가 틀림없이 높은 받침대 위에 올려놓았으니, 그 높이와 장엄함은 사람들을 압도하고도 남았을 것이다. 더 놀라운 사실은 그 신상이 금으로 만들어졌다는 것이다. 그 신상의 무게는 22톤이나 되며, 만일 그 금이 순금이라면, 그 가치는 자그마치 1조원에 달한다. 1조원은 2억 원짜리 아파트 5,000채를 구입할 수 있는 엄청난 금액이다.

이처럼 엄청난 신상을 만들려면 적어도 세 가지가 있어야 된다. 하나는 왕의 절대적인 권위이고, 다음은 재력이며, 마지막으로 고도의 기술이다. 그런데 느부갓네살 왕은 세계를 정복하고 바벨론 제국을 세운 절대적인 권위를 가지고 있었다. 그뿐 아니라, 그는 많은 나라들을 정복하면서 헤아릴 수 없을 정도로 많은 금을 바벨론으로 가져왔기에 재력도 충분했다. 그리고 바벨론에는 그런 엄청난 신상을 만들 수 있는 기술자들이 있었음에 틀림없다.


## 2. 장엄한 낙성식

느부갓네살 왕은 마침내 낙성식을 거행했는데, 그 낙성식은 바벨론제국을 상징이나 하듯 이루 말할 수 없이 장엄했다. 이 장의 묘사에 의하면, 그 장엄함을 나타내는 것이 세 가지였는데, 첫째는 그 낙성식에 초대된 사람들이었다. 그 낙성식에 초대된 사람들은 "총독과 수령과 행정관과 모사와 재무관과 재판관과 법률사와 각 지방 모든 관원"이었다. 이 여덟 층의 관리들은 위에서부터 아래에 이르기까지 모든 계급의 사람들이었다.

그렇다면 그 낙성식에는 이처럼 초대된 사람들만 참여했겠는가? 물론 그렇지 않았다! 각양각처에서 이처럼 장엄한 낙성식을 보기 위하여 구름처럼 사람들이 몰려왔다. 그런 사람들을 선포자는 이렇게 불렀다, "백성들과 나라들과 각 언어로 말하는 자들아!" 물론 이렇게 부름을 받은 사람들 가운데는 위에서 언급된 관리들도 있었지만, 그들 이외에도 수많은 사람들이 그 낙성식에 참여하고 있었다는 사실을 가리킨다.

그 낙성식이 장엄했던 세 번째 묘사는 악기樂器의 동원이었다. 거기에 동원된 악기는 바벨론제국의 영광을 드러내기에 충분했다. 악기의 종류를 보면, "나팔과 피리와 수금과 삼현금과 양금과 생황과 및 모든 악기 소리"였다. 나팔과 피리와 삼현금은 입으로 부는 악기들이었고, 수금과 양금은 손으로 켜는 악기였는가 하면, 생황은 북처럼 두드려서 소리를 내는 것들이었다. 다시 말해서, 그 당시 있었던 모든 악기가 다 동원되었다는 것이다.

그런데, 그토록 장엄한 낙성식을 이렇게 세 가지로 묘사했는데, 그 세 가지는 각각 두 번씩 반복해서 묘사되었다. 그러니까, 초대된 관리들--"총독과 수령과 행정관과 모사와 재무관과 재판관과 법률사와 각 지방 모든 관원"--도 두 번, 구름떼처럼 몰려든 "백성들과 나라들과 각 언어로 말하는 자들"도 두 번, 그리고 악기들——"나팔과 피리와 수금과 삼현금과 양금과 생황과 및 모든 악기 소리"——도 두 번 반복함으로 그 장엄함이 강조되었던 것이다.

왜 느부갓네살 왕은 그처럼 장엄한 낙성식을 거행했는가? 거기에 참석한 사람들에게 음식뿐만 아니라 잠자리를 제공했을 것이다. 그것만 해도 얼마나 많은 예산이 들었을지 쉽게 짐작할 수 있다. 위에서 언급한 것처럼, 그 이유는 일사불란하게 세상을 통치하기 위한 것이었다. 다양한 민족과 언어로 이루어진 제국을 다스리기 위한 고육지책苦肉之策이었다고 말할 수 있을 것이다. 그들을 쉽게 통치할 수 있다면 아무리 많은 비용이 들어도 상관없었다.

그 낙성식의 절정은 거기에 참석한 모든 사람들이 땅에 엎드려서 금 신상에게 절하는 것이었다. 그처럼 장엄한 낙성식에서 감히 누가 그 명령을 거부할 수 있단 말인가? 그뿐 아니라 지엄한 왕의 명령도 있었는데, 그 명령은 이런 것이었다, "누구든지 엎드려 절하지 아니하는 자는 즉시 맹렬히 타는 풀무불에 던져 넣으리라." 이런 명령은 모든 사람들이 느부갓네살 왕에게 완전히 굴복하라는 것이었으며, 굴복하지 않는 사람들은 죽이겠다는 것이었다.

# 3. 신상을 세운 이유

느부갓네살 왕이 금 신상을 세운 이유는 세 가지였다. 첫째로, 그가 세운 바벨론 제국은 영원하다는 것을 선포하기 위해서였다. 그는 꿈과 해석을 통하여 바벨론 제국이 어느 날 다른 나라에 의하여 멸망된다는 사실을 알게 되었다. 비록 그 꿈을 보여준 분도 하나님이요, 또 다니엘을 통하여 그 해석을 알려준 분도 하나님이라는 사실을 느부갓네살도 시인한 바 있었다. 그러나 시간이 지나면서 그 사실을 거부하고 싶었다.

그 자신이 세운 나라가 망한다니, 있을 수 없고 또 있어서는 안 될 일이었다. 느부갓네살 왕은 그의 나라가 멸망당하게 되리라는 사실을 부인否認하기 시작했다. 다시 말해서, 그가 세운 바벨론 제국은 결코 망할 수 없으며, 따라서 영원하다는 것을 알리기 위하여 금 신상을 세웠던 것이다. 그가 세운 바벨론 제국은 "금 머리"도 되고, 동시에 가슴, 팔, 배, 넓적다리, 종아리, 발도 금인 "금 몸뚱이"라는 것이다.

느부갓네살이 금 신상을 세운 두 번째 이유는 신앙문제 때문이었다. 그는 일찍이 바벨론 신들의 이름으로 다른 신들을 섬기는 나라들을 정복하였다. 그 가운데서 여호와 하나님을 신앙하는 유다를 정복한 것은 참으로 혁혁한 공적이라고 자랑할 수 있었다. 왜냐하면 유다는 하나님의 권능으로 출애굽을 했을 뿐 아니라, 가나안에 나라를 세웠기 때문이다. 그뿐 아니라, 유대인들이 세운 성전은 전례가 없을 정도로 웅장하면서도 섬세했다.

그러나, 느부갓네살이 유다를 정복한 결과 그가 섬기는 바벨론 신들이 유다의 신들보다 위대한 사실을 증명했다. 그런데도 그의 꿈을 해석한 다니엘에게 이런 고백을 했었다, "너희 하나님은 참으로 모든 신들의 신이시요!" (단 2:47). 그의 고백을 다니엘만 들은 것이 아니라, 그를 둘러싸고 있는 많은 신하들도 들었던 것이다. 다시 한 번 그가 섬기는 신들이 가장 위대하다는 사실을 선언할 필요가 생겼다. 그래서 그는 금 신상을 세웠던 것이다.

느부갓네살 왕이 금 신상을 세운 세 번째 이유는 통치를 위한 수단 때문이었다. 바벨론 제국은 수많은 나라들과 민족들로 이루어져있었다. 자연스럽게 그들이 섬기는 종교도 가지각색이었다. 많은 나라들과 민족들을 하나로 묶어서 그의 통치 아래 둔다는 것은 결코 쉬운 작업이 아니었다. 무력으로 그들을 정복해서 바벨론 제국의 일부가 되게 했지만, 그들의 마음도 통치한다는 것은 참으로 어려운 일이었다.

느부갓네살 왕은 많은 나라들과 민족들을 종교적으로 묶어놓지 않으면 안 된다는 사실을 잘 알고 있었다. 그들을 묶어놓는 방법으로 왕은 금 신상을 세웠던 것이다. 그리고 모든 지방의 관리들을 그 금 신상을 세운 두라 평지로 불러들였다. 그 곳으로 소환된 모든 관리들은 한편 바벨론 제국의 왕을 대표하고, 또 한편 바벨론의 신을 상징하는 금 신상에게 엎드려 절하게 했던 것이다. 왕은 그런 식으로 일사불란一事不亂하게 제국을 통치했던 것이다.

# 4. 필연적인 부딪침

다니엘과 그의 세 친구들을 비롯한 유대인들은 나라를 잃은 불쌍한 사람들이었다. 그들은 세계 각처에 흩어져서 이방인들의 종이 되어 죽지 못해 사는 *디아스포라*<sup>diaspora</sup>들이었다. 그렇게 비참한 삶을 살아가는 그들은 모든 것을 다 잃었지만, 그래도 얻은 것이 전혀 없었던 것은 아니었다. 무엇을 얻었단 말인가? 야웨 하나님에 대한 신앙이었다. 본래 유대인들은 성전중심의 신앙을 가지고 있었다. 실제로 그들의 삶은 성전을 중심으로 이루어졌다.

성전에서 제물도 드리고, 성전에서 절기도 지키며, 성전에서 하나님의 말씀도 듣고 또 기도도 했다. 그런데 느부갓네살에 의하여 그 성전은 무너져서 없어졌다. 고난의 *디아스포라*의 삶에서 유대인들은 하나님을 등지고 우상을 섬겼던 그들의 죄를 깊이 뉘우쳤다. 왜냐하면 그런 죄 때문에 그들은 하나님으로부터 심판을 받았기 때문이다. 그 심판의 결과 그들은 성전만 잃은 것이 아니라 나라도 잃었던 것이다.

죄를 회개한 그들은 그들의 신앙을 지탱할 수 있는 대안<sup>代案</sup>을 찾기 시작했다. 왜냐하면 그들에게는 성전도 없고, 또 성전이 있던 예루살렘도 있지 않았기 때문이다. 그들은 하나님의 말씀, 곧 *토라*로 돌아가기 시작했다. *디아스포라*들이 의지할 수 있는 것은 *토라*와 그 *토라*에 담겨있는 하나님뿐이었다. 그런데, 그 *토라*에 담겨있는 하나님은 그들에게 하나님의 자녀답게 경건한 삶을 살기 위해서는 그분의 명령을 지키라는 것이었다.

토라를 대표하는 말씀이 무엇인가? 그것은 유대인들에게 모세를 통하여 주어진 십계명이었다. 십계명은 유대인들이 출애굽 이후 시내산에서 하나님으로부터 받은 최초의 명령이었다. 그 명령을 지키면 그들은 경건한 삶을 살지만, 그렇지 않다면 경건은커녕 하나님을 저버린 삶을 살 수밖에 없었다. 실제로 그들은 그 십계명을 범했기 때문에 나라도 잃었고, 성전도 잃었던 것이다.

그렇다면 십계명의 핵심은 무엇인가? 그것은 두말할 필요도 없이 하나님을 경외하는 삶이다. "나 외에는 다른 신들을 네게 두지 말라"(출 20:3). "너희를 위하여 새긴 우상을 만들지 말고… 그것들에게 절하지 말며 그것들을 섬기지 말라"(출 20:4-5). 얼마나 확실하고 분명한 하나님의 명령인가? 디아스포라들은 성전 중심의 신앙생활에서 이와 같은 토라중심의 신앙생활로 바꿀 수밖에 없었다.

그런데 느부갓네살 왕은 금 신상을 만들어 세우고, 그 신상에게 엎드려 절하라는 명령을 내렸다. 디아스포라들은 둘 중 하나를 선택하지 않으면 안 되는 기로에 놓였던 것이다. 만일 그들이 토라중심의 신앙을 지킨다면 느부갓네살과 부딪치지 않을 수 없었다. 이것은 우연적인 부딪침이 아니라 필연적인 부딪침이었다. 모든 군중이 엎드려 절하고 있는데, 그렇게 하기를 거부하고 그 자리에 서 있다면, 얼마나 볼만한 구경거리였겠는가?

# 5. 나가면서

　느부갓네살 왕은 영특한 통치자였다. 그는 유다를 멸망시키고 유대인들을 바벨론으로 잡아왔다. 그러나 그는 처음부터 유대인들에게 우상을 섬기라고 강요하지는 않았다. 처음에는 관용을 베풀면서 다른 종교들을 수용하는 정책을 펼쳤다. 그런 이유 때문에 다니엘 1장과 2장에서 유대인들의 신앙적인 독특성을 인정해주었다. 이것을 현대용어로 종교다원주의라고 한다. 다시 말해서, 모든 종교를 수용했다는 뜻이다.

　그러나 다니엘 3장에서 느부갓네살은 종교적으로 배타적인 정책을 펼치기 시작했다. 금 신상에게 절하지 않으면 죽이겠다는 것이다. 느부갓네살의 이런 정책은 현재에도 마찬가지이다! 불신자들이 처음에는 그리스도인들에게 신앙에 대하여 관용적인 것 같이 말하고 행한다. 그러다가 점차적으로 옥죄면서 그리스도인들로 하여금 타협할 것을 강요한다. 불신의 세상에 사는 그리스도인들은 필연적으로 부딪칠 수밖에 없는 사회에 살고 있는 것이다.

# 13

# "그렇게 하지 아니하실지라도"

"그 때에 어떤 갈대아 사람들이 나아와 유다 사람들을 참소하니라. 그들이 느부갓네살 왕에게 이르되, '왕이여 만수무강 하옵소서! 왕이여, 왕이 명령을 내리사 모든 사람이 나팔과 피리와 수금과 삼현금과 양금과 생황과 및 모든 악기 소리를 듣거든 엎드려 금 신상에게 절할 것이라. 누구든지 엎드려 절하지 아니하는 자는 맹렬히 타는 풀무불 가운데에 던져 넣음을 당하리라 하지 아니하셨나이까? 이제 몇 유다 사람 사드락과 메삭과 아벳느고는 왕이 세워 바벨론 지방을 다스리게 하신 자이거늘; 왕이여, 이 사람들이 왕을 높이지 아니하며, 왕의 신들을 섬기지 아니하며, 왕이 세우신 금 신상에게 절하지 아니하나이다.' 느부갓네살 왕이 노하고 분하여 사드락과 메삭과 아벳느고를 끌어오라 말하매, 드디어 그 사람들을 왕의 앞으로 끌어온지라. 느부갓네살이 그들에게 물어 이르되, '사드락, 메삭, 아벳느고야, 너희가 내 신을 섬기지 아니하며 내가 세운 금 신상에게 절하지 아니한다 하니 사실이냐? 이제라도 너희가 준비하였다가 나팔과 피리와 수금과 삼현금과 양금과 생황과 및 모든 악기 소리를 들을 때 내가 만든 신상 앞에 엎드려 절하면 좋거니와, 너희가 만일 절하지 아니하면 즉시 너희를 맹렬히 타는 풀무불 가운데에 던져 넣을 것이니 능히 너희를 내 손에서 건져낼 신이 누구이겠느냐?' 하니, 사드락과 메삭과 아벳느고가 왕에게 대답하여 이르되, '느부갓네살이여! 우리가 이 일에 대하여 왕에게 대답할 필요가 없나이다. 왕이여, 우리가 섬기는 하나님이 계시다면, 우리를 맹렬히 타는 풀무불 가운데에서 능히 건져내시겠고 왕의 손에서도 건져내시리이다. 그렇게 하지 아니하실지라도, 왕이여 우리가 왕의 신들을 섬기지도 아니하고, 왕이 세우신 금 신상에게 절하지도 아니할 줄을 아옵소서.'"

다니엘 3:8-18

## 1. 들어가면서

느부갓네살 왕은 바벨론의 관리들과 많은 사람들에게 그가 만들어 세운 금 신상에게 엎드려 절하라는 엄명을 내렸다. 지위 고하를 막론하고 그 명령을 거절하는 자들은 "맹렬히 타는 풀무불"에 던져 넣어서 죽이겠다고 공언했다. 실제로 그곳에는 풀무불이 활활 타고 있었다. 그러니까 중앙에는 금 신상이, 그리고 옆에는 풀무불이 있었다. 그 많은 사람들은 금 신상과 풀무불 중 하나를 선택하지 않으면 안 되는 기로岐路에 놓여있었다.

다니엘 3장 1~18절에는 중요한 단어 두 개가 있는데, 하나는 "엎드려"이고, 또 하나는 "절하다"이다. 왜 이 두 단어가 중요한가? 그 이유는 간단하다! 그들의 생명이 걸린 행위를 뜻하기 때문이다. 만일 누구라도 "엎드려 절하지" 않으면 목숨을 잃을 것이다. 반면, 누구라도 "엎드려 절하면" 생명을 유지할 것이다. 왜 "엎드려 절하는" 행위가 그처럼 중요한가? 그것은 그들이 바벨론의 신들을 섬기고 있는 사실을 대변해주기 때문이다.

"금 신상"은 느부갓네살 왕을 나타내지만, 동시에 바벨론의 신들을 가리킨다 (단 3:12). 그러므로 "금 신상"에게 엎드려 절하지 않는다는 것은 한편 왕을 거부하는 행위이며, 또 한편 바벨론의 신들을 거부하는 행위이다. 이런 사실을 강조하기 위하여 3장 1~18절에서 "엎드려"라는 단어는 7번, 그리고 "절하다"라는 단어는 10번이나 나온다. 그러니까 바벨론의 신들에게 무릎을 꿇고, 이마를 땅에 조아리면서 숭배하라는 명령이다.

## 2. 갈대아 사람들의 참소 (3:8-12)

그러나 그처럼 엄한 명령을 거부한 사람들이 있었다. 모든 사람들이 금 신상 앞에서 엎드려 절하고 있는데, 오직 세 사람은 그 자리에 우뚝 서 있었다. 그들은 토라의 가르침을 생명처럼 여기는 사드락과 메삭과 아벳느고였다. 그들이 갈대아 사람들의 눈에 찍힌 것은 너무나 당연했다. 그렇잖아도 탐탁하지 않게 여기던 사람들이었는데, 그들을 무너뜨릴 절호의 기회가 온 것이었다. 갈대아 사람들은 조금도 지체하지 않고 그들을 참소하였다.

갈대아 사람들은 다니엘의 친구들인 사드락과 메삭과 아벳느고를 이렇게 참소했다, "이제 몇 유다 사람 사드락과 메삭과 아벳느고는 왕이 세워 바벨론 지방을 다스리게 하신 자이거늘; 왕이여, 이 사람들이 왕을 높이지 아니하며, 왕의 신들을 섬기지 아니하며, 왕이 세우신 금 신상에게 절하지 아니하나이다" (단 3:12). 갈대아 사람들이 다니엘의 세 친구를 참소한 이유는 두 가지였는데, 하나는 내적인 이유였고 또 하나는 외적인 이유였다.

내적 이유를 보기 위하여 그들이 한 말의 일부를 다시 인용해 보자, "…왕이 세워 바벨론 지방을 다스리게 하신 자…." 이 말이 왜 내적 이유를 뜻하는가? 그 이유는 간단하다! 사드락과 메삭과 아벳느고는 본래 바벨론 사람들이 아니었다. 그들은 느부갓네살 왕이 정복하여 지상에서 없애버린 아주 작은 유다 나라 사람들이었다. 그뿐 아니라, 그들은 왕이 포로로 사로잡아온 종들이었다.

이렇게 낮고 천한 그들이 갑자기 바벨론의 지방을 다스리는 높은 관원이 되었던 것이다. 갈대아 사람들이 받아들이기 어려운 파격적인 인사人事였다. 물론 왕이 그들을 그렇게 임명했으니, 공개적으로 반대할 순 없었다. 다니엘은 왕의 꿈이라도 해석했으나, 이 세 사람은 그렇지 못했는데도 고위직을 얻은 것이다. 못마땅하게 생각하던 갈대아 사람들은 질투심에 불타서 그 유대인들을 끌어내릴 기회를 호시탐탐虎視耽耽 노리고 있었음에 틀림없다.

그러니까 갈대아 사람들이 다니엘의 세 친구를 참소한 내적 이유는 질투심 때문이었다. 그런데 그 세 사람을 끌어내릴 좋은 기회가 찾아왔던 것이다. 끌어내릴 뿐 아니라, 그들을 아주 죽여버릴 기회가 왔던 것이다! 다시 말해서, 그런 내적 이유를 표출할 수 있는 외적 이유가 찾아온 것이다. 모든 사람들이 금 신상 앞에서 엎드려 절하고 있을 때, 다니엘의 세 친구인 사드락과 메삭과 아벳느고는 뻣뻣이 서 있었던 것이다.

갈대아 사람들의 참소는 바벨론 왕은 물론 백성들에게도 타당한 것이었다. 왜냐하면 그들은 "왕을 높이지 아니하며, 왕들의 신들을 섬기지 아니하며, 왕이 세운 금 신상에게 절하지 않았기" 때문이다. 다른 말로 말하면, 왕이 높여준 그 유대인들이 왕을 높이지 않았다는 것이다. 왕만 높이지 않은 것이 아니라, 왕이 높인 왕의 신들도 높이지 않았다는 것이다. 이렇게 배은망덕한 사람들은 죽어 마땅하다는 참소였다.

# 3. 왕의 진노 (3:13-15)

느부갓네살 왕의 즉각적인 반응은 "노하고 분한" 것이었다. 그가 "노"한 것은 감히 그의 신하된 사람들이 그의 명령을 어긴 사실에 대한 반응이었다. 더군다나 아주 작은 나라인 유다 출신인 주제에 감히 왕명을 어기다니 있을 수 없는 일이었다. 왕은 또 한편 "분"했는데, 그 이유는 다니엘의 요청이 있었지만, 그래도 그가 그 세 사람을 지방을 다스리도록 임명하는 총애를 베풀었는데도 그의 명령을 어기다니 너무나 분했다.

그러나 왕은 그들을 당장 풀무불에 넣지 않고 사실을 확인하고 싶었다. 그래서 그들에게 직접 물었다, "…너희가 내 신을 섬기지 아니하며, 내가 세운 금 신상에게 절하지 아니한다 하니, 사실이냐?" 느부갓네살 왕은 자신의 "노하고 분한" 감정을 억제할 줄 아는 영특한 통치자였다. 당장 죽여 버리라는 명령을 내릴 법도 한데 손수 확인하고 싶었던 것이다. 십중팔구 그들은 평상시에 정직하고 의로웠기에 왕의 총애를 받는 신하들이었을 것이다.

왕이 그들을 총애한 또 다른 증거가 있는데, 그것은 왕이 그들을 당장 죽이지 않고 그들에게 다른 기회를 주었기 때문이다. 한편, 왕은 그가 총애하는 신하들을 죽이고 싶지 않았고, 또 한편 그들을 바벨론의 신들에게로 회심<sup>回心</sup>시키기 원했던 것이다. 왕의 말을 다시 들어보자, "이제라도 너희가 준비하였다가…모든 악기 소리를 들을 때 내가 만든 신상 앞에 엎드려 절하면 좋거니와." 지금까지 엎드려 절하지 않은 죄는 용서하겠다는 관용이었다.

비록 왕이 다니엘의 세 친구를 총애했지만, 그렇다고 왕명을 끝까지 어긴다면 그들을 살려둘 수는 없었다. 왕은 그 사실을 강조하면서 이렇게 밝혔다, "너희가 만일 절하지 아니하면 즉시 너희를 맹렬히 타는 풀무불 가운데에 던져 넣을 것이니, 능히 너희를 내 손에서 건져낼 신이 누구이겠느냐?" 비록 왕이라도 한 번은 용서할 수 있지만, 두 번의 용서는 있을 수 없다는, 그래서 그의 말이 곧 신의 말인 것처럼 말을 맺었다.

느부갓네살 왕이 세운 금 신상은 자신을 상징할 뿐 아니라, 바벨론의 신들을 상징하였다. 한 마디로 말해서, 그 자신이 바벨론의 신이었다. 그런 이유 때문에 그의 말은 최후통첩이었다. 그의 말을 거부할 존재는 이 세상 어디에도 없을 뿐 아니라, 그의 심판을 거부할 수 있는 신은 이 세상에 있을 수 없다는 말이었다. 그 사실을 강조하기 위하여 그는 이렇게 첨부했다, "능히 너희를 내 손에서 건져낼 신이 누구이겠느냐?"

하늘까지 높아진 느부갓네살의 발언과 행위를 어떤 신이 꺾을 수 있느냐는 말이다. 그런 발언을 통하여 자신이 신 중의 신이 되어버렸던 것이다. 그의 교만은 과연 하늘을 찌를 듯 치솟았다. 그는 마침내 하나님의 자리에 들어갔던 것이었다. 다니엘의 해석을 통하여 그의 권세가 제한적이라는 사실을 알았지만, 그래도 그 모든 것을 거부하고 자신을 바벨론의 신으로 격상시켰던 것이다. 금 신상도, 그의 나라도 머지않아 이 세상에서 없어질 터인데 말이다.

# 4. "그렇게 하지 아니하실지라도" (3:16-18)

왜 그들이라고 죽음에 대한 두려움이 없었겠는가? 그들도 사람인데 말이다! 왜 그들에게 높은 관직官職을 부여한 왕에게 고마운 마음이 없었겠는가? 종으로 끌려온 그들을 그만큼 높여주셨는데 말이다! 왜 그들을 이렇게 진퇴양난進退兩難의 지경으로까지 몰아오신 하나님에 대한 의문이 없었겠는가? 그들은 이미 부모와 나라를 잃는 슬픔을 겪으면서 시시때때로 하나님에 대한 의문을 품었음이 틀림없을 것이다.

그런 와중에서도 그들은 하나님의 개입을 경험하기도 했다. 다니엘을 통하여 왕의 꿈을 재현했을 뿐 아니라, 그 꿈을 해석하기도 했었다. 그들은 느부갓네살 왕에게 그런 하나님을 변증辨證하면서 그들이 엎드려 절하지 않은 이유를 당당하게 말할 수도 있었다. 그러나 그들은 지혜로운 사람들로, 변증할 때와 침묵할 때를 분변할 줄 알았다. 이런 위기에서 어떤 변명도 통하지 않으리라는 것을 그들은 너무나 잘 알고 있었다.

그들은 이렇게 대답했다, "하나님이 계시다면 우리를…건져내시겠고, 왕의 손에서도 건져내시리이다." 얼마나 큰 믿음인가! 얼마나 담대한 믿음인가! 그들은 이미 그들을 죽음에서 건져내신 하나님을 몇 번씩 경험한 바 있었다. 그들의 나라가 패망할 때도 하나님은 그들을 살려주셨다. 꿈을 알리지 않으면 죽음밖에 없다는 왕의 명령을 하나님이 뒤집기도 하셨다. 그 하나님은 그들을 풀무불과 왕으로부터 구원해주시리라는 믿음을 가지고 있었다.

그렇다면 유다 나라가 망할 때 많은 유대인들이 죽었는데, 그들은 하나님에 대한 믿음이 없었기에 죽었단 말인가? 그렇지 않다! 그렇게 죽은 자들 가운데는 사드락과 메삭과 아벳느고와 같은 믿음을 소유한 사람들도 많았다. 그런 사람들은 왜 죽었는가? 여기에 참 믿음이 무엇인지에 대한 질문이 제기된다. 믿음은 하나님에 대한 것이지, 하나님이 주시는 축복에 대한 것이 아니다. 적극적으로 응답하실 수도 있고 소극적으로 응답하실 수도 있기 때문이다.

그들은 왕에게 이렇게 덧붙였다, "그렇게 하지 아니하실지라도!" 다시 말해서, 하나님이 그들을 풀무불에서 건져주지 않으셔도, 그들은 하나님에 대한 믿음을 저버리지 않겠다는 것이다. 그들은 "왕의 신들을 섬기지도 아니하고, 왕이 세우신 금 신상에게 절하지 않겠다"고 고백했던 것이다. 이 고백이야말로 그들의 진정한 믿음이었다. 하나님의 영광을 위해서라면, 목숨도 아끼지 않고 내놓겠다는 고백이었다.

하나님이 그들의 기도를 응답해주시리라는 것도 큰 믿음이다. 그러나 그보다 더 큰 믿음은 하나님이 응답해주지 않으셔도, 그 하나님에 대한 믿음을 저버리지 않겠다는 것이다. 그들은 그런 믿음을 이렇게 고백했던 것이다, "그렇게 하지 아니하실지라도!" 그렇다! 이런 믿음이 진정한 믿음이다! 하나님은 그들의 기도를 적극적으로 응답하실 수도 있고, 소극적으로 응답하실 수도 있다. 그분의 깊은 뜻을 누가 다 알겠는가?

## 5. 나가면서

　사드락과 메삭과 아벳느고는 "나 외에는 다른 신들을 네게 두지 말라"는 하나님의 계명을 지키다가, 죽음에로까지 내몰렸다. 그것도 평범한 죽음이 아니라, "맹렬히 타는 풀무불"에 던져져서 죽게 되었다. 그 절대 위기의 순간에 그들은 하나님에 대한 믿음을 놓지 않았다. 모든 결과를 완전히 하나님에게 맡기면서 말이다. 비록 하나님이 그들이 원하는 대로 응답하지 않으시더라도 그들은 우상을 섬기지 않겠다는 믿음의 결단을 했던 것이다.

　우리도 마찬가지이다! 하나님은 우리가 기도한대로 적극적으로만 응답하시는 분이 아니시다. 얼마나 많은 기독인들이 기도 응답을 받지 못할 때도 그들의 신앙을 굳게 지켰는가?　얼마나 많은 기독인들이 그들의 신앙 때문에 투옥되었고, 순교를 당했는가? 사실상, 그처럼 어려울 때 그들의 믿음은 더욱 빛났던 것이다. "그렇게 하지 아니하실지라도!"는 우리의 믿음생활에 본질이 되어야 한다.

# 14 잃음과 얻음

"느부갓네살이 분이 가득하여 사드락과 메삭과 아벳느고를 향하여 얼굴빛을 바꾸고 명령하여 이르되, '그 풀무불을 뜨겁게 하기를 평소보다 칠 배나 뜨겁게 하라' 하고, 군대 중 용사 몇 사람에게 명령하여 사드락과 메삭과 아벳느고를 결박하여 극렬히 타는 풀무불 가운데에 던지라 하니라. 그러자 그 사람들을 겉옷과 속옷과 모자와 다른 옷을 입은 채 결박하여 맹렬히 타는 풀무불 가운데에 던졌더라. 왕의 명령이 엄하고 풀무불이 심히 뜨거우므로 불꽃이 사드락과 메삭과 아벳느고를 붙든 사람을 태워 죽였고, 이 세 사람 사드락과 메삭과 아벳느고는 결박된 채 맹렬히 타는 풀무불 가운데에 떨어졌더라. 그 때에 느부갓네살 왕이 놀라 급히 일어나서 모사들에게 물어 이르되, '우리가 결박하여 불 가운데에 던진 자는 세 사람이 아니었느냐?' 하니, 그들이 왕에게 대답하여 이르되, '왕이여, 옳소이다' 하더라. 왕이 또 말하여 이르되, '내가 보니 결박되지 아니한 네 사람이 불 가운데로 다니는데 상하지도 아니하였고 그 넷째의 모양은 신들의 아들과 같도다' 하고, 느부갓네살이 맹렬히 타는 풀무불 아귀 가까이 가서 불러 이르되, '지극히 높으신 하나님의 종 사드락, 메삭, 아벳느고야, 나와서 이리로 오라' 하매, 사드락과 메삭과 아벳느고가 불 가운데에서 나온지라. 총독과 지사와 행정관과 왕의 모사들이 모여 이 사람들을 본즉, 불이 능히 그들의 몸을 해하지 못하였고 머리털도 그을리지 아니하였고 겉옷 빛도 변하지 아니하였고 불 탄 냄새도 없었더라. 느부갓네살이 말하여 이르되, '사드락과 메삭과 아벳느고의 하나님을 찬송할지로다! 그가 그의 천사를 보내사 자기를 의뢰하고 그들의 몸을 바쳐 왕의 명령을 거역하고, 그 하나님 밖에는 다른 신을 섬기지 아니하며 그에게 절하지 아니한 종들을 구원하셨도다. 그러므로 내가 이제 조서를 내리노니 각 백성과 각 나라와 각 언어를 말하는 자가 모두 사드락과 메삭과 아벳느고의 하나님께 경솔히 말하거든 그 몸을 쪼개고 그 집을 거름터로 삼을지니, 이는 이같이 사람을 구원할 다른 신이 없음이니라' 하더라. 왕이 드디어 사드락과 메삭과 아벳느고를 바벨론 지방에서 더욱 높이니라."

다니엘 3:19-30

# 1. 들어가면서

금 신상과 풀무불 가운데 하나를 선택해야 하는 순간에 사드락과 메삭과 아벳느고는 풀무불을 선택했다. 그처럼 많은 회중 가운데 풀무불을 택한 사람은 이들 세 명뿐이었다. 그들은 그들의 선택을 아무도 오해하지 못할 만큼 분명한 어조로 이렇게 말했다, "왕이여! 우리가 왕의 신들을 섬기지도 아니하고, 왕이 세우신 금 신상에게 절하지도 아니할 줄을 아옵소서!"(단3:18). 그들은 금 신상에게 엎드려 절하지 않은 이유를 분명히 밝혔다.

그 이유는 "왕의 신들을 섬길 수" 없기 때문이었다. 비록 그들은 *디아스포라*의 삶을 살았지만, 그래도 *토라*의 주제인 십계명을 그들의 생명보다 귀한 명령으로 받아들였다. 성전중심의 신앙에서 완전히 실패하여 모든 것을 잃었기에 이제 그들에게 남은 것은 *토라*뿐이었다. 토라에 담겨진 하나님의 명령마저 어길 수는 없었다. 그들에게 남겨진 것은 두 가지뿐이었는데, 곧 *토라*와 생명이었다. 그리고 그들은 하나밖에 없는 그 생명을 포기하였다.

느부갓네살 왕의 분노는 맹렬히 타는 풀무불 못지않게 활활 타올랐다. 왕은 그 세 사람을 평소보다 7배나 더 뜨겁게 한 풀무불에 던져 넣으라는 명령을 내렸다. 그렇게 뜨겁게 하라는 명령은 한편 그의 분노를 표출한 것이지만, 또 한편 그들이 믿는 유대인의 신, 곧 야웨 하나님이 평소 때의 풀무불에서 그들을 구원할지도 모른다는 염려 때문이기도 했다. 그 불을 평소보다 7배나 더 뜨겁게 한다면 야웨 하나님도 그들을 구원할 수 없다는 생각 때문이었다.

## 2. 순종과 불순종

사드락과 메삭과 아벳느고의 행위를 분석해보면, 순종과 불순종의 범주를 넘나든 사실을 찾을 수 있다. 느부갓네살 왕의 명령은 두 가지였는데, 하나는 바벨론의 모든 관리는 금 신상 앞으로 집합하라는 것이었다. 그의 명령을 다시 들어보자, "사람을 보내어 총독과 수령과 행정관과 모사와 재무관과 재판관과 법률사와 각 지방 모든 관원을 느부갓네살 왕이 세운 신상의 낙성식에 참석하게 하매"(단 3:2).

느부갓네살 왕의 두 번째 명령은 거기에 운집雲集한 회중은 한 사람도 빠지지 않고 금 신상에게 엎드려 절하라는 것이었다. 그 명령을 다시 보자, "백성들과 나라들과 각 언어로 말하는 자들아, 왕이 너희 무리에게 명하시나니, 너희는 나팔과 피리와 수금과 삼현금과 양금과 생황과 및 모든 악기 소리를 들을 때에 엎드리어 느부갓네살 왕이 세운 금 신상에게 절하라"(단 3:4-5). 이런 명령들은 절대적인 권세를 휘두르는 왕이 내린 것들이었다.

그런데, 사드락과 메삭과 아벳느고는 왕의 두 가지 명령에 순종도 하고 불순종도 했다. 그들이 순종한 명령은 금 신상을 세운 두라 평지에 집합하라는 것이었다. 그러나 그들이 불순종한 명령은 금 신상에게 절하라는 것이었다. 그렇다면 그들은 무엇을 근거로 어떤 때는 순종했고, 또 어떤 때는 불순종했는가? 그들은 두라 평지에 집합하라는 왕의 명령을 거역할 수도 있었다. 병중이라고 하면서 집에 있든지, 아니면 멀리 출장을 갈 수도 있었다.

그러나 그런 거역은 느부갓네살을 바벨론 제국의 왕으로 세우신 하나님을 거역하는 꼴이 될 것이다. 세상의 권세와 하나님의 권세와의 함수관계를 바울은 이렇게 말했다. "각 사람은 위에 있는 권세들에게 복종하라; 권세는 하나님으로부터 나지 않음이 없나니 모든 권세는 다 하나님께서 정하신 바라" (롬 13:1). 그들은 하나님이 허락하신 왕의 권세, 곧 두라 평지에 집합하라는 명령에 조건 없이 굴복하였던 것이다.

그렇다면 왜 그들은 금 신상에게 절하라는 왕의 명령을 거역했는가? 그 이유는 간단하다! 만일 그들이 왕의 이 명령에 굴복했다면, 하나님의 명령을 어기게 되기 때문이었다. 이 세상의 모든 권세는 하나님에게로부터 주어졌다. 그런 까닭에 세상의 권세가 하나님의 권세를 뛰어넘는 명령을 내렸다면, 그 권세는 마땅히 거부되어야 한다. 거부하지 않으면 궁극적으로 하나님의 권세를 거역하는 꼴이 되기 때문이다. 하나님의 권세가 최후의 권세이기 때문이다.

그런데 하나님의 권세는 토라에 담겨져 있는 말씀이다. 그 말씀을 다시 보자, "너는 나 외에는 다른 신들을 네게 두지 말라. 너를 위하여 새긴 우상을 만들지 말고…그것들에게 절하지 말며 그것들을 섬기지 말라. 네 하나님 여호와는 질투하는 하나님인즉 나를 미워하는 자의 죄를 갚되 아버지로부터 아들에게로 삼사 대까지 이르게 하리라" (출 20:3-5). 이 세 사람은 토라에 명기<sup>明記</sup>된 하나님의 명령을 지키기 위하여 왕의 권세에 불순종했던 것이다.

순종과 불순종의 경계선을 보자. 토라의 계명에는 "부모를 공경하라"는 명령이 들어있다. 하나님이 부여하신 권세를 가지고 자녀를 길러준 부모를 공경하고 또 순종해야 한다. 그러나 만일 부모가 하나님의 권세를 거역하는 명령을 내리면, 자녀는 그 명령에 불순종해야 한다. 부모가 유교식으로 제사를 지내라고 하든지 아니면 주일성수를 막으면, 자녀는 불순종해야 한다. 만일 순종하면 부모 위에 있는 하나님의 권세를 거부한 꼴이 되기 때문이다.


# 3. 잃음

사드락과 메삭과 아벳느고는 지금까지 중요한 신앙의 원리를 깊이 깨달은 바가 있었다. 그 원리는 신앙을 잃으면 모든 것을 잃는다는 것이었다. 그들은 몸소 이런 것을 경험하기도 했다. 유대인들은 하나님의 도우심으로 나라와 성전을 세웠고, 그리고 많은 축복들을 누렸었다. 그러나 세월이 흐르면서 그들은 교만해져서 우상을 숭배했다. 우상숭배는 안식일도 깨뜨리고, 성적으로도 타락하게 하였다. 그 결과 그들은 모든 것을 잃었다.

나라도 잃었고, 성전도 잃었고, 가정도 잃었고, 한 발 더 나아가서 자유도 잃었다. 그 와중에서 그들이 얻은 것은 하나님에 대한 신앙이었다. 비록 *디아스포라*의 곤궁한 삶을 살았지만, 그 가운데서 *토라*에 담겨진 하나님을 섬기게 되었다. 사드락과 메삭과 아벳느고는 모든 것을 다 잃는다 하더라도 결코 신앙을 잃어서는 안 된다는 사실을 뼈저리게 경험했었다. 신앙을 잃으면 모든 것을 잃는다는 중대한 교훈을 얻었던 것이다.

그들은 하나님에 대한 신앙만을 부여잡고 모든 것을 잃을 각오가 되어있었다. 그들은 가정과 지방을 다스리는 지위는 물론, 그들의 생명까지도 잃을 각오를 하였다. 실제로 평소보다 7배나 뜨거운 풀무불은 지옥불을 연상시키고도 남는다. 신앙을 잃고 지옥불에 던져지는 것보다, 신앙을 부여잡고 풀무불에 던져지는 것을 택했던 것이다. 풀무불은 잠시 잠깐의 고통이지만, 지옥불은 영원한 고통이기 때문이다.

신앙의 절정은 "잃음"인 것 같기도 하다. 잃지 않고서는 얻을 수 없기 때문이다. 예수 그리스도도 이렇게 말씀하신 적이 있었다, "자기 목숨을 얻는 자는 잃을 것이요, 나를 위하여 자기 목숨을 잃는 자는 얻으리라" (마 10:39). 그분은 제자들에게 이 말씀을 하셨고, 그분이 친히 십자가에서 죽으심으로 말씀대로 사셨다. 그렇게 죽지 않으셨다면, 그분에게 "얻음"의 절정인 부활이 있었을 리가 없었다.

사드락과 메삭과 아벳느고는 불 가운데로 던져지는 순간 이런 하나님의 약속을 부여잡았는지도 모르겠다. "…이스라엘아 너를 지으신 이가 말씀하시느니라; 너는 두려워하지 말라, 내가 너를 구속하였고 내가 너를 지명하여 불렀나니 너는 내 것이라. 네가 물 가운데로 지날 때에 내가 너와 함께 할 것이라. 강을 건널 때에 물이 너를 침몰하지 못할 것이며, 네가 불 가운데로 지날 때에 타지도 아니할 것이요 불꽃이 너를 사르지도 못하리라"(사 43:1-2).

# 4. 얻음

그들은 하나님에 대한 신앙을 위하여 목숨을 초개草芥처럼 내던졌다. 그런데 놀라운 광경이 왕 앞에서 일어났던 것이다. 세 사람을 풀무불에 던졌는데, 네 사람이 그 속에서 거닐고 있었다. 왕은 넷째 사람을 신이라고도 했고 천사라고도 했다. 왕의 명령에 순종하여 풀무불에서 나온 그들에게는 불에 탄 흔적이 하나도 없었다. 불에 탄 냄새조차도 없었다. 그들은 잠시 이웃에 다녀온 사람처럼, 풀무불에 들어갔던 그 모습 그대로 나왔던 것이다.

하나님에 대한 신앙 때문에 생명까지도 버린 사드락과 메삭과 아벳느고를 하나님은 기적적으로 구원하셨던 것이다. 하나님은 그들을 죽게 내버려두실 수도 있었다. 그렇게 되면 그들은 부활의 소망을 기다리게 될 것이다. 하나님은 그들이 풀무불에 던져지지 않는 방법으로 그들을 구원하실 수도 있으셨다. 예를 들면, 갑자기 하늘이 깜깜해지고 폭우를 쏟아 부어 풀무불을 끄게 하실 수도 있으셨다. 그러나 하나님은 그런 기적적인 방법을 사용하지 않으셨다.

이번에 야웨 하나님이 사용하신 방법은 왕의 명령에 따라 그들이 풀무불에 던져지는 것이었다. 그들을 불에 던져 넣던 군인들도 모두 불에 타서 죽었는데, 그 속에 던져진 세 사람은 조금도 상하지 않고 나올 수 있게 하는 것이 하나님의 방법이었다. 그렇게 함으로써 하나님은 그들에게 많은 것을 "얻게" 하셨던 것이다. 그들은 적어도 다음과 같은 세 가지를 얻었는데, 곧 생명과 지위와 구원자 하나님에 대한 증언이었다.

무엇보다도 그들은 생명을 얻었다. 이것은 마치 예수 그리스도가 죽었다가 다시 사신 것과 같은 기적이었다. 지옥과 같은 풀무 속에 던져졌다가 걸어 나올 수 있었던 것은 문자 그대로 부활하여 새 생명을 다시 얻은 것과 조금도 다를 바 없었다. 그뿐 아니라, 왕은 그들을 지방에서 더욱 높였다고 했다. 그들은 지금까지 두 번씩이나 죽음에 직면했다가, 두 번씩이나 기적적으로 살아났고, 두 번씩이나 높은 지위가 주어졌던 것이다.

생명과 지위도 중요한 "얻음"이었지만, 그보다 더 큰 "얻음"은 하나님을 증언하게 된 것이었다. 먼저, 느부갓네살은 유대교의 하나님을 찬양하였다. 왜냐하면 이 세상의 어떤 신도 그들을 이처럼 풀무불에서 건져낼 수 없기 때문이었다. 느부갓네살은 처음에는 타종교에 대하여 관용정책을 쓰다가, 배타정책으로 바꾼바 있었다. 이제 다시 그 배타정책을 바꾸어 유대교를 온 세상에 퍼뜨리게 하였다.

느부갓네살의 증언만 있었던 것은 아니었다. 두라 광장에 운집했던 수많은 사람들도 사드락과 메삭과 아벳느고의 생환生還을 두 눈으로 똑똑히 보았다. 그 사람들이 다시 바벨론 제국 각처로 돌아가서 증언한 것은 금 신상이 아니라, 이 세 사람이 풀무불에서 조금도 불에 거슬리거나 타지 않고 걸어 나온 사실이었을 것이다. 하나님은 예루살렘 성전에만 계신 분이 아니라, 두라 평지에도 계셨고, 또 온 천하에서 증언되시는 놀라운 분이셨다.

# 5. 나가면서

하나님이 허락하신 권세에는 정부도 있다. 정부가 내린 정당한 명령에 불순종하면 그 사람은 많은 것을 잃을 수 있다. 예를 들면, 정부는 도로에 신호등을 세웠다. 빨간색 신호를 무시하고 계속 운전을 하면, 그 사람은 생명을 잃을 수 있다. 잘못하면 목숨까지 잃을 수 있으며, 목숨을 건질 경우 건강과 물질도 잃을 수 있다. 위의 있는 권세자들이 내린 명령은 이루 말할 수 없이 많다. 세금을 제대로 내지 않아서 명예를 잃은 정치지도자들은 얼마나 많은가?

정당하지 않은 명령도 많다. 예를 들면, 북한 정권은 통치자 집안을 우상화하면서, 그들을 숭배할 것을 명령한다. 그렇게 정당하지 않은 명령에 순종하면, 당장에는 생명을 유지하는 것 같지만, 궁극적으로는 모든 것을 다 잃는다. 왜냐하면 모든 인간은 하나님의 의로운 심판대 앞에서 그가 어떻게 인생을 살았는가에 대하여 심판을 받을 것이기 때문이다. 하나님 대신 김일성을 섬긴 사람들은 마침내 모든 것을 잃는 저주를 받게 될 것이다.

# 15  느부갓네살 왕의 신앙고백

"느부갓네살 왕은 천하에 거주하는 모든 백성들과 나라들과 각 언어를 말하는 자들에게 조서를 내리노라: '원하노니 너희에게 큰 평강이 있을지어다! 지극히 높으신 하나님이 내게 행하신 이적과 놀라운 일을 내가 알게 하기를 즐겨 하노라. 참으로 크도다! 그의 이적이여! 참으로 능하도다! 그의 놀라운 일이여! 그의 나라는 영원한 나라요; 그의 통치는 대대에 이르리로다!'"

다니엘 4:1-3

## 1. 들어가면서

느부갓네살 왕은 바벨론을 거대한 제국으로 만들었을 뿐 아니라, 그 제국의 위용(偉容)을 떨치기 위하여 거대한 바벨론 도성을 건축하였다. 그 도성은 드넓은 평지에 정사각형으로 세워졌는데, 한 쪽 길이가 대략 20km나 되었다. 헬라의 역사가인 헤로도토스(Herodotus)에 의하면, 그 성곽을 둘러싸고 있는 벽은 넓이가 25m나 되고 높이가 100m나 되었다. 물론 이런 수치는 과장된 것임에는 틀림없지만, 그래도 그 위용을 짐작할 수 있는 대목이다.

그 성곽은 두 겹으로 되어 있었으며, 성곽 주변에는 깊은 물로 가득한 해자(垓字: moat)가 있었다. 사방으로 돌아가며 문이 여덟 개나 있는 그 성곽 벽은 그 당시 사람들을 압도하고도 남는 웅장한 것이었다. 이처럼 웅장한 성곽을 건축하기 위해서는 수없이 많은 재료는 물론, 특별한 건축술이 없었다면 전혀 가능하지 않은 것이었다. 고대古代 역사에서 불가사의不可思議 중 하나로 인정되는 것은 너무나 당연하다.

느부갓네살 왕은 이처럼 웅장한 성곽과 그 못지않게 화려한 궁전을 세운 후 이렇게 자화자찬自畵自讚을 했다. "이 큰 바벨론은 내가 능력과 권세로 건설하여 나의 도성으로 삼고, 이것으로 내 위엄의 영광을 나타낸 것이 아니냐?" (4:30). 그의 말에 의하면, 그가 이처럼 웅장한 도성을 세운 것은 자신의 명예와 영광을 위한 것이었다. 그뿐 아니라, 그의 말속에는 자신이 높아질 대로 높아진 사실도 함축되어 있었다.

바벨론 성곽

## 2. 회심의 과정

　그렇게 높아진 왕을 하나님은 그대로 내버려두지 않으셨다. 그것은 이미 꿈을 통하여 그와 그의 왕국이 다음 왕국에 의하여 무너지리라는 사실을 거부한 언행이었다. 하나님은 느부갓네살의 영특한 정신을 빼놓으셨을 뿐 아니라, 그의 왕위도 빼앗으셨다. 느부갓네살은 동물처럼 되어 동물과 다를 바 없는 삶을 살았는데, 그것도 하루 이틀이 아니라 자그마치 7년이라는 긴 세월을 이슬에 젖으면서 풀을 뜯어먹었다.

　하나님의 경고대로 느부갓네살이 소처럼 풀을 뜯으며 7년을 지낸 후, 그는 자신의 한계를 시인하면서 하나님에게로 돌아왔다. 그렇게 하나님에게로 돌아오자, 그의 총명이 회복되었다. 그는 하나님을 시인하게 되었을 뿐 아니라, 하나님에 대한 신앙을 고백하기에 이르렀다. 이 장의 본문은 그의 신앙고백을 기록한 것이다: "참으로 크도다! 그의 이적이여! 참으로 능하도다! 그의 놀라운 일이여! 그의 나라는 영원한 나라요; 그의 통치는 대대에 이르리로다."

　느부갓네살이 하나님을 이렇게 고백한 것은 처음이 아니었다. 이 고백은 세 번째 고백인데, 가장 개인적이면서도 인격적인 고백이었다. 이방의 나라 바벨론 제국을 통치하는 이방인 왕이 하나님에게로 온전히 돌아온 회심이었다. 그러나 그의 회심은 결코 한 번에 이루어진 것이 아니었다. 그의 회심을 자세히 들여다보면 일련의 과정이 있었다는 것을 알 수 있다. 그는 무자비한 정복자였고, 철저하게 바벨론의 신들을 섬기는 우상숭배자였다 (1:1-2).

그렇게 우상을 숭배하던 느부갓네살이 회심을 향한 첫 번째 과정은 2장에서 다니엘이 왕의 꿈을 해석했을 때였다. 다니엘이 왕의 꿈을 묘사하고 해석하자, 왕은 다니엘에게 절하면서 이렇게 말했다, "너희 하나님은 참으로 모든 신들의 신이시오, 모든 왕의 주재시로다! 네가 능히 이 은밀한 것을 나타내었으니, 네 하나님은 또 은밀한 것을 나타내시는 이시로다" (단 2:47). 이런 고백은 기적이라고 밖에 달리 말할 수 없는 것이었다.

그러나 이 고백은 다니엘의 하나님을 시인한 것에 지나지 않았다. 왜냐하면 3장에서 느부갓네살은 바벨론의 신들을 상징하는 금 신상을 만들었기 때문이다. 그 금 신상에게 절하기를 거부한 다니엘의 세 친구를 풀무불에 처넣었으나, 그들이 조금도 거슬리지 않은 것을 보고 그들의 하나님을 찬송했다; "…하나님을 찬송할지로다! 그가 그의 천사를 보내사, 자기를 의뢰하고…다른 신을 섬기지 아니하며 그에게 절하지 아니한 종들을 구원하셨도다" (단 2:28).

이번에는 사드락과 메삭과 아벳느고의 하나님을 찬송했다. 첫 번째보다 진일보한 고백이었지만, 그래도 역시 그들의 하나님을 찬송한 것이었다. 그러니까 느부갓네살은 회심의 첫 번째 과정에서는 다니엘의 하나님을 시인했고, 두 번째 과정에서는 세 친구들의 하나님을 찬양했다. 그러나, 세 번째, 곧 마지막 과정에서는 다른 사람들의 하나님을 인정한 객관적인 것이 아니라, 그가 경험한 하나님을 주관적으로 고백했던 것이다.

## 3. 신앙고백

위에서 본 것처럼, 느부갓네살은 점진적인 과정을 통하여 마침내 하나님을 그의 하나님으로 받아들였다. 받아들였을 뿐 아니라, 그는 즉각적으로 그 하나님을 증언하기 시작했던 것이다. 그는 그에게 일어났던 일을 하나씩 묘사하면서 그의 경험담을 풀어놓기 시작하였다. 그의 경험담은 그가 한없이 낮아졌다가 다시 원상복구를 한 과정을 묘사하는 것이었다. 그런데 그 과정에서 처음부터 끝까지 하나님이 함께 하셨다는 고백이었다.

느부갓네살은 그의 경험담을 털어놓았는데, 그에게 그런 놀라운 경험을 할 수 있도록 인도하신 하나님을 높이면서 시작했다. 그 이유는 간단하다! 하나님의 개입이 없었다면, 그는 결코 인생의 수렁에서 나올 수 없었다는 사실을 너무나 잘 알고 있었기 때문이다. 그의 신앙고백을 다시 들어보자, "참으로 크도다! 그의 이적이여! 참으로 능하도다! 그의 놀라운 일이여! 그의 나라는 영원한 나라요; 그의 통치는 대대에 이르리로다!"

이런 고백도 놀랍지만, 그 못지않게 놀라운 사실은 느부갓네살이 그의 신앙을 바벨론 전역에 퍼뜨리기를 원했다는 것이다. 그의 지위를 십분 이용해서 그가 찾은 하나님을 모든 지역에 전파하였다. 그 방법은 왕의 조서의 형태를 빌어서 각처에 보내는 것이었다. 그의 말을 직접 들어보자, "느부갓네살 왕은 천하에 거주하는 모든 백성들과 나라들과 각 언어를 말하는 자들에게 조서를 내리노라." 얼마나 놀라운 변화인가!

그의 신앙고백은 이렇게 시작된다, "너희에게 큰 평강이 있을 지어다!" 이방인 왕이었던 느부갓네살은 유대인처럼 백성들에게 "평강"을 빌어주었다. 이런 것은 바벨론 제국을 통치하는 다른 왕들의 인사와는 달랐다. 어떤 권위나 교만도 담겨있지 않았는데, 그것은 왕이 친히 경험한 "평강"이었다. 그가 경험한 말할 수 없이 "큰 평강"을 모든 신하와 백성도 똑같이 누리기를 바란다는 진심어린 마음의 표현이었다.

그의 신앙고백은 이렇게 이어졌다, "지극히 높으신 하나님이 내게 행하신 이적과 놀라운 일을 내가 알게 하기를 즐겨 하노라." 이 고백의 핵심은 하나님이 그에게 경험하게 하신 "이적과 놀라운 일"을 기쁨으로 증언하는 것이었다. "큰 이적"은 인간의 영역을 초월한 역사를 이룬 결과 인간으로부터 반응을 이끌어내는 것이다. "놀라운 일, 곧 "능하신 기사"는 인간으로부터 경외감을 일으키며 동시에 그에 걸맞은 메시지를 갖게 되었다는 것이다.

느부갓네살이 짐승처럼 낮아졌다가 다시 회복된 것은 "이적과 놀라운 일"이었다. 그의 이런 개인적인 경험은 다음과 같이 확대된 고백으로 연결되었다, "그의 나라는 영원한 나라요, 그의 통치는 대대에 이르리로다!" 이런 찬사는 한편 하나님을 높이는 것이지만, 또 한편 자신을 낮추는 것이었다. 그의 나라는 아무리 강대해도 한계가 있으나, 하나님의 나라는 영원하다는 고백이었다. 그의 통치도 결국 하나님의 통치 밑에 있다는 고백이었다.

## 4. "지극히 높으신 하나님"

느부갓네살 왕은 거대한 바벨론 제국을 세웠고, 또 웅장한 바벨론 도성을 건축했다. 그의 권세는 하늘을 찌를듯했고, 그 결과 그는 마침내 자신을 신격화神格化하여 바벨론 신들의 반열班列에 올려놓았다. 그렇게 높아진 그를 하나님은 인간 이하의 인간, 아니 동물과 같은 삶을 살 만큼 낮추셨다. 대조적으로 하나님은 "지극히 높으신 분"이셨다. 비천한 느부갓네살과 하나님을 대조했을 때 과연 그분은 "지극히 높으신 분"이셨다.

다니엘 4장에서 6번이나 나오는 "지극히 높으신 하나님"이라는 칭호가 어떻게 사용되었는지 살펴보자. 제일 먼저 나온 곳은 2절이다, "*지극히 높으신 하나님이 내게 행하신 이적과 놀라운 일을 내가 알게 하기를 즐겨 하노라.*" 스스로 영광을 취했던 느부갓네살은 하나님을 믿은 후, 그분을 "지극히 높으신 하나님"으로 증언하는 것을 인생의 목적으로 삼았음에 틀림없다. 그렇지 않았다면 그 하나님의 기적과 기사를 전파하기를 즐겨했겠는가?

두 번째로 이 칭호가 사용된 곳은 17절이다, "*지극히 높으신 이가 사람의 나라를 다스리시며, 자기의 뜻대로 그것을 누구에게든지 주시며, 또 지극히 천한 자를 그 위에 세우시는 줄을 사람들이 알게 하려 함이라.*" 지극히 높으신 분만이 느부갓네살과 같이 "지극히 천한 자"를 왕으로 세우신다는 고백이었다. 세 번째는 다니엘이 한 말로, 왕과는 대조적으로 하나님만이 "지극히 높으신 자"라는 증거였다 (24절).

네 번째와 다섯 번째는 같은 맥락에서 다니엘이 해석했고, 또 그대로 하나님이 실현하신 사실이었다, "왕이 사람에게서 쫓겨나서 들짐승과 함께 살며 소처럼 풀을 먹으며 하늘 이슬에 젖을 것이요, 이와 같이 일곱 때를 지낼 것이라. 그 때에 *지극히 높으신 이*가 사람의 나라를 다스리시며 자기의 뜻대로 그것을 누구에게든지 주시는 줄을 아시리이다" (25절, 32절). 다니엘의 이 해석대로 왕은 쫓겨나서 동물처럼 7년을 지냈다.

여섯 번째는 이런 경험을 통하여 낮아질 대로 낮아진 느부갓네살이 회개하면서 그분을 부른 칭호였다, "그 기한이 차매 나 느부갓네살이 하늘을 우러러 보았더니, 내 총명이 다시 내게로 돌아온지라. 이에 내가 *지극히 높으신 이*에게 감사하며 영생하시는 이를 찬양하고 경배하였나니, 그 권세는 영원한 권세요 그 나라는 대대에 이르리로다" (34절). 하나님이 꿈을 통하여 보여주신 대로 느부갓네살은 그렇게 7년을 보냈다.

그는 그렇게 인생을 마감할 수도 있었다. 그러나 긍휼 많으신 하나님은 그에게 회개하고 "지극히 높으신 하나님"을 바라보며 돌아올 수 있도록 하셨다. 느부갓네살이 이처럼 하나님을 믿게 되었을 때, 그는 "지극히 높으신 하나님"에게 감사했고, 찬양하며 경배했다고 고백하였다. 그뿐 아니라, 그가 받은 권세는 잠시 잠깐인데 반해, 그분의 권세는 영원하다는 사실을 증언했다. 그가 세운 바벨론은 얼마 지나지 않아서 다른 나라에 의하여 패망될 것이지만, 하나님의 나라는 끝이 없다는 증언이었다. 과연 그분은 "지극히 높으신 하나님"이셨다.

# 5. 나가면서

하나님은 예루살렘의 성소에만 계시는 분이 아니시다. 그분은 우상을 섬기는 바벨론에도 계셨다. 계실 뿐 아니라, 그곳에서 자신을 나타내셨다. 물론 하나님은 한 번에 다 나타내지 않으셨다. 갈수록 자신을 더 깊이 나타내셨다. 처음에는 은밀한 꿈을 해석하시는 전지(全知)의 하나님으로 나타내셨다. 그 다음에는 풀무속에 던져진 세 사람을 구원하시는 전능(全能)의 하나님으로 나타내셨다.

세 번째는 느부갓네살의 꿈과 다니엘의 해석대로, 느부갓네살이 직접 경험하게 하신 하나님으로 나타내셨다. 마침내 그런 경험은 느부갓네살 왕으로 하여금 이스라엘의 하나님을 믿게 했다. 믿을 뿐 아니라, 그가 믿은 하나님을 만방에 고백했다. 얼마나 놀라운 전도 방법인가? 이스라엘의 멸망은 하나님을 믿는 이스라엘에게는 말할 수 없는 비극이었으나, 그 결과 하나님은 이스라엘의 하나님만이 아니시었다. 그는 바벨론 제국의 하나님이기도 하셨다.

물론 하나님이 온 세계에 전파된 방법은 사람들이었다. 하나님을 위하여 왕의 명령을 두 번씩이나 거절한 다니엘과 세 친구들! 그들은 왕의 음식도 거절했다. 그때도 그들은 생명을 걸었다. 그들은 왕의 금 신상에게 절하기를 거절하였다. 다시 한 번 생명을 걸었다. 이처럼 하나님을 위하여 생명을 건 사람들이 하나님의 소중한 도구가 된 것이었다. 그들의 헌신과 결단이 없었다면 결코 일어날 수 없었던 왕의 회심이 일어난 것이다.

## 16 신앙고백을 이끌어낸 경험

"그 기한이 차매 나 느부갓네살이 하늘을 우러러 보았더
니 내 총명이 다시 내게로 돌아온지라. 이에 내가 지극히
높으신 이에게 감사하며 영생하시는 이를 찬양하고 경배
하였나니, 그 권세는 영원한 권세요 그 나라는 대대에 이
르리로다."

다니엘 4:34

# 1. 들어가면서

지난 장에서 본대로, 느부갓네살 왕의 신앙고백은 거대한 이
방인 지도자의 입에서 나온 것이었다. 실제로 구약성경 전체에
서 이처럼 큰 이방인 지도자가 그처럼 분명한 신앙고백을 한 경
우는 없었다. 애굽의 바로 왕도 요셉의 꿈 해석을 듣고 놀랐고,
또 요셉을 애굽의 총리로 임명하기까지 했다. 바로는 요셉을 "하
나님의 영에 감동된 사람"이라고 하면서 요셉의 하나님을 시인
했으나, 결코 그 하나님을 자신의 하나님으로 받아들이지는 않
았다 (창 41:38).

그렇다고 느부갓네살이 단번에 회심한 것은 아니었다. 그의 회
심에는 일련의 과정이 있었다. 그러나 그의 회심에 결정적인 요

인이 된 것은 무엇보다도 그가 손수 경험한 경험 때문이었다. 그렇다면 느부갓네살이 어떤 경험을 했기에 유대인의 하나님에게로 돌아왔는가? 그 경험을 상세히 묘사한 내용이 바로 다니엘 4장이다. 그는 그가 어떻게 왕위를 잃었다가 어떻게 회복했는지 그의 경험을 차례로 진술하였다.

다니엘 4장에 들어있는 느부갓네살의 경험담은 다음과 같이 세 가지로 나눌 수 있다: 1) 느부갓네살의 꿈의 진술 (4-18), 2) 다니엘의 해석과 예언 (19-27), 3) 예언의 성취 (28-37). 그러나, 경험담을 진술하기에 앞서 느부갓네살은 하나님을 찬양하며, 그 하나님의 큰 역사를 만방에 알리는 신앙고백을 하였다. 그가 진정으로 그 하나님의 품으로 돌아오지 않았다면, 그런 신앙고백을 하면서 그의 경험담을 진술할 수 없었을 것이다.


## 2. 꿈의 진술

느부갓네살 왕은 꿈을 꾸고 번민하였다. 그가 다니엘 2장에서 첫 번째 꿈을 꾸고 번민했던 것처럼 번민하였다 (2:1-2). 번민만 한 것이 아니라 두려워했다. 그 꿈이 아니었다면, 번민하거나 두려워할 왕도 아니었다. 그는 막강한 통치자였을 뿐 아니라, 그의 통치 밑에서 모든 것이 편안해진 상황이었다. 실제로 왕은 궁에서 하루하루를 편안하게 보내고 있었다. 그런데 갑자기 한 꿈을 인하여 번민하며 두려워했던 것이다.

느부갓네살 왕은 즉시 바벨론의 지혜자들, 곧 박수와 술객과 갈대아 술사와 점쟁이를 불러들여서 그의 꿈을 해석하라고 했다. 그러나 첫 번째 꿈처럼, 그들은 전혀 해석하지 못했다. 최후의 수단으로 왕이 박수장으로 임명한 다니엘을 불러들였다. 왜냐하면 그에게는 "거룩한 신들의 영이 있은즉, 어떤 은밀한 것이라도 네게는 어려울 것이 없는 줄"을 왕이 너무나 잘 알고 있었기 때문이었다 (4:9). 그렇게 말하면서 왕은 그의 꿈을 다음과 같이 진술하였다:

"내가 본즉 땅의 중앙에 한 나무가 있는 것을 보았는데 높이가 높더니, 그 나무가 자라서 견고하여지고 그 높이는 하늘에 닿았으니 그 모양이 땅 끝에서도 보이겠고, 그 잎사귀는 아름답고 그 열매는 많아서 만민의 먹을 것이 될 만하고 들짐승이 그 그늘에 있으며 공중에 나는 새는 그 가지에 깃들이고 육체를 가진 모든 것이 거기에서 먹을 것을 얻더라. 내가 침상에서 머리 속으로 받은 환상 가운데에 또 본즉 한 순찰자, 한 거룩한 자가 하늘에서 내려왔는데, 그가 소리 질러 이처럼 이르기를 그 나무를 베고 그 가지를 자르고 그 잎사귀를 떨고 그 열매를 헤치고 짐승들을 그 아래에서 떠나게 하고 새들을 그 가지에서 쫓아내라. 그러나 그 뿌리의 그루터기를 땅에 남겨 두고 쇠와 놋줄로 동이고 그것을 들 풀 가운데에 두어라. 그것이 하늘 이슬에 젖고 땅의 풀 가운데에서 짐승과 더불어 제

몫을 얻으리라. 또 그 마음은 변하여 사람의 마음 같지 아니하고 짐승의 마음을 받아 일곱 때를 지내리라. 이는 순찰자들의 명령대로요 거룩한 자들의 말대로니, 지극히 높으신 이가 사람의 나라를 다스리시며 자기의 뜻대로 그것을 누구에게든지 주시며 또 지극히 천한 자를 그 위에 세우시는 줄을 사람들이 알게 하려 함이라 하였느니라"(단 4:10-17).

느부갓네살 왕이 꾼 꿈은 큰 나무에 관한 것이었는데, 그 나무는 하늘에 닿을 정도로 컸다. 그 나무에 의지하여 사람은 물론, 각종의 새와 동물이 살았다 (단 2:38과 비교). 그런데 어느 날 한 순찰자가 하늘로부터 나타나서 그 나무를 베되 그루터기만 남겨두라는 것이었다. 모든 새들과 짐승들도 그 나무에서 떠나게 하고, 홀로된 그루터기는 쇠와 놋줄로 동여매인 채 이슬에 젖고 짐승처럼 풀로 생명을 유지한다는 것이었다.

## 3. 다니엘의 해석과 예언

그 꿈을 꾸고 왕이 번민한 것처럼 다니엘도 번민하였다. 왕이 번민한 것은 그 꿈의 뜻을 알지 못했기 때문이었으나, 다니엘이 번민한 것은 그 꿈의 뜻을 알았기 때문이었다. 그가 섬기는 느부갓네살 왕의 처절한 장래를 쉽게 해석해 줄 수 없어서 번민하였다. 그러나 그는 그 해석을 말하지 않을 수 없었으며, 그의 해석은 동시에 느부갓네살 왕에 대한 예언이기도 했다. 그의 해석을 직접 들어보자.

"왕이여, 이 나무는 곧 왕이시라…곧 지극히 높으신 이가 명령하신 것이 내 주 왕에게 미칠 것이라. 왕이 사람에게서 쫓겨나서 들짐승과 함께 살며 소처럼 풀을 먹으며 하늘 이슬에 젖을 것이요, 이와 같이 일곱 때를 지낼 것이라. 그 때에 지극히 높으신 이가 사람의 나라를 다스리시며, 자기의 뜻대로 그것을 누구에게든지 주시는 줄을 아시리이다. 또 그들이 그 나무뿌리의 그루터기를 남겨 두라 하였은즉, 하나님이 다스리시는 줄을 왕이 깨달은 후에야 왕의 나라가 견고하리이다" (단 4:22, 24-26).

다니엘의 해석에 의하면, 왕이 꿈에 본 거대한 나무는 바로 왕 자신이었다. 왕의 권세는 한 없이 크고 높았고, 그 권세 아래에서 사람들이 생명을 부지하며, 새와 짐승들도 연명延命하였다. 그런 태평성대太平聖代의 시절에 지극히 거룩한 이가 명령을 내렸는데, 왕이 왕위를 잃을 뿐 아니라, 사람들로부터 쫓겨날 운명이었다. 왕은 들짐승과 함께 살면서 풀을 뜯어먹으며, 이슬에 젖을 것이다. 그렇게 왕은 7년을 지내게 될 운명이었다.

한껏 높아진 느부갓네살은 지극히 높으신 자의 말대로 한없이 낮아진다는 것이다. 그러나 하나님은 그 왕을 심판하시는 중에도 긍휼을 베푸시는데, 그 이유는 그 나무를 통째로 없애지 않으시고 그루터기를 남겨두라고 하셨기 때문이다. 비록 그루터기는 보잘 것 없고, 쓸모없어서 천대를 받지만, 그래도 그 그루터기에서 다시 싹이 나고 자라서 꽃이 피고 열매를 맺을 수 있기 때문이다. 하나님은 왕을 심판하시지만, 완전히 멸절시키지 않으신다는 것이다.

그렇게 낮아지고 회복되는 과정을 통하여 느부갓네살이 깨닫게 될 중요한 것이 있는데, 그것은 하나님의 전적인 권세였다. 순찰자의 말을 다시 들어보자, "그 때에 지극히 높으신 이가 사람의 나라를 다스리시며, 자기의 뜻대로 그것을 누구에게든지 주시는 줄을 아시리이다"(4:25). 왕이 이런 중요한 하나님의 뜻을 깨닫고 회개하면, 하나님의 은혜로 그가 총명과 왕위를 회복하게 될 것이며, 그는 그 은혜의 하나님을 깊이 경험하게 될 것이다.


## 4. 예언의 성취

다니엘의 꿈 해석은 문자 그대로 성취되었다. 계속해서 느부갓네살 왕의 고백을 들어보자;

"이 모든 일이 다 나 느부갓네살 왕에게 임하였느니라.
열두 달이 지난 후에 내가 바벨론 왕궁 지붕에서 거닐새나 왕이 말하여 이르되, '이 큰 바벨론은 내가 능력과 권세로 건설하여 나의 도성으로 삼고 이것으로 내 위엄의 영광을 나타낸 것이 아니냐?' 하였더니, 이 말이 아직도 나 왕의 입에 있을 때에 하늘에서 소리가 내려 이르되, '느부갓네살 왕아, 네게 말하노니, 나라의 왕위가 네게서 떠났느니라. 네가 사람에게서 쫓겨나서 들짐승과 함께 살면서 소처럼 풀을 먹을 것이요, 이와 같이 일곱 때를 지내서 지극히 높으신 이가 사람의 나라를 다스리시며 자기의 뜻대로 그것을 누구에게든지 주시는 줄을 알기까지 이르리라' 하더라. 바로 그 때에 이 일이 나 느부갓네살에게 응하므로 내가 사람에게 쫓겨나서 소처럼 풀을 먹으며 몸이 하늘 이슬에 젖고 머리털이 독수리 털과 같이 자랐고 손톱은 새 발톱과 같이 되었더라" (4:28-33).

비록 느부갓네살이 이처럼 비천해졌지만, 그래도 그는 그루터기였다. 세월이 흐르면서 그 그루터기는 새싹이 나서 가지가 자라고 잎사귀와 열매를 다시 맺게 된다는 것이다. 그러나 그 그루터기가 다시 살아나기 위하여 한 가지 집고 넘어가야 할 것이 있는데, 그것은 그의 변화된 자세였다. 그는 하나님을 대항했던 교만도 인정했고, 그에 대한 하나님의 진노도 인정했고, 한 발 더 나아가서 하나님의 전능도 인정했다. 그는 "하늘을 우러러 보았다."

"그 기한이 차매 나 느부갓네살이 *하늘을 우러러 보았더*

니 내 총명이 다시 내게로 돌아온지라. 이에 내가 지극히 높으신 이에게 감사하며 영생하시는 이를 찬양하고 경배 하였나니 그 권세는 영원한 권세요 그 나라는 대대에 이 르리로다. 땅의 모든 사람들을 없는 것 같이 여기시며 하 늘의 군대에게든지 땅의 사람에게든지 그는 자기 뜻대로 행하시나니 그의 손을 금하든지 혹시 이르기를 네가 무엇 을 하느냐고 할 자가 아무도 없도다. 그 때에 내 총명이 내게로 돌아왔고 또 내 나라의 영광에 대하여도 내 위엄 과 광명이 내게로 돌아왔고 또 나의 모사들과 관원들이 내게 찾아오니 내가 내 나라에서 다시 세움을 받고 또 지 극한 위세가 내게 더하였느니라. 그러므로 지금 나 느부 갓네살은 하늘의 왕을 찬양하며 칭송하며 경배하노니 그 의 일이 다 진실하고 그의 행하심이 의로우시므로 교만하 게 행하는 자를 그가 능히 낮추심이라"(4:34-37).

왕이 하나님의 주권을 인정하지 않고 자신을 신격화했을 때 그 는 인간의 모습, 곧 인성人性-humanness조차도 잃었다. 그러나 그는 "하늘을 우러러 보았다." 하나님의 주권을 인정하고 "하늘을 우러 러 보았다." 그렇게 하자, 그의 인성도 회복되었고 왕위도 되찾았 다. 인간은 하나님의 주권 아래에서만 올바른 인성을 유지하며, 인간다운 인간으로 살 수 있다. 그렇게 높아졌던 왕이 그렇게 낮 아짐으로 하나님과 인간의 긴밀한 관계를 깨닫게 된 것이다.

# 5. 나가면서

다니엘 4장에는 중요한 단어가 3번씩 반복해서 나온다. "번민하다"(5, 19-2회), "거룩한 신들의 영"(8, 9, 18), "순찰자"(지상의 존재들을 감시하고 하나님의 뜻을 알리는 천사: 13, 17, 23), "그루터기"(15, 23, 26), "돌아오다"(34, 36-2회). 삼중적인 찬양도 2번이나 나온다, "감사와 찬양과 경배"(34절)와 "찬양과 칭송과 경배"(37절). 이렇게 3번씩이나 반복적으로 나오는 표현은 두말할 필요도 없이 그것들이 중요하기 때문이다.

하나님은 인간을 창조하셨을 뿐 아니라, 각 인간에게 적절한 기능과 역할을 부여하셨다. 그러나 많은 사람들은 하나님이 주신 기능과 역할을 오용(誤用)하여 자신의 업적이라고 하면서 교만해질 때가 얼마나 많은가? 그 교만 때문에 한 순간에 모든 업적과 지위를 잃은 사람들이 얼마나 많은가? 인간은 이처럼 영욕(榮辱)을 번갈아 경험하면서 서서히 깨닫는 것이 있는데, 그것은 그의 기능과 역할도 하나님이 주신 선물이라는 것이다.

그런 것을 깨닫고 하나님에게로 돌아온 사람들은 그나마 아주 다행스럽다. 왜냐하면 그들은 이제부터라도 하나님을 옳게 모실 뿐 아니라, 하나님의 관점에서 다른 사람들은 물론 자연을 대할 수 있기 때문이다. 이런 깨달음과 삶의 변화가 가능한 것은 두말할 필요도 없이 하나님의 은혜 때문이다. 느부갓네살이란 나무를 다 베지 않고 그루터기를 남겨두신 하나님의 은혜이요, 하나님의 선(善)이시다.

# "메네, 메네, 데겔, 우바르신"

"기록된 글자는 이것이니, 곧 메네 메네 데겔 우바르신이라. 그 글을 해석하건대, *메네*는 하나님이 이미 왕의 나라의 시대를 세어서 그것을 끝나게 하셨다 함이요, *데겔*은 왕을 저울에 달아 보니 부족함이 보였다 함이요, *베레스*는 왕의 나라가 나뉘어서 메대와 바사 사람에게 준 바 되었다 함이니이다."

다니엘 5:25-28

## 1. 들어가면서

벨사살은 느부갓네살의 아들이자 바벨론 제국의 마지막 왕이었다 (실제로는 손자였으나 히브리어로는 아들과 손자가 동일하다). 그의 통치를 끝으로 세계를 호령하던 바벨론은 멸망되었다. 바벨론은 견고한 성곽으로 둘러있었기에 멸망할 수 없었으나, 어리석은 왕 때문에 멸망되었던 것이다. 벨사살 왕의 어리석은 행동거지를 본문은 이렇게 시작하였다, "벨사살 왕이 그의 귀족 천 명을 위하여 큰 잔치를 베풀고 그 천 명 앞에서 술을 마시니라" (단 5:1).

그 당시는 잔치를 베풀 때가 아니었다. 그 이유는 신흥왕국으로 부상하는 메대 바사와 오랫동안 전쟁을 벌이고 있었기 때문이었다. 메대의 왕 다리오가 벌써 바벨론 제국의 수도인 바벨론을 에워싸고 있은 지 몇 년이나 되었다. 그러나 벨사살 왕은 그 성의 견고함은 물론 유브라데 강이 그 성을 에워싸고 있기에 그 성은 결코 함락될 수 없다고 믿고 있었다. 그렇다고 그처럼 많은 귀족을 초청해서 흥청망청 먹고 마실 정황은 결코 아니었다.

벨사살의 아버지인 나보니두스 왕이 신병으로 드러눕자, 맏아들인 벨사살에게 왕권을 주어 함께 나라를 다스리게 하였다. 그러니까 벨사살 왕은 섭정왕攝政王처럼, 아버지와 함께 나라를 다스리게 되었다. 그가 그렇게 왕위를 받은 때는 약관의 36세였을 때였다. 너무나 젊어서인지 그는 천방지축天方地軸, 제대로 통치하지도 못하고 함부로 날뛰었다. 그의 잘못된 행위를 이 장의 본문은 몇 가지로 지적하고 있다.

## 2. 벨사살 왕의 행위

벨사살 왕의 잘못된 행위는 다니엘의 질책에 잘 나타났다.

"왕이여, 지극히 높으신 하나님이 왕의 부친 느부갓네살에게 나라와 큰 권세와 영광과 위엄을 주셨고 그에게 큰 권세를 주셨으므로…그가 마음이 높아지며 뜻이 완악하여 교만을 행하므로 그의 왕위가 폐한 바 되며…소처럼 풀을 먹으며 그의 몸이 하늘 이슬에 젖었으며, 지극히 높으신 하나님이 사람 나라를 다스리시며 자기의 뜻대로 누구든지 그 자리에 세우시는 줄을 알기에 이르렀나이다. 벨사살이여, 왕은 그의 아들 이 되어서 이것을 다 알고도 아직도 마음을 낮추지 아니하고, 도리어 자신을 하늘의 주재보다 높이며, 그의 성전 그릇을 왕 앞으로 가져다가 왕과 귀족들과 왕후들과 후궁들이 다 그것으로 술을 마시고, 왕이 또 보지도 듣지도 알지도 못하는 금, 은, 구리, 쇠와 나무, 돌로 만든 신상들을 찬양하고 도리어 왕의 호흡을 주장하시고 왕의 모든 길을 작정하시는 하나님께는 영광을 돌리지 아니한지라" (단 5:18-23).

다니엘이 질책한 내용에 의하면, 벨사살은 세 가지 잘못된 행위를 하였다. 첫째, 그는 느부갓네살의 교만과 비천과 회복을 뻔히 알면서도, 거기에서 아무런 교훈도 받지 못했던 것이다. 그뿐 아니라 모든 왕권이 저절로 주어진 것이 아니라, "지극히 높으신 하나님"이 주신 사실도 인정하지 않았다. 이 어린 벨사살 왕은 바벨론 제국을 일으킨 느부갓네살보다 훨씬 위대하다는 착각에서 기고만장氣高萬丈했던 것이다.

둘째, 벨사살은 거기에서 끝나지 않고 교만해질 대로 교만해졌다. 그는 "…이것을 다 알고도 아직도 마음을 낮추지 아니하고, 도리어 자신을 하늘의 주재보다 높이었다." 이것은 자신을 하나님보다 높인 교만의 극치를 표현한 것이었다. 이렇게 교만하고서도 온전할 수는 결코 없었다. 잠언의 말씀대로이다, "교만은 패망의 선봉이요, 거만한 마음은 넘어짐의 앞잡이니라" (잠

16:18). 벨사살을 기다린 것은 패망과 넘어짐뿐이었다.

그의 교만은 행위로 나타났는데, 느부갓네살이 유다에서 탈취해온 성전기물을 사용하였다. 다시 본문을 보자, "벨사살이 술을 마실 때에 명하여 그의 부친 느부갓네살이 예루살렘 성전에서 탈취하여 온 금, 은 그릇을 가져오라고 명하였으니, 이는 왕과 귀족들과 왕후들과 후궁들이 다 그것으로 마시려 함이었더라"(단 5:2). 이런 기물들은 하나님에게 바쳐진 것이기에 세속적으로 사용될 수 없었는데도, 이런 기물들을 술잔으로 전락시켰다.

이와 같은 행동은 하나님에 대한 도전이요 동시에 신성모독神聖冒瀆의 죄에 해당되었다. 한 마디로 벨사살 왕은 너무나 교만해져서 하나님에 대한 경외감을 갖지 않았을 뿐 아니라, 한 발 더 나아가서 하나님의 이름을 조롱하고 싶었던 것이다. 그는 그 당시 세계를 지배하던 바벨론 제국을 물려받았다. 그는 그처럼 어린 나이에 세계를 통치하는 왕이 되었다. 그의 안중에는 느부갓네살 왕이 믿은 하나님을 두려워하는 것이 하나도 없었다.

셋째, 벨사살 왕은 우상들을 숭배하였다. 본문을 다시 보자, "그들이 술을 마시고는 그 금, 은, 구리, 쇠, 나무, 돌로 만든 신들을 찬양하니라"(단 5:4). 그는 자신을 신격화神格化하였을 뿐 아니라, 인간이 만든 신들을 찬양하며 섬기는 어리석음을 드러내었다. 어떻게 금, 은과 같은 것이 신이 될 수 있는가? 그것들이 기도에 응답하는가? 그것들이 축복을 줄 수 있는가? 그것들은 신성神性과 능력도 없는 비인격적인 물건에 지나지 않는데 말이다.

# 3. 메네, 메네, 데겔, 우바르신

그 잔치에는 진수성찬珍羞盛饌과 아름다운 여인들도 있었다. 웃음과 흥청대는 대화도 있었다. 그와 같은 잔치와 태평의 시대가 영원하기라도 한 것처럼 말이다. 바로 그때! 왕궁 촛대 맞은편 석회벽에 손가락들이 나타났다! 촛대 맞은편이기에 왕은 물론 모든 사람들이 잘 볼 수 있는 곳이었다. 본문은 이렇게 묘사하고 있다, "그 때에 사람의 손가락들이 나타나서 왕궁 촛대 맞은편 석회벽에 글자를 쓰는데, 왕이 그 글자 쓰는 손가락을 본지라"(단 5:5).

벨사살 왕은 문자 그대로 기절초풍했다. 그는 지금까지 어떤 위기도 겪어보지 못한 유약한 왕이었다. 그의 당황한 모습을 직접 보자, "이에 왕의 즐기던 얼굴빛이 변하고, 그 생각이 번민하여, 넓적다리 마디가 녹는 듯하고, 그의 무릎이 서로 부딪친지라"(단 5:6). 온 몸이 후들거리며 떨렸다. 답답하고 무서운 마음을 조금도 감출 수 없었다. 그 순간 그는 거대한 제국을 지배하는 왕이 아니라, 두려움에 덜덜 떠는 초라한 인간이었다.

더욱 두렵게 한 것은 바벨론 제국에서 왕의 봉급을 받는 그렇게 많은 박수와 지혜자들 중 그 손가락들이 벽에 쓴 글을 읽고 해석할 수 있는 사람이 아무도 없었다는 것이다. 모든 사람들이 전전긍긍해 하는 중 느부갓네살 왕의 처가 나타나서 다니엘을 소개했다. 왕권이 바뀌면서 다니엘은 모든 직책을 잃고 한가한 상태였다. 80세가 다 된 늙은 다니엘은 젊은 왕 앞에 불려나왔고, 지혜로운 다니엘은 어리석은 왕을 엄하게 꾸짖으면서 석회벽에 기록된 글자를 잃고 해석하기 시작했다.

그 벽에 기록된 글자는 *메네 메네 데겔 우바르신*이었다. 다니엘은 그 글자의 해석도 내놓았다. *메네*는 '계수하다,' '세다'란 뜻을 가진 '메나'의 수동태 분사형으로 '계수되어진다'이다. 하나님이 벨사살의 통치 햇수와 행위를 계수하셨고 그의 날이 끝났다는 말이다. *메네*가 두 번 반복된 것은 벨사살의 죄로 인해 바벨론 제국의 종말이 다가왔다는 사실을 강조하기 위한 것이다.

*데겔*은 '저울로 무게를 달다'란 뜻을 가진 말로서, '메네'와 같은 수동태 분사형이다. 이 말은 벨사살의 행동을 저울로 달아본 결과, 그의 행동이 공의롭지 못한 것으로 판정되어 심판의 대상이 되고 있는 중이라는 것을 말한다. 그의 행동은 도덕적으로도 저급할 뿐 아니라, 종교적으로는 신성모독과 우상숭배라는 엄청난 범행을 자행한, 그래서 하나님의 심판 아래 놓이게 되었다는 말이었다.

*우바르신*은 '베레스'의 복수 수동태 분사형으로 '나뉘어지게 되다', '조각나게 되다'란 뜻의 동사이다. 이 말은 하나님이 예정하신 바벨론 제국의 기한이 찼으며 (26절), 또한 벨사살 역시 그 자격에 있어서 미흡한 왕이기 때문에 (27절), 바벨론이 메대와 바사에 의해 괴멸될 것을 말한다. 여기에서 '나뉘다'는 바벨론이 메대 지역과 바사 지역으로 나뉘는 것이 아니라, 먼저 메대인이 바벨론을 통치하고, 그 후에 바사인이 나라를 통치하게 된다는 뜻이다.

# 4. 두 종류의 심판

느부갓네살 왕과 벨사살 왕에게는 같은 점도 있고, 다른 점도 있었다. 같은 점은 그 두 사람이 다 교만한 왕이었다는 사실이다. 고대 절대군주국을 통치하는 왕들이 겸손하기란 거의 불가능했을 수도 있었다. 그들을 받드는 수많은 고관대작高官大爵들, 그들을 섬기는 수많은 신하들과 후궁들, 그들의 말 한마디에 산천초목이 흔들릴 수 있는 절대권한――이런 것들 때문에 그들은 자연스럽게 교만을 친구삼아 나라를 다스렸을 것이다.

느부갓네살 왕은 이렇게 말하면서 자신을 신격화하였다, "이 큰 바벨론은 내가 능력과 권세로 건설하여 나의 도성으로 삼고 이것으로 내 위엄의 영광을 나타낸 것이 아니냐?"(단 4:30). 벨사살 왕은 다니엘의 말을 빌리면서 이렇게 스스로를 신격화하였다, "…그의 아들이 되어서 이것을 다 알고도 아직도 마음을 낮추지 아니하고, 도리어 자신을 하늘의 주재보다 높이며…"(단 5:22-23).

그러나 이 두 왕에게는 다른 점도 있었다. 비록 느부갓네살은 유다를 정복하고 유대인들을 포로로 잡아왔지만, 그래도 신성모독의 죄는 범하지 않았다. 그는 예루살렘의 성전기물을 약탈해왔으나, 그 기물들을 신전에 보관하였다. 그러나 벨사살 왕은 하나님에게 바쳐진 그 거룩한 기물들을 술잔으로 전락시켰다. 이것은 이미 위에서 지적했지만, 신성모독의 죄에 해당되었다. 다시 말해서 용서받지 못할 죄를 범했던 것이다.

이 두 왕에게 다른 점이 또 하나 있었다. 그것은 그들이 받은 하나님의 심판이었다. 느부갓네살 왕이 받은 심판은 총명과 왕위를 잃은 것이었다. 반면, 벨사살 왕은 목숨을 잃었다. 하나님은 벨사살을 가차 없이 심판하시어 그의 생명을 앗아가셨다. 그러나 하나님은 느부갓네살 왕에게는 돌이킬 수 있는 기회를 주셨다. 비록 그가 7년이라는 긴 세월을 들짐승처럼 풀을 먹으며 이슬에 젖으면서 살았지만, "하늘을 우러러 볼 수 있는" 기회를 주셨다.

비록 느부갓네살과 벨사살이 인간이 만든 우상을 숭배한 것도 사실이지만, 그런 짓거리는 하나님을 모를 때 한 것이기에 용서받을 수 있었다. 비록 느부갓네살과 벨사살이 스스로를 높여 하나님의 자리를 차지했지만, 그것도 역시 하나님을 모를 때 한 짓거리기에 용서받을 수 있었다. 느부갓네살은 낮아질 대로 낮아졌지만, 그래도 그에게는 돌이킬 수 있는 기회가 주어졌다. 그리고 그 기회를 부여잡고 돌이킴으로 그는 잃었던 모든 것을 되찾을 수 있었다.

그러나 벨사살의 경우는 달랐다. 그는 하나님이 성전에서 하나님만을 위하여 받쳐진 거룩한 기명들을 자신을 위하여 사용하였다. 그 기명들은 하나님에게 제사드릴 때 사용되는 것들로, 절대로 다른 목적으로 사용될 수 없었다. 달리 사용한다는 것은 죽음을 자초<sup>自招</sup>하는 행위였다 (레 15:31). 벨사살은 그처럼 심각한 신성모독의 죄를 범함으로 돌이킬 수 있는 기회조차도 없이 목숨을 잃었던 것이다.

# 5. 나가면서

메네는 '계수하다'의 뜻인데, 이것은 벨사살에게만 적용되는 것이 아니라, 모든 사람에게도 적용된다. 우리는 한정된 삶을 산다. 그리고 그 삶의 햇수를 다 살면 인생이 끝난다. 데겔은 '무게를 달다'의 뜻인데, 역시 벨사살뿐 아니라 모든 사람에게도 적용된다. 어느 날 하나님은 우리의 삶과 행위를 달아보실 것이다. 모든 거짓말, 위선, 다른 사람들을 해코지 한 행위 등 모든 것을 달아보시고, 거기에 걸맞은 심판을 받게 될 것이다.

그런 최후의 심판을 뜻하는 단어가 바로 '나눔'의 뜻을 지닌 우바르신이다. 마지막 때에 모든 사람은 하나님의 심판대를 통과하여, 우리의 삶과 행위에 대한 메네와 데겔을 거쳐 천국과 지옥으로 나뉠 것이다. 그런 이유 때문에 모든 사람은 그를 대신하여 십자가에서 죽으셨다가 부활하신 예수 그리스도를 구세주로 믿고 영접해야 한다. 그분이 우리의 부족한 삶과 행위를 대속하셨기 때문이다.

# 18  세상의 법 대 하나님의 법

> "…왕이여! 그것은 곧 이제부터 삼십일 동안에 누구든지 왕 외의 어떤 신에게나 사람에게 무엇을 구하면 사자 굴에 던져 넣기로 한 것이니이다. 그런즉 왕이여! 원하건대 금령을 세우시고 그 조서에 왕의 도장을 찍어 메대와 바사의 고치지 아니하는 규례를 따라 그것을 다시 고치지 못하게 하옵소서' 하매, 이에 다리오 왕이 조서에 왕의 도장을 찍어 금령을 내니라. 다니엘이 이 조서에 왕의 도장이 찍힌 것을 알고도 자기 집에 돌아가서는 윗방에 올라가 예루살렘으로 향한 창문을 열고 전에 하던 대로 하루 세 번씩 무릎을 꿇고 기도하며 그의 하나님께 감사하였더라."
>
> 다니엘 6:7-10

## 1. 들어가면서

바벨론의 마지막 왕 벨사살은 메대의 왕인 다리오에 의하여 죽임을 당함으로 바벨론 시대는 역사의 뒤안길로 갔고, 메대 바사의 시대로 접어들었다. 다리오가 바벨론을 접수한 것은 그의 나이 62세였는데, 곧 주전 539년이었다. 다니엘의 기록을 보자, "메대 사람 다리오가 나라를 얻었는데 그 때에 다리오는 육십이 세였더라"(단 5:31). 메데 바사 제국을 세운 고레스의 휘하에 있던 다리오는 바벨론을 정복했을 뿐 아니라, 그 지역의 왕이 되었다.

그러니까 다니엘 6장의 무대는 바벨론이 아니라 메대 바사였다. 그리고 그 무대에 주인공으로 새롭게 등장한 인물은 다리오 왕이었다. 그는 즉각적으로 120명의 고관을 세워 전국을 통치하게 하였다. 그리고 그들 위에 총리 3명을 두어 아래로는 고관들을 감독하고, 위로는 왕에게 직접 보고하게 하였다. 그뿐 아니라, 그 총리들로 하여금 징세와 왕궁의 재무를 맡겨서 왕에게 조금도 불이익이 없도록 조처했다.

세 총리 가운데 한 사람은 다니엘이었다. 그는 나라들이 정복하고 정복당하는 격변의 시대를 거치면서도 하나님을 의지하는 삶을 계속했다. 그는 바벨론을 세운 느부갓네살 왕 밑에서도 "온 지방을 다스렸고"(단 2:48), 벨사살 왕 밑에서도 셋째 통치자가 되었다. 그런데 놀랍게도 메대 바사에서도 총리가 된 것이다. 다리오 왕은 바벨론과 메대 바사를 연결해줄 수 있는 다니엘과 같은 인물을 필요로 했었음이 틀림없었다.

## 2. 다니엘이 당한 모함

그런데 시간이 지나면서 다니엘은 다른 총리보다 월등한 인물로 부각되기 시작했다. 그런 다니엘을 눈여겨본 다리오는 그에게 보다 큰 중책을 맡기기를 원했다. 다시 말씀을 보자, "다니엘은 마음이 민첩하여 총리들과 고관들 위에 뛰어나므로 왕이 그를 세워 전국을 다스리게 하고자 한지라"(6:3). 여기에서 "마음이 민첩했다"는 묘사는 업무를 효율적으로 수행하기 위하여 필요한 지혜도 갖추었을 뿐 아니라, 청렴하기까지 했다는 뜻이다.

다리오 왕이 다니엘을 높이고자 한 결정은 자연스러운 것이었다. 다니엘은 "마음이 민첩할" 뿐 아니라, 충성스럽기 그지없는 신하였다 (단6:4). 그가 그처럼 충성스러울 수 있었던 것은 하나님의 사람이었기 때문이었다. 다니엘은 하나님을 경외하며 하나님과 동행하는 사람이었기에, 그에게 맡겨진 직분에 온전히 충성할 수 있었다. 하나님의 말씀이 "맡은 자는 충성해야 된다"고 강력하게 명령하고 있기 때문이다 (고전4:1-2).

다니엘의 "마음이 민첩하고" 또 충성스러웠던 중요한 이유 중 하나는 그의 마음 안에 하나님의 영이 내주內住하시기 때문이었다. 일찍이 느부갓네살 왕과 왕후는 다니엘 안에 "거룩한 신들의 영이 있다"고 증언한 바 있었다 (단4:9, 5:11). 하나님의 영이 도우시니 그는 다른 어떤 총리나 고관들보다도 깊은 지혜와 맑은 청렴을 드러낼 수 있었다. 다리오 왕이 그런 신하를 세워 "전국을 다스리게 한 것"은 너무나 당연한 결정이었다 (단6:3).

다니엘의 특출한 행정력과 고매한 인격은 왕의 마음을 사로잡았지만, 동료들의 반응은 전혀 달랐다. 그들은 다니엘을 칭찬하고 축하해주는 대신 시기와 질투에 휩싸였다. 무엇보다도 그들이 못마땅하게 여긴 것은 다니엘이 다리오 왕과 함께 전쟁에 참전한 사람도 아니었다는 사실이다. 그에게는 내세울 만한 어떤 공적도 없었다. 그뿐 아니라, 다니엘은 메대 바사 출신도 아니었다. 그는 오래 전에 망해버린 아주 작은 나라에서 포로로 잡혀온 유대인이었다.

총리들과 고관들이 벌떼 같이 들고 일어나서 다니엘을 모함하기 시작했다. 아주 작은 유다 나라 출신이 이처럼 거대한 메대 바사 제국의 제이인자가 되어 왕을 대신하여 통치하게 내버려둘 수는 없었다. 그렇게 되면 그들도 그의 휘하에 들어가는 치욕을 감수할 수밖에 없었다. 거기다가 다니엘은 패기가 넘치는 장년도 아니었다. 그는 80세나 된 늙은이였다. 유대인 늙은이를 그들의 통치자가 되게 수수방관할 수는 결코 없었다.

다니엘을 끌어내리기로 작정한 총리들과 고관들은 한 마음 한 뜻이 되었다. 그들은 다니엘에게서 흠을 찾아내려고 모든 방법을 동원하였다. 그러나 청렴하고 충성된 다니엘에게서 티끌만한 흠도 찾을 수 없었다. 본문은 이렇게 기록한다, "이에 총리들과 고관들이 국사에 대하여 다니엘을 고발할 근거를 찾고자 하였으나 아무 근거, 아무 허물도 찾지 못하였으니, 이는 그가 충성되어 아무 그릇됨도 없고 아무 허물도 없음이었더라"(단 6:4).


## 3. 제국의 법과 하나님의 법

다니엘에게서 아무런 허물을 찾아내지 못한 그들은 포기했던가? 물론 아니다! 그들은 마침내 하나님의 법을 이용하여 다니엘을 모함하고 또 죽이기로 작정하였다. 그들이 왕에게 올려서 허락받은 금령禁令은 앞으로 30일 동안 "왕 외의 어떤 신에게나 사람에게 무엇을 구하면 사자 굴에 던져 넣기로 한 것"이었다 (단 6:7). 비록 왕이 다니엘을 높이 평가했지만, 그를 신처럼 높여준 신하들의 허언虛言--"왕 외의 어떤 신"--을 받아들였던 것이다.

이미 언급한 적이 있는 것처럼, 다니엘을 비롯한 유대인들에게는 성전과 제물과 제사장이 없었다. 유대인들은 성전과 제물과 제사장을 통하여 하나님에게 나아갔었지만, 이제는 그런 것들을 통하여 하나님에게 나아갈 수 없게 되었다. 세상에 흩어져 살게 된 *디아스포라* 유대인들이 하나님에게 나아갈 수 있는 방법은 하나밖에 남지 않았는데, 그것은 하나님의 말씀, 곧 *토라*를 통해서였다. 그리고 그 *토라*에 포함된 약속이 그들의 소망이었다.

그 *토라*에 들어있는 약속을 보자, "여호와께서 너희를 여러 민족 중에 흩으실 것이요…그러나 네가 거기서 네 하나님 여호와를 찾게 되리니, 만일 마음을 다하고 뜻을 다하여 그를 찾으면 만나리라"(신 4:27, 29). 그러면 세상에 흩어진 유대인들이 어떻게 하나님을 찾을 수 있단 말인가? 그것도 *토라*에 포함된 대로, 기도를 통해서였다. 왜냐하면 하나님에게 올리는 기도는 성전과 상관없이 언제 어디서든지 할 수 있기 때문이었다.

다시 *토라*의 말씀을 보자, "우리 하나님 여호와께서 우리가 그에게 기도할 때마다 우리에게 가까이 하심과 같이, 그 신이 가까이 함을 얻은 큰 나라가 어디 있느냐?"(신 4:7). 이런 약속 때문에 다니엘의 세 친구, 곧 하나냐와 미사엘과 아사랴도 하나님에게 기도했고, 또 다니엘도 기도했다. 그들이 기도했을 때 하나님은 그들의 기도를 응답하시면서 그들을 죽음에서 구원하셨다. *토라*에 약속된 대로 하나님은 그들과 가까이 하셨던 것이다.

메데 바사의 총리들과 고관들은 바로 이 점을 노렸다. 그들은 앞으로 30일 동안 왕 이외에는 어떤 신에게도 기도할 수 없도록 법령을 제정하였다. 만일 어기면 사자굴에 던져져서 사자들의 밥이 되고 말 것이다. 메대 바사의 법은 시시때때로 하나님의 법과 충돌될 수밖에 없었다. 메대 바사의 법을 지키려면 하나님의 법을 어겨야 되고, 하나님의 법을 지키려면 메데 바사의 법을 어겨야 한다.

지금까지 다니엘은 메데 바사와 그 왕에게 지혜롭게 그리고 정직하게 충성을 바친 신하였다. 그뿐 아니라, 메대 바사의 갖가지 법도 어기지 않고 지킨 훌륭한 시민이었다. 그렇다고 다니엘은 하나님의 법에 저촉되는 메대 바사의 법조차도 어기지 않고 지킬 수는 없었다. 물론 다니엘은 두 법 사이의 충돌을 피하기 위하여 30일 동안만 기도를 하지 않을 수 있었다. 아니면 기도를 해도 창문을 닫고 오밤중에 은밀히 기도할 수도 있었다.

## 4. 다니엘의 선택

다니엘은 쓰나미처럼 몰려오는 압박을 홀로 막으려고 안간힘을 쓰고 있었다. 그를 둘러싸고 있는 사람들을 보라. 120명의 고관들, 자신 이외의 다른 두 총리, 그리고 다리오 왕이었다. 일찍이 그와 함께 기도하던 세 친구는 십중팔구 나이 많아서 죽었을 것이다. 인간적으로 볼 때 다니엘은 절대로 이길 수 없는 싸움에 걸려들었던 것이다. 그러나 다니엘은 조금도 흔들리지 않았다. 흔들리기는커녕 오히려 더욱 담대하게 기도를 계속했다.

어떻게 이런 상황에서 담대해질 수 있단 말인가? 그 이유는 간단했다! 하나님이 기도를 들어주신다는 *토라*의 약속을 믿었기 때문이었다. 위에서 인용한 약속을 다시 보자, "여호와께서 너희를 여러 민족 중에 흩으실 것이요…그러나 네가 거기서 네 하나님 여호와를 찾게 되리니, 만일 마음을 다하고 뜻을 다하여 그를 찾으면 만나리라"(신 4:27, 29). "마음을 다하고 뜻을 다하여" 하나님에게 구하면 만나주시겠다는 약속이다.

하나님이 어떤 방법으로 기도를 들어주실지 알 수 없으나, 그래도 들어주신다는 약속이었다. 하나님이 기도를 들어주시는 방법을 몇 가지 생각해보자. 먼저, 하나님이 다리오 왕과 그 신하들의 마음을 바꾸게 하시는 방법이다. 그들의 마음이 바뀐다면 다니엘을 구원할 수 있을 것이다. 그 다음, 그들이 새로운 법령을 제정하여 다니엘을 구원할 수도 있었다. 그 다음, 갑자기 외국의 군대가 그 나라를 침공함으로 법 시행을 무기한 연기할 수도 있었다.

그 다음, 메대 바사의 법대로 다니엘이 사자들의 먹잇감이 되어 이 세상을 하직하는 방법이다. 메대 바사의 총리들과 고관들은 그들의 승리라고 여길지 모르지만, 결코 그렇지 않을 것이다. 왜냐하면 하나님은 한편 신앙을 위하여 순교를 마다하지 않은 다니엘을 크게 보상하실 것이며, 또 다른 한편 다니엘을 그렇게 비참하게 죽음으로 내몬 사람들에게 내려질 엄중한 심판 때문이다.

마지막으로, 다니엘이 사자굴에서 살아나오는 방법이다. 다니엘은 하나님이 어떻게 기도를 응답하실 줄 몰랐지만, 약속을 지키시는 하나님을 신앙하면서 기도를 계속했다. 그는 메대 바사의 법을 어겼으며, 따라서 그 법대로 사자굴에 던져졌다. 아무도 예측하지 못한 방법으로 하나님은 다니엘의 기도를 들어주셨다. 사자들이 다니엘을 조금도 공격하거나 잡아먹지 않았다. 하나님의 천사들이 그들의 입을 봉했던 것이다.

다니엘이 올바른 선택을 했다는 것은 너무나 분명했다. 첫째, 그가 사자굴에서 살아나왔기 때문이다. 하나님은 인간적으로 불가능한 방법으로 그를 구원하셨던 것이다. 둘째, 다니엘을 모함하던 자들은 물론 그 식구들이 사자굴에 던져져서 사자들의 먹잇감이 되었기 때문이다. 하나님은 다니엘을 이런 방법으로 구원하시면서 동시에 공의justice를 드러내셨다. 셋째, 그 결과 다리오 왕은 그 구원의 하나님을 한없이 높였기 때문이다.

## 5. 나가면서

다니엘은 사자굴에서 던져져서 죽을 줄 알면서도 하루에 세 번씩이나 기도했다. 그의 기도는 다윗과 같은 심정으로 올렸을 것이다: "나는 하나님께 부르짖으리니, 여호와께서 나를 구원하시리로다. 저녁과 아침과 정오에 내가 근심하여 탄식하리니, 여호와께서 내 소리를 들으시리로다. 나를 대적하는 자 많더니 나를 치는 전쟁에서 그가 내 생명을 구원하사 평안하게 하셨도다. 옛부터 계시는 하나님이 들으시고 그들을 낮추시리이다…" (시 55:16-19).

그리스도인들은 가정에서, 학교에서, 군대에서, 직장에서, 사회에서 시시때때로 하나님의 법에 저촉되는 일에 부딪친다. 비기독교 국가에서 살아가는 그리스도인들의 피할 수 없는 역경이다. 그러나, 하나님의 법을 잠시 제쳐놓고 사회의 법을 따를 수는 없다. 왜냐하면 하나님의 법이 우위의 법이기 때문이다. 비록 다니엘처럼 당장은 불이익을 당하는 것 같지만, 그들의 처지를 아시고 가장 좋은 방법으로 해결해주시는 하나님을 끝까지 의지하자.

# 19 살아계시는 하나님

"…그는 살아계시는 하나님이시요; 영원히 변하지 않으실 이시며, 그의 나라는 멸망하지 아니할 것이요; 그의 권세는 무궁할 것이며, 그는 구원도 하시며 건져내기도 하시며, 하늘에서든지 땅에서든지 이적과 기사를 행하시는 이로서 다니엘을 구원하여 사자의 입에서 벗어나게 하셨음이라."

다니엘 6:26-27

## 1. 들어가면서

다니엘은 동료들의 모함으로 사자굴에 던져져서 사자들의 밥이 되는 처참한 신세가 되었다. 그런데, 다니엘이 사자굴에 던져지고 나서 하나님에 대한 놀라운 칭호가 나오는데, 바로 "살아계시는 하나님"이다. 이 칭호는 한 번만 나오는 것이 아니라, 두 번씩이나 나온다 (20, 26절). 이런 놀라운 칭호를 두 번씩이나 사용한 사람이 누구인가? 믿음이 좋은 다니엘인가? 아니다! 우상의 나라인 메데 바사의 왕인 다리오였다.

다리오 왕은 다니엘을 사자굴에 던져넣은 다음 날 그 굴로 찾아가서 슬픈 목소리로 이렇게 물었다, "이튿날에 왕이 새벽에 일어나 급히 사자 굴로 가서, 다니엘이 든 굴에 가까이 이르러서 슬

피 소리 질러 다니엘에게 묻되, '살아계시는 하나님의 종 다니엘
아, 네가 항상 섬기는 네 하나님이 사자들에게서 능히 너를 구원
하셨느냐?' 하니라" (단 6:19-20). 이 물음에서 다리오 왕은 하나
님을 "살아계시는 하나님"이라고 불렀다.

과연 하나님이 살아 계시다면 다니엘을 사자들의 입에서 구원
해야 하시는가? 물론 하나님은 다니엘을 육체적으로 구원하실
수도 있으시고, 아니면 죽음을 허용하실 수도 있으시다. 그런
데, 이 경우에는 하나님이 살아 계시다는 사실을 다니엘의 구원
으로 증명하셨다. 과연 다니엘의 하나님은 다리오 왕의 기대를
저버리지 않고 다니엘을 구원하셨다. 다리오 왕은 다니엘을 사
자들로부터 구원하신 하나님을 두 번째로 "살아계시는 하나님"
이라고 불렀다 (단 6:26).

그렇다면 다리오 왕이 부른 "살아계신 하나님"이라는 칭호는
어떤 의미를 가지고 있는가? 단순히 죽음의 반대 의미로 사용되
었는가? 물론 그런 의미도 포함되어 있다. 그러나 "살아계신 하
나님"은 죽지 않았다는 의미보다는 훨씬 깊은 의미를 함축하고
있다. 많은 의미 가운데 다음과 같은 세 가지 의미를 나누고자 한
다. 첫째는 시작이 없는 하나님, 둘째는 영이신 하나님, 셋째는
생명의 하나님이다.

# 2. 시작이 없는 하나님<sup>originating God</sup>

시작이 없는 하나님은 어떤 하나님을 말하는가? 이 세상에 있는 만물은 시작이 있다. 물론 만물은 하나님이 창조하심으로 시작되었다. 하나님이 하늘과 지구, 해와 달, 물과 땅, 식물과 동물을 창조하셨다. 그뿐 아니라, 사람도 하나님이 창조하셨다. 그런 이유 때문에 만물은 시작이 있다. 만물 중 어떤 것도 하나님의 손길이 없이 저절로 생긴 것은 하나도 없다. 모두 하나님의 손끝에서 나왔기 때문이다.

그런데 어떤 것에 의해서도 창조되지 않고, 생성<sup>生成</sup>되지도 않은 분이 있다. 그분은 바로 하나님이시다. 하나님은 영원 전부터 스스로 계시는 분, 곧 시작이 없는 분이시다. 하나님은 누구의 도움을 받아서 탄생된 분이 아니라는 말이다. 그런 까닭에 하나님은 이렇게 선언하셨다, "나는 스스로 있는 자이니라"(출 3:14). 그렇다! 하나님은 창조되지 않으셨다. 하나님은 영원 전부터 스스로 존재하는 분, 곧 시작이 없는 분이시다.

그러므로 하나님은 모든 다른 "신"과는 다르다. 모든 "신"은 인간이 만들었다. "신"을 섬기는 모든 종교도 인간의 작품이다. 불교도 인간이 만들었다. 회교도 인간이 만들었다. 유교도 인간이 만들었다. 힌두교도 인간이 만들었다. 그러나 기독교의 창시자인 "살아계신 하나님"은 영원 전부터 스스로 계시는 하나님이시다. 여러분과 내가 믿는 하나님은 영원 전부터 영원 후까지 스스로 계시는, 그래서 시작이 없는 하나님이시다.

그렇다면 살아계신 하나님과 우상은 어떻게 다른가? 우상은 사람이 만든 것이다. 우상에 대한 하나님의 말씀을 보겠다, "우상을 만드는 자는 다 허망하도다… 이 나무는 사람이 땔감을 삼는 것이거늘 그가 그것을 가지고 자기 몸을 덥게도 하고…신상을 만들어 경배하며 우상을 만들고 그 앞에 엎드리기도 하는구나… 그것에게 기도하여 이르기를 너는 나의 신이니 나를 구원하라 하는도다" (사 44:9, 15, 17).

그렇다! 사람들은 "신"과 우상을 만들고 거기에 기도한다. 왜 그런가? 사람의 한계와 죽음의 문제를 해결하려고 안간힘을 쓰기 때문이다. 비록 사람들이 우상과 "신"을 만들 수는 있어도, 그렇다고 그들의 한계와 죽음의 문제를 해결하지는 못한다. 그 이유는 간단하다! 사람이 만든 나무나 금은 인격이 없기 때문이다. 그런 "신"은 사람의 기도와 소원을 들을 수도 없고, 응답해 줄 수도 없다.

이것이 하나님과 사람의 다름이다. 하나님은 스스로 계시나, 사람은 하나님에 의하여 만들어졌다. 하나님은 영원하신 분이나, 사람은 짧은 세월의 한계를 벗어나지 못한다. 하나님은 시공<sup>時空</sup>을 초월하시나, 사람은 시간과 공간의 한계 속에서 산다. 그런 이유 때문에 사람은 시작이 없는 하나님, 곧 살아계신 하나님의 품안으로 돌아와야 한다. 그렇지 않다면 짧은 인생을 방향을 알지 못하다가 끝낼 뿐이다.

# 3. 영이신 하나님 spiritual God

"살아계신 하나님의 두 번째 의미는 그 하나님이 영이시라는 사실이다. 하나님이 영이시기에 그 하나님은 사람의 눈에는 보이지 않는다. 그 하나님은 만질 수도 없다. 그렇다면 영이신 하나님은 어떻게 표현될 수 있을까? 능력으로 표현될 수 있을까? 그렇게 표현될 수도 있으나, 그렇다고 하나님을 단순히 초월의 힘으로 역사하시는 능력의 하나님으로 전락시켜서도 안 된다. 왜냐하면 능력 자체는 하나님이 될 수 없기 때문이다.

하나님이 영이시라는 의미는 하나님이 인격적이시라는 말이다. 하나님이 인격적이라는 것은 무슨 의미인가? 하나님에게 지·정·의가 있다는 의미이다. 마치 사람에게 인격, 곧 지·정·의가 있는 것과 같다. 그렇다면 하나님이 사람을 닮았다는 말인가? 물론 아니다! 사람이 하나님을 닮았다. 하나님의 말씀은 이런 사실을 이렇게 확인한다, "하나님이 자기 형상 곧 하나님의 형상대로 사람을 창조하시니라"(창 1:27).

하나님이 이처럼 인격을 갖춘 영이시기에 그 하나님을 우상으로 만들어서는 결코 안 된다. 인격적인 하나님을 나무나, 돌이나, 금으로 만든다는 것은 결코 있을 수 없다. 물론 오늘날에는 그런 우상보다는 보다 차원 높은 우상을 섬기는 경향이 있다. 예를 들면, 돈이나, 권력 등을 섬긴다. 여하튼, 하나님보다도 더 귀하게 여기는 것––그것이 물질적이든 정신적이든––은 무엇이든지 우상이 될 수 있다.

하나님이 영이시며 인격적이라는 사실은 사람들이 인격적으로 그 하나님을 만날 수 있다는 사실을 알려준다. 얼마나 복된 소식인가? 어떤 사람은 하나님을 만나기 위하여 자신을 학대하기도 한다. 어떤 사람은 하나님을 만나기 위하여 많은 물질을 희생한다. 어떤 사람은 하나님을 만나기 위하여 많은 시간을 투자한다. 어떤 사람은 하나님을 만나기 위하여 봉사도 많이 한다. 그러나 인격적이신 하나님은 그런 방법들을 통하여 만날 수 없다.

하나님을 만난다는 것은 관계를 맺는다는 뜻이다. 아버지와 어머니가 자녀를 낳으면, 그 자녀가 부모와 인격적인 관계를 맺게 되는 것과 같다. 이런 관계는 필연적으로 인격적인 교제로 연결된다. 다니엘을 보라! 그는 비록 조국으로부터 멀리 떨어진 우상의 나라 바벨론에 있었지만, 거기서도 하나님과 중단 없는 교제를 누리었다. 그 이유는 간단하다! 다니엘이 하나님과 인격적인 관계를 맺고 있었기 때문이었다.

하나님은 당신과 교제를 나누는 사람들과 특별히 함께 하신다. 그들이 위기에 처할 때 구원하기도 하신다. 그들의 기도를 들어주기도 하신다. 그들이 외로울 때 마음을 어루만져주기도 하신다. 다니엘을 보라! 그가 죽음의 고비를 맞이할 때마다 하나님은 그를 특별한 방법으로 구출해주셨다. 한 발 더 나아가서, 다니엘로 하여금 높은 왕들에게도 그 하나님을 소개하게 하셨다.

# 4. 생명이신 하나님living God

영이신 하나님은 동시에 생명의 하나님이시다. "살아있는 하나님"에서 "살아있다"는 말 자체가 생명을 가졌다는 뜻을 포함하고 있다. 그렇다! 하나님은 영원한 생명을 가지고 있으시다. 다시 말해서, 그 하나님은 죽지도 않으시며, 죽을 수도 없는 영원하신 존재라는 말이다. 그분의 영원하심을 분명하게 묘사한 성경의 저자가 있다, "산이 생기기 전, 땅과 세계도 주께서 조성하시기 전, 곧 영원부터 영원까지 주는 하나님이시니이다" (시 90:2).

생명이신 하나님은 동시에 생명을 나누어주는 분이시다. 바울 사도의 말을 들어보자, "만민에게 생명과 호흡과 만물을 친히 주시는 이심이라" (행 17:25). 그렇다! 하나님은 만민에게 생명을 주셨기에, 하나님과 사람은 특별한 관계가 이루어졌다. 하나님은 사람을 창조하시고, 생명을 주시고, 그리고 그 사람과 사랑의 교제를 나누시었다. 그리고 사람은 그에게 생명을 주신 하나님에게 감사하며 동시에 교제를 즐겼다. 얼마나 놀랍고 아름다운 교제인가?

그러나 사람은 하나님의 사랑 안에 머무르기를 원하지 않았다. 마치 사랑 받던 자녀가 부모의 품을 떠나는 것처럼 말이다. 하나님을 떠나간 사람은 영적 생명을 상실했다. 그때부터 사람은 영적으로 어두움과 심적 공허를 여러 가지 방법으로 채우려한다. 그러나 채워지지 않는데, 그 이유는 생명의 하나님을 떠나갔기 때문이다. 그럼에도 불구하고 하나님은 그 사람에게 다시 생명을, 그것도 영원한 생명을 주기 원하신다.

생명의 하나님은 사람에게 생명을 주시기 위하여 당신의 하나밖에 없는 아들의 생명을 내놓으셨다. 그 아들 예수 그리스도가 십자가에서 생명을 내놓음으로 인간은 영원한 생명을 얻을 수 있게 되었다. 그러나 사람이 영원한 생명을 얻으려고 하나님에게 나아와야 한다. 나오기만 하면 영생을 주시겠다는 것이다. 하나님을 떠나간 사실을 인정하고 예수 그리스도를 통하여 하나님에게 나아오기만 하면 된다.

그렇게 나아오기만 하면 하나님은 그가 떠나간 과거의 행위를 용서하여 주신다. 그뿐 아니다! 그가 현재 잘못 생각하고, 잘못 행동한 모든 행위도 용서하신다. 또 있다! 그가 앞으로 행할 잘못에 대한 해결책도 이미 마련해두셨다. 두말할 필요도 없이 이것은 완전한 회복을 뜻한다. 하나님과 사람의 관계는 완전히 회복된다. 하나님은 아버지가 되시고, 그 사람은 하나님의 자녀가 되는 것이다.

하나님이 이렇게 생명을 주기 원하시지만, 그런 하나님의 사랑을 거부하면 어떻게 되는가? 그 사람은 그의 거부에 대한 책임을 져야한다. 어떻게 책임을 지는가? 그는 계속해서 영적 어두움과 정신적 공허에 시달리면서 하루하루를 보내야 한다. 그뿐 아니다! 그 사람은 이 세상을 떠날 때, 그를 위하여 마련된 영생을 거부했기에 그에 대한 책임을 지게 될 것이다. 그것이 바로 영원한 심판이다!

# 5. 나가면서

히브리서 저자는 "살아계신 하나님"이란 칭호를 두 번 사용했다. 첫 번째 사용된 말씀을 보자, "그러나 너희가 이른 곳은 시온 산과 *살아계신 하나님*의 도성인 하늘의 예루살렘과…" (히 12:22). 이 말씀은 그리스도인들이 하나님과 누리는 놀라운 교제와, 앞으로 있을 놀라운 영광스러운 삶을 묘사한다. 그렇다! "살아계신 하나님"에게 돌아온 사람들이 다니엘처럼 현재와 미래에 누릴 영광스러운 교제에 대한 약속이다.

그러나 두 번째 사용된 말씀은 다르다, "…너희 중에 누가 믿지 아니하는 악한 마음을 품고 *살아계신 하나님*에게서 떨어질까 조심할 것이요" (히 3:12). 이 말씀은 위의 말씀과는 대조적이다. 누구든지 하나님에게 나아오기를 거부하면, 그에게 있을 말로 형용할 수 없는 무서운 심판과 고통이 따른다는 사실을 함축한다. 왜 그런 심판을 받는가? 그 이유는 간단하다! 하나님의 생명을 거부하였기 때문이다.

# 20

# 오뚝이 같은 다니엘

> "이에 다리오 왕이 온 땅에 있는 모든 백성과 나라들과 언어가 다른 모든 사람들에게 조서를 내려 이르되, '원하건대 너희에게 큰 평강이 있을지어다! 내가 이제 조서를 내리노라: 내 나라 관할 아래에 있는 사람들은 다 다니엘의 하나님 앞에서 떨며 두려워할지니, 그는 살아 계시는 하나님이시오, 영원히 변하지 않으실 이시며 그의 나라는 멸망하지 아니할 것이요, 그의 권세는 무궁할 것이며, 그는 구원도 하시며 건져내기도 하시며 하늘에서든지 땅에서든지 이적과 기사를 행하시는 이로서 다니엘을 구원하여 사자의 입에서 벗어나게 하셨음이라.'"
>
> 다니엘 6:25-27

## 1. 들어가는 말

다니엘은 서로 원수인 두 나라의 재상이 되었다. 어떻게 그런 일이 있을 수 있었는가? 다음과 같은 몇 가지 이유 때문이다. 첫째, 그에게는 하나님의 영이 있었다. 하나님의 영으로 인하여 그는 많은 위기를 이겨낼 수 있었다. 그는 왕의 식음을 거부했는데도 죽지 않았다. 그뿐 아니라, 그는 왕의 꿈을 해석함으로, 바벨론은 물론 세계의 역사를 펼쳐 보일 수 있었다. 그 결과 그는 바벨론의 모든 점술가와 박수보다도 뛰어나다는 것을 증명했다.

둘째, 다니엘은 행정가로서 모든 일을 민첩하게 처리했다. 어떤 행정가보다 지혜와 청렴에서 뛰어난 지도자였다. 셋째, 그는 도덕적으로도 완전했다. 그의 적들조차도 그에게서 아무런 흠을 찾을 수 없었다. 그렇게 오랫동안 정치계의 높은 위치에 있으면서도 아무런 흠이 없었다는 것은 그가 얼마나 정직하며, 또한 사심 없이 살았는지를 잘 보여준다. 그는 털어서 먼지 하나도 나지 않는 삶을 영위했던 것이다.

넷째, 다니엘은 그에게 맡겨진 일에 충성했다. 그 일이 작은 것이든 큰 것이든 충성했다. 왜냐하면 그에게 맡겨진 일을 하나님이 주신 것처럼 대했기 때문이다. 하나님의 말씀대로이다, "종들아 모든 일에 육신의 상전들에게 순종하되 사람을 기쁘게 하는 자와 같이 눈가림만 하지 말고 오직 주를 두려워하여 성실한 마음으로 하라. 무슨 일을 하든지 마음을 다하여 주께 하듯 하고 사람에게 하듯 하지 말라"(골 3:22-23).

## 2. 역설적인 삶

그런데 이게 웬 말인가? 그처럼 깨끗하게 그리고 충성되게 산 결과는 도대체 무엇이었는가? 그것은 동료들의 모함이었다. 어떻게 모함했는가? 이미 앞에 살펴본 것 같이, 다니엘이 사자들의 먹잇감이 되게 하는 것이었다. 도대체 하나님은 어디 계셨는가? 하나님은 왜 다니엘을 보호하지 않으셨는가? 그처럼 흠 없고 깨끗한 삶을 영위한 다니엘은 하나님의 축복 속에 살아야 되는 것이 아닌가?

하나님을 충성되게 섬기는 사람들이 종종 이처럼 역설적인 삶을 산다. 어떻게 보면 억울하지만, 또 어떻게 보면 그것이 십자가의 길인지도 모른다. 우리 주 예수 그리스도도 이렇게 말씀하신 적이 있다, "좁은 문으로 들어가기를 힘쓰라"(눅 13:24). 그렇다! 다니엘은 좁은 문을 택한 것이다. 그는 동료 총리들과 어울리면서 타협할 수도 있었다. 그는 120명의 고관들과 좋은 관계를 유지하기 위하여 그의 방법을 양보할 수도 있었다.

다니엘은 왕을 기쁘게 하기 위하여 기도를 잠시 중단할 수도 있었다. 그러나 다니엘의 궁극적인 왕은 여호와 하나님이었다. 그는 그의 마음은 물론 일거수일투족 모든 것을 아시는 하나님을 기쁘시게 하기를 원했다. 그런 다니엘을 하나님은 책임지고 보다 많은 축복을 부어주셔야 하는 것이 아니었는가? 정말 하나님을 따르는 유대인들의 종교, 곧 유대교는 축복만을 추구하는 인간적이고도, 물질적인 종교인가?

물론 아니다! 유대교와 기독교의 핵심은 두 가지이다. 첫째는 하나님과의 관계이고, 둘째는 다른 사람들과의 관계이다. 어떻게 해야 이 두 가지 관계를 잘 유지하는가? 다시 한 번 예수 그리스도의 말씀을 들어보자: "첫째는…네 마음을 다하고 목숨을 다하고 뜻을 다하고 힘을 다하여 주 너의 하나님을 사랑하라 하신 것이요, 둘째는…네 이웃을 네 자신과 같이 사랑하라 하신 것이라"(막 12:29-31).

다니엘은 그의 마음과 목숨과 뜻과 힘을 다하여 그의 하나님을 사랑했다. 그런데, 역설적으로 그렇게 하나님을 사랑했는데도 많은 경우 축복이 아니라, 고난이 올 수 있다는 것이다. 그리고 그 고난을 통하여 하나님을 섬기는 사람들은 하나님을 더 깊이 깨달으며, 또 그만큼 깊이 교제하게 된다. 그렇지 않다면 예수 그리스도는 이렇게 말씀하지 않으셨을 것이다. "의를 위하여 박해를 받은 자는 복이 있나니 천국이 그들의 것임이라"(마 5:10).

바울 사도는 죄인 중에 괴수와 같은 그를 구원해주신 예수 그리스도를 전하면서 많은 박해를 감내했다. 그는 돌에도 맞고, 채찍질도 당하고, 굶고, 감옥을 들락날락했다. 그렇다면 그는 불행한 사람인가? 물론 아니다! 그는 하나님과 가장 가까운 교제를 누렸다. 그는 이렇게 담대히 외칠 수 있었다. "무릇 그리스도 예수 안에서 경건하게 살고자 하는 자는 박해를 받으리라"(딤후 3:12).

## 3. 증언하는 삶

그렇다! 하나님을 믿고 따르면 축복도 있다. 그러나 동시에 고난도 있다. 모든 신앙인에게 고난은 어떤 면에서는 필요악이다. 그런 이유 때문에 바울 사도는 "…경건하게 살고자 하는 자는 박해를 받으리라"고 간증했다. 다른 말로 하면, 경건하게 사는 사람에게는 세상의 원리에 따라 살지 않기에 고난과 박해가 따를 수 있다는 것이다. 그러면 이처럼 고난과 박해를 받으면서 신앙인들은 찢어지는가? 넘어지는가?

물론 아니다! 신앙인은 오뚝이와도 같다. 넘어지면 일어나고, 또 넘어지면 또다시 일어난다. 그냥 넘어졌다 일어나기만 하는가? 아니다! 넘어졌다 일어났다 하면서 신앙인은 무엇 때문에 넘어지는지 그 이유를 발견하게 된다, 그리고 누구 때문에 다시 일어나는지를 알게 된다. 그리고 그는 그의 경험을 증언하게 된다. 말로 증언할 뿐 아니라, 삶으로 증언한다. 바울 사도를 보자. 한번은 그가 빌립보 감옥에 갇힌 적이 있었다.

그가 감옥에서 좌절감과 패배감 속에서 슬퍼하고 있었는가? 아니다! 그는 하나님을 찬양했을 뿐 아니라, 한 발 더 나아가서 기도를 올렸다. 그 결과는 무엇이었는가? 그 감옥의 간수와 그의 온 식구들이 구원을 받도록 인도했다. 그렇게 해서 저 유명한 빌립보교회가 탄생된 것이다 (행 16:32-34). 얼마나 역설적인가? 그러나 이것이야말로 기독교의 핵심인 십자가의 죽음과 부활을 의미하는 것이 아닌가?

다니엘도 마찬가지였다. 그는 비록 이방신을 섬기는 다리오 왕 밑에 있던 신하였지만, 그래도 기회가 있는 대로 그가 섬기는 살아계시는 하나님을 증언했다. 어떻게 그가 증언한 것을 알 수 있는가? 다니엘이 모함에 걸려 사자굴에 던져질 때 다리오 왕이 한 말은 그 사실을 증언한다. 그 왕의 말을 직접 들어보겠다, "…네가 항상 섬기는 너의 하나님이 너를 구원하시리라" (단 6:16).

다리오 왕은 어떻게 다니엘의 하나님을 알았는가? 다리오 왕은 어떻게 그 하나님이 다니엘을 구원하시기를 바랐는가? 이런 질문에 대한 대답을 찾기란 결코 어렵지 않다. 평상시 다니엘은 다리오 왕에게 그의 하나님을 증언했음이 틀림없다. 비록 그는 왕의 통치 밑에 있는 신하였지만, 독재자처럼 전권을 가진 왕에게 그의 하나님을 삶과 말로 증언했던 것이다. 물론, 다리오 왕은 다니엘이 느부갓네살 왕의 해몽도 들어서 알고 있었을 것이다.

뿐만 아니라, 느부갓네살 왕의 아들 벨사살에게 그의 최후와 바벨론 제국의 멸망을 예언한 사실도 들었을 것이다. 그러나 이 방신을 섬기는 다리오 왕의 입에서 "네가 항상 섬기는 너의 하나님이 너를 구원하시리라"와 같은 말이 나온 이유는 분명하다. 다니엘이 그의 하나님을 기회가 되는대로 다리오 왕에게 증언했기 때문이다. 다니엘의 증언이 아무 열매도 맺지 못하는 것 같지만, 하나님의 말씀은 헛되이 돌아오지 않았다 (사 55:11).

## 4. 승리의 삶

다니엘은 사자굴에 던져졌다. 다니엘이 반항이라도 했는가? 억울하다고 울부짖었는가? 아니다! 그는 한편 왕의 명령을 받아들였다. 그는 목숨을 내놓으면서도 왕에 대한 충성을 바쳤다. 동시에 그는 그의 참 왕이신 하나님에게도 충성했다. 그런 이유 때문에 그는 소리 한 번 지르지 않고, 조금도 반항의 제스처를 하지도 않은 채 사자굴로 던져졌다. 이것은 다니엘이 경험한 첫 번째 승리였다.

두 번째 승리는 무엇인가? 그는 사자들 속에서 평안히 잠을 잤을 것이다. 마치 베드로가 다음 날 사형당할 줄을 알면서도 감옥에서 평안히 잔 것과 똑같다 (행 12:6). 다니엘이 사자들 속에서도 평강을 누리며 잠을 잘 수 있었다는 것은 승리라고 밖에 달리 표현할 수 없다. 한편 다니엘을 정죄하고, 호화로운 침실에 있던 다리오 왕은 어떠했는가? 이것이 왕의 모습이다, "왕이…밤이 새도록 금식하고…잠자기를 마다하니라" (단 6:18).

세 번째 승리는 무엇인가? 이튿날 새벽 왕이 그 굴에 가서 "네가 항상 섬기는 네 하나님이 사자들에게서 능히 너를 구원하셨느냐?" 라고 물었을 때, 다니엘의 대답은 승리에 가득한 것이었다: "…왕은 만수무강하옵소서! 나의 하나님이 이미 그의 천사를 보내어 사자들의 입을 봉하셨으므로 사자들이 나를 상해하지 못하였사오니…" (단 6:21-22). 얼마나 승리로 가득한 간증이자 증언인가? 거기에다 평안이 없는 왕에게 평안까지 빌어주었다 (단 6:21).

어떻게 다니엘은 이렇게 큰 승리를 할 수 있었는가? 그 방법은 간단하다! 영원하시고 살아계신 하나님을 믿었기 때문이다. 그렇다! 열쇠는 믿음이다! "믿음이 없이는 하나님을 기쁘시게 하지 못하나니…" (히 11:6). 히브리서 저자는 다니엘의 믿음을 이렇게 말했다, "그들은 믿음으로 나라들을 이기기도 하며, 의를 행하기도 하며, 약속을 받기도 하며, 사자들의 입을 막기도 하며" (히 11:33).

위의 인용문에서 "사자들의 입을 막기도 하며"는 물론 다니엘의 경험을 말한 것이다. 어떻게 사자들의 입을 막았는가? *믿음으로다!* 그렇다! 다니엘은 믿음으로 승리를 경험했다. 그리고 그로 하여금 승리를 맛보게 하신 하나님을 강력하게 증언할 수 있었다. 그 결과 다리오 왕도 그 하나님을 메데 바사 제국 전역에 증언했다. 그의 증언을 직접 들어 보자:

"그는 살아 계시는 하나님이시오
영원히 변하지 않으실 이시며
그의 나라는 멸망하지 아니할 것이요
그의 권세는 무궁할 것이며
그는 구원도 하시며 건져내기도 하시며
하늘에서든지 땅에서든지 이적과 기사를 행하시는 이로서
다니엘을 구원하여 사자의 입에서 벗어나게 하셨음이라"
(단 6:26-27).

## 5. 나가면서

사자굴에서 살아나온 다니엘은 죽음과 부활의 예수 그리스도를 묘사하는 것 같다. 다니엘과 예수님은 똑같이 못된 사람들로부터 모함을 당했다. 다니엘과 예수님은 하나님의 사람이었다. 그 두 분은 죽음을 앞에 두고 조바심을 보여주지 않고 오히려 열심히 기도했다 (단 6:11, 마 26:39). 다니엘과 예수 그리스도는 다리오 왕과 빌라도 총독으로부터 동정을 받았지만, 결국 그들로부터 정죄도 받았다.

정죄의 결과, 다니엘은 죽음을 뜻하는 사자굴에 던져졌고, 예수 그리스도는 십자가에서 죽음을 당하셨다. 그 후 다니엘이 던져진 사자굴은 돌로 입구를 막고 왕과 귀족들의 도장을 찍었다. 예수 그리스도도 무덤에 던져진 후 돌로 무덤의 문을 닫았고 그리고 그 위에 도장을 찍음으로 굳게 단단히 봉했다. 그러나 다니엘이 사자굴이라는 죽음의 굴에서 다시 산 것처럼, 예수 그리스도도 죽음에서 다시 살아나셨다.

그리스도인들이 고난 중에서 다니엘처럼 승리만 하는 것은 아니다. 다니엘처럼 죽음에서 건짐을 받든, 아니면 수많은 초대교인들처럼 죽음을 당하든, 하나님은 그들과 동행하신다. 하나님은 궁극적으로 그렇게 죽은 사람들을 크게 보상하실 것이다. 예수님의 말씀을 보자, "나로 말미암아 너희를 욕하고 박해하고 거짓으로 너희를 거슬러 모든 악한 말을 할 때에는 너희에게 복이 있나니, 기뻐하고 즐거워하라 하늘에서 너희의 상이 큼이라!" (마 5:11-12).

# 21

# 영원하신 하나님

"내가 이제 조서를 내리노라: 내 나라 관할 아래에 있는
사람들은 다 다니엘의 하나님 앞에서 떨며 두려워할지니,
그는 살아 계시는 하나님이시오, 영원히 변하지 않으실
이시며, 그의 나라는 멸망하지 아니할 것이요, 그의 권세
는 무궁할 것이라."

다니엘 6:26

## 1. 들어가면서

다니엘은 하루에 세 번씩 기도했다. 누구에게 기도했는가? 살
아계시는 하나님에게 기도했다. 다니엘은 죽은 종교의 창시자나
아니면 사람이 만든 우상에게 기도하지 않았다. 그는 기도하기
위하여 이스라엘의 수도인 예루살렘이나 사우디아라비아의 수
도인 메카로 가지 않았다. 다니엘이 기도한 곳은 다른 곳이 아닌
그의 집이었다. 하나님이 살아계시기 때문에 어느 곳에서 기도
하든 들으시기 때문이다.

그런 다니엘이 기도생활 때문에 사자들의 먹잇감으로 죽게 되
었다. 그러나 하나님은 그의 기도를 듣고 그를 구원하셨다. 다니
엘의 구원을 목격한 다리오는 그 하나님이 진정으로 살아계신 하

나님이라고 고백했다. 다리오 왕은 한 발 더 나아갔다. 살아계시는 하나님은 동시에 *영원하신 하나님*이라고 말했다. 그의 신앙고백을 들어보겠다, "영원히 변하지 않으실 이시며, 그의 나라는 멸망하지 아니할 것이요, 그의 권세는 무궁할 것이라."

## 2. 영원하신 하나님

다리오 왕의 고백에 의하면, 하나님은 영원히 변하지 않으시는 분이요, 또한 그의 나라도 멸망하지 아니하며, 그의 권세는 무궁하다. 여기에서 "영원"의 의미를 지닌 표현이 세 번씩이나 나온다--영원히 변하지 않으실 분, 멸망하지 아니할 나라, 무궁한 권세. 이렇게 영원이라는 표현이 세 번씩이나 반복해서 나오는 이유는 분명하다. 하나님은 영원하신 분이기 때문이다!

하나님이 영원하시다는 말은 하나님이 시간의 제약을 받으시거나 매여 있지 않으시다는 뜻이다. 그러니까 하나님은 모든 시간의 한계를 초월하신다. 다른 말로 표현하면, 하나님에게는 과거와 현재와 미래의 구분이 없고, 모든 것이 언제나 현재일 뿐이다. 이런 사실을 시편 기자는 이렇게 표현했다, "산이 생기기 전, 땅과 세계도 주께서 조성하시기 전, 곧 *영원부터 영원까지* 주는 하나님이시니이다"(시 90:2).

시편 기자가 하나님은 *영원부터 영원까지*라는 표현으로 영원하신 하나님을 묘사했다. 그러나 하나님의 영원성을 표현하기가 너무 어렵기에 시편 기자는 사람이 이해할 수 있는 비교를 통해 하나님의 영원하심을 묘사했다. 누구와 비교하는가? 물론 인간과 비교한다! "우리의 평생이 순식간에 다하였나이다. 우리의 연수가 칠십이요 강건하면 팔십이라도 그 연수의 자랑은 수고와 슬픔뿐이요 신속히 가니 우리가 날아가나이다" (시 90:9-10)

그렇다! 하나님의 햇수는 헤아릴 수 없는데 반하여, 인간의 햇수는 헤아릴 수 있다는 것이다. 욥기에 나오는 엘리후도 이렇게 하나님의 영원에 대하여 표현했다, "하나님은 높으시니 우리가 그를 알 수 없고 그의 햇수를 헤아릴 수 없느니라" (욥 36:26). 그런데 인간의 햇수는 70내지 80이라는 것이다. 물론 최근에는 과학과 의학의 발달로 인간의 햇수가 90내지 100으로 늘어났지만 말이다.

그러나 영원에 비해 100은 너무나 작은 점에 불과하다. 이처럼 짧은 인생을 베드로는 풀과 꽃에 비유했다, "그러므로 모든 육체는 풀과 같고 그 모든 영광은 풀의 꽃과 같으니 풀은 마르고 꽃은 떨어지느니라" (벧전 1:24). 반면, 하나님에 대하여는 이렇게 표현한 사람이 있다, "곧 우리 구주 홀로 하나이신 하나님께 우리 주 예수 그리스도로 말미암아 영광과 위엄과 권력과 권세가 영원 전부터 이제와 영원토록 있을지어다 (유 25).

## 3. 불변의 하나님

하나님이 영원하시다는 것은 변하지 않는다는 뜻도 내포하고

있다: "나 여호와는 변하지 아니하나니…" (말 3:6). 이점에서도 하나님은 세상과 다르시다, "또 주여 태초에 주께서 땅의 기초를 두셨으며 하늘도 주의 손으로 지으신 바라. 그것들은 멸망할 것이나 오직 주는 영존할 것이요, 그것들은 다 옷과 같이 낡아지리니, 의복처럼 갈아입을 것이요. 그것들은 옷과 같이 변할 것이나 주는 여전하여 연대가 다함이 없으리라 (히 1:10-12).

만일 하나님이 변한다면 그분은 더 이상 영원하신 분이 아니시다. 영원하지도 않으실 뿐 아니라, 그분은 절대자도 아니시다. 왜냐하면 변화되는 것은 시작과 끝이 있다는 사실을 가리키기 때문에 절대자가 될 수 없다. 만일 하나님이 변하신다면, 절대자가 아닐 뿐 아니라, 완전한 분도 아니시다. 그 이유도 간단하다! 어떻게 완전한 분이 변하실 수 있겠는가? 완전하지 않은 것만이 변하기 때문이다.

그렇다면 구체적으로 하나님의 어떤 것이 변하지 않는다는 것인가? 먼저, 하나님의 영원하신 성품 때문에 변할 수 없는 것이 있다. 예를 들면, 하나님의 뜻은 변하지 않는다. 만일 하나님의 뜻이 변한다면, 그분은 더 이상 영원하신 하나님이 아니시다. 하나님은 이스라엘을 통하여 인류를 구원하시기로 뜻을 세우셨다. 이스라엘이 멸망을 당한 이유에도 그 뜻이 변하지 않았기에, 계속해서 남은 자들--다니엘과 그 친구들--을 통하여 역사하셨다.

뿐만 아니라, 영원하신 하나님의 약속도 변하지 않는다. 하나님에게는 일반적인 약속과 구체적인 약속이 있다. 하나님이 예수 그리스도를 통하여 인류를 구원하시겠다는 것은 일반적인 약속이다. 그런데, 그 구원의 약속이 어떤 개인에게 경험적으로 주어졌다면, 그 약속은 구체적인 약속이다. 하나님은 이처럼 일반적인 약속과 구체적인 약속을 통하여 당신의 영원성을 드러내신다.

하나님은 시내산에서 이스라엘과 언약을 맺으셨다. 그 언약을한 마디로 요약하면, 이스라엘이 세상에 하나님을 전파해야 된다는 것이다 (출 19:4-6). 그런 언약에도 불구하고 이스라엘이 우상을 숭배하면 멸망시킨다고 경고하셨다. 그러나 그런 멸망 중에도 남은 자와 함께 하겠다고 약속하셨고 (레 26:43-44), 그 약속대로 하나님은 다니엘과 그의 세 친구들과 함께 하시면서 그들을 구원해내셨다.

## 4. 영원하신 하나님의 마음

동서고금을 막론하고 생각하는 사람들은 인생의 짧음을 한탄했다. 한탄만 한 것이 아니라, 인생의 허무를 넘어보려고 몸부림쳤다. 중국의 진시왕은 불로초不老草를 구해서 늙지 않고 영원히 살려했다. 철학자들은 인생의 의미를 찾으려고 헤매었다. 종교가들은 종교를 만들어서 짧은 인생 너머의 의미를 찾으려했다. 현세주의자들은 짧은 인생을 즐기면서 보내기로 작정했다.

또 많은 작가들은 그렇게 짧은 인생을 극화劇化하려고 했다. 영국의 섹스피어Shakespeare는 "인생을 한 문으로 들어가서 관중을 웃기고 울리다가 무대의 다른 문으로 사라지는 배우"라고 했다. 미국의 롱펠로우Longfellow는 "인생이 한 가닥 긴 꿈이라고 그렇게 슬픈 목소리로 나에게 말하지 말라"고 읊었다. 성경은 인생을 이렇게 말한다, "…너희 생명이 무엇이냐? 너희는 잠깐 보이다가 없어지는 안개니라" (약 4:14).

그렇다면 이렇게 짧은 인생을 살아가는 진정한 목적이라도 있는가? 물론 있다! 영원하신 하나님을 만나기 위해서이다. 그분을 만난 인생은 하나님처럼 영원한 생명을 누리는 존귀한 존재가 되기 때문이다. 그런 이유로 하나님은 인간에게 영원을 사모하는 마음을 주셨다. 하나님의 말씀을 보자, "하나님이 모든 것을 지으시되 때를 따라 아름답게 하셨고, 또 사람들에게는 영원을 사모하는 마음을 주셨느니라" (전 3:11).

하나님은 사람에게 영원을 사모하는 마음을 주셨을 뿐 아니라, 그 영원의 문제를 해결할 수 있도록 끝없이 기다리신다. 그렇게 기다리시는 하나님의 마음을 다시 보자, "주의 목전에는 천년이 지나간 어제 같으며 밤의 한 순간 같을 뿐임이니이다…그들[사람들]은 잠깐 자는 것 같으며, 아침에 돋는 풀 같으니이다" (시 90:4-5). 어떻게 이 말씀이 사람들을 기다리시는 하나님의 마음이란 말인가?

그것을 위하여 베드로의 해석을 보면 도움이 될 것이다, "사랑하는 자들아 주께는 하루가 천년 같고 천년이 하루 같다는 이 한 가지를 잊지 말라. 주의 약속은 어떤 이들이 더디다고 생각하는 것 같이 더딘 것이 아니라; 오직 주께서는 너희를 대하여 오래 참으사 아무도 멸망하지 아니하고 다 회개하기에 이르기를 원하시느니라" (벧후 3:8-9). 하나님은 사람이 돌아오기를 하루가 천년 같이, 그리고 천년이 하루 같이 기다리시는 분이시다.

## 5. 영원하신 하나님의 사랑

그렇다! 영원하신 하나님은 인간이 하나님을 더듬어 찾아 발견하려고 애쓸 때, 수수방관만 하시는 분은 아니시다. 이미 언급된 것처럼, 하나님은 하루가 천년인 것처럼 안타까운 마음으로 인간이 돌아오기를 기다리신다. 그러나 그 인간이 하나님에게로 돌아올 때는 천년이 하루인 것처럼, 다시 말해서, 그렇게 오래 기다리셨음에도 불구하고 하루밖에 기다리지 않으신 것처럼, 그 인간을 기쁨으로 받아주신다.

그런데 하나님을 떠났던 인간이 돌아올 때 무엇을 근거로 하나님은 조건 없이 그 인간을 받아주시는가? 인간이 돌아왔다는 공적 때문인가? 탕자가 모든 재산을 허랑방탕하게 낭비하고 돌아왔을 때 조건 없이 받아주신 아버지의 마음으로 그 인간을 받아주시는가? 물론 그런 마음도 있다. 그러나 그것보다도 훨씬 중요한 것이 있다. 그것이 무엇인가? 그것은 영원하신 하나님이 영원 전부터 계획하시고 실천하신 구속의 사건이다.

구속의 사건은 두말할 필요도 없이 그 하나님의 아들 예수 그리스도의 죽음이다. 그분은 지금부터 2,000여 년 전에 예루살렘의 성문 밖, 곧 골고다에서 십자가에 못 박혀서 처참하게 죽으셨다. 그런데 2,000여 년 전이라는 시간은 말할 것도 없이 인간의 시간이다. 그렇다! 인간의 개념에는 지금부터 2,000여 년 전의 사건이다. 그러나 영원하신 하나님은 그 구속을 언제 일어난 사건으로 보시는가?

하나님에게는 과거와 현재와 미래가 없다. 그분에게는 언제나 현재이다. 그러니까 어떤 죄인이 십자가에서 죽으신 예수 그리스도를 통하여 하나님에게로 나아올 때, 영원하신 하나님은 조건 없이 그 죄인을 받아주신다. 왜 조건 없이 받아주시는가? 당신의 아들 예수 그리스도가 그 죄인을 위하여 죽으셨기 때문이다. 그러니까 예수 그리스도의 죽음은 영원하신 하나님에게는 영원 전에 일어난 사건이자 동시에 현재에 일어난 사건이다.

그런 이유 때문에 영원하신 하나님은 인간이 언제든 돌아오기만 하면, 그 아들이 십자가에서 흘리신 귀한 피로 그 인간의 모든 죄를 씻어줄 수 있으시다. 영원하신 하나님에게는 예수님의 죽음이 창세전의 죽음이요 동시에 현재의 죽음이다. 그런 이유 때문에 1,000년 전이나, 500년 전이나, 아니면 지금이나 100년 후에 죄인이 영원하신 하나님에게로 돌아오기만 하면, 하나님에게는 현재의 사건이 된다. 그리고 모든 죄를 용서해주신다.


# 6. 나가면서

만일 하나님이 영원하지 않으시다면, 그 하나님은 항상 변화되실 수밖에 없는 분이시다. 좋게 변하든 아니면 나쁘게 변하든 변화되실 수밖에 없다. 만일 그 하나님이 좋게 변화된다면, 그 하나님은 완전하지 않았다는 사실을 의미하며, 따라서 그분은 완전하지 않았기에 하나님이 될 수 없다. 만일 나쁘게 변화된다면, 완전을 잃게 되며, 따라서 그분은 하나님이 될 수 없다.

만일 하나님이 영원하지 않으시다면, 그 하나님은 전능하지 않은 분이시다. 영원하지 않다는 것은 시작이 있다는 뜻이며, 시작이 있는 존재는 더 이상 전능할 수 없다. 왜냐하면 시작이 있다는 말은 시작 이전에는 존재하지 않았다는 뜻이기 때문이다. 결국 시작 이전에 존재하지도 않은 존재가 행동할 수도 없고, 아무런 능력도 행할 수 없다. 무無에게서 어떤 능력이 나올 수 있겠는가?

만일 하나님이 영원하지 않으시다면, 그분은 우리의 예배와 공경을 받으실 만한 분이 아니시다. 그 이유는 간단하다! 비록 그분이 우리들 인간보다 훨씬 위대하실 수도 있지만, 그래도 결국은 "우리와 같은" 분이 되고 만다. 왜냐하면 그분도 우리처럼 시작이 있기 때문이다. 그 하나님이 우리와 같은 분이시라면, 어떻게 그런 분에게 예배를 드릴 수 있으며, 또 그런 분을 공경할 수 있는가?

# 22 구원하시는 하나님

> "그는 구원도 하시며 건져내기도 하시며 하늘에서든지 땅
> 에서든지 이적과 기사를 행하시는 이로서 다니엘을 구원
> 하여 사자의 입에서 벗어나게 하셨음이라 하였더라."
>
> 다니엘 6:27

## 1. 들어가면서

다리오 왕의 고백은 계속되었다. 그는 하나님이 "살아계시며,"
"영원하시다"고 선언했다. 그러나 거기에서 그치지 않고 한 발
더 나아가서, 그 하나님은 "구원하시는" 분이라고 선포했다. "살
아계시는 하나님"과 "영원하신 하나님"은 다분히 초월의 하나님
을 묘사하는 칭호이다. 그러나 오늘의 주제인 "구원하시는 하나
님"은 인간 속에 들어오셔서, 그 인간을 어려움에서 건져내시며
인간을 위해 역사하시는 편재偏在의 하나님을 묘사한다.

그러면 하나님은 인간의 어떤 어려움에서 구원해내시는가? 다
니엘의 경우에는 굶주린 사자들의 먹잇감으로 죽지 않도록 구원
하셨다. 다니엘의 세 친구들인 사드락, 메삭, 아벳느고는 뜨거

운 풀무에서 타죽지 않도록 구원해주셨다. 이런 구원은 현재의 구원 내지 생활의 구원이라고 한다. 하나님은 인간을 이처럼 육체적인 죽음에서 구원하시지만, 그것만이 전부는 아니다. 그 외에 다른 종류의 구원, 곧 영적 구원과 육적 구원도 있다.

## 2. 영적 구원

먼저, 영적 구원에 대하여 알아보겠다. 하나님이 인간을 처음 창조하실 때에 그 인간에게 하나님의 영을 불어넣어주셨다. 그 영 때문에 인간은 영이신 하나님과 교제할 수 있게 되었다. 만일 인간에게 영이 없다면 영이신 하나님과 교제할 수 없기 때문이다. 마치 인간과 같은 마음이 없는 동물과 인간이 교제할 수 없는 것과 같다. 그러나 하나님은 사랑의 친교를 위하여 인간에게 영을 불어넣어주셨다.

그러니까 인간은 육과 영으로 구성되었다. 육은 흙에서 왔고 영은 하나님에게서 왔다. 다른 말로 하면, 인간은 하나님 지향적인 것과 세상 지향적인 것으로 만들어졌다. 이런 모습을 창세기 2장 7절은 이렇게 묘사한다, "여호와 하나님이 땅의 흙으로 사람을 지으시고 생기를 그 코에 불어넣으시니 사람이 생령이 되니라." 여기에서 "생령"이란 단어는 살아있는 인간이 되었다는 말이다. 이런 모습을 이렇게 도해할 수 있을 것이다:

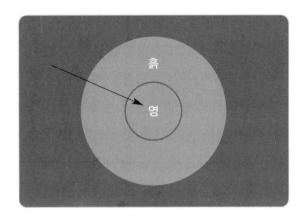

그런데, 첫 인간인 아담과 하와는 하나님에게 불순종했다. 다시 말해서 그들은 하나님이 받아들이실 수 없는 죄를 범했다. 그들은 하나님과의 교제를 거부했다. 그 결과 그들 안에 있던 하나님의 영이 그들을 떠났다. 그들은 영적으로 죽은 것이다. 그리고 하나님의 영이 떠나자 그들은 하나님과의 교제도 단절되었다. 하나님에 의하여 창조된 인간이 하나님을 거절하자, 그들은 부모를 잃은 고아처럼 처량해졌다.

그 이후 아담과 하와의 후손인 모든 인간은 하나님의 영이 없이 태어난다. 영적으로 죽은 상태로 태어난다는 말이다. 바울 사도는 그런 인간의 영적 상태를 이렇게 말했다, "그는 허물과 죄로 죽었던 너희를 살리셨도다"(엡 2:1). 여기에서 "허물과 죄로 죽었던"이라는 표현은 불순종으로 인하여 영적으로 죽었다는 뜻이다. 다윗도 이렇게 고백했다, "내가 죄악 중에서 출생하였음이여 어머니가 죄 중에서 나를 잉태하였나이다"(시 51:5). 이런 모습을 도해하면 다음과 같다:

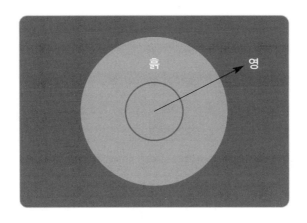

　그러나 하나님은 불순종으로 하나님을 떠난 인간들을 그대로
내버려두지 않으셨다. 하나님은 처음 인간을 창조하실 때처럼
인간을 사랑하셨기 때문이다. 하나님은 그 아들 예수 그리스도
로 하여금 인간이 받아야 하는 심판을 대신하여 십자가에서 죽게
하셨다. 그리고 그 인간이 다시 영적으로 살아나게 하기 위하여
예수 그리스도는 죽은 지 삼일 만에 살아나셨다. 누구든지 예수
그리스도를 통하여 하나님에게 나아오면, 성령으로 거듭난다.
　다시 말해서, 예수님이 십자가에서 흘리신 붉은 피로 그의 모
든 죄를 씻어주신다. 그렇게 깨끗하게 된 그의 마음 안에 성령이
들어가신다. 그는 영적으로 죽었다가 영적으로 다시 산 것이다.
그는 하나님과의 교제를 다시 회복하여, 그 하나님을 아버지로
모시게 된 것이다. 결국, 이 세상에는 영적으로 죽은 사람들과
영적으로 구원받은 사람들이 있다. 다음의 도해가 그런 두 종류
의 사람들을 잘 묘사하고 있다:

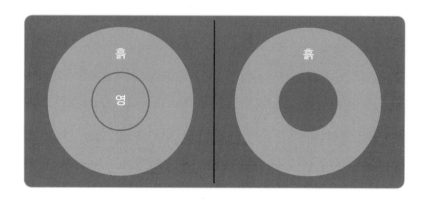

## 3. 생활의 구원

다니엘과 세 친구들은 이렇게 하나님을 만난 사람들이다. 그런 이유 때문에 그들은 하나님과 각별한 교제를 나눌 수 있었다. 영적으로 그들의 아버지가 되신 하나님은 다니엘과 그 친구들을 구체적으로 돕기 시작하셨다. 위에서 말한 것처럼, 세 친구가 풀무불에 던져졌을 때도 구원하셨다. 다니엘이 사자굴에 던져졌을 때도 그의 하나님 아버지는 그를 구원하셨다. 위에서 언급한 것처럼, 이런 구원을 생활의 구원, 혹은 현재의 구원이라고 한다.

그런 구원의 역사를 다리오 왕은 이렇게 말했다, "그는 구원도 하시며 건져내기도 하시며…다니엘을 구원하여 사자의 입에서 벗어나게 하셨음이라." 하나님은 이런 생활의 구원을 일으키시기 위하여 시시때때로 기적을 일으키기도 하신다. 다리오 왕의 말을 계속 들어보겠다, "하늘에서든지 땅에서든지 이적과 기사를 행하시는 이로서…" 다니엘의 하나님은 그의 아버지가 되셔서 사자들의 입을 봉하시는 기적을 일으키셨다.

　베드로가 감옥에 갇혀서 사형집행을 기다리며 마지막 밤에 잠을 자고 있을 때도 그의 아버지가 되신 하나님은 천사를 보내어 베드로를 구원해내셨다. 베드로를 묶고 있던 쇠사슬이 그의 발에서 풀렸고, 옥문이 열렸고, 간수들은 그가 걸어 나가는 것을 보지 못했다 (행12:6-10). 그렇다! 하나님은 이적과 기사를 통하여 다니엘도 구원하셨고, 또 많은 성도들을 구원하셨다. 과연 하나님은 전능하시면서도 사랑 많으신 아버지이시다.

　그러나 생활의 구원을 위하여 모든 것을 하나님에게만 맡기면 안 된다. 왜냐하면 우리 안에도 성령이 내주하시기 때문이다. 우리가 생활의 구원을 위하여 해야 될 일이 있는 것이다. 우리가 기도하면서 죄와 불의로부터 떠나야 한다. 다시 말해서, 우리는 깨끗한 삶을 살아야 한다. 다니엘도 그렇게 기도하면서 깨끗하게 삶을 영위했다. 결국 생활의 구원은 하나님과 그리스도인이 합작해서 만들어내는 작품이다.

　이런 작품을 어려운 말로 신인협동神人協同이라고 한다. 또 어떻게 그리스도인은 하나님과 협력해야 하는가? 그는 하루도 빠지지 않고 영의 음식을 먹어야 한다. 물론 그 음식은 하나님의 말씀이다. 매일 음식을 먹지 않는 사람이 건강할 수 없듯, 매일 하나님의 말씀을 듣고, 읽고, 암송하고, 묵상하지 않으면, 그는 얼마 지나지 않아 영력을 읽고 불의와 타협하게 된다. 뿐만 아니라, 세상과도 타협하게 된다.

　하나님의 말씀에서 그리스도인은 하나님의 뜻을 알게 된다. 그러면 그 뜻을 그의 뜻으로 받아들여야 한다. 예를 들면, "네 이웃을 네 몸 같이 사랑하라"는 하나님의 뜻이다. 그리스도인에게는 두 종류의 이웃이 있는데, 하나는 불신자이고 하나는 신자이다. 불신자에게는 사랑으로 접근하여 그에게 사랑의 화신이신 예수 그리스도를 소개해야 한다. 신자에게는 서로의 필요를 채워주면서 형제자매처럼 사랑해야 한다.

# 4. 육적 구원

다니엘은 그처럼 높은 정치계에서 어떻게 조금도 타협하지 않았는가? 타협은커녕 오히려 깊은 신앙심을 유지했다. 그의 신앙 때문에 그는 몇 번씩이나 죽을 뻔했다. 도대체 다니엘은 왜 그렇게 살지 않으면 안 되었는가? 물론 여러 가지 이유가 있겠지만, 한 가지 이유는 종말에 대한 확신 때문이었다. 일찍이 하나님은 느부갓네살의 꿈을 통하여 다니엘에게 이 세상 마지막 때에 대한 사실을 알려주셨다.

그 해석에 의하면, 마지막 때에 하나님이 당신의 나라를 세우신다. 그 때 아무도 손을 대지 않은 돌이 나타나서 세상의 제국을 무너뜨리고 영원한 나라를 세우신다 (단 2:44-45). 그런데 그 돌은 물론 앞으로 오실 예수 그리스도이시다. 그분은 세상 끝에 재림하셔서 모든 제국을 무너뜨리시고, 영원한 나라를 세우실 것이다. 그뿐 아니라, 그 때 모든 사람들이 하나님 앞에서 심판을 받게 될 것이다.

다니엘은 하나님의 영으로 이런 사실을 깨닫고 마지막을 준비했다. 주님의 재림을 기다리는 사람은 당연히 그분을 만날 준비를 하고 있어야 한다. 사도 요한도 이렇게 말한다, "…그가 나타나시면 우리가 그와 같을 줄을 아는 것은 그의 참모습 그대로 볼 것이기 때문이니, 주를 향하여 이 소망을 가진 자마다 그의 깨끗하심과 같이 자기를 깨끗하게 하느니라"(요일 3:2-3). 그런 맥락에서 다니엘은 타협도 하지 않는 올곧은 삶을 유지했던 것이다.

이렇게 주님이 다시 오실 때 모든 그리스도인은 그들의 삶에 대하여 책임을 져야한다. 바울 사도는 그리스도인이 받을 심판을 불심판이라고 묘사했다. 이 심판은 한 마디로 말해서 그들이 주님을 위하여 그리고 다른 사람들을 위하여 어떻게 살았느냐에 대한 책임이다. 그의 말을 보겠다, "각 사람의 공적이 나타날 터인데 그 날이 공적을 밝히리니, 이는 불로 나타내고 그 불이 각 사람의 공적이 어떠한 것을 시험할 것임이라"(고전 3:13).

동시에 그 때 그리스도인들은 육적으로 구원을 받는다. 구원을 받은 이후에도 그리스도인은 시시때때로 갈등을 하며 죄도 짓는다. 그러나 이런 갈등은 그리스도인들이 이 세상에 있는 동안만 겪는 것이다. 주님이 다시 오실 때, 그들의 육신은 변화된다. 바울 사도의 말을 들어보겠다, "죽은 자의 부활도 그와 같으니 썩을 것으로 심고 썩지 아니할 것으로 다시 살아나며, 욕된 것으로 심고 영광스러운 것으로 다시 살아나느니라"(고전 15:42-43).

그러니까 그들의 육신은 영광스러운 모습으로 변화된다. 부활하신 그리스도의 모습과 같이 변화된다 (요일 3:2). 그들은 더 이상 육과 영의 싸움에 휘말리지 않는다. 더 이상 세상과 천국을 놓고 갈등하지 않는다. 그들은 영광스럽게 변화된 모습으로 주님과 함께 영원히 거할 것이다. 영적으로 시작된 구원이 생활구원을 거쳐서 마침내 육적 구원에 이르게 된 것이다. 육적 구원으로 인하여 구원이 완성되는 것이다.

## 5. 나가면서

다리오 왕이 선포한 "구원하시는 하나님"은 다니엘을 영적으로 그리고 생활에서 구원하셨다. 그리고 그는 하나님의 나라를 대망하면서, 다시 말해서, 육적 구원을 기다리면서 깨끗하게, 타협하지 않고, 주님만을 바라보면서 한 인생을 살았다. 그런 이유 때문에 다니엘은 위대한 인물이 되었다. 그런데 이런 경험은 다니엘에게만 있는 것인가? 아니다! 모든 그리스도인들, 곧 "구원하시는 하나님"을 만난 사람들도 마찬가지이다.

영적으로 구원받은 그리스도인들은 매일의 생활에서 구원을 받아야 한다. 한편 하나님의 도움을 받으면서, 또 한편 하나님에게 적극적으로 순종하면서 말이다. 왜냐하면 생활구원은 하나님과 그들이 협력하여 일구는 역사이기 때문이다. 이렇게 생활구원을 일구어갈 때 마침내 주님은 그들을 데리러 재림하신다. 그리고 그들은 그리스도처럼 육신이 영광스럽게 변화되어 하나님의 나라에서 영생을 누릴 것이다.

제2부
다니엘 7장~12장

# 다니엘이
# 환상을
# 보다

2

The Paradoxical Life of Daniel

# 23 다니엘의 환상

"바벨론 벨사살 왕 원년에, 다니엘이 그의 침상에서 꿈을 꾸며 머리 속으로 환상을 받고, 그 꿈을 기록하며 그 일의 대략을 진술하니라. 다니엘이 진술하여 이르되, '내가 밤에 환상을 보았는데 하늘의 네 바람이 큰 바다로 몰려 불더니, 큰 짐승 넷이 바다에서 나왔는데 그 모양이 각각 다르더라.'"

다니엘 7:1-3

## 1. 들어가면서

다니엘은 대선지서 중 가장 작은 책이다. 이사야는 66장, 예레미야는 52장, 그리고 에스겔은 48장씩 각각 기록된 거대한 책들이다. 이들은 구약성경 전체에서도 둘째라면 서러울 만큼 거대한 책이다. 그러나 대선지서 가운데 마지막 책인 다니엘은 겨우 12장밖에 되지 않는다. 그렇게 짧지만 다니엘만큼 이방 나라들의 흥망성쇠를 정확하게 예언한 선지자는 없다. 물론 다른 대선지자들도 이방 나라들에 대하여 기록하긴 했지만 말이다.

그러나 이방 나라들에 대한 기록은 대선지서들의 중심 메시지가 아니다. 대선지서들의 중심 메시지는 이스라엘 나라의 과거와 현재와 미래이다. 그러나 다니엘은 완전히 다른 각도에서 이방 나라들을 다룬다. 어떻게 다루는가? 먼저, 다니엘이 묘사한 주된 나라는 이스라엘이 아니라, 이방 나라들이다. 둘째, 다니엘은 세상을 통치하는 나라들을 소개한다. 그것도 차례대로 소개한다. 한 나라가 멸망하면 다른 나라가 생기는 역사의 흐름을 다룬다.

셋째, 다니엘은 비록 그런 이방 나라들이 얼마동안은 세상을 통치하고 지배하지만, 반드시 끝이 있다는 사실을 명명백백하게 예언한다. 이런 사실은 한편 세상을 호령하는 제왕들에 대한 경고이나, 또 한편 신앙 때문에 핍박과 고통을 당하는 신앙인들에게는 크나큰 위로가 된다. 넷째, 그런 이방 나라들을 멸망시키시는 분은 바로 하나님의 아들이신 예수 그리스도라는 사실을 소개한다. 그렇다! 그분은 세상의 영원한 통치자로 다시 오실 것이다!

## 2. 환상의 중요성

다니엘은 12장밖에 되지 않는 작은 대선지서라고 이미 말했다. 그러면 이렇게 작은 책이 왜 대선지서에 들어가는가? 소선지서에도 다니엘보다 양이 많은 책들도 있는데 말이다 (예를 들면, 호세아와 스가랴). 그 이유는 간단한다! 다니엘은 어떤 선지자 못지않게 앞으로 닥칠 종말에 대하여 상세히 묘사했기 때문이다. 앞으로 다니엘이 전개됨에 따라 보겠지만, 다니엘처럼 마지막 때에 대하여 이렇게 상세하게 예언한 구약성경은 없다.

어떤 방법을 통하여 하나님은 다니엘을 통하여 종말의 때에 대하여 그처럼 자세히 알려주는가? 그 방법은 꿈과 환상을 통해서이다. 다니엘의 시대는 신앙의 입장에서 보면 참으로 열악한 시기였다. 이스라엘 백성의 신앙중심지인 예루살렘은 파괴되었다. 그 안에 있던 성전도 처참하게 무너졌다. 이스라엘 백성은 포로로 그리고 종으로 고국이자 고향을 떠날 수밖에 없었다. 이렇게 바벨론으로 끌려온 이스라엘 백성 대부분은 성경도 갖지 못했다.

더군다나 그들의 신앙생활의 중심지인 예루살렘도 없어졌다. 그들에게는 하나님의 말씀과 뜻을 찾으러 갈 수 있는 성전도 없었다. 그들에게는 성경을 풀어 가르쳐줄 제사장들도 없었다. 그들은 하나님의 말씀도 변변히 갖지 못했다. 그들이 신앙적으로 할 수 있는 것이 있다면 그것은 기도뿐이었다. 그들이 기도를 통하여 하나님과 교통할 때 하나님은 당신의 뜻을 그의 백성인 이스라엘에게 직접 알려주기를 원하셨다.

그런 극한 상황에 처해 있는 이스라엘의 포로들에게 하나님은 당신의 뜻을 알려주시어, 그들로 하여금 인생을 포기하지 말고 소망을 가지라는 메시지를 주기 원하셨다. 그 방법이 바로 꿈과 환상이었다. 꿈과 환상은 하나님이 당신의 뜻을 전달하시는 놀라운 방법이기도 했다. 왜 꿈과 환상이 놀라운 방법인가? 몇 가지 이유를 찾을 수 있다. 첫째는 하나님이 원하신 사람에게 원하시는 꿈과 환상을 주시기 때문이다.

둘째는 예루살렘이나 솔로몬 성전 같은 장소의 제약을 받지 않기 때문이다. 이 세상 어디에나 계시는 하나님은 이 세상 어디에서나 당신의 마음에 드는 사람을 찾아서 그에게 꿈과 환상을 주실 수 있다. 셋째는 사람의 신분과 나이, 계급에 관계없이 누구든지 꿈과 환상을 볼 수 있기 때문이다. 레위 지파나 제사장일 필요도 없다. 왕족에 속할 필요도 없다. 반드시 나이가 지긋해야 될 필요도 없다.

실제로 요엘 선지자는 하나님의 영이 있는 사람은 누구를 막론하고 환상과 이상도 보고, 또 꿈도 꿀 수 있다고 말한 적이 있다. 그의 말을 인용해보자, "그 후에 내가 내 영을 만민에게 부어 주리니, 너희 자녀들이 장래 일을 말할 것이며, 너희 늙은이는 꿈을 꾸며, 너희 젊은이는 이상[환상]을 볼 것이라" (욜 2:28). 그렇다! 중요한 것은 어떤 사람이냐가 아니라, "그 사람이 성령으로 충만 받았느냐"이다.


## 3. 환상의 전환

이미 위에서 말했지만, 다니엘은 12장으로 구성된 작은 대선지서이다. 그런데 자세히 들여다보면, 다니엘은 두 부분으로 나누어질 수 있다. 첫 번째 부분은 1장에서 6장이고, 두 번째 부분은 7장에서 12장이다. 그런데 흥미롭게도 이 두 부분은 각각 6장으로 구성되어 있다. 그러니까 첫 부분의 시작은 느부갓네살을 등장시키면서 열려진다. 그러나 둘째 부분은 다니엘을 등장시키면서 시작된다.

물론 첫 번째 부분에서도 다니엘의 역할은 심히 컸다. 그는 1 장에서 왕의 음식과 포도주를 거부하면서까지 이스라엘의 규례에서 벗어나지 않으려 했다. 2장에서는 느부갓네살의 꿈을 해석해주면서 세상의 종말을 경고했다. 4장에서도 느부갓네살의 꿈을 해석해주면서 그가 하나님에 대한 신앙을 갖도록 이끌었다. 5 장에서는 석면에 쓰여진 글을 읽어주었다. 그리고 6장에서는 사자굴에서 살아남으로 다리오 왕에게 신앙을 소개했다.

그런데 좀 더 자세히 살펴보면, 첫 부분 곧 1-6장에선 다니엘이 꿈을 해석해주는 해석가로 소개된다. 이미 말했지만, 그 역할을 통하여 하나님에 대한 신앙을 바벨론 왕과 메데 왕에게 집어넣어주는 혁혁한 공로를 세웠다. 그뿐 아니라, 그는 모든 제국들이 차례로 생성되었다가 꺼져가는 등불처럼 사라질 엄연한 사실을 경고하면서, 하나님의 나라만이 영원하다는 사실을 만방에 선포하도록 했다.

그런데 둘째 부분에서는 다르다. 다니엘은 왕들의 꿈을 해석해주는 해석가가 아니다. 그가 주인공이 되어 그가 환상과 꿈을 꾸기 시작한 이야기이다. 7장 1절을 다시 인용하겠다, "바벨론 벨사살 왕 원년에 다니엘이 그의 침상에서 꿈을 꾸며 머리 속으로 환상을 받고 그 꿈을 기록하며 그 일의 대략을 진술하니라." 그렇다! 왕이 꿈을 꾸고 다니엘이 해석한 내용이 아니었다.

이번에는 다르다! 그가 직접 꾼 꿈 이야기이다. 다니엘이 "꿈을 꾸며 머리 속으로 환상을 받았다." 그리고 그 꿈과 환상을 기술한 것이 바로 7장이다. 7장만 그런가? 아니다! 9장을 제외하고 8장과 10~12장이 그런 형식으로 전개된다. 다니엘이 꿈과 환상을 보고, 그리고 그에 대한 반응을 그린 것이다. 그럼 왜 9장은 예외인가? 그 장은 다니엘이 성경을 읽다가 깊이 깨닫고 회개한 내용과 마지막 때에 대한 계시를 기록한 장이기 때문이다.

첫째 부분에서 다니엘이 왕의 꿈을 해석해줌으로 유다의 하나님이 이방 국가인 바벨론에서도 능력으로 역사하신다는 중요한 사실을 드러냈다. 둘째 부분, 곧 7-12장에서는 다니엘의 꿈과 환상을 통하여 하나님의 선민인 이스라엘의 장래 운명을 알려준다. 물론 그 운명은 이방 국가들 사이에서 신음하는 이스라엘의 운명이다. 그런 신음과 고난 중에 그들을 구원하시러 하나님이 그들을 다시 맞아주신다는 놀라운 메시지가 바로 둘째 부분이다.

## 4. 환상의 내용

다니엘이 환상을 손수 보고 기록한 때의 나이도 상당히 되었다. 그는 십대의 소년으로 바벨론에 끌려왔다. 그는 몸소 그의 조국이 멸망하는 것을 보았다. 비록 그가 바벨론 제국과 메데 바사 제국에서 잘 적응했고, 또 정치적으로도 성공했지만, 그의 마음 속 깊이에는 멸망당한 조국의 회복을 항상 염두에 두고 있었다. 왜냐하면 그가 믿은 하나님은 일찍이 세상에 흩어진 그의 백성을 반드시 고국으로 돌이키시겠다고 약속하셨기 때문이다.

그런 약속을 한 군데 보겠다, "내가 네게 진술한 모든 복과 저주가 네게 임하므로 네가 네 하나님 여호와로부터 쫓겨간 모든 나라 가운데서 이 일이 마음에서 기억이 나거든, 너와 네 자손이 네 하나님 여호와께로 돌아와…네 하나님 여호와께서 마음을 돌이키시고 너를 긍휼히 여기사 포로에서 돌아오게 하시되, 네 하나님 여호와께서 흩으신 그 모든 백성 중에서 너를 모으시리라…네 하나님 여호와께서…너를 모으실 것이며…너를 이끄실 것이라"(신 30:1-4).

느부갓네살이 꾼 꿈의 해석대로, 바벨론이 멸망하는 것을 다니엘은 두 눈으로 똑똑히 보았다. 바벨론의 첫 왕인 느부갓네살에서 마지막 왕 벨사살에 이르는 동안, 그는 세계를 호령하던 바벨론이 서서히 그러나 확실하게 무너지는 모습을 눈여겨보았다. 그것은 이스라엘의 회복이 그만큼 가까이 왔다는 것을 뜻했다. 마침내, 그렇게 오랫동안 오매불망 기다리던 조국의 회복에 대한 환상을 보기 시작했는데, 그것이 바로 7장 이하의 환상이다.

그 환상은 바벨론의 멸망이 가까이 왔을 때 보였는데, 그 이유는 분명하다. 세계를 호령하던 바벨론의 멸망은 세계의 멸망에 대한 모형이 될 수 있기 때문이다. 그런 이유 때문에 하나님은 그토록 오래 기다리던 다니엘에게 바벨론의 마지막 왕 때인 벨사살 시대로부터 환상을 보여주었다. 본문을 다시 보자: "내가 밤에 환상을 보았는데 하늘의 네 바람이 큰 바다로 몰려 불더니, 큰 짐승 넷이 바다에서 나왔는데 그 모양이 각각 다르더라"(단 7:2-3).

다니엘이 본 이 환상에서 세 가지가 나온다. 첫째는 "네 바람"이고, 둘째는 "바다"이며, 셋째는 "큰 짐승 넷"인데, 이 짐승들은 바다에서 나온다. 여러분 머리에 이 환상을 한 번 그려보라. 엄청난 바람이 사방에서 불어서 큰 바다 쪽으로 몰려왔다. 바다는 이처럼 엄청난 바람 때문에 요동치기 시작했다. 산더미처럼 요동치는 바다에서 짐승들이 나왔다. 고래나 상어와 같은 거대한 물고기가 아니라, 큰 짐승들이 나왔는데 네 마리나 되었다.

바다가 이 세상을 가리키는 것은 분명하다. 왜냐하면 거기에서 네 짐승이 올라왔기 때문이다. 네 큰 짐승은 세계를 호령하는 거대한 네 제국을 뜻한다. 두말할 필요도 없이 그런 제국은 세상에서 나왔다. 이처럼 세상에서 나와서 세상을 어지럽게 하는 것들은 바로 네 짐승이다. 그러나 바다와 네 짐승의 종말을 컨트롤하는 것은 바로 바람이다. 사방에서 하나님의 바람이 불어와서 당신의 뜻을 이루기 때문이다.

## 5. 나가는 말

바람, 바다 및 네 짐승은 마지막 때에 일어날 종말론적 현상이다. 그렇지 않다면 사도 요한도 그와 비슷한 환상을 보고 기술하지 않았을 것이다: "내가 보니 바다에서 한 짐승이 나오는데 뿔이 열이요 머리가 일곱이라. 그 뿔에는 열 왕관이 있고 그 머리들에는 신성 모독 하는 이름들이 있더라. 내가 본 짐승은 표범과 비슷하고, 그 발은 곰의 발 같고, 그 입은 사자의 입 같은데, 용이 자기의 능력과 보좌와 큰 권세를 그에게 주었더라"(계 13:1-2).

다니엘과 요한은 600여년이나 떨어진 시대에 살았지만, 하나님이 그들에게 보여주신 환상은 매우 흡사했다. 왜 그런가? 둘 다 세상의 마지막 때에 대한 환상을 보고 또 기술하였기 때문이다. 비록 다니엘이 그처럼 오랫동안 열국의 융기隆起를 목격했지만, 그 열국의 종말도 보았다. 바다, 곧 세상에서 나온 짐승들이 당장은 강해보이지만, 결국엔 하나님의 바람, 곧 하나님의 능력으로 심판을 받게 된다. 그리고 영원한 하나님의 나라가 세워질 것이다!

# 24 네 짐승

"첫째는 사자와 같은데 독수리의 날개가 있더니 내가 보는 중에 그 날개가 뽑혔고, 또 땅에서 들려서 사람처럼 두 발로 서게 함을 받았으며 또 사람의 마음을 받았더라. 또 보니 다른 짐승 곧 둘째는 곰과 같은데 그것이 몸 한쪽을 들었고, 그 입의 잇사이에는 세 갈빗대가 물렸는데 그것에게 말하는 자들이 있어 이르기를 일어나서 많은 고기를 먹으라 하였더라. 그 후에 내가 또 본즉 다른 짐승 곧 표범과 같은 것이 있는데, 그 등에는 새의 날개 넷이 있고 그 짐승에게 또 머리 넷이 있으며 권세를 받았더라. 내가 밤 환상 가운데에 그 다음에 본 넷째 짐승은 무섭고 놀라우며 또 매우 강하며, 또 쇠로 된 큰 이가 있어서 먹고 부서뜨리고 그 나머지를 발로 밟았으며, 이 짐승은 전의 모든 짐승과 다르고 또 열 뿔이 있더라. 내가 그 뿔을 유심히 보는 중에 다른 작은 뿔이 그 사이에서 나더니, 첫 번째 뿔 중의 셋이 그 앞에서 뿌리까지 뽑혔으며 이 작은 뿔에는 사람의 눈 같은 눈들이 있고 또 입이 있어 큰 말을 하였더라."

다니엘 7:4-8

## 1. 들어가면서

본문에 나오는 네 짐승은 다니엘이 환상 중에 본 첫 번째 환상이다. 지난 장에서 이미 본 것처럼, 다니엘이 환상 중에 사방에서 큰 바람이 바다로 몰려 불어오는 것을 보았다. 물결이 하늘로 오르고, 전후좌우로 마구 흔들리고 있었다. 그런데, 그런 파도

속에서 네 짐승이 치솟아 올랐다. 이런 광경은 일찍이 없었다! 어떻게 그렇게 흉흉한 파도를 헤치고 짐승이 치솟아 오를 수 있는가?

다니엘은 바다에서 네 짐승이 나온 것만 본 것이 아니다. 그는 그 짐승들의 모습을 상세히 보았던 게 틀림없다. 그렇지 않다면 어떻게 네 짐승에 대하여 그렇게 자세히 묘사할 수 있었겠는가? 다니엘은 그런 네 짐승을 지금까지 본적도 없었으며 들은 적도 없었다. 그런데도 그렇게 세미하게 묘사한 것을 보면, 그는 네 짐승을 환상 중에라도 자세히 관찰하였음에 틀림없다. 그리고 그가 본대로 하나씩 묘사하기 시작했다.


## 2. 첫째 짐승

다니엘이 묘사한 첫 번째 짐승은 사자처럼 보였다. 사자는 두 말할 필요도 없이 모든 동물 가운데서 왕이다. 이 시점에서 네 짐승이 무엇을 뜻하는지 알아보기 위하여 다니엘이 밝힌 해석을 직접 보겠다: "그 네 큰 짐승은 세상에 일어날 네 왕이라" (단7:17). 그렇다면 어떤 왕을 가리키는가? 세상을 호령하면서 제국을 다스리는 왕들을 가리키며, 이 네 왕은 느부갓네살이 꿈을 꾸고 다니엘이 해석한 바로 그 왕들이다 (2장).

다니엘 2장에 나오는 신상의 머리는 금이고, 가슴과 두 팔은 은이고, 배와 넓적다리는 동이고, 다리는 쇠였다. 그런데 금은 바벨론을, 은은 메데 바사를, 동은 헬라를, 그리고 쇠는 로마를 뜻한다. 다니엘이 환상 중에 본 네 짐승도 역시 같다. 첫째 짐승은 바벨론을, 둘째 짐승은 메데 바사를, 셋째 짐승은 헬라를, 그리고 넷째 짐승은 로마를 각각 가리킨다. 신상은 우상숭배의 나라들을 그렸고, 짐승은 인간을 짓누르는 잔인한 나라들을 강조했다.

다시 사자로 돌아가겠다. 바벨론을 상징하는 사자는 힘과 용기를 지녔으며, 먹잇감에게는 난폭하고 잔인하다. 사자가 동물의 왕인 것처럼 바벨론도 모든 제국 위에 자리한 금머리였다. 그런데, 그 사자에게는 독수리의 날개가 달려있다. 사자는 먹잇감을 좇아갈 때 대단히 빠른데, 거기다가 하늘의 왕인 독수리 날개까지 달았으니 어떤 동물보다도 빨랐다. 그렇다! 바벨론은 아주 빨리 세계를 제패하고 거대한 왕국을 세웠다.

그런데 그 날개가 뽑혔다고 본문은 이렇게 말한다, "내가 보는 중에 그 날개가 뽑혔고…." 다니엘이 보는 중에 날개가 뽑혔다는 표현은 훨훨 나르면서 세계를 정복하던 바벨론의 위세가 꺾였다는 뜻이다. 날개가 뽑힌 그는 더 이상 빠르지도 않았다. 거기다가 "사람처럼 두 발로 서게 함을 받았다"고 묘사된다. 사자는 네 발로 뛴다. 그런데 더 이상 네 발이 아니라, 사람처럼 두 발이 되었다. 이제는 사자가 오히려 다른 짐승의 먹잇감이 되었다는 뜻이다.

얼마나 빨리 바벨론은 이렇게 꺾였는가? 다니엘은 "내가 보는 중에"라고 말함으로 바벨론 제국이 얼마나 빨리 멸망했는지 알려주었다. 다른 말로 말하면, 바벨론 제국은 다니엘의 생전에 무너졌다는 것이다. 그렇게 무너지는 과정을 다니엘은 두 눈으로 똑똑히 지켜보았다는 것이다. 수십 년 전 바벨론이 그의 고국인 유다를 침공하고 멸망시킨 것처럼, 하나님은 바벨론을 다니엘이 보는 앞에서 멸망시키셨다.

그런데 바벨론의 멸망을 묘사하는 것으로 끝나지 않았다. 그 멸망을 이렇게 덧붙였다, "또 사람의 마음을 받았더라." 마음은 무엇을 뜻하는가? 바벨론의 모습은 사자에서 사람처럼, 네 발에서 두 발로 걷게 되었다. 그렇게 외모만 약해진 것이 아니라, 마음도 낮아진 사실을 강조한다. 한때 마음껏 누리던 모든 권세와 영광을 다 빼앗기고, 다른 나라의 속국이 된 낮고 천해진 사람의 마음처럼 되었다는 뜻이다.

**첫째 짐승 - 사자**

# 3. 둘째 짐승

　다니엘이 보고 묘사한 두 번째 짐승은 곰과 같다고 했다. 비록 곰은 사자만큼 영특하지 않고 또 민첩하지도 않지만, 그래도 역시 곰은 대단히 위험한 동물이다. 일반적으로 곰은 미련하고 우둔한 동물로 알려져 있지만, 그래도 말할 수 없을 정도로 힘이 센 것도 사실이다. 무엇보다도 곰은 한 번 성나면 누구도 제어할 수 없을 만큼 사나와진다. 곰은 다니엘 2장에 나오는 금 머리 다음에 나오는 은 가슴과 팔로 상징된 메데 바사를 가리킨다.

　메데 바사는 바벨론만 못했지만, 그래도 한 때는 세계를 호령하던 제국이었다. 실제로 그처럼 막강한 바벨론을 무너뜨린 당사자이기도 하다. 메데 바사를 상징하는 곰은 "몸 한쪽을 들었다"고 묘사되었다. 왜 몸 한쪽을 들었는가? 그 이유는 간단하다! 그의 적을 공격하기 위한 자세이다. 그러니까 곰은 사자를 공격할 준비를 하고 있었는데, 실제로는 메데 바사가 바벨론을 공격할 만반의 준비를 마쳤다는 뜻이다.

　다니엘의 묘사는 계속된다. "그 입의 잇 사이에는 세 갈빗대가 물렸는데…." 왜 갈빗대를 하나가 아니라 셋씩이나 물고 있는가? 이런 모습은 곰의 탐욕을 그린 것이다. 그 곰은 아무리 먹어도 만족하지 않고, 먹고 또 먹어야 하는 곰의 속성을 나타낸다. 실제로 메데 바사는 바벨론을 침공하면서 느부갓네살, 메로닥$^{Evil-Merodack}$, 벨사살 등 세 왕을 죽인 사실을 상징했는지도 모른다. 여하튼 잔인하기 그지없으며, 탐욕의 대명사로 불린 곰이다.

다니엘이 기술한 곰에 대한 마지막 묘사를 보자, "그것에게 말하는 자들이 있어 이르기를, '일어나서 많은 고기를 먹으라' 하였더라." 많이 먹는 것이 바로 곰의 특징이다. 그 곰은 입에 세 갈빗대를 물고 있었는데, 그것으로 만족하지 않고 계속 먹어야 된다는 것이다. 그렇게 명령하신 분은 하나님이시다. 하나님은 유대인들에게 그처럼 잔인하게 했던 바벨론을 메데 바사를 통하여 철저하게 심판하신 것이다.

둘째 짐승 – 곰

## 4. 셋째 짐승

다니엘이 환상 가운데 본, 바다에서 올라온 세 번째 짐승은 표범 같다고 했다. 표범에 대해서는 알려진 것이 많다. 그 중에서 표범은 빠르기로 유명하다. 표범만큼 빠른 동물은 어디에서도 찾기 힘들 것이다. 표범이 먹잇감을 좇아갈 때 그 속도는 가공할 만큼 빠르다. 빠를 뿐 아니라, 먹잇감의 숨통을 끊어 죽이는 방법도 잔인하기 짝이 없을 정도다. 그렇게 죽인 먹잇감을 표범은 천천히 즐기면서 먹는다.

이 표범은 느부갓네살이 꿈에 본 신상 중 배와 넓적다리가 구리로 된 헬라 제국을 가리킨다. 헬라 제국을 일으킨 알렉산더 대왕은 그 젊은 나이에 화살처럼 빠르게 다니면서 뭇 나라들을 차례로 정복했다. 그는 약관의 20세에 왕이 되어 33세에 죽을 때까지 불과 13년 동안 그가 아는 세상을 모두 침공하고 지배했다. 그는 더 이상 정복할 세상이 없어서 울었다는 것으로 알려진다.

많은 군대를 이끌고 날쌔게 이곳저곳을 정복했다는 것을 묘사하기 위하여 그에게 "새의 날개 넷이 있다"고 했다. 모든 새는 날개가 둘인데, 이 표범에 달린 날개는 넷이나 되었다. 그만큼 신속하게 세계를 휘몰아쳤다는 표현이기도 하다. 그런데, 첫 번째 짐승인 사자에게는 독수리 날개가 달려있었는데, 이 표범에게는 평범한 새의 날개가 달려있었다. 그러니까 표범이 민첩하고 신속했지만, 독수리의 날개를 가진 사자만 못했다는 뜻이다.

그 다음으로 다니엘이 그린 표범의 모양은 이상했다. 왜냐하면 "또 머리 넷이 있었기" 때문이었다. 머리가 넷씩이나 되는 표범은 과연 무엇을 상징하는가? 학자에 따라 의견이 다를 수 있으나, 어떤 학자는 사방을 통치하고자 하는 제국의 욕망을 드러낸다고도 했다. 어쨌든 헬라 제국은 그 당시 사방에 그의 전통 문화를 전했고, 그리고 지금까지도 헬라의 문화는 사방에서 머리·

이성을 좌지우지하는 지배자의 역할을 감당하고 있다.

알렉산더 대왕이 이렇게 짧은 기간 내에 세계를 정복하고 지배했지만, 그것이 가능했던 것은 역시 누군가에게로부터 "권세를 받았기" 때문이다. 인류 역사상 이처럼 짧은 기간에 이처럼 넓은 지역을 정복한 왕은 없었다. 몽고의 징기스칸도 세상을 정복하는데 그보다 훨씬 많은 세월을 필요로 했다. 결국, 알렉산더 대왕이 그렇게 짧은 기간에 그처럼 많은 정복을 이룬 것은 하나님이 주신 권세 때문이었다.

셋째 짐승 – 표범

## 5. 넷째 짐승

다니엘이 환상 중에 마지막으로 본 짐승은 이름이 없다. 그 이유는 그 짐승이 사자나, 곰이나, 표범 같은 동물이 아니기 때문이다. 어쩌면 이 세 동물을 합친 것보다 훨씬 더 무섭고 잔인한 동물인 것 같다. 그렇지 않다면 다니엘이 이렇게 묘사하지 않았을 것이다, "…그 짐승은 무섭고 놀라우며 또 매우 강하다." 그 짐승을 이렇게 세 가지로 표현한 것은 위의 세 짐승을 합친 것처럼 "무섭고 놀라우며 매우 강했기" 때문이다.

이 짐승에 대한 묘사는 이렇게 계속된다, "또 쇠로 된 큰 이가 있어서 먹고 부서뜨리고, 그 나머지를 발로 밟았으며." 이 짐승의 이빨은 쇠로 되었을 뿐 아니라 크기가 보통이 아니다. 그런 이빨을 가지고 그 짐승은 닥치는 대로 부서뜨리고 또 우적우적 씹어 먹었다. 얼마나 잔인한가? 얼마나 무서운가? 그뿐 아니다! 그 짐승이 먹지 못하는 것은 내버려두지 않고 "발로 밟았다." 철저한 정복자요 철저한 지배자이다.

그렇다! 이 짐승은 앞의 세 짐승과는 전혀 다르다. 다니엘은 이 짐승에 대하여 이렇게 부연설명을 했다, "이 짐승은 전의 모든 짐승과 다르고…." 어떻게 다른가? 무서운 것도 다르다. 부수어 먹는 모습도 다르다. 이 짐승이 먹지 못하는 것은 내버려두지 않고 발로 밟고 있는 모습도 다르다. 그뿐 아니다! 이 짐승에게는 뿔이 열 개나 달려 있다. 이것도 다른 짐승과는 다르다.

그러면 열 뿔은 무엇을 뜻하는가? 뿔은 권세를 상징한다. 그러니까 이 짐승은 한없는 권세를 가졌다는 것을 뜻한다. 이렇게 막강한 권세를 가진 국가는 두말할 필요도 없이 로마 제국을 가리킨다. 로마 제국은 역사상 가장 강한 군대와 조직을 가졌다. 로마 제국의 권세는 그 당시 인류 역사상 어떤 나라도 꿈을 꾸지 못한 그런 것이었다. 그뿐 아니라, 얼마나 잔인한지 그리스도인 들을 그처럼 많이 죽이기도 했다.

이 짐승에 대한 묘사는 계속된다: "내가 그 뿔을 유심히 보는 중에 다른 작은 뿔이 그 사이에서 나더니 첫 번째 뿔 중의 셋이 그 앞에서 뿌리까지 뽑혔으며 이 작은 뿔에는 사람의 눈 같은 눈 들이 있고 또 입이 있어 큰 말을 하였더라." 갑자기 나타난 작은 뿔은 무엇을 뜻하는가? 왜 그 작은 뿔 때문에 뿔 셋이 뿌리 채 뽑 혔는가? 작은 뿔은 마지막 때에 나타날 적그리스도를 가리키는 데, 그의 뿔에는 사람의 눈과 입이 있어서 오만(傲慢)하게 하는 말 도 한다.

이 작은 뿔은 열 뿔 중 세 뿔을 뽑아버렸다. 그의 뜻에 맞지 않 은 왕들을 제거해버린 것이다. 이것은 적그리스도의 전형적인 횡포이다. 그는 사람의 눈과 같은 눈을 가지고 사람들을 관찰하 고, 그의 뜻을 따르지 않는 사람들을 몇이든지 멸망시킬 것이다.

넷째 짐승 - 괴물

멸망시키지 못한 사람 들을 무섭게 고문할 것 이다. 한 발 더 나아가 서, 이 작은 뿔은 이처 럼 하나님의 백성을 괴 롭힐 뿐 아니라, 그들 이 섬기는 하나님을 입 으로 대적할 것이다.

# 6. 나가면서

다니엘이 환상 중에 본 네 짐승은 일차적으로 사납고 잔인한 동물들을 가리킨다. 동시에, 네 짐승은 세계를 정복하고 지배할 나라들을 가리키고 있다. 그런 이유 때문에 다니엘의 환상은 필연적으로 종말과 연결되어 있다. 이 세상 마지막 때에 열 뿔과 작은 뿔을 가진 짐승이 다시 나타나서 잠시 동안이나마 이 세상을 지배할 것이다. 적그리스도도 출현하여 믿는 자들을 괴롭힐 것이나, 그러나 어디까지나 잠시 잠깐뿐이다.

그런데 다니엘이 환상 중에 본 네 짐승은 마지막 때에 나타날 짐승으로도 묘사된다. 이와 연관시킨 요한계시록의 말씀을 인용해보자; "내가 보니 바다에서 한 짐승이 나오는데 뿔이 열이요 머리가 일곱이라. 그 뿔에는 열 왕관이 있고 그 머리들에는 신성모독 하는 이름들이 있더라. 내가 본 짐승은 표범과 비슷하고 그 발은 곰의 발 같고 그 입은 사자의 입 같은데 용이 자기의 능력과 보좌와 큰 권세를 그에게 주었더라"(계 13:1-2).

이것은 사도 요한이 환상 중에 본 적그리스도의 모습이다. 다니엘의 내용을 모를 리가 없는 요한은 다니엘보다 더 많은 것과 구체적인 것을 보았다. 마지막 때에 나타날 적그리스도는 다니엘이 본 네 짐승의 혼합이었다. 왜 그런가? 적그리스도의 특징은 네 짐승의 잔인함과 사나움을 합친 것보다 더 무섭고 잔인하다는 것이다. 실제로 적그리스도는 문자 그대로 온 천하를 정복하고 지배할 것이다.

# 25 보좌에 앉으신 분

"내가 보니 왕좌가 놓이고 옛적부터 항상 계신 이가 좌정하셨는데, 그의 옷은 희기가 눈 같고 그의 머리털은 깨끗한 양의 털 같고 그의 보좌는 불꽃이요 그의 바퀴는 타오르는 불이며 불이 강처럼 흘러 그의 앞에서 나오며, 그를 섬기는 자는 천천이요, 그 앞에서 모셔 선 자는 만만이며, 심판을 베푸는데 책들이 펴 놓였더라. 그 때에 내가 작은 뿔이 말하는 큰 목소리로 말미암아 주목하여 보는 사이에 짐승이 죽임을 당하고 그의 시체가 상한 바 되어 타오르는 불에 던져졌으며, 그 남은 짐승들은 그의 권세를 빼앗겼으나 그 생명은 보존되어 정한 시기가 이르기를 기다리게 되었더라."

다니엘 7:9-12

## 1. 들어가면서

다니엘은 파도 물결을 박차고 치솟는 네 짐승을 환상에서 보았다. 네 짐승의 특징은 난폭하고, 잔인하고, 무서웠다. 그들의 먹잇감을 추격하여 잡고, 죽이고, 씹어 먹었다. 이 세상의 어떤 동물도 그들의 공격을 막아낼 자들은 없었다. 그들을 빠른 속도로 쫓아오는 무서운 네 짐승 앞에 맥없이 무릎을 꿇고, 짓눌리고, 짓밟히고, 마침내 숨통이 끊어져서 먹잇감이 되었다. 어떤 동물이건 상관없이 말이다.

그런데, 이 네 짐승은 네 제국을 상징한다고 했다. 네 짐승이 먹잇감을 향하여 그처럼 잔인한 것과 똑같이 네 제국도 난폭하고, 잔인하고, 무서웠다. 그들은 빠르게 진군하면서 주변 국가들을 차례로 집어먹었다. 그런 침략과 정복에는 추호의 인정도, 타협도 있을 수 없었다. 그들은 그들의 위용을 뽐내면서 그들의 막강한 전투력을 사용하여 빠른 속도로 그렇게 많은 나라들을 하나씩하나씩 그들의 먹잇감으로 삼았다.

네 제국은 그 위세가 대단했다. 우선, 그 영역에서 대단했다. 네 나라는 모두 동서남북을 휘저으면서 영역을 확대해나갔다. 마침내 그 네 나라는 넓고도 광대한 땅을 차지했다. 그 다음, 그들은 다양한 민족들을 굴복시키고, 또 다스렸다. 언어와 문화가 달라도 상관없었다. 마지막으로, 그들의 탁월한 통치력으로 그렇게 드넓고 또 그렇게 다양한 민족들을 다스렸다. 그들이 마치 전능한 하나님인 것처럼 말이다.

## 2. "옛적부터 항상 계신 이"

다니엘은 이처럼 소름끼치는 네 짐승을 보았는데, 그가 본 것은 그것이 전부가 아니었다. 네 짐승의 환상이 하나씩 지나가더니, 갑자기 장면이 바뀌었다. 어둡고 침침하던, 그리고 보는 이들로 하여금 소름끼치게 하던 장면이 사라졌다. 그러더니 새로운 환상이 펼쳐졌다. 갑자기 왕좌에 앉아있던 짐승들은 사라지고, "옛적부터 항상 계신 이"가 그 자리에 앉아 계셨던 것이다.

그 왕좌에 앉으신 이는 "옛적부터 항상 계신 이"라고 다니엘은 기술했다. 이 표현, 곧 "옛적부터 항상 계신 이"를 잘 이해하면 성경을 이해하는데 큰 도움이 된다. 그러면 이 표현이 왜 그렇게 중요한지 두 가지 이유를 찾아보겠다. 첫째, 이 표현은 극렬한 대조를 보여주고 있기 때문이다. 세상을 호령하던 제국들을 보라. 바벨론은 다니엘의 생전에 생성生成되었다가 그의 생전에 메데 바사에게 먹혀버렸다.

그 당시 세계 최강국인 바벨론을 멸망시킨 메데 바사는 얼마나 오래 갔는가? 고작 200년 이었다 (BC539-BC331). 그 다음의 제국인 헬라 왕국은 얼마나 오래 갔는가? 지난번에 언급된 것처럼, 채 15년도 안되었다. 네 제국 중 그래도 가장 오래 동안 존재했던 로마제국은 어떤가? 로마제국은 27년에 시작되었는데, 갈등과 분리를 반복하면서 결국 476년에 멸망하였다. 그러니까 약 450년간 세상을 지배했던 셈이다.

그러니 영원에 비하면 200년과 450년은 한 점에 불과할 만큼 짧은 세월이다. 하나님은 "옛적부터 항상 계신 이"이시다. 그러니까 시간적으로 극명한 대조를 보여주는 표현이다. 하나님은 영원한 분이신데 반하여, 잔인함과 무자비로 세계를 통치하던 제국들의 통치 기간은 너무나 짧다는 사실이다. 다른 말로 하면, 제국들의 흥망성쇠興亡盛衰도 결국 영원하신 하나님의 손아귀에 있었다는 말이다.

"옛적부터 항상 계신 이"가 중요한 둘째 이유는 이렇게 묘사된 하나님은 반드시 제왕들에게 책임을 물으신다는 사실 때문이다.

네 짐승이 하나님의 형상으로 지음을 받은 사람들을 얼마나 혹독하게 다루었는가? 마구 학대하고, 투옥시키고, 종으로 부려먹고, 심지어는 죽이기까지 했다. 수를 헤아릴 수 없을 정도로 많은 사람을 죽였다. 그러나 영원하신 하나님은 그들의 행위에 대하여 반드시 책임을 물으시고 갚아주실 것이다.

이사야의 예언을 들어보자, "내가 *시초부터 종말을 알리며* 아직 이루지 아니한 일을 *옛적부터 보이고*, 이르기를, '나의 뜻이 설 것이니 내가 나의 모든 기뻐하는 것을 이루리라 하였노라'"(사 46:10). 이 말씀에 의하면, 하나님은 영원 전부터 종말까지를 다 아신다. 그리고 그 종말에 그들의 행위에 따라 심판하실 것이다. 그러니까, 바벨론과 메데 바사, 헬라와 로마를 다스리던 왕들이 모두 하나님 앞에서 심판을 받을 것이다.

## 3. 보좌에 앉은 분

왕좌라는 표현은 그 단어 자체가 말해주듯, 왕이 앉는 귀한 자리이다. 네 왕들이 차례로 앉아서 세계를 통치하던 자리를 말한다. 그런데 다니엘이 보니 그 왕들은 온데 간데 없고, 그 자리에 "옛적부터 항상 계신 이"가 앉아 계셨다. 다시 말해서, 하나님이 그 자리에서 세계를 통치하신다는 말이다. 왕들이 통치하던 그 자리에서 영원하신 하나님이 앉아계신 것이다. 왕들의 통치는 잠시 잠깐이었지만, 하나님의 통치는 영원한 것이다.

이처럼 통치의 개념을 강조하기 위하여 하나님이 앉으신 자리를 왕좌王座라고 했으나, 실제로 하나님이 앉아계신 자리는 보좌寶座라고도 한다. 그 이유는 간단하다! 하나님은 많은 왕들 중 하나가 아니기 때문이다. 뿐만 아니라, 성경은 하나님이 앉으신 자리를 보좌라고 한다. 성경에서 하나님의 보좌에 대하여 가장 많이 언급한 책이 무엇인지 아는가? 그것은 성경의 마지막 책인 요한계시록이다.

왜 요한계시록에서 하나님의 보좌가 강조되는가? 그것은 사도 요한이 하나님의 보좌가 있는 천국으로 이끌려 올라가서 본 것을 묘사한 책이기 때문이다 (계 4:1). 요한이 천국에서 제일 먼저 본 것은 다름 아닌 하나님의 보좌였다 (계4:2). 물론 보좌 이외에도 여러 가지를 보았지만, 모두 보좌를 중심으로 자리한 것들이었다. 그러니까 천국의 중심은 보좌에 앉으신 하나님이다. 그런 이유 때문에 요한계시록 4장에서 보좌가 14번이나 나온다.

보좌에 앉으신 하나님의 모습은 어떠한가? 먼저, 그분의 "옷은 희기가 눈 같다"고 했다. "흰 옷"은 하나님이 밝고 빛나는, 그래서 고귀하고도 영광스러운 분이라는 뜻이다. 그 다음, "그의 머리털은 깨끗한 양털 같다." 그분의 머리도 역시 희다는 말이다. 흰 머리는 나이가 많다는 표현으로, 하나님이 영원하신 분이라는 사실을 간접적으로 묘사한 것이다. 그런데 요한계시록에서 그리스도를 묘사할 때도 같은 내용으로 표현되었다.

요한계시록의 말씀을 보자, "그의 머리와 털의 희기가 흰 양털 같고 눈 같으며" (계 1:14). 이것은 무엇을 가리키는가? 다니엘이 환상 중에 본 하나님이 바로 세상 마지막 때에 세상을 심판하실 예수 그리스도라는 뜻이다. 그러니까 다니엘이 환상 중에 본 보좌에 앉으신 하나님은 네 나라를 심판하실 심판의 주님이라는 것이다. 성경의 예언과 성취를 동시에 볼 수 있는 표현이기도 하다.

마지막으로, 하나님의 "보좌는 불꽃이요, 그의 바퀴는 타오르는 불이며, 불이 강처럼 흘러 그의 앞에서 나온다." 불은 두말할 필요도 없이 심판을 뜻한다. 그리스도를 믿는 자들도 마지막 때에 불 심판을 통과해야 한다 (고전 3:13-15). 그뿐 아니라, "쭉정이는 꺼지지 않는 불에 던져질 것이다" (마 3:12). 여기에서 쭉정이는 알곡과 반대되는 말로, 불신자들이 심판을 받고 불지옥에 던져질 것을 뜻한다 (계 21:8).

## 4. 심판의 보좌

그렇다! 하나님은 보좌에 좌정坐定하시어 세상을 심판하신다. 그런데 그 심판을 위하여 하나님을 섬기는 무리들이 참으로 많다. 상기 본문은 그렇게 섬기는 무리들이 얼마나 많은지 이렇게 묘사한다, "그를 섬기는 자는 천천이요, 그 앞에서 모셔 선 자는 만만이며…." 물론 이들은 이미 믿는 자들을 섬기면서 구원으로 인도할 것이다. 그러나 불신자들에 대한 하나님이 심판을 위하여서도 섬기면서 수종하는 자들이다.

본문은 이렇게 이어진다, "심판을 베푸는데 책들이 펴 놓였더라." 마침내 재판이 시작된다. 그런데 재판관이신 하나님 앞에 책들이 펴 있다. 무슨 책인가? 두말할 필요도 없이 불신자들의 일생, 곧 그들의 생각, 그들의 언어, 그들의 행위가 세세하게 기록된 책이다. 이 책에는 심판 받을 사람의 모든 것이 기록되어 있으며, 그렇게 기록된 대로 심판을 받게 될 것이다. 얼마나 공의롭고도 엄위嚴威한 심판인가?

그런데 마지막 때의 심판을 예언한 요한계시록에도 같은 내용이 있다. 그 말을 인용해보자, "책들이 펴 있고…죽은 자들이 자기 행위를 따라 책들에 기록된 대로 심판을 받으니, 바다가 그 가운데에서 죽은 자들을 내주고 또 사망과 음부도 그 가운데에서 죽은 자들을 내주매, 각 사람이 자기의 행위대로 심판을 받고, 사망과 음부도 불 못에 던져지니 이것은 둘째 사망 곧 불 못이라"(계 20:12-14).

다니엘은 하나님의 심판을 계속 주시하는데, 놀랍게도 넷째 짐승이 심판을 받는다. "그 때에 내가 작은 뿔이 말하는 큰 목소리로 말미암아 주목하여 보는 사이에 짐승이 죽임을 당하고 그의 시체가 상한 바 되어 타오르는 불에 던져졌으며." 여기에서 "작은 뿔"을 가진 짐승은 넷째 짐승을 가리킨다. 가장 잔인하고 가장 무서운 넷째 나라, 곧 로마제국이 먼저 심판을 받는다. 그 나라에서 고문과 죽임을 당한 사람들이 얼마나 많았는가?

작은 뿔은 마지막 때에 일어날 적그리스도라고 말한 적이 있다. 적그리스도로 말미암아 많은 사람들이 당할 곤란과 환란은 참으로 클 것이다. 거기다가 적그리스도는 많은 성도를 유혹하여 그들의 하나님을 떠나가게 할 것이다. 그 방법은 스스로 하나님의 위치에 들어가는 것이다. 하나님의 말씀을 다시 보자, "그는 대적하는 자라…그 위에 자기를 높이고 하나님의 성전에 앉아 자기를 하나님이라고 내세우느니라"(살후 2:4).

적그리스도는 마침내 심판을 받고 불구덩이에 던져질 것이다. 그것이 바로 다니엘이 본 환상이다. "짐승이 죽임을 당하고, 그의 시체가 상한 바 되어 타오르는 불에 던져졌으며." 이런 심판은 정당하다. 이런 마지막 때의 심판이 없다면 하나님도 없는 셈이 되고 만다. 그러나 하나님은 영원 전부터 모든 것을 아시는 분이시기에 적그리스도를 이렇게 심판하신다. 그리고 다른 짐승들도 결국 심판을 받게 될 것이다.

## 5. 나가면서

하나님에게는 두 종류의 책이 있다: 하나는 생명책이고 또 하나는 소위 "행위의 책"이라고 할 수 있다. 바울 사도의 말이다, "…나의 동역자들을 도우라, 그 이름들이 생명책에 있느니라"(빌 4:3). 마지막 때의 심판을 예언하고 있는 요한계시록의 표현이다, "누구든지 생명책에 기록되지 못한 자는 불못에 던져지더라"(계 20:15). 그러니까 생명책은 예수 그리스도를 구세주로 믿고 구원받은 사람들의 이름이 기록된 책이다.

생명책에 기록되지 못한 사람들은 모두 그들의 행위대로 심판을 받는다 (계 20:13). 그들의 행위는 물론 생각과 말이 기록된 "행위의 책"에 따라 심판을 받는다. 이것이 모든 인간과 나라의 종말이다. 심판을 받고 "불과 유황으로 타는 못"에 던져질 것이다 (계 21:8). 그곳에서, 다시 말해서, 하나님이 계시지 않는 지옥에서 영원히 심판을 받게 될 것이다. 그런 이유 때문에 지금이라고 하는 동안 예수 그리스도를 구세주로 믿고 구원받아야 한다.

# 26 "인자 같은 이"

"내가 또 밤 환상 중에 보니 인자 같은 이가 하늘 구름을 타고 와서 옛적부터 항상 계신 이에게 나아가 그 앞으로 인도되매, 그에게 권세와 영광과 나라를 주고, 모든 백성과 나라들과 다른 언어를 말하는 모든 자들이 그를 섬기게 하였으니, 그의 권세는 소멸되지 아니하는 영원한 권세요 그의 나라는 멸망하지 아니할 것이니라."

다니엘 7:13-14

## 1. 들어가면서

지금까지 다니엘을 통하여 이 세상을 지배하는 네 나라에 대하여 알아보았다. 그 나라들은 바벨론, 메데 바사, 헬라 및 로마였다. 이 네 나라를 알려주는 방법도 두 가지였는데, 하나는 신상을 통해서이고, 또 하나는 짐승을 통해서였다. 그런데 흥미롭게도 다니엘 2장에 나오는 신상은 인간의 관점에서 본 것인데 반하여, 다니엘 7장에 나오는 네 짐승은 하나님의 관점에서 본 것이다.

인간의 관점에서 신상을 보았을 때, 두 가지 반응을 나타낸다. 한 가지 반응은 그 신상의 위용偉容에 모든 인간은 압도될 수밖에 없다. 신상이 뜻하는 왕국들은 영광스러워 보이고, 정치적인 권세는 막강해 보인다. 다른 반응은 그런 신상을 우상으로 섬길 수밖에 없게 된다는 것이다. 다른 말로 표현하면, 그 신상이 상징하는 네 나라는 문자 그대로 우상을 숭배하는 나라들이었다. 백성들도 우상을 섬기지 않으면 안 되었다.

그러나, 하나님의 관점에서 네 왕국을 보았을 때, 그 왕들은 잔인하며, 무서우며, 사람들을 닥치는 대로 짓밟고, 종으로 삼고, 죽였다. 그들의 정복과정을 보면 사람이 아니라 짐승이었다. 그렇다고 그 왕국들이 영원한 것도 아니었다. 그 이유는 왕들이 부정과 부패에 깊이 연루되었기 때문이었다. 그 왕들은 국민을 돌보기는커녕 주색에 빠져서 마침내 나라를 잃는 수모를 당했다. 벨사살이 주색에 빠졌다가 나라를 잃은 것은 전형적인 사건이었다 (단 5).

## 2. "인자 같은 이"

느부갓네살 왕은 다니엘의 세 친구인, 사드락, 메삭, 아벳느고가 풀무속에서 넷째 사람과 함께 거니는 것을 보고 이렇게 말한 적이 있었다, "그 넷째의 모양은 신들의 아들과 같도다" (단 3:25). 그러나 다니엘이 환상 중에 본 것은 "신들의 아들"이 아니라, "인자人子 같은 이"son of man였다. "인자"라는 칭호는 사람의 아들이라는 뜻이지만, 단순한 사람의 아들이 아니라 동시에 하나님의 아들 같은 분이라는 뜻이다.

예수님이 세상에서 사역하실 때 자신을 가리켜 종종 "인자"라고 하셨다. 실제로 예수님이 자신을 "인자"라고 한 경우는 81번이나 되었는데, 공관복음에서 69번, 그리고 요한복음에서 12번이었다. 달리 표현하면, 예수님은 다니엘 7장 13절에 처음 나오는 "인자"라는 칭호를 인용하여 자신을 가리키셨다. 실제로 구약성경 전체에서 앞으로 오실 예수님을 가리키면서 "인자"라는 칭호를 사용한 곳은 다니엘 이외에는 어디에도 없다.

그렇다면 예수님은 자신을 가리켜서 "인자"라고 하셨는데, 그 의미는 무엇인가? 다음과 같은 몇 가지를 찾을 수 있다: 첫째, 예수님은 영원 전부터 계신 분이라는 뜻으로 사용하셨다. 그분의 직접 하신 말씀을 인용해보자, "그러면 너희는 인자가 이전에 있던 곳으로 올라가는 것을 본다면 어떻게 하겠느냐?" (요 6:62). 이 말씀에서 "이전에 있던 곳"이란 예수님이 이 세상에 오시기 전부터 계신 영원하신 분이시라는 뜻이다.

둘째, 예수님이 "인자"라는 칭호를 사용하실 때는 한 인간으로서 고난을 감수하신다는 뜻으로도 사용하셨다. 그분의 말씀을 들어보자, "모세가 광야에서 뱀을 든 것 같이 인자도 들려야 하리니, 이는 그를 믿는 자마다 영생을 얻게 하려 하심이니라" (요 3:14-15). 이 말씀에서 "들려야 하리니"는 두말할 필요도 없이 예수님이 십자가에서 고난과 죽음을 겪으실 사실에 대한 예언이다. 그분도 그 사실을 직접 확인하신 적이 있으셨다 (요 12:32-33).

셋째, 죄인 된 인간이 구원을 받기 위해서는 "인자"이신 예수님을 믿어야 한다는 뜻이다. 다시 예수님의 말씀을 보자, "인자의 살을 먹지 아니하고 인자의 피를 마시지 아니하면 너희 속에 생명이 없느니라. 내 살을 먹고 내 피를 마시는 자는 영생을 가졌고 마지막 날에 내가 그를 다시 살리리라"(요 6:53-54). 여기에서 "인자의 살을 먹고 인자의 피를 마신다"는 것은 그분이 십자가에서 몸이 찢기시고 피를 쏟으시며 죽으신 사실을 믿어야 한다는 뜻이다.

넷째, 예수 그리스도가 마지막 심판자라는 사실을 가르친다. 다시 예수님의 말씀을 보자, "죽은 자들이 하나님의 아들의 음성을 들을 때가 오나니 곧 이 때라. 듣는 자는 살아나리라…. 또 인자됨으로 말미암아 심판하는 권한을 주셨느니라"(요 5:25, 27). 그렇다! 예수 그리스도는 영원 전부터 계시다가 이 세상에 오셔서 십자가에서 죽으셨다. 그러나 그분을 거부하고 영접하지 않은 사람들은 마지막 때에 심판을 받게 될 것이다.

# 3. "권세와 영광과 나라"

다니엘의 환상은 계속된다, "인자 같은 이가 하늘 구름을 타고 와서 옛적부터 항상 계신 이에게 나아가 그 앞으로 인도되매, 그에게 권세와 영광과 나라를 주고." 이 환상에서 다니엘이 본 바로는, "옛적부터 항상 계신 이" 곧 성부 하나님 앞으로 성자 하나님이신 예수 그리스도가 인도되신다. 그리고 성부 하나님은 성자 하나님에게 "권세와 영광과 나라"를 하사하신다. 삼위의 하나님 중 제1위와 제2위가 이처럼 한 번에 나온 구약은 이곳뿐이다.

그런데 제2위이신 예수 그리스도가 구름을 타고 와서 하나님 아버지로부터 "권세와 영광과 나라"를 받으신 사실을 너무나 잘 인식하고 계신 것 같다. 그분이 말씀하신 내용을 보면 분명하다. 첫 번째 말씀이다, "예수께서 이르시되 네가 말하였느니라. 그러나 내가 너희에게 이르노니 이 후에 인자가 권능의 우편에 앉아 있는 것과 하늘 구름을 타고 오는 것을 너희가 보리라"(마 26:64). 이 말씀은 그분을 죽이려는 대제사장의 질문에 대한 답변이었다.

이 답변에서 예수님이 강조하신 것은 구름을 타고 다시 오실 재림에 관한 예언이자 동시에 경고였다. 비록 지금은 종교적인 권세자들에게 심판을 받고 십자가에 죽으실 연약한 어린양 같지만, 어느 날 구름을 타고 오실 때 심판의 주님으로 오신다는 말씀이었다. 그때에는 심문자인 대제사장이 예수 그리스도에게 심문을 받고 심판을 받는다는 뜻이다. 물론 그 어간에는 하나님의 우편에서 그리스도인들을 위하여 기도하시지만 말이다.

두 번째 말씀이다, "…나라와 권세와 영광이 아버지께 영원히 있사옵나이다. 아멘!"(마6:13). 물론 예수님이 가르쳐주신 이 말씀은 주기도문의 끝맺음 말이다. 그렇다! "나라와 권세와 영광"은 성부 하나님에게 속한 것이다. 그런 이유 때문에 "옛적부터 항상 계신 이," 곧 성부 하나님이 성자 하나님이신 예수 그리스도에게 "권세와 영광과 나라"를 주셨다. 예수님은 그 세 가지를 받으시고 이 세상에서 하나님의 영광을 위하여 사용하셨다.

예수님의 권세를 보라! 그분은 하나님에게 부여받은 권세를 사용하시어 죄의 굴레에 얽매인 사람들을 해방시키셨다. 그분의 권세 앞에서는 죄가 물러갔으며 (막 2:9), 많은 질병도 떠나갔으며, 각종의 귀신들도 줄행랑을 쳤다. 그뿐 아니라, 바람과 파도도 잠잠케 하신 권능의 분이셨다. 과연 그분의 역사는 권세의 표출이며 동시에 하나님의 인증(認證)이었다. "…내가 하는 그 역사가 아버지께서 나를 보내신 것을 나를 위하여 증언하는 것이요" (요 5:36).

"나라"는 하나님의 통치를 뜻한다. 그런데 하나님은 그 통치권도 그 아들 예수 그리스도에게 주셨다. 그런 까닭에 성자 하나님이신 예수 그리스도는 사람들을 변화시키고, 그들을 통하여 통치하기 시작하셨다. 물론 위에서 본대로 그분은 시시때때로 직접 통치권을 사용하셨다. 그러나 그분이 다시 하나님 우편으로 가신 후부터는 예수 그리스도에 의하여 구원받고 변화된 사람들을 통하여 통치하고 계셨다.


## 4. "백성과 나라와 언어"


그러면 사람들은 어떻게 변화되어 하나님의 나라를 일구어가는 도구들이 되었는가? 두말할 필요도 없이 하나님 아버지로부터 "나라와 영광과 권세"를 받으신 예수 그리스도의 죽음과 부활을 통해서였다. 그분은 십자가의 죽음을 목전에 두고 기도하실 때, 하나님은 이렇게 그의 기도를 응답하셨다, "…내가 이미 영광스럽게 하였고 또다시 영광스럽게 하리라" (요 12:28). 이 응답에서 "영광스럽게 하리라"는 죽음 너머의 부활을 가리킨다.

인자이신 예수 그리스도의 죽음과 부활을 통하여 변화된 사람이 얼마나 많은지 그 수를 헤아릴 수 없을 정도다. 그것은 "옛적부터 계신 이"의 계획이고, 또 그분에게서 "하늘 구름을 타고 오셔서" "권세와 영광과 나라"를 선물로 받으신 예수 그리스도가 실행하신 결과였다. 성부 하나님과 성자 하나님이 연루된 역사를 다니엘은 이렇게 묘사했다, "모든 백성과 나라들과 다른 언어를 말하는 모든 자들이 그를 섬기게 하였으니…."

그렇게 많은 사람들이 변화되어 그들을 구원해주신 분을 섬기다니, 얼마나 영광스러운 일인가! 과거와 현재는 물론 미래에도 그분을 섬기는 사람들은 참으로 많다. 얼마나 많은지 누가 다 알 수 있겠는가? 그러나 그 사람들이 한꺼번에 드러날 때가 있을 것이다. 그 때는 주님이 영광스러운 모습으로 다시 오실 때이다. 사도 요한은 요한계시록에서 다니엘이 본 환상과 거의 똑같은 환상을 보고, 본 그대로를 묘사하였다. 그의 묘사를 직접 보자:

"이 일 후에 내가 보니, 각 나라와 족속과 백성과 방언에서 아무도 능히 셀 수 없는 큰 무리가 나와 흰 옷을 입고 손에 종려 가지를 들고 보좌 앞과 어린 양 앞에 서서, 큰 소리로 외쳐 이르되, '구원하심이 보좌에 앉으신 우리 하나님과 어린 양에게 있도다'" (계 7:9-10). 얼마나 놀라운 광경인가! 다니엘이 본 환상과 어찌 그리 똑같은 환상을 사도 요한도 보았는가? 구태여 차이점을 찾아내라면 이런 정도를 말할 수 있을 것이다.

다니엘은 그처럼 많은 사람들이 "그를 섬기게 하였다"는 표현으로 마무리했다. 그러나 사도 요한은 "구원하심이 보좌에 앉으신 우리 하나님과 어린 양에게 있도다"는 표현으로 마무리했다. 그 이유는 간단하다! 다니엘도 성부와 성자를 보았지만, 성자의 대속적 죽음은 아직 역사적으로 나타나지 않았기 때문이다. 그 사건은 먼 훗날에 일어날 사건이기에 다니엘은 사도 요한처럼 구체적으로 묘사할 수 없었다.

그러나 사도 요한의 경우는 달랐다. 그는 성자 하나님이신 예수 그리스도가 어떻게 십자가에서 죽으시고 또 부활하셨는지를 두 눈으로 똑똑히 보았다. 물론 그가 그렇게 볼 때는 "아무도 능히 셀 수 없는 큰 무리"는 아직 보지 못했다. 그러니까 사도 요한은 앞으로 주님이 다시 오실 때 "각 나라와 족속과 백성과 방언"에서 주님을 섬기는 사람들을 보았다. 그렇다! 인자가 다시 오실 때까지 변화되어 그분을 섬길 사람들의 수는 부지기수不知其數이다.

# 5. 나가면서

다니엘이 환상 중에 본 광경은 그것으로 끝나지 않았다. "옛적부터 항상 계신 이"와 "인자 같은 이"가 세우실 영원한 나라도 보았던 것이다. 그렇다! 짐승들이 세운 나라는 인간이 세운 나라요, 세상에서 시작된 나라이기에 필연적으로 종말이 있을 수밖에 없다. 그들은 하나씩 왔다가 하나씩 사라졌다. 사라지고 끝나는 것이 아니라, 그들의 행위에 대하여 책임을 지고 심판을 받고야 말 것이다.

그러나 "인자"의 "권세는 소멸되지 아니하는 영원한 권세이다!" 그리고 그 "인자"의 나라는 짐승이 세운 나라와 다를 수밖에 없다. 구름을 타고 다시 오셔서 세울 나라이기에 영원할 수밖에 없다. 다니엘이 환상 중에 보고 기쁨에 넘쳐서 외친 말이다, "그의 나라는 멸망하지 아니할 것이니라!" 다니엘은 "인자"가 현재에 구원의 역사를 일으키시며, 다시 오셔서는 영원한 나라를 세우실 것을 동시에 보았던 것이다.

# 27 "성도들"

> "나 다니엘이 중심에 근심하며 내 머리 속의 환상이 나를 번민하게 한지라. 내가 그 곁에 모셔 선 자들 중 하나에게 나아가서 이 모든 일의 진상을 물으매 그가 내게 말하여 그 일의 해석을 알려주며 이르되, '그 네 큰 짐승은 세상에 일어날 네 왕이라. 지극히 높으신 이의 성도들이 나라를 얻으리니 그 누림이 영원하고 영원하고 영원하리라.' 이에 내가 넷째 짐승에 관하여 확실히 알고자 하였으니, 곧 그것은 모든 짐승과 달라서 심히 무섭더라. 그 이는 쇠요 그 발톱은 놋이니 먹고 부서뜨리고 나머지는 발로 밟았으며, 또 그것의 머리에는 열 뿔이 있고 그 외에 또 다른 뿔이 나오매 세 뿔이 그 앞에서 빠졌으며 그 뿔에는 눈도 있고 큰 말을 하는 입도 있고 그 모양이 그의 동류보다 커 보이더라. 내가 본즉 이 뿔이 성도들과 더불어 싸워 그들에게 이겼더니, 옛적부터 항상 계신 이가 와서 지극히 높으신 이의 성도들을 위하여 원한을 풀어 주셨고, 때가 이르매 성도들이 나라를 얻었더라."
>
> 다니엘 7:15-22

# 1. 들어가면서

다니엘은 지금까지 꿈을 꾸면서 환상을 보았고, 그리고 그 환상을 차례로 기술하였다. 하나님이 그에게 제일 먼저 보여주신 환상은 네 짐승에 관한 것이었다 (7:2-8). 물론 우리는 네 짐승이 무엇을 상징하는지 잘 알고 있는데, 곧 바벨론제국, 메데 바사제국, 헬라제국 및 로마제국이다. 그러나 다니엘은 그 환상이 무엇을 상징하는지 아직 알지 못하고 있었다. 그리고 그가 본 환상은 그것이 전부가 아니었다.

다음으로 다니엘이 본 환상은 "옛적부터 항상 계신 이"가 책들을 펴놓고 심판하는 장면이었다 (7:9-10). 그런데 그 심판의 장면은 그렇게 단순하지 않았다. 갑자기 넷째 짐승의 머리에 작은 뿔이 나타나서 다른 뿔을 셋씩이나 뽑아버렸다 (7:11). 그뿐 아니었다! "인자 같은 이"가 하늘 구름을 타고 나타나셨는데, 그분은 수를 셀 수 없을 만큼 많은 사람들에 의하여 섬김을 받고 계셨다. 그분의 나라는 멸망하지 아니하며, 따라서 영원하였다 (7:13-14).

다니엘은 이 모든 환상에 완전히 압도되었다. 압도되었을 뿐만 아니라 그는 "중심에 근심하게" 되었고, 머리로는 번민하였다. 왜 다니엘은 근심하고 번민하였는가? 그 이유는 간단하다! 그 환상의 의미를 전혀 알 수 없었기 때문이었다. 다니엘이 누구인가? 그는 꿈과 환상을 해석하는 해몽解夢의 전문가가 아니었던가? 그는 이미 느부갓네살의 환상을 두 번씩이나 해석해 주었고, 그 결과 그 왕이 그의 하나님을 믿게 되지 않았던가?

## 2. 네 짐승

다니엘은 근심과 번민 가운데 "옛적부터 항상 계신 이"를 수종 드는 천사 중 하나에게 나아가서 그가 본 환상의 뜻을 물었다. 그러자 그 천사는 주저하지 않고 그 환상의 뜻을 다니엘에게 알려주었다. 그것도 다니엘이 본 것처럼 복잡하게 설명하지 않고 아주 간단하고도 명쾌하게 설명해주었다. 그의 설명을 다시 보자, "그 네 큰 짐승은 세상에 일어날 네 왕이라. 지극히 높으신 이의 성도들이 나라를 얻으리니, 그 누림이 영원하고 영원하고 영원하리라."

그런데 위의 설명에서 보여주듯, 그 천사는 다니엘이 본 모든 환상에 대하여 알려주지 않았다. 그 천사는 네 짐승의 특이한 모습에 대해서도 해석해주지 않았다. 그 천사는 "옛적부터 항상 계신 이"는 물론 "인자 같은 이"에 대해서 언급하지도 않았다. 그 천사의 대답 중 일부를 다시 들어보자, "그 네 큰 짐승은 세상에 일어날 네 왕이라." 그 천사는 다니엘이 느부갓네살의 신상을 통하여 네 왕에 대하여 알고 있다는 전제 아래 그렇게 간단히 대답했다.

왜 그 천사는 다니엘의 주제나 다름없는 네 왕들에 대하여 그렇게 짧게 대답했는가? 비록 네 왕들이 세운 제국은 인간이 보기엔 위대했지만, 하나님 편에서 보실 때는 전혀 그렇지 않다는 뜻이다. 그 네 제국이 천하를 오랫동안 호령하는 것 같았지만, 하나님 편에서는 그들의 호령은 한 순간에 불과했다. 네 제국의 허무하고도 짧은 역사를 알려주려는 듯, 그 천사는 이렇게 간단하게 대답했다, "그 네 큰 짐승은 세상에 일어날 네 왕이라."

그 천사의 대답은 계속되었다, "지극히 높으신 이의 성도들이 나라를 얻으리니, 그 누림이 영원하고 영원하고 영원하리라!" 그런데 이 대답은 다니엘의 환상과 질문에는 포함되지 않은 것이었다. 물론 "인자 같은 이"에게 영원히 멸망되지 않을 나라가 주어진다는 환상은 있었지만, 성도들이 나라를 얻는다는 환상은 없었다. 결국 그 천사의 설명에 의하면, "지극히 높으신 이"가 나라를 얻어서 그분을 따르는 성도들에게 주신다는 뜻이다.

이 설명에 따르면, 네 왕들이 세운 나라들과 성도들이 얻을 나라 사이에는 큰 차이가 있었다. 첫째 차이는 왕들은 그들의 나라를 세우기 위하여 수많은 사람들을 잔인하게 짓밟고, 억압하고, 죽였다. 마치 강한 짐승이 먹잇감을 잡아먹듯 말이다. 그러나 성도들의 나라는 그런 잔인한 행위를 통해서 얻어지는 것이 아니다. "지극히 높으신 이"가 성도들에게 선물로 주시는 것이다. 얼마나 놀라운 차이인가!

둘째 차이는 네 왕들이 세운 나라들은 아주 짧은 기간 동안만 지속되었다. 그러나 성도들이 얻을 나라는 영원히 지속될 것이다. 그 천사의 해석을 다시 들어보자, "지극히 높으신 이의 성도들이 나라를 얻으리니, 그 누림이 영원하고 영원하고 영원하리라!" 그 나라의 영원성을 강조하기 위하여 천사는 말한다, "영원하고, 영원하고, 영원하리라." 한 번만 말해도 영원한 것인데, 세 번씩이나 반복한 것은 영원성을 강조하기 위한 것이다.


## 3. 넷째 짐승

그 천사가 환상의 뜻을 설명해주자 다니엘은 즉시 이해하였다. 다니엘이 그 설명을 쉽게 이해할 수 있었던 것은 본인도 그런 해석을 몸소 내린 경험이 있었기 때문이다. 비록 수십 년이 흘렀지만, 그래도 그의 해석을 기억해보자, "하늘의 하나님이 한 나라를 세우시리니 이것은 영원히 망하지도 아니할 것이요; 그 국권이 다른 백성에게로 돌아가지도 아니할 것이요; 도리어 이 모든 나라를 쳐서 멸망시키고 영원히 설 것이라" (단 2:44).

그렇다! 다니엘은 네 왕들이 세울 제국들이 차례로 멸망하고, 그 대신 하나님이 세우실 영원한 나라가 도래할 것을 잘 알고 있었다. 알고 있었을 뿐 아니라, 다니엘은 그런 날이 속히 오기를 손꼽아 기다렸을 것이다. 그의 조국인 이스라엘을 멸망시킨 바벨론, 그리고 우상숭배의 나라들, 다시 말해서, 하나님을 공개적으로 대적하는 이방 나라들! 그들의 멸망을 고대하면서 수십 년을 살아왔던 다니엘이었다.

그런데 이미 언급한 대로, 그 천사는 다니엘이 본 환상을 모두 설명해주지 않았다. 다니엘은 무엇보다도 넷째 짐승에 대하여 소상하게 알기를 원했다. 왜냐하면 그 짐승은 앞에 나온 세 짐승과 전혀 달랐으며, 또 심히 무서웠기 때문이다. 다니엘의 묘사를 직접 보자, "그 이는 쇠요, 그 발톱은 놋이니, 먹고 부서뜨리고 나머지는 발로 밟았으며." 이 짐승은 위에서부터 아래까지 먹잇감을 해치고, 억누르고, 씹고, 죽이는 무기와 같은 지체들을 지니고 있었다.

참으로 그 짐승의 모습은 두렵기 짝이 없었다. 그런데 이것만으로는 부족한지 다른 사람들을 두렵게 할 무기를 더 가지고 있었다. 그 짐승은 뿔을 열 개나 가지고 있었다. 뿔이 하나인 코뿔

소도 있고, 뿔이 둘인 물소도 있고 또 사슴도 있다. 그러나 일찍이 이 세상에는 뿔을 열 개나 가지고 있는 동물은 어디에도 없었다. 그런데, 다니엘이 환상 중에 본 짐승은 뿔이 열 개나 된 너무나 무섭고 사나운 짐승이었다.

놀랍게도 뿔 열 개가 부족한지 다른 뿔이 나오는 것이 아닌가! 그런데 이 다른 뿔은 "눈도 있고 큰 말을 하는 입도 있었다." 이 짐승과 열한 번째 뿔은 괴물임에 틀림없다. 어떻게 뿔에 눈과 입이 있을 수 있는가? 그런데 인간처럼 보기도 하고 말도 할 수 있는 이 뿔로 인하여 이미 있던 뿔 세 개가 빠져나갔다. 마지막으로 나온 뿔은 사납고 잔인하기가 더할 나위없을 정도였다. 그렇지 않다면 어떻게 뿔을 셋이나 뽑을 수 있는가?

다니엘은 계속해서 그 뿔을 주시하였는데, 그 뿔은 성도들과 더불어 싸움판을 벌이는 게 아닌가! 물론 그처럼 막강한 뿔이 성도들을 이기고 또 압도하였다. 다니엘에게 이런 광경은 해괴망측할 뿐 아니라, 받아들이기도 어려웠다. 이런 환상을 보고 중심에 근심하고 번민하게 된 것은 당연하지 않은가? 더군다나, 이 넷째 짐승에 대하여 전혀 알 수 없으니 말이다. 다니엘은 "넷째 짐승에 관하여 확실히 알기"를 원했던 것이다.

## 4. "성도들"

그러나 다니엘의 환상을 해석해준 그 천사는 여전히 넷째 짐승에 대해서는 아무런 설명도 하지 않았다. 그 대신 그 천사는 다니엘이 묻지도 않은 것에 대하여 두 번씩이나 강조해서 설명하였다. 그것은 "옛적부터 항상 계신 이," 곧 영존<sup>永存</sup>하시는 하나님이 "지극히 높으신 이의 성도들"의 원한을 풀어주실 뿐 아니라, 그 후 적절한 시기에 나라도 주신다는 것이다. 마침내 영원한 나라가 성도들의 것이 된다는 말이다.

이 설명에서 "성도들"이라는 표현이 나오는데, 그 뜻을 알아보자. 성도<sup>聖徒</sup>라는 단어의 한문을 직역하면 "거룩한 사람들" 또는 "거룩한 무리들"<sup>holy people, saints</sup>이다. 그리고 "거룩하다"는 "분리하다," "구별하다," 또는 "다르다"의 뜻을 가지고 있다. 그러므로 "성도들"은 성별<sup>聖別</sup>된 사람들이다. 그렇다면 누가 성별된 사람들인가? "지극히 높으신 이"에게 속한 사람들이 성별된 사람들이다. 그렇다면 성별된 사람들은 누구를 가리키는가?

일차적인 의미에서 "성도들"은 이스라엘 백성을 가리킨다. 왜냐하면 하나님이 아브라함을 부르시고, 그와 그 후손을 세상 사람들과 구분하셨기 때문이다 (창 12:1-3). 물론 이스라엘 백성을 세상 사람들과 구분하신 목적은 그들을 통하여 세상 사람들에게 "지극히 높으신 이," 곧 하나님을 소개하기 위함이었다. 그들은 그들 가운데 임하셔서 그들과 동행하시는 하나님을 소개할 수 있었다 (신 33:2).

이스라엘 백성이 결정적으로 하나님의 임재와 역사를 경험한 것은 역시 출애굽의 사건을 통해서였다. 그들이 애굽의 종으로 오랫동안 있었지만, 하나님은 유월절의 피를 통하여, 그리고 홍

해를 가르심으로, 그들을 애굽으로부터 완전히 구분해내셨다. 그 결과 이스라엘 백성은 하나님과 언약을 맺은 백성, 곧 "성도들"이 되었다. 하나님의 증언을 들어보자, "나의 성도들을 내 앞에 모으라. 그들은 제사로 나와 언약한 이들이니라" (시 50:5).

그런데, 다니엘이 본 마지막 때의 "성도들"은 이스라엘 백성뿐 아니라, 모든 그리스도인들을 가리킨다. 그들이 "성도"가 된 것은 예수님의 피 값으로 구속되었기 때문이다. 그분은 유월절의 어린양처럼 죽으심으로 모든 믿는 자들을 "성도"로 만드셨다. 그런 까닭에 "지극히 높으신 이"는 그리스도를 가리키기도 한다. 그렇지 않다면 어떻게 "옛적부터 항상 계신 이," 곧 하나님이 "지극히 높으신 이"의 성도들을 위하여 원수를 갚아주시겠는가?

그렇다! 예수 그리스도를 그들의 구세주로 받아들인 사람들은 그분에게 속한 존귀한 성도들이다. 바울 사도의 증언을 들어보자, "너희도 그들 중에서 예수 그리스도의 것으로 부르심을 받은 자니라. …하나님의 사랑하심을 받고 성도로 부르심을 받은 모든 자에게 하나님 우리 아버지와 주 예수 그리스도로부터 은혜와 평강이 있기를 원하노라" (롬 1:6-7). 다니엘에게 보여준 대로, 마지막 때에 모든 "성도들"이 영원한 하나님의 나라를 얻게 될 것이다.


## 5. 나가면서

네 왕들은 땅의 원리로 사람들을 다스렸다. 그러나 "지극히 높으신 이"는 하늘의 원리로 "거룩한 백성"을 다스리셨다. 땅의 원리는 정복과 항복에 의한 통치이나, 하늘의 원리는 사랑과 헌신에 의한 다스림이다. 땅의 원리는 강제와 굴복을 근거한 통치를 말하나, 하늘의 원리는 섬김과 희생을 근거한 다스림을 말한다. 네 왕들은 원망과 원성을 감수하면서 백성을 억압하나, "지극히 높으신 이"는 감사와 찬양을 받으시면서 다스리신다. 얼마나 다른가!

네 왕들은 짐승과 같은 지배자들이었다. 짐승도 종류가 많은데, 어떤 짐승은 초식동물처럼 온유하고, 다른 동물을 해치지 않는다. 그러나 어떤 동물은 먹잇감을 찾고, 찾으면 죽이고 먹으면서 생애를 마친다. 그런데 네 왕들은 죽이고 먹는 잔인한 동물들과 같았다. 반면, "지극히 높으신 이"는 성도들의 행복을 우선순위로 할 뿐 아니라, 그들로 성도들이 되게 하기 위하여 자신의 생명조차 희생하신 분이다. 얼마나 다른가!

네 왕들에 의하여 다스림을 받은 네 나라에 속한 백성들을 생각해 보라. 그들은 자유와 자치<sub>自治</sub>를 잃고, 허구헛날 다른 나라 사람인 지배자들의 착취와 억압을 감수할 수밖에 없는 처량한 신세였다. 반면, 성도들을 생각해 보라. 그들은 그들을 진정으로 사랑하며, 돌보며, 보호하는 분의 다스림을 받으며 산다. 그들은 "의와 기쁨과 평화"를 만끽하면서 하루하루를 지내는 행복한 삶을 영위한다 (롬 14:17). 얼마나 다른가!

# 28 "한 때와 두 때와 반 때"

"모신 자가 이처럼 이르되, '넷째 짐승은 곧 땅의 넷째 나라인데, 이는 다른 나라들과는 달라서 온 천하를 삼키고 밟아 부서뜨릴 것이며, 그 열 뿔은 그 나라에서 일어날 열 왕이요; 그 후에 또 하나가 일어나리니, 그는 먼저 있던 자들과 다르고 또 세 왕을 복종시킬 것이며, 그가 장차 지극히 높으신 이를 말로 대적하며, 또 지극히 높으신 이의 성도를 괴롭게 할 것이며, 그가 또 때와 법을 고치고자 할 것이며, 성도들은 그의 손에 붙인 바 되어 한 때와 두 때와 반 때를 지내리라. 그러나 심판이 시작되면 그는 권세를 빼앗기고 완전히 멸망할 것이요; 나라와 권세와 온 천하 나라들의 위세가 지극히 높으신 이의 거룩한 백성에게 붙인 바 되리니 그의 나라는 영원한 나라이라. 모든 권세 있는 자들이 다 그를 섬기며 복종하리라.'"

다니엘 7:23-27

## 1. 들어가면서

하나님이 다니엘에게 보여준 첫 번째 환상은 너무나 신비로워서 전문적인 해몽가인 다니엘도 그 환상의 뜻을 알지 못했다. 특히 넷째 짐승에 대한 환상은 이해는커녕 감당하기 어려울 만큼 기기묘묘奇奇妙妙했다. 다니엘은 그 넷째 짐승 때문에 두려워졌지만 그래도 그 짐승에 대하여 분명히 알고 싶어졌다. 그 욕구를 다니엘은 이렇게 직접 표출한 바 있었다, "이에 내가 넷째 짐승에 관하여 확실히 알고자 하였으니…" (단 7:19).

마침내, 다니엘에게 환상의 뜻을 해석해주던 그 천사가 입을 열어서 넷째 짐승에 대하여 알려주기 시작했다. 그 천사의 해석에 의하면, 넷째 짐승은 "땅의 넷째 나라"였다. 그러니까 그 짐승은 바벨론제국과 메데 바사제국과 헬라제국 뒤에 나타날 로마제국을 가리켰다. 다니엘은 그 제국에 대한 묘사, 곧 "이는 다른 나라들과는 달라서 온 천하를 삼키고 밟아 부서뜨릴 것이며"를 이해할 수 있었다.

다니엘이 그 묘사를 이해할 수 있었던 것은 그의 경험 때문이었다. 일찍이 느부갓네살이 꾼 신상에 대한 꿈을 해석해주면서 로마제국에 대한 모습을 묘사한 적이 있었기 때문이다. 그가 묘사한 로마를 다시 인용해보자. "넷째 나라는 강하기가 쇠 같으리니, 쇠는 모든 물건을 부서뜨리고 이기는 것이라. 쇠가 모든 것을 부수는 것 같이 그 나라가 뭇 나라를 부서뜨리고 찧을 것이라"(단 2:40).

## 2. 열한 번째 뿔

그런데 넷째 짐승이 무섭고 잔인한 것을 확인이라도 하듯, 그에게는 뿔이 열 개나 달려 있었는데, 로마제국을 통치할 열 왕이었다: "그 열 뿔은 그 나라에서 일어날 열 왕이요." 열 뿔이 열 왕이라는 해석은 요한계시록에서도 나오는데, 그 말씀을 인용해보자, "내가 보니 바다에서 한 짐승이 나오는데 뿔이 열이요, 머리가 일곱이라. 그 뿔에는 열 왕관이 있고 그 머리들에는 신성 모독 하는 이름들이 있더라"(계 13:1).

넷째 짐승은 참으로 잔인하고 무서운 괴물이었다. 열 뿔도 부족한지 또 다른 뿔, 곧 열한 번째 뿔이 나오는 것이었다. 이 열한 번째 뿔은 앞에 나오는 열 뿔보다 더 잔인하고 더 무서운 존재임에 틀림없었다. 왜냐하면 이미 있었던 세 뿔을 뿌리 채 뽑아버렸기 때문이다 (단 7:8). 그 천사의 해석에 의하면, 열한 번째 뿔은 열한 번째 왕이고, 그는 세 왕을 복종시킬 것이다 (단 7:24).

그 천사는 열한 번째 뿔이 난폭하고도 무섭게 행동할 짓거리도 알려주었다. 이미 그 열한 번째 뿔에는 "큰 말을 하는 입도 있었다"고 묘사한 바 있듯 (단 7:20), 그 뿔은 큰 입을 벌려서 악한 말을 토해내기 시작했다. 그 말은 너무 경건하지 않으며, 너무나 시건방진 말이었다. 그 천사의 해석을 더 들어보자, "그가 장차 지극히 높으신 이를 말로 대적하며…"(단 7:25). 어떻게 감히 "지극히 높으신 이," 곧 하나님을 대적할 수 있단 말인가?

열한 번째 뿔은 요한계시록 13장에 나타날 적그리스도를 가리킨다. 구약성경에서 하나님을 대적했던 사탄에 대한 묘사는 있었지만 (사 14:12-15), 앞으로 나타날 적그리스도에 대하여 묘사된 것은 다니엘 7장에서 처음이다. 적그리스도는 "또 지극히 높으신 이의 성도를 괴롭게 할 것인데"――이 예언도 문자 그대로 이루어질 것이다. "또 권세를 받아 성도들과 싸워 이기게 되고 각 족속과 백성과 방언과 나라를 다스리는 권세를 받으니라"(계 13:7).

열한 번째 뿔, 곧 적그리스도의 짓거리는 계속된다, "그가 또 때와 법을 고치고자 할 것이며…" (단 7:25). 왜 때와 법을 고치는 가? 하나님이 세우신 시기와 율법을 깨뜨려서 세상의 질서와 체계를 바꾸어 혼돈과 파괴의 세상으로 만들기 위해서이다. 그 결과 그가 마음대로 세상을 다스리기 위해서이다. 적그리스도는 바울 사도가 정의한대로 "저 불법의 사람 곧 멸망의 아들"이다 (살후 2:3).

적그리스도의 불법은 계속된다, "성도들은 그의 손에 붙인 바 되어 한 때와 두 때와 반 때를 지내리라" (단 7:25). 이처럼 잔인하고도 난폭한 적그리스도의 손아귀에 성도들이 빠져 들어가서 큰 고통과 환난을 당할 것이다. 한 가지 다행스러운 것은 그 환난의 기간이 정해졌는데, 곧 "한 때와 두 때와 반 때"이다. "때"는 일 년을 가리키기에 "한 때와 두 때와 반 때"를 풀면 3년 6개월이다. 성도들은 이 기간 동안 말할 수 없는 고통을 당하게 될 것이다.


## 3. "한 때와 두 때와 반 때"

"한 때와 두 때와 반 때"는 3년 6개월인데, 왜 갑자기 그 기간이 다니엘에 등장하는가? 성도들이 열한 번째 뿔, 곧 적그리스도에 의하여 고통과 환난을 당할 기간을 가리킨다고 이미 언급한 바 있다. 본래 이 3년 6개월의 기간의 출처는 7년이다. 이스라엘 백성에게 7년은 중요한데, 그 이유를 찾아보자. 첫째, 7년째는 안식년으로 땅이 안식을 누려야 한다. "일곱째 해에는 그 땅이 쉬어 안식하게 할지니 여호와께 대한 안식이라"(레 25:4).

둘째, 7년째는 면제년으로 이스라엘 백성은 형제에게 꾸어준 돈을 면제해야 한다. "면제의 규례는 이러하니라. 그의 이웃에게 꾸어준 모든 채주는 그것을 면제하고…"(신 15:2). 셋째, 7년째는 해방의 해이기에, 히브리인이 종으로 팔렸으면, 그는 6년을 종처럼 섬기고, 7년째는 자유를 얻는다. "네 동족 히브리 남자나…여자가 네게 팔렸다 하자; 만일 여섯 해 동안 너를 섬겼거든 일곱째 해에 너는 그를 놓아 자유롭게 할 것이요"(신 15:12).

넷째, 적그리스도는 유대인들에게 7년 간 거짓된 평화의 언약을 맺는다. 첫 3년 반에는 그 언약을 지키는 듯하지만, 남은 3년 반에는 그들을 말할 수 없이 괴롭힐 것이다. 그러나 7년이 끝나면 "옛적부터 항상 계신 이"의 개입으로 그들이 해방될 뿐 아니라, 영원한 나라를 선물로 받는다. 은혜의 하나님은 그들을 7년씩이나 고통과 환난을 당하게 내버려두실 수 없으시기에, 그 기간을 반으로 줄여준 것이며, 그 결과 "한 때와 두 때와 반 때"가 나온 것이다.

열한 번째 뿔, 곧 적그리스도는 저항 없이 세계를 통치하기 위하여 이스라엘과 언약을 맺는데, 곧 7년 동안 종교의 자유를 주기로 한 것이다. 그러나 거짓의 달인인 적그리스도는 그 언약기간의 절반에 언약을 깨뜨린다. 그 예언을 보자: "그가 장차 많은 사람들과 더불어 한 이레[7년] 동안의 언약을 굳게 맺고, 그가 그 이레의 절반에 제사와 예물을 금지할 것이며…"(단 9:27). 그렇게 언약이 깨어지는 시간부터 이스라엘은 큰 환난에 빠진다.

예수 그리스도도 이렇게 환난의 기간이 줄어들지 않으면 아무도, 심지어는 택한 백성까지도 견디지 못한다고 말씀하셨다. "그날들을 감하지 아니하면 모든 육체가 구원을 얻지 못할 것이나, 그러나 택하신 자들을 위하여 그 날들을 감하시리라" (마 24:22). 이렇게 감해진 환난의 기간을 강조하기 위하여 성경에서는 "한 때와 두 때와 반 때"가 반복적으로 나온다 (단 12:7, 계 12:14).

그런데, 놀랍게도 사도 요한은 요한계시록에서 그 기간을 다르게 기술하기까지 하면서 그 기간의 짧음을 드러낸다. 어떤 때는 "마흔두 달"이라고 했는데, "한 때와 두 때와 반 때," 곧 3년 6개월은 마흔 두 달이다 (계 11:2, 13:5). 사도 요한은 한 발 더 나아가서 그 기간을 날짜로까지 기술하였다. 한 달을 30일로 계산하는 유대인의 풍속을 따라서 "한 때와 두 때와 반 때"는 1,260일이기도 하다 (계 11:3, 12:6).

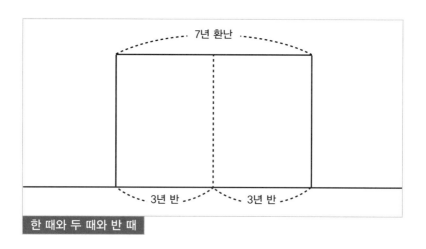

한 때와 두 때와 반 때

# 4. 마지막 심판

열한 번째 뿔, 곧 적그리스도의 출현은 필연적이다. 하나님이 오래 전에 예언하셨기 때문만은 아니다. 적그리스도의 출현은 필연적으로 이 세상의 종말과 연결되어 있기 때문이다. 아담과 하와의 불순종 이래, 이 세상은 악의 원리에 의하여 지배되고 있다. 그런 이유 때문에 이 세상은 반드시 변화되어야 한다. 성경은 그렇게 변화될 세상을 "새 하늘과 새 땅"이라고 했다 (사 65:17, 벧후 3:13, 계 21:1).

또 다른 성경은 변화될 세상을 이렇게도 표현하였다, "태초에 주께서 땅의 기초를 두셨으며 하늘도 주의 손으로 지으신 바라. 그것들은 멸망할 것이나 오직 주는 영존할 것이요, 그것들은 다 옷과 같이 낡아지리니 의복처럼 갈아입을 것이요, 그것들은 옷과 같이 변할 것이나 주는 여전하여 연대가 다함이 없으리라"(히 1:10-12). 그렇다! 세상은 낡아져서 새 옷처럼 갈아입어야 한다. 이것은 하나님의 뜻이기도 하다.

그러나 사탄은 끝까지 발버둥 치면서 세상을 놓지 않으려고 안간힘을 쓸 것이다. 그 안간힘이 바로 적그리스도의 출현이다. 사탄은 바다에서 한 짐승을 보내는데, 그 짐승이 바로 적그리스도이며, 다니엘이 묘사한 동물이다. 사도 요한의 묘사를 보자, "내가 본 짐승은 표범과 비슷하고 그 발은 곰의 발 같고 그 입은 사자의 입 같은데 용이 자기의 능력과 보좌와 큰 권세를 그에게 주었더라"(계 13:2).

적그리스도가 마치 구세주인양 세상을 거짓 평화로 통치할 것이다. 그러나 그의 통치는 위에서 본대로 7년으로 제한되어 있었다. 7년 중 전반기 3년 6개월 동안에는 거짓 평화로, 그리고 후반기 3년 6개월 동안에 창세 이래 없었던 환난으로 성도들을 괴롭힐 것이다. 그의 때가 얼마 남지 않은 사실을 아는 적그리스도는 그만큼 더 날뛸 것이다. 그러나 마침내 예언된 7년은 흘러가고 말 것이며, 그때 "지극히 높으신 이"가 나타나서 그를 심판하실 것이다.

적그리스도는 심판을 받아서 모든 권세를 잃게 되고, 그리고 완전히 멸망당할 것이다. 다니엘의 예언을 계속 읽어보자, "그러나 심판이 시작되면 그는 권세를 빼앗기고 완전히 멸망할 것이요"(단 7:26). 사탄과 그 졸개들은 아담과 하와 이후 참으로 오랫동안 한편 하나님을 대적했으며, 또 한편 하나님의 성도들을 괴롭혀왔다. 그러나 마침내 그들의 종말이 와서 영원히 그리고 완전히 멸망될 것이다.

적그리스도에게는 최후의 심판이지만, 그동안 괴롭힘을 받았던 성도들에게는 큰 기쁨의 소식일 수밖에 없다. 왜냐하면 그들에게 영원한 나라와 거기에 연루된 권세가 주어질 것이기 때문이다. 다니엘의 예언을 더 보자, "나라와 권세와 온 천하 나라들의 위세가 지극히 높으신 이의 거룩한 백성에게 붙인 바 되리니, 그의 나라는 영원한 나라이라. 모든 권세 있는 자들이 다 그를 섬기며 복종하리라"(단 7:27).

# 5. 나가면서

"한 때와 두 때와 반 때"를 환상 중에 듣고 성경에 기록한 다니엘은 참으로 위대한 선지자이다. 마땅히 그는 대선지자라 불릴 자격이 있고도 남는다. "옛적부터 계신 이," 곧 영존하시는 하나님은 다니엘을 통하여 마지막 때 일어날 두 가지 사실을 알려주기를 원하셨다. 하나는 넷째 짐승도 끝이 있으며, 거기에서 나온 열한 번째 뿔, 곧 적그리스도가 나타나지만, 하나님의 심판과 더불어 멸망한다는 사실을 알려주기를 원하셨다.

또 하나는 비록 얼마 동안 성도들이 환난을 당할 수밖에 없지만, 그 기간은 3년 6개월, 곧 "한 때와 두 때와 반 때"뿐이라는 사실을 알려주기를 원하셨다. 위에서부터 심판을 시작하실 "지극이 높으신 이"를 의지하고 기다리면서 환난을 견디어내라는 것이다. 마치 서머나 교회의 성도들이 견디어낸 것처럼 말이다 (계 2:10). 그리할 때 곧 "옛적부터 계신 이"가 그들에게 영원한 권세와 영원한 나라를 선물로 주실 것이다.

# 29 환상이 끝나고

"그 말이 이에 그친지라. 나 다니엘은 중심에 번민하였으며 내 얼굴빛이 변하였으나, 내가 이 일을 마음에 간직하였느니라."

다니엘 7:28

## 1. 들어가면서

지금까지 어떤 선지자도 다니엘처럼 흉악한 짐승에 대한 환상을 본 사람은 없었다. 차례차례로 나타난 네 짐승에 대한 환상은 다니엘 이외에는 어떤 사람도 보지 못했다. 그뿐 아니라, 지금까지 어떤 선지자도 다니엘처럼 이방 나라들의 흥망성쇠에 대하여 그처럼 상세하게 해석한 사람도 없었다. 더군다나 열국을 짐승의 환상으로 본 선지자는 더더욱 없었다. 물론 이사야, 예레미야 및 에스겔도 이방 나라들에 대하여 언급하긴 했지만 말이다.

지금까지 어떤 선지자도 다니엘처럼 종말에 대하여 그처럼 상세한 환상을 본 사람도 없었다. 특히 넷째 짐승에 대한 환상은 문자 그대로 압권<sup>壓卷</sup>이었다. 이가 쇠 같고, 발은 주석 같고, 사납기는 어떤 다른 짐승보다도 더한 난폭한 짐승이었다. 그것은 짐승이라기보다는 괴물에 가까운 존재였다. 어떤 짐승이 열 개의 뿔을 가지고 있을 수 있단 말인가? 그 괴물은 열 뿔을 가지고 사방을 휘몰아쳐서 많은 먹잇감을 부수고, 짓밟고, 잡아먹었다.

지금까지 어떤 선지자도 다니엘처럼 종말에 나타날 적그리스도에 대한 환상을 본 사람은 없었다. 적그리스도를 묘사한 것도 아주 특이했는데, 그 짐승에게서 나온 열한 번째 뿔의 형태를 묘사한 것이다. 그 뿔은 이미 존재하던 뿔을 세 개냐 뽑아버렸다. 그뿐 아니라, 그 뿔은 감히 하나님을 대적하고 또 하나님의 때와 법을 변경시키려했다. 하나님에 대한 대적은 하나님의 백성에 대한 대적으로 이어졌다. 그는 진정으로 앞으로 나타날 적그리스도였다.


## 2. "그친지라"

그러나 발악에 가까운 적그리스도의 대적 행위로 다니엘의 환상은 끝나지 않았다. 그의 환상은 마지막 심판으로 이어졌고, 그렇게 발악하던 적그리스도는 "지극히 높으신 이," 곧 영존하시는 하나님의 심판대 앞에 서게 되었다. 하나님은 가차 없이 하나님과 그분의 백성을 대적하던 적그리스도를 심판하여 영원히 멸망시키셨다. 그 후 하나님의 영원한 나라가 세워지고, 그 나라는 "지극히 높으신 이"의 백성에게 주어졌다.

이렇게 아름다운 결말까지 보여준 후 하나님을 섬기는 그 천사는 설명을 마쳤다. 그런 사실을 다니엘은 이렇게 서술하였다, "그 말이 이에 그친지라." 이런 표현은 몇 가지 뜻을 함축하고 있었다. 무엇을 함축하고 있단 말인가? 첫째는 그 천사는 하나님이 허락하신 것만을 설명해주었다는 사실이다. 더욱 놀라운 사실은 다니엘도 그렇게 끝난 설명을 아무런 이의도 제기하지 않고 받아들였다는 사실이다.

물론 다니엘이 본 환상은 지금까지 아무도 본적이 없고, 또 아무도 가르친 적도 없었다. 그런 이유 때문에 다니엘은 더 많은 설명을 요구할 수도 있었을 것이다. 예를 들면, "한 때와 두 때와 반 때"의 뜻을 알려달라고 떼를 쓸 수도 있었다. 그러나 다니엘은 하나님이 보여주신 환상과 그에 대한 설명을 조건 없이 받아들였다. 그렇지 않다면, 다니엘은 "그 말이 이에 그친지라"로 끝맺음을 하지 않았을 것이다.

이런 표현이 함축하고 있는 둘째 뜻은 다니엘은 하나님이 보여주신 만큼만 환상을 기록하였다는 사실이다. 물론 다니엘이 마음만 먹으면 그가 본 환상 이외에도 덧붙일 수 있었다. 덧붙여도 그것을 누가 알겠는가? 오로지 다니엘만 그런 환상을 보았으니 말이다. 그러나 다니엘은 하나님이 보여주시고 알려주신 것 밖으로는 결단코 넘어가지 않았다. 얼마나 많은 거짓 선지자들이 그들 자신의 뜻을 덧붙여왔는지 그 수를 헤아릴 수 없을 정도인데 말이다.

"그 말이 이에 그친지라"는 표현이 함축하고 있는 셋째 뜻은 다니엘이 위대한 사람이라는 사실이다. 세상에서 위대한 사람과 하나님 안에서 위대한 사람과는 차이가 있다. 세상의 위대한 사람은 그의 재주와 구변을 자유자재로 활용할 수 있는 사람이다. 그러나 하나님 안에서 위대한 사람은 하나님의 뜻을 절대적으로 따르는 사람이다. 하나님이 말하라고 하시면 말하고, 말하지 말라고 하시면 말하지 않는 사람이다.

하나님 안에서 위대한 사람은 자신의 한계와 부족을 깊이 인정하고, 하나님만을 의지하면서 그분의 대변인 역할만 하는 사람이다. 다니엘은 근 80세가 넘도록 하나님과 동행한 거대한 신앙인이었다. 그럼에도 불구하고 그는 자신의 의견을 조금도 덧붙이지 않고 하나님이 보여주시고 설명해주신 것만을 기록하고 끝냈다. 그의 인간적인 것을 조금도 덧붙이지 않았다는 말이다. 그런 이유 때문에 다니엘은 위대한 하나님의 사람이었다.

## 3. 중심의 번민

다니엘이 위대한 하나님의 사람이라는 것을 증명하는 두 번째 표현이다. "나 다니엘은 중심에 번민하였으며, 내 얼굴빛이 변하였으나." 왜 이런 표현이 다니엘이 위대하다는 것을 실증實證하는가? 평범한 신앙인이라면 이처럼 전대미문前代未聞의 환상을 본 사실에 대하여 얼마나 감사하며, 또 얼마나 간증하고 싶었겠는가? 얼마나 자랑하고 싶었겠는가? 얼마나 하나님에 의하여 선택

받은 자신의 위치를 될 수 있는 대로 많은 사람에게 알리고 싶었겠는가?

그러나 다니엘은 그러기는커녕 오히려 "중심에 번민하였다." 도대체 그 이유는 무엇이었는가? 첫째 이유는 이런 환상은 결코 인간의 간계나 고안考案에서 나올 수 있는 것이 아니기 때문이었다. 이 환상은 자신의 사고의 한계를 벗어난 것이었다. 다시 말해서, 이 환상은 그의 것이 아니라 위로부터 주어진 것이었다. 그도 인간이기에 그처럼 무서운 짐승들을 본 후, 온 마음과 육체가 충격을 받았던 것이다. 그 결과 다니엘은 번민하고 또 안색이 변했다.

다니엘이 그 환상을 보고 "중심에 번민한" 둘째 이유는 왕들이 잔인하게 사람들을 수없이 죽이면서 그들의 영토를 확장한 사실 때문이었다. 다니엘은 그의 영적 눈으로 똑똑히 본 대로, 하나님의 형상에 따라 지음을 받은 존귀한 사람들이 그처럼 무참하게 죽어간 사실은 그의 온 마음과 육체를 흔들고도 남음이 있었다. 왕들의 야심 때문에 그처럼 많은 사람이 짐승의 먹잇감처럼 죽어가다니, "중심에 번민하지" 않을 수 없었다.

다니엘이 "중심에 번민한" 셋째 이유는 왕들이 받을 최후의 심판 때문이었다. 그처럼 공의롭고도 무서운 심판을 다니엘은 지금까지 들어본 적도 본 적도 없었다. 그런데 "지극히 높으신 이"의 진노가 쏟아지는 최후의 심판을 그는 분명히 보았다. 그처럼 무서운 종말과 심판을 보고도 놀라지 않는다면 다니엘은 인간이 아닐 것이다. 그처럼 큰 권세를 부리던 왕들이 그처럼 무서운 심판을 받고, 그처럼 처참한 최후를 맞다니 다니엘은 번민하지 않을 수 없었다.

다니엘이 "중심에 번민한" 넷째 이유는 메시야의 왕국이 마침내 도래到來한다는 사실 때문이었다. 그 나라는 두말할 필요도 없이 영광스럽고 황홀한 것이다. 그뿐 아니라, 그동안 이 왕들에 의하여 짓밟히고, 핍박받고, 투옥되고, 죽임을 당한 하나님의 백성, 곧 이스라엘이 해방과 자유를 만끽할 뿐 아니라, 그처럼 놀라운 나라를 선물로 받다니, 다니엘의 온 마음과 육체는 떨리고 또 떨렸다.

다니엘은 왕들과 하나님의 백성의 운명이 완전히 역전되는 것을 보고서 인간적으로 기뻐할 수도 있었는데, 그는 "마음에 번민하고 안색이 변했다." 세상과 그 안에 사는 인간들이 이렇게 종말을 맞게 될 것을 보고, 그는 만감萬感이 교차되는 느낌을 가졌음에 틀림없다. 한편 최후의 심판을 당할 사람들에 대한 연민도 생겼을 터이나, 또 한편 그 종말이 언제인지 모르지만 하나님의 백성에게 안겨줄 영광을 생각하며 그는 떨고 또 떨었다.


## 4. 마음에 간직

다니엘은 진정으로 위대한 신앙인이었다. 그 위대함을 잘 나타내는 세 번째 표현은 "내가 이 일을 마음에 간직하였느니라"이다. 하나님이 그에게 환상 중에 은밀히 보여준 비밀을 그는 즉시 떠

벌리고 다니지 않았다. 얼마나 많은 신앙인들이 하나님과의 특별한 만남이나 계시를 마음속에 간직할 수 있겠는가? 거의 불가능하다! 다니엘은 눈으로 보고, 귀로 들은 것을 입으로 내보내지 않았다. 오히려 그것을 밑으로 내려 보내어 마음에 간직하였다.

다니엘이 "지극히 높으신 이"가 보여주신 신비로운 환상을 말할 때가 이르기 전에 밖으로 발설하지 않았다는 사실은 다음과 같은 교훈을 모든 신앙인들에게 줄 수 있다. 첫째는 하나님이 발설하라고 지시하실 때에만 밖으로 내보내야 된다는 사실이다. 다니엘이 본 환상은 그 당시는 물론 종말까지 아우르는 중요한 것이었다. 그 환상이 중요한 만큼 하나님의 허락 없이는 밖으로 내보내지 않아야 한다는 것이다.

둘째 교훈은 기다릴 줄 아는 신앙인이 되어야 한다는 사실이다. 신앙인은 하나님과 동행하면서, 그분보다 앞서가도 안 되고 그렇다고 뒤로 쳐져서도 안 된다. 다니엘은 진정으로 하나님의 사람이었다. 그는 그처럼 놀라운 계시를 받고도, 하나님보다 앞서지도 뒤서지도 않고 그분의 때를 기다릴 줄 알았다. 그리고 마침내 하나님의 때가 되자 다니엘은 마음에 간직했던 환상을 성경으로 기록하였던 것이다.

셋째 교훈은 신앙인은 마땅히 하나님으로부터 계시를 받는 종이 되어야 한다는 사실이다. 다니엘은 환상을 통하여 하나님의 특별한 계시를 받았다. 그는 진정으로 하나님의 종이었다. 그 계시가 크든 적든 그것을 하나님으로부터 직접 받는 신앙인만이 하나님의 종이라고 할 수 있다. 어떻게 하나님의 종이라고 하는 사람이 하나님의 말씀이나 계시를 그 하나님으로부터 직접 받지 못한단 말인가? 하나님의 종이 아니라, 인간이나 제도가 만든 종이기 때문이다.

넷째 교훈은 신앙인은 하나님으로부터 받은 계시를 마음속에 간직하면서 묵상해야 한다는 사실이다. 다니엘은 환상 중에 본 네 짐승과 그 짐승에 대한 해석을 받았다. 그는 그것들을 소중히 여겼다. 너무나 소중한 나머지 쉽게 밖으로 내보내지 않고 마음속에 묻어두었다. 그리고 시시때때로 그것들을 끄집어내어 묵상하였다. 다니엘처럼 계시를 묵상하지 않는다면, 그 신앙인은 결코 하나님의 뜻을 깊이 깨닫고 삶의 현장으로 옮길 수 없다.

다섯째 교훈은 은혜의 생활을 누려야 된다는 사실이다. 다니엘은 그가 원하거나 기도해서 환상을 받은 것이 아니었다. 오직 하나님의 은혜로 그런 장엄한 환상을 보았다. 그는 그 환상의 내용을 마음에 간직하면서 은혜의 생활을 마음껏 누렸다. 그처럼 놀라운 계시를 다니엘에게 주시다니, 얼마나 큰 은혜인가! 그처럼 놀라운 계시를 마음에 간직할 수 있다니, 얼마나 큰 은혜인가! 그처럼 놀라운 계시를 누리면서 살다니, 얼마나 큰 은혜인가!

## 5. 나가면서

다니엘은 그 환상이 자기를 위한 선물이 아니라, 인류와 하나님의 백성을 위해서 주신 선물이라는 사실을 잘 알았다. 그런 이유 때문에 그는 그 환상 때문에 높아지지도 않았고, 낮아지지도 않았다. 더군다나 다니엘은 하나님의 환상을 가지고 자신의 유익을 위해서 사용하지 않았다. 그는 계속해서 하나님과 동행하면서 가라시면 가고, 기다리라고 하시면 기다렸다. 그의 생애를 통하여 하나님만이 영광 받으시기를 추구했다.

다니엘은 평상시에도 하나님과 간단없는 교제를 나누는 신앙인이었다. 그런 교제 때문에 하나님은 다니엘을 신뢰하고, 그에게 엄청난 계시를 맡기셨다. 다니엘은 신실하게 환상을 통한 계시를 마음속 깊이에 잘 간직하였다. 그는 진정으로 하나님이 기뻐하시는 하나님의 종이었다. 그런 이유 때문에 하나님은 다니엘을 통하여 그처럼 신비스러운 종말에 대하여 알려주셨다. 다니엘처럼 하나님과 긴밀한 교제를 나누면서 시시때때로 계시를 받는 신앙인이 되자!

# 30 두 번째 환상

"나 다니엘에게 처음에 나타난 환상 후 벨사살 왕 제삼년에 다시 한 환상이 나타나니라. 내가 환상을 보았는데 내가 그것을 볼 때에 내 몸은 엘람 지방 수산 성에 있었고, 내가 환상을 보기는 을래 강변에서이니라. 내가 눈을 들어 본즉 강 가에 두 뿔 가진 숫양이 섰는데 그 두 뿔이 다 길었으며, 그 중 한 뿔은 다른 뿔보다 길었고 그 긴 것은 나중에 난 것이더라. 내가 본즉 그 숫양이 서쪽과 북쪽과 남쪽을 향하여 받으나 그것을 당할 짐승이 하나도 없고 그 손에서 구할 자가 없으므로 그것이 원하는 대로 행하고 강하여졌더라. 내가 생각할 때에 한 숫염소가 서쪽에서부터 와서 온 지면에 두루 다니되 땅에 닿지 아니하며 그 염소의 두 눈 사이에는 현저한 뿔이 있더라. 그것이 두 뿔 가진 숫양 곧 내가 본 바 강 가에 섰던 양에게로 나아가되 분노한 힘으로 그것에게로 달려가더니, 내가 본즉 그것이 숫양에게로 가까이 나아가서는 더욱 성내어 그 숫양을 쳐서 그 두 뿔을 꺾으나 숫양에게는 그것을 대적할 힘이 없으므로 그것이 숫양을 땅에 엎드러뜨리고 짓밟았으나 숫양을 그 손에서 벗어나게 할 자가 없었더라. 숫염소가 스스로 심히 강대하여 가더니, 강성할 때에 그 큰 뿔이 꺾이고 그 대신에 현저한 뿔 넷이 하늘 사방을 향하여 났더라."

다니엘 8:1-8

## 1. 들어가면서

다니엘은 처음 환상을 7장에 자세히 기록하였다. 그런데 다니엘 8장에서 또 다른 환상이 기록되었는데, 그것은 다니엘이 본 두 번째 환상이었다. 그런데 다니엘이 본 두 번째 환상은 몇 가지 점에서 첫 번째 환상과 차이가 난다. 첫째, 첫 번째 환상과 두 번째 환상 사이에는 근 3년간의 시간이 지나갔다. 왜냐하면 첫 번째 환상은 벨사살 왕 원년에 보았는데 반하여, 두 번째 환상은 벨사살 왕 3년, 곧 바벨론이 멸망하던 해에 보았기 때문이다 (단 7:1, 8:1).

둘째 차이는 다니엘은 첫 번째 환상을 밤에 자다가 침상에서 보았다. 그러나 두 번째 환상은 밤중이 아니라 환한 대낮이었다. 그의 기록에 의하면, 비록 다니엘은 육체적으로 엘람 지방에 있는 수산 성에 있었는데, 환상을 본 것은 을래 강변에서였다. 물론 수산 성과 을래 강은 서로 멀리 떨어져있지는 않지만, 그래도 같은 장소는 아니었다. 그러니까, 다니엘이 몸은 수산 성에 있었지만, 환상은 을래 강변에서 본 하나님의 계시였다.

셋째 차이는 다니엘 7장은 아람어로 기록되었는데, 8장은 히브리어로 기록되었다. 이미 언급한 적이 있지만, 다니엘은 1장은 히브리어로, 2장에서 7장은 아람어로, 그리고 8장에서 12장은 히브리어로 각각 기록되었다. 그것은 다니엘이 두 언어에 능통했다는 사실도 알려주나, 무엇보다도 그는 독자 위주의 언어를 선택한 것이다. 2~7장은 주로 이방 나라들의 흥망성쇠를 그렸고, 8~12장은 주로 유대인의 미래를 그렸다.

넷째 차이는 환상의 내용인데, 물론 내용이 같다면 하나님이 두 번씩이나 그 환상을 보여주지 않으셨을 것이다. 첫 번째 환상은 7장에서 자세히 보았듯, 네 짐승의 이야기였다. 사자, 곰, 표범 및 사납고 무서운 짐승이었다. 그러나 다니엘이 8장에 기록한 환상은 네 짐승이 아니라, 두 짐승뿐이었다. 그것도 네 짐승처럼 다른 짐승을 잡아먹는 짐승이 아니라, 그렇지 않은 짐승을 보았는데, 곧 숫양과 숫염소였다.

## 2. 숫양

먼저, 다니엘이 보고 상세히 묘사한 숫양을 알아보자. "내가
눈을 들어 본즉, 강 가에 두 뿔 가진 숫양이 섰는데 그 두 뿔이 다
길었으며, 그 중 한 뿔은 다른 뿔보다 길었고 그 긴 것은 나중에
난 것이더라. 내가 본즉 그 숫양이 서쪽과 북쪽과 남쪽을 향하여
받으나 그것을 당할 짐승이 하나도 없고 그 손에서 구할 자가 없
으므로 그것이 원하는 대로 행하고 강하여졌더라"(단 8:3-4).

위의 묘사에 의하면, 이 숫양은 두 뿔을 가지고 있었다. 여기
까지는 조금도 문제가 없었는데, 모든 숫양에게는 뿔이 두 개가
있기 때문이다. 그런데 다니엘이 환상 중에 본 수양은 네 가지 면
에서 보통 숫양들과는 달랐다. 첫째로 다른 것은 그 뿔들이 길었
다는 사실이다. 그 두 뿔이 상당히 길지 않았다면, 다니엘은 "그
두 뿔이 다 길었다"고 묘사하지 않았을 것이다. 그러니까 이 숫
양에게 달린 두 뿔은 다른 모든 숫양보다 길었다.

두 번째로 이 숫양이 다른 숫양들과 다른 것은 두 뿔의 길이가
같지 않았다는 사실이다. 한 뿔이 다른 뿔보다 길었다는 것이다.
다니엘이 그런 사실을 구체적으로 묘사한 것을 보면, 얼른 보아
도 두 뿔의 길이가 틀렸던 것이다. 그런데 이상하게도 나중에 난
뿔이 처음에 난 뿔보다 더 길었다는 사실이다. 이런 현상은 동물

세계에서 흔히 볼 수 있는 모습은 아니었다. 의례히 먼저 난 뿔이 더 길기 때문이다.

세 번째로 이 숫양은 다른 양들과는 달리 혼자 지냈다는 사실이다. 보통 양들의 두드러진 특징 중 하나는 다른 양들과 무리를 지어 지내면서, 앞서가는 리더를 따라가는 것이 정상이다. 대개 리더는 다른 숫양보다 긴 뿔을 가지고 있는 것이 보통이다. 그런데 어떤 양이 무리에서 떨어지면 그 양은 방향감각을 잃고 스트레스까지 받는다. 그러나 다니엘이 본 이 숫양은 홀로 서고, 홀로 가고, 홀로 뛰어다니는 특이한 숫양이었다.

네 번째로 이 숫양이 다른 양들과 다른 점은 좌충우돌하는 성깔을 가지고 있었다. 보통 양들은 온순하여서 집에서 기르는 동물로 간주되어, 목동들의 보호나 아니면 우리의 보호를 받는다. 그렇지 않으면 다른 동물을 먹잇감으로 삼는 동물에 의하여 죽임을 당할 수 있기 때문이다. 그러나 이 숫양은 그런 양들의 속성을 전혀 가지고 있지 않았다. 이 숫양은 보호는커녕 오히려 홀로 된 것을 자랑이라도 하듯 이리 뛰고 저리 뛰었다.

이 숫양은 어떤 곳에서 뛰어다녔는가? 다른 양들과는 달리 이 숫양에게는 경계선이 없었다. 이 숫양은 서쪽으로 달리면서 그를 가로막는 모든 동물을 그 뿔로 받았다. 이 숫양은 서쪽에서도 그랬고, 북쪽에서도 그랬고, 남쪽에서도 그랬다. 그런데 어떤 짐승도 이 숫양의 공격을 당해내지 못했다. 모든 짐승들은 하나씩하나씩 이 숫양의 뿔에 받혔다. 이 숫양은 "그것이 원하는 대로 행했다." 얼마나 강한 숫양인가?

# 3. 숫염소

다니엘은 이처럼 특이하고도 강한 숫양에 대하여 많은 생각을 하고 있었음에 틀림없다. 그렇지 않다면 본문에서 "내가 생각할 때에"라고 기록하지 않았을 것이다. 모든 다른 숫양들과 전혀 다른 숫양을 환상에서 보고 그것을 깊이 생각하지 않을 사람은 없다. 비록 다니엘이 하나님과 동행하는 하나님의 사람이었지만, 그가 기대하지도 않고 생각하지도 않은 좌충우돌하는 유별난 숫양을 본 후 생각에 잠겨있었다.

그렇게 생각에 빠져있을 때 그의 눈앞에 나타난 또 다른 유별난 짐승이 환상 중에 보였다. 정신이 번쩍 든 다니엘이 그 짐승을 유심히 관찰해보니 그것은 숫염소였다. 그런데 숫양이 특이한 것처럼 이 숫염소도 특이했다. 다니엘이 환상 중에 본 숫양이 다른 숫양들과 다른 것처럼, 이 숫염소도 다른 숫염소와는 달랐다. 이 숫염소가 어떻게 다른지를 알아보기 위해서 다니엘이 묘사한 것을 그대로 옮겨보자.

"…한 숫염소가 서쪽에서부터 와서 온 지면에 두루 다니되 땅에 닿지 아니하며, 그 염소의 두 눈 사이에는 현저한 뿔이 있더라. 그것이 두 뿔 가진 숫양 곧 내가 본 바 강 가에 섰던 양에게로 나아가되 분노한 힘으로 그것에게로 달려가더니…." 이 숫염소가 다른 숫염소와 다른 첫 번째는 출처이다. 이 숫염소는 서쪽에서부터 왔는데, 얼마나 멀리서 왔는지에 대해선 말이 없다. 여하튼, 서쪽으로 계속 가면 그리스에 이른다.

이 숫염소가 다른 염소와 두 번째 다른 점은 행동이다. 이 숫염소는 "온 지면에 두루 다녔다"고 묘사되었다. 한 곳에 머물러 있는 것이 아니라 사방팔방으로 쏘다니는 습성을 가지고 있다. 그렇게 쏘다니는 이유 중 하나는 빠르기 때문이다. 그렇지 않다면 구태여 "땅에 닿지 않고" 다닌다고 묘사할 이유가 없다. 얼마나 빠른지 발이 땅에 닿지 않게 보일 정도로 잽싸게 달렸다는 것이다.

세 번째 다른 점은 숫염소의 뿔이다. 모든 숫염소는 두 뿔을 가지고 있는데, 이 숫염소는 뿔을 하나만 가지고 있다. 얼마나 이상한 숫염소인가! 그리고 그 뿔이 박혀있는 위치도 다른 염소들과는 전혀 다르다. 보통 염소는 두 뿔이 귀 뒤에 있는데, 이 숫염소는 뿔이 두 눈 사이에 박혀있었다. 다니엘은 너무 놀라서 그 뿔을 자세히 보았는데, "현저한 뿔"이라고 묘사했다. 그러니까 그 뿔은 그 숫염소의 가장 특이하고도 눈에 띠는 것이었다.

네 번째 다른 점은 이 숫염소는 난폭한 성질을 가지고 있다는 것이다. 보통 염소들은 온순해서 사람들이 가축으로 많이 키우지만, 이 숫염소는 사람에 의해서 길들여지지도 않을 만큼 난폭하였다. 다니엘의 환상에 나타난 숫양을 보자마자 이 숫염소가 "분노한 힘으로 그것에게로 달려갔다." 이미 이 숫염소가 아주 빠르게 이동한다는 것을 살펴보았다. 숫양도 굉장한 힘을 가졌는데, 그것에게 달려든 것을 보면 그보다 더 큰 힘을 가졌음에 틀림없다.

# 4. 숫염소의 뿔

숫양과 숫염소에게 공통점이 하나 있었는데, 그것은 둘 다 무서운 뿔을 가졌다는 것이다. 여기에서 뿔은 능력, 권위, 통치 등을 뜻한다. 그런데 숫양은 뿔이 두 개인데 반하여, 숫염소는 하나밖에 없었다. 숫양의 한 뿔은 길고, 다른 뿔은 짧았다. 숫양은 그 두 뿔을 활용하여 그의 영역--서쪽, 북쪽 및 남쪽—을 넓혀 갔으나, 숫염소는 영역보다는 상대방을 치는데 치중했다. 그 상대가 바로 그처럼 넓은 영역을 차지한 숫양이었다.

숫염소가 어떻게 숫양을 쓰러뜨렸는지 다니엘의 묘사를 통하여 직접 알아보자: "내가 본즉 그것이 숫양에게로 가까이 나아가서는 더욱 성내어 그 숫양을 쳐서 그 두 뿔을 꺾으나 숫양에게는 그것을 대적할 힘이 없으므로 그것이 숫양을 땅에 엎드러뜨리고 짓밟았으나, 숫양을 그 손에서 벗어나게 할 자가 없었더라. 숫염소가 스스로 심히 강대하여 가더니 강성할 때에 그 큰 뿔이 꺾이고 그 대신에 현저한 뿔 넷이 하늘 사방을 향하여 났더라" (단 8:5-8).

이 숫염소는 늘 화가 나 있었는데, 숫양을 보자 오랫동안의 앙숙이나 만난 것처럼 더 크게 성을 내었다. 그리고 이 숫염소는 숫양에게로 달려들었다. 물론 두 짐승은 생명을 걸고 치열하게 싸웠다. 그런데 놀랍게도 두 뿔을 가진 숫양이 뿔 하나밖에 없는 숫염소 앞에서는 고양이 앞의 쥐처럼 무기력했다. 숫염소는 그 숫양을 "엎어뜨리고 짓밟았다." 그처럼 강했던 숫양은 한 순간에 쓰러졌고, 어떤 누구도 그 숫양을 구해주지 못했다.

그렇게 천하를 호령하던 숫양은 새로운 강자가 등장하자 아무 힘도 발휘하지 못하고 맥없이 쓰러졌다. 그런데 더욱 놀라운 사실을 다니엘이 두 눈으로 똑똑히 보았는데, 그것은 그처럼 막강한 숫양을 그 뿔로 쓰러뜨린 숫염소도 오래가지 못했다는 사실이다. 숫염소가 심히 강대해졌을 때, 숫양을 쓰러뜨린 그 막강한 뿔이 갑자기 꺾였던 것이다. 그런데 다니엘의 환상에는 그 뿔이 어떻게 꺾였는지에 대하여는 전혀 설명이 없었다.

숫염소가 "강성할 때에 그 큰 뿔이 꺾였다"고 다니엘은 담담하게 묘사했다. 이런 묘사는 어떤 짐승이나 어떤 사람이 그 숫염소의 뿔을 꺾은 것이 아니었다는 말이다. 숫염소가 숫양을 뿔로 찔러서 넘어뜨린 것과는 너무나 대조가 되는 장면이다. 숫염소의 뿔은 저절로 꺾인 것이었다. 그 뿔이 꺾이자, "그 대신에 현저한 뿔 넷이 하늘 사방을 향하여 났다"고 다니엘은 묘사하였다. 그러니까 큰 뿔이 꺾이자 그 뿔 대신에 뿔이 네게나 생긴 것이다.

네 뿔도 아주 또렷했기에 "현저한 뿔"이라는 수식어를 덧붙였다. 이렇게 큰 뿔 대신에 생겨난 네 뿔은 "하늘 사방을 향하여 났다"고 다니엘은 묘사했다. "하늘 사방"은 무엇을 뜻하는가? 틀림없이 숫염소가 숫양을 쓰러뜨리고 빼앗은 모든 영역을 가리킬 것이다. 그렇게 동서남북을 차지했던 숫염소가 죽자, 거기에서 "큰 뿔"만 못한 "네 뿔"이 나와서 숫염소가 정복했던 영역을 넷으로 나누어서 통치했던 것이다.

# 5. 나가면서

　숫양과 숫염소가 단순한 짐승이 아니라는 사실은 자명하다. 어떻게 숫양이 그렇게 넓은 영역을 차지할 수 있단 말인가? 그리고 그렇게 강대한 숫염소가 왜 갑자기 뿔이 꺾였겠는가? 이런 묘사는 7장에서 네 짐승의 모습으로 네 제국을 묘사한 것과 같다. 그런데 숫양과 숫염소가 어떤 제국을 가리키든 상관없다. 왜냐하면 약육강식弱肉強食의 원리에 의하여 잡아먹고, 또 잡혀 먹히는 것이 세상의 원리이고, 숫양과 숫염소도 이 원리에 해당되기 때문이다.

　또 한 가지 원리는 그렇게 강했던 숫양도, 그리고 숫염소도 결코 영원할 수 없다는 사실이다. 한 때 강했던 숫양이 숫염소 앞에서 약해졌고, 그리고 그처럼 강성했던 숫염소도 순식간에 그처럼 약해졌다. 그러니까, 이런 과정을 뿔로 그려보면 흥미롭다: 두 뿔이 한 뿔로 대치되고, 그리고 그 한 뿔은 다시 네 뿔로 대치된다. "한 세대는 가고 한 세대는 오지만"(전 1:4), 그 모든 것을 섭리하시는 하나님의 손길에 의하여 결정된다는 사실이다.

# 31 두 번째 환상의 해석

"그 중 한 뿔에서 또 작은 뿔 하나가 나서 남쪽과 동쪽과 또 영화로운 땅을 향하여 심히 커지더니, 그것이 하늘 군대에 미칠 만큼 커져서 그 군대와 별들 중의 몇을 땅에 떨어뜨리고, 그것들을 짓밟고, 또 스스로 높아져서 군대의 주재를 대적하며 그에게 매일 드리는 제사를 없애 버렸고 그의 성소를 헐었으며, 그의 악으로 말미암아 백성이 매일 드리는 제사가 넘긴 바 되었고, 그것이 또 진리를 땅에 던지며 자의로 행하여 형통하였더라. 내가 들은즉 한 거룩한 이가 말하더니 다른 거룩한 이가 그 말하는 이에게 묻되, '환상에 나타난 바 매일 드리는 제사와 망하게 하는 죄악에 대한 일과 성소와 백성이 내준 바 되며 짓밟힐 일이 어느 때까지 이를꼬' 하매, 그가 내게 이르되, '이천삼백 주야까지니 그 때에 성소가 정결하게 되리라' 하였느니라. 나 다니엘이 이 환상을 보고 그 뜻을 알고자 할 때에 사람 모양 같은 것이 내 앞에 섰고, 내가 들은즉 올래 강 두 언덕 사이에서 사람의 목소리가 있어 외쳐 이르되, '가브리엘아, 이 환상을 이 사람에게 깨닫게 하라' 하더니, 그가 내가 선 곳으로 나왔는데 그가 나올 때에 내가 두려워서 얼굴을 땅에 대고 엎드리매, 그가 내게 이르되, '인자야 깨달아 알라! 이 환상은 정한 때 끝에 관한 것이니라.' 그가 내게 말할 때에 내가 얼굴을 땅에 대고 엎드리어 깊이 잠들매, 그가 나를 어루만져서 일으켜 세우며, 이르되, '진노하시는 때가 마친 후에 될 일을 내가 네게 알게 하리니, 이 환상은 정한 때 끝에 관한 것임이라.' 네가 본 바 두 뿔 가진 숫양은 곧 메대와 바사 왕들이요, 털이 많은 숫염소는 곧 헬라 왕이요, 그의 두 눈 사이에 있는 큰 뿔은 곧 그 첫째 왕이요, 이 뿔이 꺾이고 그 대신에 네 뿔이 났은즉, 그 나라 가운데에서 네 나라가 일어나되 그의 권세만 못하리라. 이 네 나라 마지막 때에 반역자들이 가득할 즈음에 한 왕이 일어나리니, 그 얼굴은 뻔뻔하며 속임수에 능하며, 그 권세가 강할 것이나 자기의 힘으로 말미암은 것이 아니며, 그가 장차 놀랍게 파괴 행위를 하고 자의로 행하여 형통하며, 강한 자들과 거룩한 백성을 멸하리라. 그가 꾀를 베풀어 제 손으로 속임수를 행하고 마음에 스스로 큰 체하며, 또 평화로운 때에 많은 무리를 멸하며 또 스스로 서서 만왕의 왕을 대적할 것이나, 그가 사람의 손으로 말미암지 아니하고 깨지리라. 이미 말한 바 주야에 대한 환상은 확실하니 너는 그 환상을 간직하라. 이는 여러 날 후의 일임이라 하더라."

다니엘 8:9-26

# 1. 들어가면서

다니엘은 두 번째 환상을 보고 또 그가 본대로 제법 상세히 기록하였다. 그 환상은 두 뿔을 가진 숫양이 한 뿔을 가진 숫염소에게 인정사정없이 짓밟히는 것이었다. 그 숫염소가 그렇게 강성해 갈 때 갑자기 큰 뿔이 꺾이고, 그 대신 뿔 넷이 솟아났다. 그런데 또 자세히 보니 그 네 뿔 중 하나에서 작은 뿔이 일어나서 남쪽과 동쪽은 물론 영화로운 땅에서 크게 부각되었다. 이렇게 복잡한 과정을 다음과 같이 간단히 요약할 수 있을 것이다.

두 뿔의 숫양 → 한 뿔의 숫염소 → 현저한 네 뿔 → 작은 뿔. 이미 언급한 대로, 뿔은 권세와 나라를 상징한다. 그러므로 뿔 달린 짐승을 통하여 다니엘이 환상을 본 것은 앞으로 나타날 네 나라에 대한 것이다. 그러나 다니엘은 그 뜻을 알 도리가 없었기에, 그 뜻을 알기 원했다 (단 8:15). 그때 마침 어느 천사가 가브리엘에게 그 뜻을 다니엘에게 알려주라는 말을 들었다. 다니엘은 이처럼 영적 세계에 들어가서 천사들이 주고받는 말도 들었다.

그뿐 아니라, 다니엘은 그에게 다가오는 가브리엘 천사장을 보고 너무나 두려운 나머지 그 자리에 쓰러졌고, 깊이 잠이 들었다. 가브리엘이 그를 흔들어 깨우면서 그 뜻을 알게 해주었다. 그런데 가브리엘이 그 환상에 대해 해석하기 전에 두 번씩이나 강조한 것은 그 환상이 끝 날에 관한 것이라는 사실이다 (단 8:17, 19). 그러니까 다니엘이 본 환상은 종말에 관한 신비의 것이다. 그런 이유 때문에 다니엘은 그만큼 중요하고 또 어려운 책이다.

## 2. 숫양과 숫염소

이제 이 시점에서 다니엘이 본 두 번째 환상의 해석이 시작된다. 먼저, 두 뿔을 가진 숫양은 메데와 바사 왕국이었다 (8:20). 다니엘이 첫 번째 본 환상은 곰의 상징으로 나타난 왕국이었다. 그런데 이 숫양의 두 뿔은 길이가 같지 않아서, 한 뿔이 다른 뿔보다 더 길었다. 그것도 나중에 난 뿔이 더 길었는데, 그 뜻도 분명해졌다. 메데 바사라는 연합국은 메데로부터 시작되었지만, 후에 합세한 바사가 훨씬 강해졌기 때문이다.

여하튼, 메데 바사 왕국은 서쪽과 북쪽과 남쪽을 향하여 그 세력을 확장해나갔다. 그 왕국이 세력을 확장해나가는 동안 그 왕국을 가로 막은 자도 없었고, 또 대항할만한 나라도 없었다. 메데 바사는 파죽지세破竹之勢로 닥치는 대로 그 영토와 세력을 확장하였다. 그 힘과 위세는 가히 세계를 압도할 만큼 상당한 것이었다. 혈기가 넘쳐서 이리 뛰고 저리 뛰는, 그래서 아무도 제어할 수 없는 숫양의 모습이었다.

숫양이 이렇게 한참 강성해 갈 때 나타난 짐승은 털이 많이 난 숫염소였다. 이 숫염소는 뿔이 하나밖에 없는데도 숫양 따위는 상대가 되지도 않은 듯, 단번에 짓밟고 넘어뜨렸다. 이 숫염소는 메데 바사 왕국을 무너뜨린 헬라 왕국이었다 (8:21). 그런데 숫염소의 두 눈 사이에 있는 큰 뿔은 헬라의 왕이었는데, 저 유명한 알렉산더 대왕이었다. 그는 젊은 나이에도 불구하고 인류 역사상 가장 빠르게 세계를 정복하였다.

그러나 그는 약관의 33세라는 젊은 나이에 질병으로 쓰러지고 말았다. 그러니까 그는 사람에 의하여 죽은 것이 아니라, 사람도 어쩔 수 없는 질병으로 죽었다. 그러니까 다니엘은 그의 죽음을 단순히 "이 뿔이 꺾이고"로 묘사하고 말았다. 그리고 그 뿔 대신 다른 네 뿔이 났는데, 그 뿔들은 네 나라를 뜻했다. 알렉산더가 죽자 그 광대한 영토를 그 수하의 네 장군이 찢어 나누었고, 그렇게 해서 네 나라가 탄생되었다.

그 네 나라의 왕과 영역은 다음과 같다: 그리스와 마게도니아를 차지한 카산더Cassander, 소아시아를 점령한 리시마커스Lysimachus, 소아시아와 팔레스타인을 제외하고 바벨론과 모든 아시아를 지배한 셀리우커스Seleucus, 이집트와 팔레스타인을 통치한 프톨레미Ptolemy. 이 네 장군들이 왕권을 차지하려는 암투와 격투로 인하여, 알렉산더의 자녀들과 인척들은 한 사람도 예외 없이 하나씩 하나씩 무참히 죽임을 당했다.

이런 와중에서 "작은 뿔" 하나가 네 뿔 중 하나에서 나왔다. 이 "작은 뿔"은 다니엘 7장에서도 나오는 뿔인데, 그는 셀레우코스의 8대 왕인 안티우코스 에피파네스Antiochus Epiphanes이다. 그에 대한 예언을 보자, "그가 장차 지극히 높으신 이를 말로 대적하며, 또 지극히 높으신 이의 성도를 괴롭게 할 것이며, 그가 또 때와 법을 고치고자 할 것이며, 성도들은 그의 손에 붙인 바 되어 한 때와 두 때와 반 때를 지내리라" (단 7:25).

분열된 나라와 왕들

## 3. 작은 뿔

위에서 인용한 예언에 의하면, 이 "작은 뿔"은 "지극히 높으신 이," 곧 하나님을 대적할 것이다. 그뿐 아니라, 이 "작은 뿔"은 "지극히 높으신 이의 성도," 곧 하나님을 믿고 섬기는 성도들을 괴롭게 할 것이다. 그리고 하나님이 제정하신 "때와 법"을 변경하려고 할 것인데, 이는 하나님이 모세를 통하여 세우신 이스라엘의 중요한 제사의 시기와 방법을 바꾸려고 한 짓거리이다. "작은 뿔"의 이런 횡포는 3년 6개월이나 갈 것이다.

셀레우코스의 8대 왕은 지극히 중요한 인물인데, 그 이유는 다니엘이 "작은 뿔"에 대한 예언을 일차적으로 성취시킨 장본인이기 때문이다. 그뿐 아니라 그는 마지막 때 나타날 적그리스도와 거의 똑같은 못된 짓을 했기 때문이다. 그러니까 다니엘이 본 "작은 뿔"에 대한 예언은 이중적인 성취를 이루는데, 한 번은 다니엘이 그 환상을 본 후 약 300년 뒤에 나타날 안티우코스를 통하여, 그리고 또 한 번은 마지막 때의 적그리스도를 통하여 각각 성취되었다.

안티우코스 에피파네스는 그의 세력을 확장하여 이스라엘도 점령하였을 뿐 아니라, 프톨레미가 다스리는 이집트를 공격하였다. 그가 이집트와 싸움을 하고 있는 중 제사장이 이끄는 일단의 군대가 예루살렘에서 반란을 일으켰다. 이에 격분한 안티우코스는 예루살렘으로 돌아와서 제사장과 군대를 몰살시키는 것은 물론이고, 3일 동안 8만 명의 유대인을 학살했다. 한 발 더 나아가, 성전 근처에 제우스<sup>Zeus</sup> 신상을 세웠다.

안티우코스는 그것으로 분이 안 풀렸는지, 계속해서 유대인들을 학살하여 4만 명을 더 죽였고, 또 4만 명을 노예로 팔았다. 그뿐 아니라, 그는 하나님에게 드리는 일체의 제사 행위를 금했다. 모세의 법에 따르면, 이스라엘 백성에게는 매일 아침저녁으로 드리는 제사 외에도, 월초와 월삭에 드리는 제사, 안식일과 절기에 드리는 제사 등 수많은 제사가 있었다. 그러나 안티우코스는 이런 모든 제사를 폐하고, 그 대신 제우스신에게 돼지를 제물로 바쳤다.

그의 못된 짓을 보기 위하여 다니엘의 예언을 인용해보자, "그중 한 뿔에서 또 작은 뿔 하나가 나서 남쪽과 동쪽과 또 영화로운 땅을 향하여 심히 커지더니, 그것이 하늘 군대에 미칠 만큼 커져서 그 군대와 별들 중의 몇을 땅에 떨어뜨리고 그것들을 짓밟고, 또 스스로 높아져서 군대의 주재를 대적하며 그에게 매일 드리는 제사를 없애 버렸고 그의 성소를 헐었으며, 그의 악으로 말미암아 백성이 매일 드리는 제사가 넘긴 바 되었고"(단 8:9-12).

그의 학정<sup>虐政</sup>은 그렇게 그 때부터 3년 6개월 동안 계속되었는데, 그가 갑자기 질병으로 죽던 주전 164년까지 계속되었다. 이 시점에서 3년 6개월의 기간에 대한 예언도 환상 중에 있었던 대화에 포함되어 있었다, "…매일 드리는 제사와 망하게 하는 죄악에 대한 일과 성소와 백성이 내준 바 되며 짓밟힐 일이 어느 때까지 이를꼬?…이천삼백 주야까지니 그 때에 성소가 정결하게 되리라"(단 8:13-14).

그 기간을 풀 수 있는 열쇠는 "이천삼백 주야"에 있다. 그 기간은 낮 1,150일과 밤 1,150일이며, 1,150일은 3년 70일이다. 그러니까 하나님의 성전이 안티우코스에 의하여 짓밟히기 시작해서 3년 70일 동안 계속된다는 것이다. 그 후 안티우코스의 갑작스런 죽음으로 유대인들은 해방될 뿐 아니라, 안티우코스가 더럽힌 성전도 다시 정결하게 된다는 것이다. 그대로 이루어진 성경의 예언은 얼마나 놀라운가! 하나님의 말씀은 얼마나 정확한가!

## 4. 적그리스도

네 뿔 중 한 뿔에서 나온 "작은 뿔"은 다니엘 7장에 나오는 네 번째 짐승의 열한 번째 뿔과 같은 뿔이다. 그 뿔이 "열한 번째 뿔"이라고 불리든, 아니면 "작은 뿔"이라고 불리든 그는 동일한 존재이다. 실제로 다니엘 7장에서 그 뿔은 "열한 번째 뿔"인데, 실제로는 "작은 뿔"이라고 불렸다 (단 7:8, 11). 그러니까 7장의 "작은 뿔"과 8장의 "작은 뿔"은 동일한 존재이며, 7장과 8장에서 그에 대한 묘사를 보면 그는 적그리스도이다.

적그리스도는 이스라엘이 마지막으로 통과해야 될 7년 큰 환난 기간 중에 역사하는 존재이다. 그는 스스로를 높여서 하나님이라고 하며 (살후 2:3), 모든 사람으로 하여금 그를 숭배하게 하려고 정치적 · 종교적 · 경제적 수단을 동원할 것이다. 그러나 적그리스도는 우선 이스라엘 백성과 거짓 평화의 언약을 맺음으로, 그들이 안식일도 지키고 성전에서 제사도 드리게 할 것이다. 그러나 7년 환난 중 반, 곧 3년 6개월이 지났을 때, 그 평화의 언약을 깬다.

언약을 깨면서 적그리스도는 이스라엘에게 자기를 섬기도록 강요하며, 성전에서 드리던 제사를 금할 것이다. 그리고 그는 "지극히 높으신 이," 곧 하나님을 대적할 것이며, 그 백성들도 대적할 것이다. 그리고 하나님의 제사장들을 공개적으로 잡아서 죽일 것이다. 이스라엘 백성은 말로 표현할 수 없는 엄청난 고난을 당할 것인데, 그 고난이 얼마나 큰지 큰 환난이라고 한다. 그 환난은 그 이전에도 없었고 또 그 이후에도 없을 가혹한 것이다 (마 24:21).

그런데 다행스러운 것은 이스라엘이 거쳐야 할 큰 환난의 기간이 정해져 있다는 사실이다. 다니엘 7장에서는 "한 때와 두 때와 반 때"라고 하면서 3년 6개월로 정했는가 하면, 8장에서는 "이

천삼백 주야"라고 하면서 대략 같은 기간을 설정했다 ("이천삼백 주야"는 일천백오십일에 해당된다). 다시 말해서, 이스라엘 백성을 위하여 그 기간을 줄여주신 것이다. 그렇지 않으면 어떤 이스라엘 사람도 그 환난을 제대로 통과할 수 없기 때문이다.

그렇게 예정된 기간이 끝나자마자, 하나님이 다시 개입하셔서 적그리스도와 그를 따르던 졸개들을 심판하실 것이다. 그들은 심판을 받고 영원히 지옥으로 던져질 것이다. 그러나 그렇게 모진 환난을 감당한 이스라엘 백성에게는 하나님의 나라와 권세가 주어질 것이다 (단 7:27). 하나님이 주실 그 나라와 권세는 적그리스도가 가졌던 권세와는 달리, 영원한 권세가 될 것이다. 그리고 모든 권세자들은 "지극히 높으신 이," 곧 하나님을 섬기게 될 것이다.

# 5. 나가면서

다니엘이 연거푸 두 번씩이나 본 두 환상은 결국 한 가지 내용이었다. 같은 내용인데도 연속해서 두 번씩 보여준 목적이 틀림없이 있을 것이다. 7장에 나오는 네 짐승에 대한 환상도 결국엔 "작은 뿔"로 연결되고, 8장에 나오는 두 짐승도 "작은 뿔"로 연결된다는 사실이다. 그런데 "작은 뿔"이 하나님의 선민인 이스라엘 백성을 어떻게 다룰지를 예언했는데, 그 후 300년 만에 실제로 그 예언이 이루어졌다.

하나님은 영원하시기 때문에 300년 후의 역사를 아신다면, 인간의 종말도 아신다. 그런 이유 때문에 하나님이 두 번씩이나 반복적으로 보여주신 "작은 뿔," 곧 적그리스도는 반드시 출현할 것이다. 그가 출현하면 위로는 하나님을 대적하고 아래로는 하나님의 백성을 대적할 것이다. "천년이 하루 같고, 하루가 천년 같은" 하나님이 다니엘에게 보여주신 이 종말의 사건은 확실히 일어날 것이다 (벧후 3:8). 두 번씩이나 반복해서 보여주셨으니 말이다.

# 32 "환상을 간직하라"

"이미 말한 바 주야에 대한 환상은 확실하니, 너는 그 환상을 간직하라. 이는 여러 날 후의 일임이라 하더라. 이에 나 다니엘이 지쳐서 여러 날 앓다가 일어나서 왕의 일을 보았느니라. 내가 그 환상으로 말미암아 놀랐고, 그 뜻을 깨닫는 사람도 없었느니라."

다니엘 8:26-27

## 1. 들어가면서

다니엘은 오랫동안 하나님과 동행한 문자 그대로 하나님의 사람이었다. 그는 80이 넘은 백발의 사람이었다. 그런 경건한 하나님의 종에게 하나님은 그처럼 놀라운 환상을 두 번씩이나 보여주셨다. 마치 사도 요한이 오랫동안 주님과 동행하다가 늙은 나이에 마지막 때의 환상을 본 것처럼 말이다. 그런데 놀랍게도 사도 요한의 환상 가운데는 다니엘의 환상을 알지 못하면 이해하기 어려운 부분이 여러 곳 있었다.

그 말을 다르게 표현하면, 다니엘이 본 환상들이 뜻하는 바를 알지 못하면 요한이 본 환상들도 이해하기 어렵다는 것이다. 그런데 다니엘도 그가 본 환상들이 무엇을 뜻하는지 알 도리가 없었다. 그러나 다니엘은 본 것으로 만족하지 않았다. 그는 그 환상들의 뜻을 알려달라고 간청했으며, 그의 간청에 따라 그 환상들의 뜻이 하나씩하나씩 설명되었다. 그런데 확실한 것은 그 환상들이 먼 훗날에 일어날 것들이었다.

천사의 말대로, "여러 날 후"에 그 환상을 분명히 알려주려고 다른 하나님의 사람이 나타났는데, 그가 바로 사도 요한이었다. 하나님은 다니엘에게 보여준 "작은 뿔," 곧 적그리스도에 대해서도 요한에게 상세히 알려주셨다. "주야에 대한 환상"에 대해서도 확실히 알려주셨다. 적그리스도와 그 졸개들이 어떻게 심판을 받게 될지도 분명하게 알려주셨다. 그뿐 아니라, 마지막으로 성도들이 누리게 될 권세와 나라에 대해서도 적나라하게 보여주셨다.

## 2. "환상을 간직하라"

가브리엘은 다니엘에게 "환상을 간직하라"고 명령하였으며, 그 말씀에 순종하여 다니엘은 그 환상을 간직하였다. 언제까지 간직해야 되는가? 그것은 다니엘이 알아야 할 바가 아니었다. 단지 다니엘에게 알려준 것은 "여러 날 후의 일"이라는 것이었다. 그러니까 먼 훗날, 곧 하나님이 때가 되면 적당한 사람을 찾아서 적절하게 알려주시겠다는 말이었다. 다니엘이 할 일이란 순종하는 것뿐이었다. "여러 날 후의 일"은 하나님에게 맡기면 되었다.

그럼 왜 가브리엘은 다니엘에게 그 "환상을 간직하라"(봉해두라)고 명령했는가? 몇 가지 이유를 찾을 수 있겠는데, 첫째는 그 환상이 종말에 관한 것이기 때문이다. 본문에서는 "여러 날 후의 일"이라고 표현되었는데, 그 표현은 두말할 필요도 없이 종말을 뜻한다. 물론 그 환상 이후 300년이 지나서 일차적으로 안티우코스 에피파네스를 통하여 그 환상이 실현된 것도 사실이다. 그러나 그것은 어디까지나 부분적 성취이지 완전한 성취는 아니었다.

물론 300년도 "여러 날 후의 일"에 해당된다. 그러나 "작은 뿔"이 본격적으로 적그리스도의 모습을 가지고 나타날 때는 역시 마지막 때이다. 마지막 때를 종말이라고 하는 것은 바로 그때 인간의 역사歷史가 끝나는 때를 가리키기 때문이다. 다시 말해서, 인간들이 세계의 여러 나라를 통치하면서 서로 물고 뜯으며 사는 인간적인 세상이 끝난다는 말이다. 그 후에는 예수 그리스도가 통치하는 영원한 나라로 바뀌기 때문이다.

"그 환상을 간직"해야 하는 두 번째 이유는 그 환상이 열국의 흥망성쇠興亡盛衰를 알려주기 때문이다. 다니엘이 두 환상을 본 것은 바벨론 왕국의 말기 때였다. 그 바벨론은 얼마 지나지 않아서 메데 바사에게 멸망당할 것이며, 또 메데 바사는 헬라에게 멸망당할 것이다. 거기서 끝나는 것이 아니라, 헬라를 초강국으로 확장시킨 알렉산더 왕의 급작스러운 죽음으로 그 나라가 사분오열四分五裂될 것이다.

만일 이렇게 역사가 전개될 것을 사람들이 미리 안다면, 세상은 어떻게 될 것인가? 만일 열국의 왕들이 미리 안다면 그 열국들은 어떻게 될 것인가? 그들의 생각과 처신은 인간적이면서도 자연스럽게 흘러가지 못할 것이다. 어떤 왕도 그의 나라를 제대로 통치하지 못할 것인데, 그 이유는 백성들이 그 나라의 운명을 알고 있으니 말이다. 이런 장래의 역사는 결코 왕들이나 사람들이 미리 알아야 되는 사항이 아니다.

"그 환상을 간직"해야 하는 세 번째 이유는 그 환상의 결말 때문이다. 그 환상의 결말은 유대인의 승리이다. 하나님이 열국을 쳐부수고 그 나라를 유대인들에게 주실 것이다. 그때부터 유대인들은 아무도 넘볼 수 없는 영원한 나라를 갖게 될 것이다. 만일 이런 최후의 결말을 제왕들이 안다면, 그들은 두말할 필요도 없이 유대인들을 이 세상에 한 명도 남겨두지 않을 것이다. 하나님은 그의 선민이요 장자인 유대인들을 보호하기 원하셨다.


## 3. 환상에 놀라다

다니엘은 환상을 보고 많이 놀란 듯하다. 얼마나 많이 놀랐으면 스스로 이런 고백을 했겠는가? "내가 그 환상으로 말미암아 놀랐고⋯." 이런 환상을 다니엘은 기대한 적도 없고, 또 위하여 기도한 적도 없다. 단지 그는 하나님이 일찍이 약속하신 대로 유대인들의 회복을 염두에 두고 기도했을 것이다. 비록 이스라엘이 우상을 섬기며 안식일을 깨뜨렸기에 나라를 잃는 비운을 맞았지만, 그래도 이스라엘은 하나님의 선민이요 동시에 성민이었다.

하나님은 반복적으로 그들을 고국으로 돌이가게 하시겠다고 약속하셨으며, 다니엘은 바벨론이 무너져가는 것을 보면서 그 희망의 끈을 놓지 않았을 것이다. 그런데, 하나님이 그에게 보여주신 것은 단순히 이스라엘의 회복이 아니었다. 물론 그 환상에는 이스라엘이 궁극적으로 회복될 것이라는 엄청난 내용도 포함되어 있었다. 그러나 그런 회복에 앞서 이스라엘이 겪지 않으면 안 될 언어로 표현할 수 없을 만큼 심각한 환난도 통과해야 한다는 것도 보았다.

이스라엘에게 전대미문의 환난을 안겨줄 작자는 왕들이 아니었다. 그 왕들 사이를 비집고 나타날 "작은 뿔"이 바로 그 작자였다. "작은 뿔"이 얼마나 확실하면서도 심각한 존재인지 하나님은 다니엘에게 두 번씩이나 보여주셨다. 7장에서는 네 번째 괴물에서 솟아난 11번째 뿔로 묘사되기도 하고, 또 "작은 뿔"로 묘사되기도 했다. 이 "작은 뿔"은 "…지극히 높으신 이를 말로 대적하며 또 지극히 높으신 이의 성도를 괴롭게 할 것이다" (단 7:25a).

"작은 뿔"이 하는 짓거리는 그것으로 끝나지 않았다, "…그가 또 때와 법을 고치고자 할 것이며 성도들은 그의 손에 붙인 바 되어 한 때와 두 때와 반 때를 지내리라" (단 7:25b). 그 "작은 뿔"의 흉악한 행위는 그것만이 아니었다, "…그가 장차 놀랍게 파괴 행위를 하고, 자의로 행하여 형통하며, 강한 자들과 거룩한 백성을 멸하리라" (단 8:24). 두말할 필요도 없이 "거룩한 백성"은 하나님의 백성으로 이스라엘을 가리킨다.

어떻게 다니엘이 이런 환상을 보고 놀라지 않겠는가? 그냥 보통 놀란 것이 아니라, 병이 들어 누울 정도로 놀랐다: "나 다니엘이 지쳐서 여러 날 앓았다." 그는 심적으로나 육적으로나 지칠 대로 지쳐서 앓아누울 정도가 되었는데, 그것도 하루 이틀 누운 것이 아니라 "여러 날"이라고 묘사했다. "여러 날"이란 표현은 상당히 긴 기간일 수도 있는데, 그 환상이 "여러 날 후의 일"이라는 말에서 보여주듯, 몇 백 년이나 몇 천 년을 가리키기도 하기 때문이다.

다니엘이 이런 환상을 보았을 뿐 아니라, 천사들의 대화 가운데 들어갔다는 것은 그가 영적으로 대단히 깊은 경지에까지 몰입했었다는 뜻이다. 그런데도 다니엘은 그의 세속적인 업무에 복귀했다. 그것을 다니엘은 이렇게 간단하게 표현했다, "왕의 일을 보았느니라." 그렇다! 다니엘이 위대한 것은 영적인 사람이면서도 그의 세상적인 임무에 충실한 사람이라는 사실이다. 다니엘처럼 진정으로 영적인 사람은 진정으로 그의 임무에 충실한 사람이고, 그의 임무에 충실한 사람은 진정으로 영적인 사람이 될 수 있다는 것을 보여주었다.

## 4. 환상을 깨닫지 못하다

다니엘은 일상의 삶으로 돌아와서 그의 업무에 충실하면서 나날을 보냈다. 그러나 그에게 보여준 환상과 그 내용을 한 순간이라도 잊을 수 있었겠는가? 물론 없었다! 이것은 하나님이 그에게 직접 보여주신 놀라운 환상이었다. 하나님이 보여주신 환상이기에 두말할 필요도 없이 그것은 확실한 말씀이요 진리였다. 다니엘은 그의 업무에도 가장 충실한 사람이었지만, 동시에 그는 어떤 사람 못지않게 하나님과 동행한 사람이었다.

하나님이 직접 보여주신 환상에 대하여 가브리엘 천사는 이런 말을 덧붙였다, "이미 말한 바 주야에 대한 환상은 확실하니…." "주야에 대한 환상"은 위에서 살펴본 것처럼 마지막 때에 유대인들이 감당하지 않으면 안 될 환난의 기간을 말한다. 그 기간에 대하여서 다니엘에게 두 번씩이나 알려주었는데, 한 번은 "한 때와 두 때와 반 때"의 표현으로 알려주었고, 또 한 번은 "이천삼백 주야"의 표현으로 알려주었다.

이런 환상과 설명을 다니엘이 조금이라도 의심했단 말인가? 왜 가브리엘은 "이미 말한 바 주야에 대한 환상은 확실하다"고 필요하지 않아 보이는 말을 덧붙였는가? 그 이유는 다니엘이 덧붙인 표현에서 찾을 수 있을 것이다, "그 뜻을 깨닫는 사람도 없었느니라." 그러면 어떻게 다니엘의 말, 곧 "그 뜻을 깨닫는 사람도 없었느니라"와 "이미 말한 바 주야에 대한 환상은 확실하니"와 연관이 있는가?

다니엘은 그가 이 세상에 사는 동안 하나님이 보여주신 환상을 잊은 적도 없고 또 의심해본 적도 없었다. 그 증거는 다니엘이라는 성경 자체이다. 그런데 왜 "이미 말한 바 주야에 대한 환상은 확실하다"고 가브리엘은 거의 쓸데없어 보이는 말을 덧붙였는가? 그것은 후에 다니엘이라는 성경이 공개되면서 있을 여러 가지 반응 때문이었을 것이다. 하나님도 그리고 가브리엘도 많은 사람들이 다니엘의 환상을 깨닫지 못할 것을 알았다.

그보다 더 악한 상황은 그 환상에 대한 시기적인 반론 때문일 것이다. 많은 사람들은 이런 질문을 던진다, "어떻게 인간인 다니엘이 아직 생기지도 않은 메데 바사와 헬라와 네 나라에 대하여 그렇게 소상하게 미리 예언할 수 있느냐? 다니엘은 틀림없이 다니엘이 기록한 책이 아니라, 후에 사람들이 편집한 책임에 틀림없다." 이렇게 주장하는 사람들은 성경을 인간의 이성과 과학에 의하여 판단하려고 하는 것이다.

그러나 그런 사람들은 이런 하나님의 말씀을 알지 못하는 자들이다, "예언은 언제든지 사람의 뜻으로 낸 것이 아니요, 오직 성령의 감동하심을 받은 사람들이 하나님께 받아 말한 것임이라" (벧후 1:21). 이런 사람들은 성경의 초자연적인 면을 간과한다. 그 이유는 이런 대부분의 사람들은 "성령으로 거듭나지" 못한 인본적인 사람들로, 영원하시고 전지<sup>全知</sup>하신 하나님을 제한시키는, 스스로 잘났다고 생각하나 지극히 어리석은 사람들이다.


## 5. 나가면서


이상하게도 종말론에 대한 환상을 본 사람들에게는 공통점이 있다. 종말론에 대하여 강렬한 환상을 본 사람들 가운데는 다니엘과 사도 요한은 물론 에스겔과 스가랴가 있다. 그들 모두에게 있는 공통점은 그들이 평안한 상황에서 환상을 본 것이 아니었다는 사실이다. 그들의 상황은 매우 열악했다: 다니엘은 포로가 되어 바벨론에 살았고, 요한은 밧모 섬에 유배되었고, 에스겔도 포로가 되어 바벨론에 있었고, 스가랴는 바벨론에서 유다로 막 돌아왔다.

그들은 이처럼 열악한 상황에서 하나님이 주신 약속의 끈을 놓지 않았다. 그들은 하나님만이 그들의 소망이시오, 방패시라는 믿음으로 온갖 핍박과 열악한 상황을 굴복하지 않고 이겨낸 사람들이다. 하나님은 바로 그런 사람들에게 환상을 보여주시면서, 앞으로 하나님이 어떻게 이스라엘 백성을 회복시켜주실 지를 알려주셨다. 얼마나 놀라운 하나님이신가! 우리도 그런 하나님을 의지하면서 어떤 상황이라도 견디어내자.

# 33 말씀을 깨닫다

"메대 족속 아하수에로의 아들 다리오가 갈대아 나라 왕
으로 세움을 받던 첫 해 곧 그 통치 원년에, 나 다니엘이
책을 통해 여호와께서 말씀으로 선지자 예레미야에게 알
려 주신 그 연수를 깨달았나니, 곧 예루살렘의 황폐함이
칠십년 만에 그치리라 하신 것이니라."

다니엘 9:1-2

## 1. 들어가면서

다니엘이 마지막 때의 환상을 짐승의 모습으로 본 것은 바벨론
왕 때였다. 그 왕의 이름은 벨사살이었는데, 바벨론의 마지막 왕
이기도 했다. 그 왕은 궁중에서 많은 사람들을 불러놓고 큰 잔치
를 벌이는 중에 급습한 다리오와 그 군대에게 죽임을 당하였다
(단 5:30). 다리오는 메데 족속에 속한 사람으로서 바벨론을 멸망
시키고 그곳의 왕이 되었다. 본문에서 갈대아 나라는 바로 바벨
론 왕국을 가리킨다.

다니엘은 바벨론 왕국의 총리이기도 했지만, 그래도 그는 무
엇보다도 영원한 유대인이었다. 유대인으로서 바벨론 왕국이 무
너지는 것을 두 눈으로 보면서 그의 마음은 어떠했겠는가? 지금

도 다니엘은 생생하게 기억했다! 그의 나라 유다가 바벨론에 의하여 짓밟히고, 예루살렘이 남김없이 무너져 내린 광경도 기억했다. 그뿐 아니라, 그처럼 영광스럽던 솔로몬 성전도 유대인들의 통곡과 함께 무너지는 광경도 기억했다.

그것만 기억했겠는가? 물론 아니다! 그의 집이 불타버리는 광경, 부모가 잡혀죽는 광경, 형제자매들은 물론 친척들과 친구들이 우왕좌왕하다 인정사정없이 살육을 당하던 광경도 기억했다. 마침내 그 자신도 바벨론 사람들에게 사로잡혀서 바벨론으로 끌려온 경험도 기억하였다. 그런데, 그렇게 잔인하면서도 세계를 호령하던 바벨론이 그렇게 무참히 무너지는 것도 목격하게 되었다. 그 모두가 그의 눈앞에서 벌어진 일이었다.


## 2. 다니엘의 확신

이처럼 격동하는 시대에 있던 다니엘이 유대의 해방과 자유가 가까이 왔다고 느끼는 것은 당연하다. 왜냐하면 바벨론이 망하면 메데 바사가 대신 통치하게 될 것을 다니엘은 이미 알고 있었기 때문이었다. 하나님이 이미 느부갓네살의 신상에 대한 꿈의 의미를 알려주셨다. 그 꿈에 의하면, 금 머리가 망한 후에 은 가슴과 양 팔이 도래하게끔 되어있다. 금 머리는 바벨론을 상징하고, 은 가슴과 양 팔은 메데 바사의 상징이었다 (단 2:28-29).

그뿐 아니라 하나님은 다니엘에게 짐승이라는 환상을 통하여 직접 바벨론왕국과 메데 바사왕국에 대해서도 소상히 알려주셨다. 그 짐승은 사자와 곰이었는데, 사자는 바벨론을, 그리고 곰은 메데 바사를 각각 상징했다 (단 7:4-5), 이처럼 꿈의 해석과 환상을 통하여 다니엘은 어느 날 바벨론이 메데 바사에 의하여 멸망당할 것을 확실히 알고 있었다. 그런데 그날이 그렇게 갑자기 올 줄은 전혀 예측하지 못했을 것이다.

다니엘은 바벨론의 멸망이 유다를 위한 하나님의 보응일 뿐 아니라, 동시에 유다의 해방과 자유라고 믿었다. 다니엘은 얼마나 흥분했겠는가? 얼마나 기대에 부풀었겠는가? 그의 살아생전에 바벨론이 멸망하는 것을 보다니! 그의 살아생전에 유대인들이 예루살렘으로 돌아갈 수 있다니! 다니엘은 하나님의 말씀에 압도되었다. 비록 하나님이 꿈과 환상으로는 바벨론의 멸망과 유다 해방의 시기에 대해선 알려주지 않으셨지만, 지금 현실이 되고 있지 않은가!

다니엘은 한 치의 오차도 없이 그의 눈앞에서 성취되는 하나님의 말씀에 놀라움을 금치 못했을 것이다. 그리고 유대인들이 고국으로 돌아갈 수 있다는 꿈에 부풀었을 것이다. 십중팔구 다니엘은 이런 말씀을 기억했을 것이다, "그런즉 그들이 그들의 원수들의 땅에 있을 때에 내가 그들을 내버리지 아니하며 미워하지 아니하며 아주 멸하지 아니하고 그들과 맺은 내 언약을 폐하지 아니하리니, 나는 여호와 그들의 하나님이 됨이니라" (레 26:44).

다니엘은 기도의 사람이었다. 그런 까닭에 생명을 잃을 수도 있다는 사실을 알면서도 그는 하루에 세 번씩 살아계신 하나님에게 기도를 올렸다 (단 6:10). 그의 기도를 하나님은 기쁘게 받으셨는데, 그렇지 않다면 그가 사자굴에서 생명을 부지할 수 없었을 것이다. 그의 기도를 하나님이 받으신 또 다른 증거는 하나님이 그에게 열국의 흥망성쇠에 관한 환상을 연거푸 보여주셨기 때문이다. 그래도 다니엘은 하나님의 말씀으로 확인하고 싶었다.

이제 다니엘은 바벨론의 멸망과 유다의 해방을 하나님의 말씀에서 확인하기를 원했다. 물론 꿈의 해석과 환상도 하나님의 말씀이었다. 그렇지 않다면 그 내용들이 다니엘에게 들어가지도 않았을 것이다. 그러나 다니엘은 하나님의 말씀에서 보다 구체적인, 그리고 보다 확실한 시기에 대하여 알아보기로 했다. 다니엘은 예레미야를 읽기 시작했는데, 그 이유도 분명했다. 예레미야는 유다의 멸망과 회복을 예언한 선지자였기 때문이다.


# 3. "70년"

마침내 다니엘은 예레미야에서 때에 관한 비밀을 찾았다. 그 비밀은 70년 동안 유다가 바벨론을 섬긴다는 것이다. 그 말씀을 직접 보자, "보라 내가 북쪽 모든 종족과 내 종 바벨론의 왕 느부갓네살을 불러다가 이 땅과 그 주민과 사방 모든 나라를 쳐서 진멸하여…이 모든 땅이 폐허가 되어 놀랄 일이 될 것이며 이 민족들은 칠십 년 동안 바벨론의 왕을 섬기리라" (렘 25:9, 11). 이 말씀에 의하면, 유다가 70년 동안 바벨론을 섬긴다는 것이다.

예레미야는 거기에서 그의 예언을 마치지 않았다, "여호와의 말씀이니라, 칠십 년이 끝나면 내가 바벨론의 왕과 그의 나라와 갈대아인의 땅을 그 죄악으로 말미암아 벌하여 영원히 폐허가 되게 하리라" (렘 25:12). 위의 두 예언을 보면 두 가지로 요약되는데, 하나는 유다가 바벨론에 의하여 멸망당하고 그 바벨론을 70년 동안 섬기게 될 것이며, 또 하나는 그 바벨론이 70년 만에 하나님에 의하여 심판을 받고 멸망을 당하게 된다는 것이다.

다니엘은 이런 예레미야의 예언이 한 점의 오차도 없이 성취된 것을 그의 두 눈으로 똑똑히 보았다. 유다의 온갖 범죄로 인하여 하나님이 바벨론이란 채찍으로 유다를 멸망시킨 사실도 보았다 (렘 26:3-6). 그러나 바벨론은 하나님이 허락하신 것보다도 훨씬 더 잔인하게 유다를 멸망시킨 죄에 대하여 심판을 받았다. 그들이 유다의 성전을 헐고, 시온에서 악을 행하며, 유다 백성을 학대한 모든 죄에 대한 심판을 받았던 것이다 (렘 51:11, 24, 35).

그런데 다니엘이 예레미야를 통하여 깨달은 것이 또 하나 있었는데, 그것은 유다의 해방이었다. 그렇다! 유다가 바벨론을 섬긴 70년의 기간이 차면, 바벨론은 멸망할 것이다. 그리고 바벨론의 멸망은 유다의 해방으로 이어졌다. 이것도 놀라운 예언이었는데, 그 이유는 바벨론을 멸망시킨 메데 바사는 유다를 바벨론처럼 속국으로 만들뿐 아니라, 유대인들을 계속해서 노예로 부려먹을 수 있었다. 그러나 유다는 그렇게 되지 않고 해방을 경험하였다.

다니엘이 읽은 예레미야를 더 보자, "여호와께서 이와 같이 말씀하시니라; 바벨론에서 칠십 년이 차면 내가 너희를 돌보고 나의 선한 말을 너희에게 성취하여 너희를 이 곳으로 돌아오게 하리라. 여호와의 말씀이니라, 너희를 향한 나의 생각을 내가 아나니 평안이요 재앙이 아니니라. 너희에게 미래와 희망을 주는 것이니라" (렘 29: 10-11). 그렇다! 유다는 반드시 고국으로 돌아갈 것이다. 그것도 평안과 희망을 가지고 돌아갈 것이다.

다니엘은 예레미야의 70년에 관한 예언 세 가지를 다 경험한 특별한 위치에 있었다. 첫째는 바벨론에 의하여 유다가 망한 후 70년 동안 바벨론을 섬긴다는 것을 경험했다. 둘째로 70년이 차면 그처럼 영광스럽던 바벨론이 초토화되어 완전히 멸망한다는 것도 목격했다. 셋째로 비록 유다가 망하여 바벨론의 노예로 끌려갔지만, 70년이 차면 다시 그들의 고향인 유다 땅으로 돌아간다는 것이다. 그런데 세 번째 일은 아직 일어나지 않았다.


## 4. 말씀에 기초한 기도

왜 유다는 70년이 찼는데도 자동적으로 고국에 가지 못했는가? 당장은 못 갔지만, 반드시 갈 것이다. 당장 못 가는 이유는 한 가지 조건이 있었기 때문이었다. 그 조건을 보기 위하여 예레미야가 한 예언의 말씀을 더 보자, "너희가 내게 부르짖으며 내게 와서 기도하면, 내가 너희들의 기도를 들을 것이요" (렘 29:12). 그렇다! 그들에게 필요한 것은 하나님에게 부르짖으며 기도해야 되는 단계를 거치는 것이었다.

하나님의 약속이 성취되기 위하여 기도가 반드시 필요한가? 그렇지 않다! 하나님은 예언을 통하여 약속하시면 그 약속을 어김없이 지키신다. 그런데 왜 유대인들에게 기도하라는 것인가? 이 말씀에서 힌트를 찾을 수 있는 표현이 있는데 그것은 "부르짖다"이다. 이런 표현은 간절한 마음의 소원을 나타내기도 하지만, 무엇보다도 잘못을 뉘우치면서 하나님에게로 돌아오는 자세를 가리킨다. 다른 말로 하면, 진정으로 회개하라는 것이다.

이런 부르짖음은 시편 기자도 경험한 것이다, "여호와께서는 자기에게 간구하는 모든 자, 곧 진실하게 간구하는 모든 자에게 가까이 하시는도다. 그는 자기를 경외하는 자들의 소원을 이루시며 또 그들의 부르짖음을 들으사 구원하시리로다" (시 145:18-20). 그렇다! 하나님의 엄위嚴威에 대하여 두려워하면서 부르짖으면, 반드시 들으시고 구원하신다고 했다. 그들의 처지가 아무리 곤궁해도 부르짖으면 거기에서 구원해 내시는 분이시다.

예레미야의 예언을 더 들어보자, "너희가 온 마음으로 나를 구하면 나를 찾을 것이요 나를 만나리라. 이것은 여호와의 말씀이니라, 나는 너희들을 만날 것이며 너희를 포로 된 중에서 다시 돌아오게 하되 내가 쫓아 보내었던 나라들과 모든 곳에서 모아 사로잡혀 떠났던 그 곳으로 돌아오게 하리라. 이것은 여호와의 말씀이니라" (렘 29:13-14). 하나님은 이 약속을 전후로 "여호와의 말씀"이라고 연거푸 말씀하셨는데, 예언을 이중적으로 보증하신 것이다.

다니엘이 나라를 잃고 포로로 바벨론에 잡혀갔을 때는 주전 605년이었다. 그 후로 약 70년이란 긴 세월이 흘렀다. 바벨론의 마지막 왕 벨사살도 죽임을 당하였다. 이제 다리오가 나라를 세우고 통치 원년이 되었던 것이다. 예레미야의 예언은 한 치의 오차도 없이 70년 만에 이루어졌다. 10대의 소년으로 바벨론에 끌려왔던 다니엘은 80이 넘은 백발의 노인이 된 현재에 예레미야의 예언이 문자적으로 성취되는 것을 목격했던 것이다.

이제 예레미야가 예언한 70년이 자났다. 이처럼 전개되는 역사를 보면서, 그리고 그 역사가 하나님의 말씀대로 이루어지는 것을 보면서, 다니엘은 무릎을 꿇고 하나님에게 기도하지 않을 수 없었다. 한편 하나님의 공의에 대해서 두려운 마음으로 기도했을 것이다. 또 한편 유다의 죄에 대해서도 회개하는 기도를 했을 것이며, 한 발 더 나아가서 그들을 용서하시고 다시 고국으로 돌아가게 하시는 하나님의 긍휼에 대하여 감사했을 것이다.


## 5. 나가면서

다니엘은 인간적으로는 불행한 사람이었다. 그러나 그가 당한 불행에 의하여 쓰러지지 않았다. 그는 불행을 딛고 일어나서 해처럼 빛난 삶을 산 사람이었다. 그러면 어떻게 불행을 바꾸었는가? 그의 경건생활을 통해 바꾸었다. 그는 무엇보다도 기도의 사람이었다. 그의 기도를 응답하시는 분은 전능하신 하나님이셨다. 다니엘은 이처럼 크신 하나님과 기도로 교통하면서 영적 거장이 되었던 것이다.

다니엘이 불행을 바꾼 두 번째 방법은 하나님의 말씀을 통해서였다. 그는 어떤 경우에 처하든지 하나님의 말씀을 읽고, 묵상하고, 생활에 적용하는 사람이었다. 그렇게 하나님의 말씀을 의지하면서, 하나님의 뜻을 깊이 깨달은 사람이었다. 그는 말씀을 통하여 하나님의 뜻을 깨닫고, 그리고 그 뜻에 따라 기도한 신앙의 사람이었다. 그가 모든 것을 다 잃었음에도 불구하고 그의 신앙은 그를 그처럼 위대한 인물로 만들었던 것이다.

# 34 다니엘의 회개

"내가 금식하며 베옷을 입고 재를 덮어쓰고 주 하나님께 기도하며 간구하기를 결심하고, 내 하나님 여호와께 기도하며 자복하여 이르기를, '크시고 두려워할 주 하나님, 주를 사랑하고 주의 계명을 지키는 자를 위하여 언약을 지키시고 그에게 인자를 베푸시는 이시여, 우리는 이미 범죄하여 패역하며 행악하며 반역하여 주의 법도와 규례를 떠났사오며, 우리가 또 주의 종 선지자들이 주의 이름으로 우리의 왕들과 우리의 고관과 조상들과 온 국민에게 말씀한 것을 듣지 아니하였나이다. 주여 공의는 주께로 돌아가고 수치는 우리 얼굴로 돌아옴이 오늘과 같아서 유다 사람들과 예루살렘 거민들과 이스라엘이 가까운 곳에 있는 자들이나 먼 곳에 있는 자들이 다 주께서 쫓아내신 각국에서 수치를 당하였사오니, 이는 그들이 주께 죄를 범하였음이니이다. 주여, 수치가 우리에게 돌아오고 우리의 왕들과 우리의 고관과 조상들에게 돌아온 것은 우리가 주께 범죄하였음이니이다.'"

다니엘 9:3-8

## 1. 들어가면서

다니엘이 예레미야를 통하여 70년을 깨달은 것은 획기적인 사건이었다. 왜냐하면 그 깨달음을 통하여 세 가지를 알았기 때문이다. 첫째는 유다가 그의 많은 죄 때문에 바벨론에 의하여 멸망 당했다는 사실이다. 그냥 멸망만 당한 것이 아니라, 그 원수의 나라 바벨론을 그렇게 긴 기간 동안 섬기지 않으면 안 된다는 것이었다. 그래도 다니엘은 높은 지위에서 섬겼지만, 얼마나 많은 유대인들이 노예로 섬겼던가!

둘째 깨달음은 바벨론도 응당한 심판을 받았다는 것이다. 유다는 하나님의 법을 어기고 우상을 섬긴 죄 때문에 심판을 받았지만, 바벨론은 하나님이 허락하신 범위를 훨씬 초과하여 유다를 섬멸시킨 죄 때문에 하나님에 의하여 심판을 받은 것이다. 바벨론은 하나님의 성전을 가차 없이 깨뜨려버렸다. 그뿐 아니라 예루살렘 성도 무너뜨렸고, 그 백성들도 잔혹하게 죽이고 노예로 취급했다. 마치 하나님이 전혀 계시지 않은 것처럼 말이다.

셋째 깨달음은 유다의 해방이었다. 그렇게 세계를 호령하던 바벨론이 무너진 것은 한편 바벨론의 죄 값 때문이지만, 또 한편 유다의 해방을 위한 것이었다. 바벨론을 멸망시킨 메데 바사는 유다를 바벨론처럼 노예로 부릴 수 있었다. 그러나 메대 바사는 그렇게 하지 않고 유다 백성이 원하면 귀국하여 나라와 성전을 재건할 수 있도록 허락했다. 이것은 하나님의 손길이 아니면 절대로 가능하지 않은 역사였다.


## 2. 회개의 자세

지난 장에서 본대로, 유다가 고국으로 돌아갈 수 있는 길이 활짝 열렸다. 그런데 예레미야의 예언에 따르면, 유대인들이 귀국하기 전에 해야 할 일이 한 가지 있었다. 그것은 하나님에게 "울부짖으면서" 기도하는 것이었다. 왜 하나님은 그런 울부짖는 기도를 유대인들에게 요구하셨는가? 그 이유는 간단하다! 그들이 왜 나라를 잃고 바벨론의 노예가 되었는지 원인을 알고, 그리고 그 원인을 해결해야 되기 때문이다.

그 원인을 한 마디로 요약하면, 곧 그들의 죄 때문이었다. 그들은 하나님을 무시했고, 따라서 그분의 법도와 율례도 무시했다. 그들은 하나님이 보내신 선지자들의 경고를 무시하고, 한 발 더 나아가서 그들을 능멸하고, 핍박하고, 옥에 가두었다. 그런 모든 행위는 한 마디로 말해서 하나님을 배반한 짓들이었다. 그들이 하나님의 긍휼을 바라고 귀국하기 위하여 당연히 하나님에게 잘못을 자복하고, 그들의 죄에서 돌이켜야 했다.

다니엘은 예레미야의 말씀을 깨달은 즉시 하나님에게 울부짖으면서 회개하기로 작정하였다. 그리고 그런 작정을 즉각적으로 행동에 옮겼다. 그가 어떻게 행동에 옮겼는가는 두 가지로 볼 수 있는데, 하나는 그의 자세이고 또 하나는 그의 자복이었다. 먼저, 다니엘의 자세를 보기 위하여 그가 어떻게 했는지 다시 보자, "내가 금식하며 베옷을 입고 재를 덮어쓰고…." 다니엘의 회개에서 제일 먼저 한 것은 금식이었다.

실제로 유다가 멸망하면 회개하고 금식해야 된다고 예언한 선지자가 있었다. 그 예언을 보자, "다른 한 민족이 내 땅에 올라왔음이로다. 그들은 강하고 수가 많으며 그 이빨은 사자의 이빨 같고 그 어금니는 암사자의 어금니 같도다…너희는 금식일을 정하고 성회를 소집하여 장로들과 이 땅의 모든 주민들을 너희 하나님 여호와의 성전으로 모으고 여호와께 부르짖을지어다"(욜 1:6, 14). 물론 유대인들은 바벨론의 침공에도 금식하지 않았다.

마침내 다니엘이 금식하면서 회개하기 시작했는데, 그렇게 하기까지 70년이나 걸렸다. 다니엘의 두 번째 자세는 베옷을 입은 것이다. 유대인들은 하나님에게 울부짖을 때 흔히 베옷을 입었다. 요엘에게 주신 하나님의 말씀을 더 보자, "제사장들아 너희는 굵은 베로 동이고 슬피 울지어다…내 하나님께 수종드는 자들아 너희는 와서 굵은 베 옷을 입고 밤이 새도록 누울지어다"(욜 1:13). 그들만 아니라 남녀노소가 다 베옷을 입고 울부짖어야 했다 (욜 1:8).

마지막으로 다니엘은 "재를 덮어썼다." 유대인들은 그들의 죄악을 깨닫고 하나님에게 나올 때 종종 재를 쓰고 나왔다. 욥의 예를 보자. 그는 처음부터 끝까지 자신의 의를 주장하다가 마침내 그의 죄를 깊이 깨닫고 이런 자세로 하나님에게 나왔다, "그러므로 내가 스스로 거두어들이고 티끌과 재 가운데에서 회개하나이다"(욥 42:6). 다니엘도 욥과 같은 심정으로 하나님에게 "재를 덮어쓰고" 나와서 기도하며 회개하였다.


## 3. 회개의 내용

다니엘은 기도할 때 죄들을 자복하며 기도했다. 실제로 그는 다른 유대인들과는 달리 경건한 사람이었지만, 그도 다른 사람들처럼 죄를 범했다고 자복하였다. 그렇지 않다면 "우리는 이미 범죄하여 패역하며 행악하며 반역하여 주의 법도와 규례를 떠났사오며"라고 고백하면서 자신을 포함시키지 않았을 것이다 (5절). 다니엘은 처절하게 죄를 자복하면서 회개하였는데, 그렇게 죄를 깊이 뉘우치며 아파하지 않는다면 진정한 의미에서 회개가 아니었다.

위의 자백에서 네 가지 죄를 열거한 것은 사람이 범할 수 있는 온갖 죄를 포함하였는데, 그 뜻은 이렇다, "범죄하여"는 행위의 죄를, "패역하며"는 말의 죄를, "행악하여"는 생각의 죄를, "반역하여"는 하나님을 거부하는 죄였다. 그런데 하나님 보시기에는 그 순서가 반대였다. 다시 말해서, 하나님을 거부했기에, 잘못된 생각을 갖고, 잘못된 생각은 잘못된 말과 행위를 자아낸다. 이 네 가지 범죄는 "주의 법도와 규례를 떠나는" 결과를 가져왔던 것이다.

그런데 "우리"는 구체적으로 누구를 가리키고 있는가? 물론 다니엘도 포함되었지만, 그는 상당히 구체적으로 그런 네 가지 죄악을 범한 사람들을 시사하는 표현을 했다. "우리가 또 주의 종 선지자들이 주의 이름으로 우리의 왕들과 우리의 고관과 조상들과 온 국민에게 말씀한 것을 듣지 아니하였나이다" (6절). 그들은 위로는 왕과 고관들, 그리고 아래로는 조상들과 온 국민이었다. 한 사람도 예외 없이 온갖 죄에 연루되어 있었다는 것이다.

물론 하나님은 긍휼의 하나님이시기에 그런 네 가지 죄를 범하는 사람들이 돌이킬 수 있는 기회를 주셨다. 하나님은 도덕적으로 그리고 신앙적으로 타락한 유다를 심판하기 전에 선지자들을 보내셨다. 그러나 왕을 포함한 모든 사람들은 하나님이 친히 보내신 선지자들의 말을 듣지 않았다. 듣기는커녕 그들은 선지자들을 비난하고, 옥에 가두는 등 온갖 못된 짓을 다 했다. 선지자들을 거부했다는 것은 그들을 보내신 하나님을 거부했다는 뜻이다.

유다는 갖가지 죄를 범했고, 하나님은 선지자들을 보내셨으나 그들은 하나님의 대변인인 선지자들을 거부하였다. 이런 악순환은 끊임없이 계속되었으며, 하나님은 더 이상 그들을 품으실 수가 없으셨다. 더 이상 기다리실 수 없었던 하나님은 유다에게 수치를 안겨주셨던 것이다. 어떤 수치를 안겨주셨는가? 그들은 그들의 고국에서 쫓겨났고, 여러 나라의 노예로 팔려가서 온갖 수치를 다 당했다.

얼마나 수치가 컸던지 7절과 8절에서 그 단어가 세 번씩이나 연속해서 나온다. 누가 수치를 당했는가? "우리의 왕들과 우리의 고관과 조상들이" 당했다. 죄의 대가가 그렇게 클 줄을 그들은 미처 몰랐던가? 나라와 가족과 친구들과 집을 다 빼앗기고 거의 벌거숭이가 되어 그들이 그처럼 멸시하던 이방인들의 노예가 되다니, 얼마나 큰 수치인가! 그들의 아내와 여자들이 이방인들의 성노예가 되다니, 얼마나 큰 수치인가!

## 4. 회개의 대상

다니엘은 기도를 들어주시는 하나님에게 회개의 기도를 올렸다. 그는 하나님을 다음과 같이 불렀다. "크시고 두려워할 주 하나님, 주를 사랑하고 주의 계명을 지키는 자를 위하여 언약을 지키시고 그에게 인자를 베푸시는 이시여!" (4절). 이런 다니엘의 부름에서 하나님에 대한 묘사를 다음과 같이 몇 가지로 엿볼 수 있다. 첫째는 다니엘의 기도를 들어주시는 하나님은 "크신 하나님"이시다. 그분은 세계의 과거와 미래를 알 만큼 큰 분이시었다.

둘째는 다니엘이 부른 하나님은 "두려워할 하나님"이시다. 그분은 사람들의 생각과 언행을 모두 아신다. 적극적으로 그들이 하나님을 사랑하고, 그분의 계명을 지키면, 그들에게 무한한 인자를 베푸신다. 그러나 소극적으로 하나님은 그들의 모든 죄악도 아신다. 아실뿐 아니라, 그들의 모든 죄악에 대해서는 책임을 물으신다. 과연 다니엘의 기도를 들으시는 하나님은 "두려워할" 분이시다.

셋째는 다니엘이 그 하나님을 "주 하나님"이라고 하면서 주를 덧붙여서 불렀다. 여기에서 주는 여호와 대신 쓰인 *아도니아이*이다. 유대인에게 대표적인 하나님은 엘과 *야웨*이다. 엘은 하나님으로, 그리고 *야웨*는 여호와로 각각 번역되었다. 인간과의 관계에서 하나님은 초월의 하나님을 가리키고, 여호와는 편재遍在의 하나님을 가리킨다. 그런 이유 때문에 다니엘에서 하나님이란 이름이 51번이나 나오는데, 역사와 제국을 주관하시는 분을 강조한다.

반면, 여호와라는 이름은 오직 다니엘의 기도에서만 8번 나온다. 그 이유는 무엇인가? 다니엘은 유대인들의 모든 죄들을 아실뿐 아니라, 또 그 죄들을 용서하시기를 즐거하시는 자비의 하나님이신 여호와를 불렀던 것이다. 다니엘은 이렇게 기도를 시작했다, "내 하나님 여호와께 기도하며 자복하여…"(4절). 그렇다! 하나님은 유대인들 가운데 오셔서 그들과 언약을 맺으셨는데, 그 하나님이 바로 여호와 하나님이신데, 여기에선 주로 불렀다.

그런 이유 때문에 다니엘이 부른 하나님은 넷째로 언약의 하나님이시다. 하나님은 출애굽을 한 이스라엘 백성과 언약을 맺으셨는데, 그 언약을 요약하면 다음과 같다: 첫째, 이스라엘이 하나님의 말씀을 따르며 순종하면 축복하시고 부강한 나라로 만드시겠다는 것이다. 둘째, 그러나 이스라엘 백성이 하나님의 법도와 율례를 거부하고 그 대신 우상을 섬기며, 안식일을 깨뜨리고, 성적으로 범죄하면, 그들을 심판하시고 세상 각처로 흩으시겠다는 것이다.

그 언약의 셋째는 비록 이스라엘 백성이 세상 끝으로 끌려가서 수치스러운 삶을 살지만, 그 고통 중에 하나님과 하나님의 말씀을 기억하고 회개하면 다시 하나님이 그들에게 은총을 베푸신다는 것이었다. 그렇게 언약하신 하나님에게 다니엘은 울부짖으며 회개하고 있었다. 그는 언약의 하나님에게 회개하면서, 하나님이 언약하신대로 유다에게 긍휼과 인애를 베풀어달라고 울부짖었다. 그 백성과 나라를 회복시켜달라는 호소였던 것이다.

# 5. 나가면서

하나님은 유대인들에게 언약을 맺으면서 십계명과 율법을 주셨다. 언약의 백성이 된 유대인들은 어떻게 반응했는가? 처음에는 십계명과 율법을 잘 지키면서 언약의 백성답게 살았다. 그러나 세월이 흘러가면서, 그리고 하나님의 넘치는 축복을 받으면서 그들은 하나님의 명령을 산산조각 깨뜨렸다. 그들은 범죄했을 뿐 아니라, 심지어는 언약의 하나님에게 반역도 했다. 그 결과 그들은 나라를 잃고 이방인들의 노예가 되는 수치를 당했다.

그런 수치 중에서 그들은 철저하게 회개하지 않을 수 없었다. 실제로 그들이 할 수 있는 것은 회개뿐이었다. 그렇게 회개의 기도를 할 때 하나님은 다시 용서의 두 팔을 벌리시고 그들을 받아 주실 것이다. 이런 패턴은 현재의 그리스도인들에게도 똑같이 적용된다. 하나님을 등질 때, 그들은 평안과 능력을 잃는다. 그럴 적마다 그들은 처절한 마음으로 회개해야 한다. 자비와 긍휼의 하나님 아버지에게 회개하고 돌아와야 한다.

## 35 회개의 진수

---

"주 우리 하나님께는 긍휼과 용서하심이 있사오니, 이는 우리가 주께 패역하였음이오며, 우리 하나님 여호와의 목소리를 듣지 아니하며, 여호와께서 그의 종 선지자들에게 부탁하여 우리 앞에 세우신 율법을 행하지 아니하였음이니이다. 온 이스라엘이 주의 율법을 범하고 치우쳐 가서 주의 목소리를 듣지 아니하였으므로, 이 저주가 우리에게 내렸으되 곧 하나님의 종 모세의 율법에 기록된 맹세대로 되었사오니, 이는 우리가 주께 범죄하였음이니이다. 주께서 큰 재앙을 우리에게 내리사 우리와 및 우리를 재판하던 재판관을 쳐서 하신 말씀을 이루셨사오니, 온 천하에 예루살렘에서 일어난 일 같은 것이 없나이다. 모세의 율법에 기록된 대로 이 모든 재앙이 이미 우리에게 내렸사오나, 우리는 우리의 죄악을 떠나고 주의 진리를 깨달아 우리 하나님 여호와의 얼굴을 기쁘게 하지 아니하였나이다. 그러므로 여호와께서 이 재앙을 간직하여 두셨다가 우리에게 내리게 하셨사오니, 우리의 하나님 여호와께서 행하시는 모든 일이 공의로우시나 우리가 그 목소리를 듣지 아니하였음이니이다."

다니엘 9:9-14

## 1. 들어가면서

다니엘이 자신을 포함한 유다 백성의 죄들을 언약의 하나님에게 올린 회개의 기도는 계속되었다. 그의 기도를 조금만 자세히 들여다보아도 다니엘이 그 자신의 죄는 물론 유다의 죄에 대하여 쓰라릴 만큼 깨우치며 아파하고 있다는 것을 알 수 있다. 그런 깨달음과 괴로움 때문에 다니엘은 회개하지 않을 수 없었다. 그는 죄들을 하나님에게 조목조목 아뢰며 기도했는데, 그런 마음이야 말로 그가 진정으로 회개하고 있다는 것을 말해준다.

다니엘과 유다 백성은 죄의 값이 얼마나 무서운지도 경험하고 있었다. 그들은 천재지변(天災地變)이라도 일어나서 사람들이 피하지 못하고 고난을 당하는 것처럼, 재앙에 휩싸였다. 나라를 잃고 다른 나라에 노예로 팔려가서 사는 하루하루가 지옥과도 같았을 것이다. 그러나 다니엘은 그런 와중에서도 하나님의 공의를 붙잡고 기도하기 시작했다. 왜냐하면 하나님은 공의 때문에 인간을 적절하게 심판도 하시고 또 회복도 시키시기 때문이다.


## 2. 허물의 자복

다니엘의 회개는 인간의 죄성을 통상적으로 시인하는 그런 얄팍한 것이 아니었다. 진정한 회개는 죄들을 구체적으로 고백하고, 그 죄들 때문에 괴로워하고, 그리고 그 죄들로부터 돌이키는 것이다. 그런데 다니엘은 그렇게 회개하였다. 그는 자신을 포함한 유대인들의 죄들을 회개하며 자복하였는데, 조금도 통상적이거나 얄팍하게 고백하지 않았다. 다니엘이 얼마나 허물을 깊게 자복했는지 살펴보자.

다니엘은 크게 두 가지로 허물을 자복했는데, 한 가지는 적극적인 표현으로, 그리고 또 한 가지는 소극적인 표현으로 했다.

먼저, 적극적인 표현으로 자백한 내용을 열거해보자:

1) "우리는 범죄하여 패역하며" (5절).
2) "행악하며 반역하여" (5절).
3) "주의 법도와 규례를 떠났사오며" (5절).
4) "이는 그들이 주께 죄를 범하였음이니이다" (7절).
5) "우리가 주께 범죄하였음이니이다" (8절).
6) "이는 우리가 주께 패역하였음이오며" (9절).
7) "온 이스라엘이 주의 율법을 범하고 치우쳐 가서" (11a절).
8) "온 이스라엘이 주의 율법을 범하고" (11b절).
9) "우리 주 하나님이여, 우리는 범죄하였고" (15절)
10) "악을 행하였나이다" (15절).

다니엘은 이렇게 자신과 유대인들이 적극적으로 범한 죄들을 조목조목 열거하였다. 다니엘의 자복에 의하면, 유대인들이 적극적으로 행한 죄들은 다양했다. 그들은 범죄했고, 패역했으며, 악을 행했으며, 주님의 법을 떠나갔다. 그뿐 아니라, 그들은 율법을 깨뜨리면서 다른 길로 갔다. 다시 말해서, 정도正道로 가지 않고 치우쳐서 갔다. 이스라엘의 역사에서 다니엘처럼 이렇게 범죄를 철저히 회개한 사람이 있었던가?

그 다음, 유대인들이 소극적으로 범한 죄를 보자. 소극적으로 범한 죄는 그들이 마땅히 행해야 되는데도 불구하고 행하지 않은 죄들을 가리킨다. 소극적인 죄들도 열거해보자:

1) "…온 국민에게 말씀한 것을 듣지 아니하였나이다" (6절).

2) "우리 하나님 여호와의 목소리를 듣지 아니하며" (10a절).

3) "여호와께서 그의 종 선지자들에게 부탁하여 우리 앞에 세우신 율법을 행하지 아니하였음이니이다" (10b절).

4) "…주의 목소리를 듣지 아니하였으므로" (11절).

5) "…우리 하나님 여호와의 얼굴을 기쁘게 하지 아니하였나이다" (13절).

6) "우리가 그 목소리를 듣지 아니하였음이니이다" (14절).


얼마나 철저히 회개하였는가를 위의 내용에서 충분히 알 수 있을 것이다. 다니엘은 작위作爲의 죄––의도적으로 행한 죄––와 무작위無作爲의 죄––해야 되는 것을 알면서도 행하지 않은 죄––를 일일이 열거하면서 그렇게 많은 허물들을 고백하였다. 특히 무작위의 죄는 *아니하다*로 표현하면서 유대인들이 해야 될 것을 뻔히 알면서도 거부한 못된 작태作態들을 자복하였던 것이다.


## 3. 저주

유대인들이 범한 이중적인 죄––작위의 죄와 무작위의 죄––에 대한 하나님의 징벌도 엄중했다. 지난 장에서 본대로, 다니엘은 그 징벌을 수치라고 했는데, 그것은 그들이 징벌 때문에 겪는 마음의 고통을 드러냈다. 그러나 이 장에서는 다른 표현이 둘씩 나오는데, 하나는 저주이고, 또 하나는 재앙이다. 세 번씩이나 쓰인 *재앙*(12~14절)은 하나님이 애굽에게 쏟아 부으신 재앙을 연상시키고도 남는다 (출 7-12).

애굽이 위에서부터 내려진 재앙을 전혀 피할 수 없었던 것처럼, 유다 백성도 하나님의 재앙이기에 결코 피할 수 없었다. 뿐만 아니라, 유다 백성이 받은 재앙은 마지막 환난 때에 죄인들이 받을 나팔 심판의 재앙과 대접 심판의 재앙도 연상시킨다 (계 9, 16). 성경 전체에 도도히 흐르는 재앙은 이스라엘에 대한 재앙이었는데, 그 재앙은 궁극적으로는 이스라엘의 구원을 위한 것이었다. 마지막으로 이스라엘과 비슷한 죄를 범한 죄인들에게 임할 재앙이다.

유다는 온갖 범죄로 절대로 피할 수 없는 재앙을 당했다. 나라와 성전을 잃고, 하나님이 허락하신 평강의 대명사인 예루살렘 성도 무너졌다. 이런 국가적인 재앙은 필연적으로 개인들도 피할 수 없었다. 대부분의 유대인들은 삶의 터전인 집과 밭을 잃었다. 더욱 무서웠던 것은 부모와 처자를 잃었다는 것이다. 거기다가 대부분의 유대인들은 노예로 팔려나갔다. 그들이 그렇게 증오하던 이방들의 노예로 말이다. 이것이 재앙이 아니면 무엇이란 말인가?

다니엘은 이런 재앙을 저주라고 묘사했다. 그렇다! 이런 유다의 모습은 저주라는 단어가 가장 적합한 묘사였다. 왜냐하면 선지자 모세의 율법에 의하면, 유다가 하나님의 법도와 규례를 떠나 죄악을 행하면 반드시 저주를 받으리라고 예언했기 때문이다. 한 마디로, 그들은 하나님이 경고하신대로 저주를 받았던 것이다. 하나님은 몇 번씩이나 강조하셨는데, 그들이 하나님의 법을 청종하지 않으면 저주를 받는다고 분명히 경고하셨다.

모세의 경고를 직접 들어보자, "네가 만일 네 하나님 여호와의 말씀을 순종하지 아니하여 내가 오늘 네게 명령하는 그의 모든 명령과 규례를 지켜 행하지 아니하면, 이 모든 *저주*가 네게 임하며 네게 이를 것이니" (신 28:15). 그들에게 임할 저주는 말할 수 없이 무섭고 또 헤아릴 수 없이 많았다. 그러나 무엇보다도 그들이 나라를 잃고 이방의 노예가 되는 저주도 포함되어 있었다.

그 예언을 직접 들어보자, "여호와께서 보내사 너를 치게 하실 적군을 섬기게 될 것이니, 그가 철 멍에를 네 목에 메워 마침내 너를 멸할 것이라. 곧 여호와께서 멀리 땅 끝에서 한 민족을 독수리가 날아오는 것 같이 너를 치러 오게 하시리니 이는 네가 그 언어를 알지 못하는 민족이요…여호와께서 너를 땅 이 끝에서 저 끝까지 만민 중에 흩으시리니 네가 그 곳에서 너와 네 조상들이 알지 못하던 목석 우상을 섬길 것이라" (신 28:48-49, 64).

## 4. 공의의 하나님

하나님은 일찍이 아브라함을 택하시고 그의 후손을 성민으로, 그리고 장자로 삼으셨다 (출 4:22). 그러니까 하나님은 이스라엘을 탄생시키셨고, 키우셨고, 마침내 막강한 국가로 만들어주셨다. 하나님의 허락이 아니었다면, 그들은 결코 예루살렘 성을 일으키지 못했을 것이며, 솔로몬 성전도 세우지 못했을 것이다. 이스라엘은 사방에 있는 여러 나라로부터 칭송도 받고 조공도 받을 만큼 강건한 백성이 되었다.

그런데 그렇게 축복하시던 하나님은 무엇 때문에 그처럼 잔혹하리만큼 이스라엘에게 재앙과 저주를 퍼부어주셨단 말인가? 물론 유다가 율법도 패하고 하나님을 등진 것도 사실이었다. 그렇다고 그렇게 철저하게 짓밟으시다니, 과연 그 하나님은 공의로운 분이신가? 그런데 하나님 앞에서 회개하며 기도하는 다니엘은 그 기도에서 공의란 표현을 세 번씩이나 사용했다 (14절, 16절, 18절). 여기에서 공의는 의義와 같은 뜻이다.

다니엘의 기도에서 세 번씩 사용된 공의는 모두 하나님에게 적용되지 않았다; 두 번은 하나님의 공의를, 그리고 한 번은 인간의 공의를 각각 언급했다. 물론 유대인은 사람들 앞에서 공의롭지 못했고, 그렇다고 하나님 앞에서 의롭지도 못했다. 그런데 사람들에게 공의로운 것이나 하나님에게 의로운 것은 서로 다른 것 같지만, 엄밀히 보면 한 가지를 뜻했다. 왜냐하면 하나님 앞에서 의롭지 못한 사람이 다른 사람들에게 공의로울 수 없기 때문이다.

다니엘이 그의 기도 중에 하나님의 공의를 언급하면서 이렇게 선언하였다, "우리의 하나님 여호와께서 행하시는 모든 일이 공의로우시나, 우리가 그 목소리를 듣지 아니하였음이니이다" (14절). 다시 말해서 하나님이 하시는 일은 모두 공의롭다는 것이다. 그러면 하나님이 하신 일은 무엇인가? 이미 언급한 바 있지만,

하나님은 거의 무無에서 이스라엘을 만들어 내셨고 (신 7:7), 후에는 그들을 애굽에서 구원해내셨다.

하나님은 그들을 시내산으로 인도하신 후 그들과 언약을 맺으셨는데, 이 언약은 이스라엘을 향한 사랑의 표현이었다. 왜냐하면 그들이 이 언약에 따라 살면 개인적으로나 국가적으로 강성하게 될 것이기 때문이다. 뿐만 아니라, 그들은 세계를 향하여 "제사장 나라"가 되어 하나님의 사랑과 능력을 세계에 전할 수 있는 특권을 갖게 되었기 때문이다 (출 19:6). 그런데 그들이 그런 특권을 누리는 것은 하나님의 뜻이지만, 동시에 그들의 결정이었다.

이스라엘은 그들에게 부여된 자유의지를 가지고 하나님의 사랑을 거부하였다. 그들은 하나님 대신 우상을 섬겼고, 존귀한 사람들을 착취하고 학대하였다. 거듭된 하나님의 사랑의 경고를 깔아 뭉기면서 말이다. 그들이 제사장 나라라는 특권을 누리기 위해서는 어떤 처지에서도 하나님의 법도를 지키면서 하나님과 맺은 언약을 지켜야 했다. 그런데 그들은 언약을 깼고, 그에 대한 징계를 받았다. 언약의 백성이기에 받는 징계였다.

그러나 그들이 언약의 백성이기에 하나님은 그들을 회복시켜 주실 것이다. 그렇게 되면 그들은 감사한 나머지 하나님의 법도를 지킬 뿐 아니라 언약도 지키게 될 것이다. 이런 회복을 위하여 다니엘은 기도했다. "주는 주의 공의를 따라 주의 분노를…떠나게 하옵소서!" (16). 결국, 하나님은 공의 때문에 범죄한 유다를 심판하셨고, 또 그 공의 때문에 유다를 회복시키신다. 하나님의 공의 때문에 유다는 마침내 "제사장 나라"로 탄생할 수 있게 된 것이다.

## 5. 나가면서

　다니엘의 회개기도에는 세 단어가 반복적으로 나오는데, 곧 수치와 재앙과 공의이다. 하나님의 공의 때문에 유대인들은 재앙을 맞았고, 그 재앙 때문에 그들은 수치를 느꼈다. 그들의 수치는 그들로 하여금 회개하게 했다. 물론 회개를 통하여 그들은 하나님과의 관계를 회복시킨다. 이런 모든 과정이 하나님의 **공의** 때문에 일어났다. 그러니까 하나님의 공의에는 하나님의 절대적인 자유와 뜻이 포함되어 있었던 것이다.

# 36 "주여, 용서하소서!"

"강한 손으로 주의 백성을 애굽 땅에서 인도하여 내시고 오늘과 같이 명성을 얻으신 우리 주 하나님이여, 우리는 범죄하였고 악을 행하였나이다. 주여, 구하옵나니, 주는 주의 공의를 따라 주의 분노를 주의 성 예루살렘, 주의 거룩한 산에서 떠나게 하옵소서. 이는 우리의 죄와 우리 조상들의 죄악으로 말미암아 예루살렘과 주의 백성이 사면에 있는 자들에게 수치를 당함이니이다. 그러하온즉 우리 하나님이여, 지금 주의 종의 기도와 간구를 들으시고 주를 위하여 주의 얼굴 빛을 주의 황폐한 성소에 비추시옵소서. 나의 하나님이여, 귀를 기울여 들으시며 눈을 떠서 우리의 황폐한 상황과 주의 이름으로 일컫는 성을 보옵소서. 우리가 주 앞에 간구하옵는 것은 우리의 공의를 의지하여 하는 것이 아니요 주의 큰 긍휼을 의지하여 함이니이다. 주여, 들으소서! 주여, 용서하소서! 주여, 귀를 기울이시고 행하소서! 지체하지 마옵소서! 나의 하나님이여, 주 자신을 위하여 하시옵소서! 이는 주의 성과 주의 백성이 주의 이름으로 일컫는 바 됨이니이다."

다니엘 9:15-19

## 1. 들어가면서

다니엘이 유다를 위한 회개의 기도는 계속되었다. 다니엘은 유다가 하나님으로부터 쫓겨난 원인을 너무나 잘 알고 있었는데, 하나님의 법도와 규례를 떠났기 때문이다. 그 결과는 뻔했다. 유다는 말로 표현할 수 없을 만큼 많은 악행을 저질렀다. 다니엘은 그런 죄들을 일일이 자복하면서 회개하였다. 그런데 그의 회개 기도는 예레미야를 통한 하나님의 말씀 때문에 시작되었는데, 그 말씀에는 회복의 약속도 있었다.

그 말씀을 다시 인용해보자, "여호와께서 이와 같이 말씀하시니라; 바벨론에서 칠십 년이 차면 내가 너희를 돌보고 나의 선한 말을 너희에게 성취하여 너희를 이 곳으로 돌아오게 하리라" (렘 29:10). 그렇다! 70년이 지나면 유대인들을 다시 고국으로 돌아가게 하신다고 하나님이 친히 약속하셨다. 이런 약속 때문에 다니엘은 죄를 자복하는 기도로 그의 기도를 끝내지 않았다. 그는 이런 하나님의 약속을 붙잡고 다른 차원에서 기도를 했다.

다른 차원의 기도란 유다의 죄들을 용서해달라는 것이었다. 하나님이 용서해주지 않으신다면 회복에 대한 약속도 헛것에 지나지 않을 뿐이다. 그들에게 무슨 소망이 있으며, 또 어떻게 고국으로 돌아갈 수 있단 말인가? 다니엘은 하나님의 약속을 믿었기에 용서를 담대하게 구할 수 있었다. 그의 말을 다시 들어보자, "주여, 들으소서! 주여, 용서하소서! 주여, 귀를 기울이시고 행하소서! 지체하지 마옵소서! 나의 하나님이여, 주 자신을 위하여 하시옵소서!"

## 2. 용서의 내용

이 장의 본문에 의하면, 용서의 내용은 세 가지, 곧 주의 분노와 주의 얼굴과 주의 이름과 연관된 것들이다. 먼저, 주의 분노와 연관된 것을 알아보기 위하여 이 장의 본문 중 일부를 다시 보자, "주의 분노를 주의 성 예루살렘, 주의 거룩한 산에서 떠나게 하옵소서!" (16절). 이 표현에 의하면, 주님의 분노는 두 곳을 향하였는데, 한 곳은 예루살렘 성이고, 또 한 곳은 그 성이 서있는 거룩한 산이다.

이 두 곳에 대한 하나님의 분노는 하늘을 찌를듯했다. 그렇지 않다면 주님이 친히 그의 사랑하는 종 다윗을 통하여 주신 그 성과 산을 그렇게 무참히 짓밟아버릴 수 없으셨을 것이다 (삼하 5:6-7). 이처럼 성과 산에 대한 이중적인 심판을 강조하기라도 하듯, 히브리 원어에는 분노가 노염(아퍼카)과 격분(와하마터카)의 뜻을 지닌 두 단어로 되어있다. 다니엘은 그처럼 맹렬한 분노를 거두고, 예루살렘 성과 그 산을 회복시켜달라고 간구하였다.

그 다음, 주의 얼굴과 연관된 것을 보기 위하여 다시 말씀을 보자, "주를 위하여 주의 얼굴 빛을 주의 황폐한 성소에 비추시옵소서!" (17절). 70년 전에 주님이 영광 중에 상주常駐하셨던 주님의 성소도 발기발기 찢겨졌다. 얼마나 찢겨졌던지 다니엘은 "황폐한 성소"라고 묘사했다. 그 성소에 환한 빛을 발하며 있던 언약궤도, 속죄소도, 두 그룹도, 찬란한 휘장과 천장도 온데간데 없었다. 바람 소리와 흙더미가 덩그러니 남아있을 뿐이었다.

다니엘은 절규한다, 주의 얼굴 빛을 그 성소에 다시 비춰달라고! 그 말은 주님이 성전을 재건하게 하시고 다시 상주해달라는 기도였다. 이 기도는 제사장인 아론의 축복기도를 연상시킨다,

"여호와는 그의 얼굴을 네게 비추사 은혜 베푸시기를 원하며"(민 6:25). 결국, 다니엘이 올린 기도는 하나님이 다시 유대인들 가운데 오셔서 제사장을 통하여 그들을 만나주시고, 그리고 은혜를 베풀어달라는 것이었다.

마지막으로, 주의 이름과 연관된 것을 보기 위하여 다시 말씀을 보자, "이는 주의 성과 주의 백성이 주의 이름으로 일컫는 바 됨이니이다"(19절). 다니엘이 용서의 내용에서 마지막으로 거론한 것은 주님의 *이름*이었다. 주님의 이름으로 일컫는 유대인들이 이방의 노예로 팔려갔기에, 그리고 주님의 이름으로 일컫는 예루살렘 성이 무너졌기에, 주님의 *이름*은 이방인들 가운데서 땅에 떨어질 대로 떨어졌다.

주님의 말씀을 보자; "그들을 그 행위대로 심판하여 각국에 흩으며 여러 나라에 헤쳤더니, 그들이 이른바 그 여러 나라에서 내 거룩한 이름이 그들로 말미암아 더러워졌나니"(겔36:19-20). 그러나 주님은 당신의 거룩한 *이름*을 위하여 유다를 회복시키겠다고 약속하신 바 있다(겔6:22-24). 다니엘은 이런 하나님의 약속을 알든 모르든 상관없이, 주님의 이름으로 일컫는 주님의 성과 주님의 백성을 용서하고 또 회복시켜달라고 기도했던 것이다.


## 3. 용서의 근거--역사歷史

그렇다면 다니엘은 무엇을 근거로 주의 분노를 거두고, 주님의 이름을 위하여 주님의 얼굴빛을 다시 비추어달라고 간구할 수 있었는가? 그 근거는 두 가지로 요약할 수 있는데, 하나는 이스라엘의 역사에서 찾을 수 있고, 또 하나는 성도들의 기도에서 찾을 수 있다. 우선, 이스라엘의 역사에서는 출애굽의 사건과 솔로몬이 성전을 봉헌할 때 백성을 축복하면서 하나님 앞에서 기도한 사실에서 각각 찾을 수 있다.

출애굽의 사건을 언급하면서 용서해달라고 한 사람은 바로 다니엘이었다. 그의 말을 다시 인용해보자, "강한 손으로 주의 백성을 애굽 땅에서 인도하여 내시고, 오늘과 같이 명성을 얻으신 우리 주 하나님이여!" (15절). 그렇다! 이스라엘이 애굽의 노예로 비참한 삶을 이어가고 있을 때 하나님이 간섭하셨다. 하나님은 애굽에 대한 심판의 능력으로, 그리고 이스라엘에 대한 구원의 사랑으로 역사하셨다. 그런 역사의 결과 태어난 것이 이스라엘 국가였다.

그런데, 이스라엘은 애굽에서 있었던 처량한 처지를 다시금 맛보고 있었다. 이번에는 남쪽의 애굽이 아니라, 북쪽의 바벨론이었다. 바벨론에서 전쟁포로요 동시에 노예로서 온갖 수치를 당하고 있었다. 다니엘은 애굽에서 이스라엘을 건져냄으로 큰 명성을 얻으신 하나님이 다시 그들 가운데 간섭하시어 그들을 바벨론에서 구원하시고 명성을 얻으시라는 간구였다. 다니엘은 과거에 보여주셨던 구속의 역사를 다시 보여 달라는 간구를 올렸다.

하나님의 능력의 손으로 구원 받은 이스라엘은 가나안에서 강대한 나라를 세웠다. 그리고 솔로몬 왕은 영광스러운 성전을 짓고 봉헌하면서 유명한 기도를 하였다. 그 기도는 동시에 예언이 되기도 했는데, 그의 기도의 마무리를 인용해보자:

"범죄하지 아니하는 사람이 없사오니 그들이 주께 범죄함으로 주께서 그들에게 진노하사 그들을 적국에게 넘기시매 적국이 그들을 사로잡아 원근을 막론하고 적국의 땅으로 끌어간 후에, 그들이 *사로잡혀 간 땅에서 스스로* 깨닫고 그 사로잡은 자의 땅에서 돌이켜 주께 간구하기를 '우리가 범죄하여 반역을 행하며 악을 지었나이다' 하며, 자기를 사로잡아 간 적국의 땅에서 온 마음과 온 뜻으로 주께 *돌아와서* 주께서 그들의 조상들에게 주신 땅 곧 주께서 택하신 성읍과 내가 주의 이름을 위하여 건축한 성전 있는 쪽을 향하여 주께 *기도하거든,* 주는 계신 곳 하늘에서 그들의 기도와 간구를 들으시고 그들의 일을 돌아보시오며, 주께 범죄한 백성을 *용서하시며* 주께 범한 그 모든 허물을 사하시고 그들을 사로잡아 간 자 앞에서 그들로 불쌍히 여김을 얻게 하사 그 사람들로 그들을 불쌍히 여기게 하옵소서" (왕상 8:46-50).

솔로몬이 드린 이 예언적 기도는 다니엘의 회개와 똑같았다. 솔로몬의 기도처럼, 유다는 범죄했기에 바벨론의 노예가 되었다. 그러나 바벨론에서 그들의 잘못을 깨닫고 부르짖으며 간구하니 용서해 달라는 것이었다. 그리고 바벨론을 멸망시킨 메데 바사가 그들을 불쌍하게 여기게 해달라는 간구였다. 솔로몬의 예언적 기도에 따라 다니엘은 기도했고, 또 응답을 받았다. 메데 바사는 유다의 해방과 자유를 허락하였기 때문이다 (대하 36:22-23).


## 4. 용서의 근거--기도

다니엘은 금식하며 베옷을 입고 재를 뒤집어쓰고 기도했다. 그냥 단순한 기도가 아니었다. 울부짖으며 하나님에게 매달리는 회개의 기도였다. 회개하면서 용서해달라는 절규였다. 그의 기도를 다시 들어보자, "주여, 들으소서! 주여, 용서하소서! 주여, 귀를 기울이시고 행하소서! 지체하지 마옵소서! 나의 하나님이여, 주 자신을 위하여 하시옵소서! 이는 주의 성과 주의 백성이 주의 이름으로 일컫는 바 됨이니이다" (단 9:19).

이런 회개는 다니엘만이 한 것이 아니었다. 예레미야도 울부짖었다, "주께서 유다를 온전히 버리시나이까? 주의 심령이 시온을 싫어하시나이까? 어찌하여 우리를 치시고 치료하지 아니하시나이까?…여호와여 우리의 악과 우리 조상의 죄악을 인정하나이다. 우리가 주께 범죄하였나이다. 주의 이름을 위하여 우리를 미워하지 마옵소서! 주의 영광의 보좌를 욕되게 마옵소서! 주께서 우리와 세우신 언약을 기억하시고 폐하지 마옵소서! (렘 14:19-21).

특히 이런 회개의 기도는 유다가 멸망한지 70년이 지날 때쯤

여기저기에서 일어났다. 그 중에 느헤미야도 있었는데, 그의 부르짖는 기도를 직접 들어보자:

"이르되 하늘의 하나님 여호와 크고 두려우신 하나님이여, 주를 사랑하고 주의 계명을 지키는 자에게 언약을 지키시며 긍휼을 베푸시는 주여 간구하나이다. 이제 종이 주의 종들인 이스라엘 자손을 위하여 주야로 기도하오며 우리 이스라엘 자손이 주께 범죄한 죄들을 자복하오니, 주는 귀를 기울이시며 눈을 여시사 종의 기도를 들으시옵소서. 나와 내 아버지의 집이 범죄하여, 주를 향하여 크게 악을 행하여 주께서 주의 종 모세에게 명령하신 계명과 율례와 규례를 지키지 아니하였나이다. 옛적에 주께서 주의 종 모세에게 명령하여 이르시되, '만일 너희가 범죄하면 내가 너희를 여러 나라 가운데에 흩을 것이요, 만일 내게로 돌아와 내 계명을 지켜 행하면 너희 쫓긴 자가 하늘 끝에 있을지라도 내가 거기서부터 그들을 모아 내 이름을 두려고 택한 곳에 돌아오게 하리라' 하신 말씀을 이제 청하건대 기억하옵소서. 이들은 주께서 일찍이 큰 권능과 강한 손으로 구속하신 주의 종들이요 주의 백성이니이다. 주여, 구하오니 귀를 기울이사 종의 기도와 주의 이름을 경외하기를 기뻐하는 종들의 기도를 들으시고 오늘 종이 형통하여 이 사람들 앞에서 은혜를 입게 하옵소서 하였나니, 그 때에 내가 왕의 술 관원이 되었느니라" (1:5-11).

거의 같은 시대에 살면서 귀중한 사역을 한 에스라도 역시 같은 심정이었다. 그의 기도 중 일부만 인용해보자, "우리 조상들의 때로부터 오늘까지 우리의 죄가 심하매, 우리의 죄악으로 말미암아 우리와 우리 왕들과 우리 제사장들을 여러 나라 왕들의 손에 넘기사 칼에 죽으며 사로잡히며 노략을 당하며 얼굴을 부끄럽게 하심이 오늘날과 같으니이다"(스 9:7). 그렇다! 바벨론이 멸망을 당할 때 여기저기에서 일어난 회개기도는 하나님의 마음을 움직였다.

## 5. 나가면서

유다가 바벨론으로 포로로 잡혀갔다가 70년만에 자유를 찾고 고국으로 돌아온다는 것은 기적 중의 기적이었다. 유대인들은 사방에 흩어져 있는 오합지졸이었고, 뛰어난 지도자도 없었다. 거기다가 메데 바사는 바벨론조차도 멸망시킨 강대국이었다. 어떻게 그들이 돌아올 수 있단 말인가? 물론 하나님이 기적을 베푸셨지만, 동시에 다니엘을 비롯한 여러 사람들의 회개가 있었다. 그 결과 출애굽보다 훨씬 더 어려운 일이 일어났는데, 곧 유다의 해방이었다.

유다가 다시 고국으로 돌아온 후 그들은 이런 고백을 하기에 이르렀던 것이다, "그러므로 여호와의 말씀이니라, 보라! 날이 이르리니 그들이 다시는 이스라엘 자손을 애굽 땅에서 인도하여 내신 여호와의 사심으로 맹세하지 아니하고, 이스라엘 집 자손을 북쪽 땅, 그 모든 쫓겨났던 나라에서 인도하여 내신 여호와의 사심으로 맹세할 것이며, 그들이 자기 땅에 살리라 하시니라" (렘 23:7-8).

# 37 기도의 응답

"내가 이같이 말하여 기도하며, 내 죄와 내 백성 이스라엘의
죄를 자복하고, 내 하나님의 거룩한 산을 위하여 내 하나님 여
호와 앞에 간구할 때, 곧 내가 기도할 때에 이전에 환상 중에
본 그 사람 가브리엘이 빨리 날아서 저녁 제사를 드릴 때 즈음
에 내게 이르더니, 내게 가르치며 내게 말하여 이르되, '다니
엘아, 내가 이제 네게 지혜와 총명을 주려고 왔느니라. 곧 네
가 기도를 시작할 즈음에 명령이 내렸으므로 이제 네게 알리
러 왔느니라. 너는 크게 은총을 입은 자라. 그런즉 너는 이 일
을 생각하고 그 환상을 깨달을지니라.'"

다니엘 9:20-23

## 1. 들어가면서

유다는 그들의 죄악으로 인하여 바벨론의 포로가 된 이후, 어
언간 세월이 70년이나 흘렀다! 70년 전에 큰 격동을 겪었던 유
대인들은 지금도 또 한 번의 격동을 겪고 있었다. 70년 전에는
나라를 잃는 격동이었으나, 지금은 바벨론의 멸망을 목격하는
격동이었다. 이런 격동의 시기에 다니엘은 예레미야의 예언에
고무되어 그처럼 위대한 회개의 기도를 올렸다. 이처럼 철저한
회개는 그 전에도 없었고, 또 그 후에도 없었다.

다니엘의 회개기도는 세 가지를 포함했는데, 하나는 유다의 죄
악을 진술하는 것이었다. 또 하나는 용서해달라는 간구였으며,

마지막은 고국의 황폐한 성읍과 성소를 회복시켜달라는 것이었다. 그렇게 되면, 그들이 다시 고국으로 돌아갈 수 있을 것이기 때문이다. 그것은 예레미야의 기도이기도 했다. "너희를 포로 된 중에서 다시 돌아오게 하되 내가 쫓아 보내었던 나라들과 모든 곳에서 모아 사로잡혀 떠났던 그 곳으로 돌아오게 하리라"(렘 29:14).

그러니까 다니엘은 자의적恣意的으로 기도한 것이 아니었다. 그는 철저하게 하나님의 말씀, 곧 하나님의 약속을 의지하여 기도했던 것이다. 그는 하나님의 말씀에 순종하면서 유다의 죄들을 회개했고, 또 하나님의 약속에 따라 용서를 빌었다. 그뿐 아니라, 다니엘은 하나님의 약속에 따라 나라의 회복을 간구하였다. 다니엘이 이처럼 철저하게 하나님의 말씀을 근거로 기도했을 때, 하나님은 약속에 따라 그의 기도를 응답하셨던 것이다.


## 2. 약속에 근거한 기도

하나님은 그 뜻을 말씀으로 표현하셨으며, 따라서 말씀은 곧 하나님이시다. 사도 요한의 증언을 들어보자, "태초에 말씀이 계시니라. 이 말씀이 하나님과 함께 계셨으니, 이 말씀은 곧 하나님이시니라"(요 1:1). 그런 이유 때문에 성도가 하나님의 말씀에 포함된 약속을 근거로 기도하면 하나님은 반드시 들어주신다. 다니엘도 그렇게 기도를 시작했다. 그는 예레미야를 읽다가 하나님의 약속, 곧 70년 만에 포로생활이 마친다는 것을 깨닫고 기도했다.

그런데, 다니엘의 회개기도는 예레미야의 예언에 근거한 기도였지만, 동시에 하나님의 말씀에 근거한 기도였다. 그렇지 않았다면 그의 기도로 인하여 유다의 운명이 그처럼 전격적으로 바뀌지 않았을 것이다. 유다는 포로와 노예의 신분에서 해방과 자유의 신분으로 바뀌었기 때문이다. 다니엘의 기도, 곧 회개와 용서와 회복이라는 패턴은 하나님의 마음이기도 했다. 하나님은 일찍이 이런 경고와 약속을 주신 적이 있었다.

"여호와께서 너희를 여러 민족 중에 흩으실 것이요, 여호와께서 너희를 쫓아 보내실 그 여러 민족 중에 너희의 남은 수가 많지 못할 것이며, 너희는 거기서 사람의 손으로 만든 바 보지도 못하며 듣지도 못하며 먹지도 못하며 냄새도 맡지 못하는 목석의 신들을 섬기리라. 그러나 네가 거기서 네 하나님 여호와를 찾게 되리니, 만일 마음을 다하고 뜻을 다하여 그를 찾으면 만나리라"(신 4:27-29).

이 하나님의 말씀이 놀라운 것은 유다가 가나안 땅으로 들어가기 전에 하나님이 모세를 통하여 하신 예언이라는 사실이다. 그런데 이 예언대로 유다는 가나안 땅에 들어가서 많은 죄악을 범했고, 그 결과 바벨론에 의하여 멸망을 당했다. 그곳에 끌려가서 우상을 섬기다가 상한 마음이 되어 하나님을 찾게 되면, 하나님은 그들을 만나주신다는 약속이었다. 그냥 단순히 만나주시기만 하는 것이 아니라, 그들을 고국으로 돌아오게 하시겠다는 것이다.

하나님의 약속을 다시 보자, "너와 네 자손이 네 하나님 여호와께로 돌아와 내가 오늘 네게 명령한 것을…뜻을 다하여 여호와의 말씀을 청종하면, 네 하나님 여호와께서 마음을 돌이키시고 너를 긍휼히 여기사 포로에서 돌아오게 하시되 네 하나님 여호와께서 흩으신 그 모든 백성 중에서 너를 모으시리니, 네 쫓겨 간 자들이 하늘가에 있을지라도 네 하나님 여호와께서 거기서 너를 모으실 것이며 거기서부터 너를 이끄실 것이라"(신 30:2-4).

다니엘의 회개기도가 위대한 이유가 바로 여기에 있었다. 그는 철두철미하게 하나님의 말씀과 약속을 근거로 기도했던 것이다. 비록 하나님의 심판이 있었지만, 약속의 하나님에게 매달리면서 기도했을 때, 하나님은 약속대로 그의 회개기도를 응답하셨다. 그렇다! 다니엘의 기도가 그처럼 유다민족의 운명을 바꿀 수 있었던 것은 하나님의 말씀과 약속을 의지한 기도였기 때문이다. 그 이유는 분명하다! 하나님은 약속을 깨뜨리실 수 없는 분이시기 때문이다.

## 3. 응답의 시간

다니엘은 이처럼 하나님의 말씀에 명기(明記)된 약속을 근거로, 그 자신의 죄와 백성의 죄를 자복하고 또 하나님의 전이 있던 산을 위하여 기도하며 간구했다. 그가 그렇게 간구하고 있을 때 하나님은 그의 간구를 응답하셨다. 위에서 이미 언급한 것처럼, 다니엘이 하나님의 약속을 근거로 기도했기 때문이었다. 그런데 기도의 응답은 다름 아닌 가브리엘의 출현이었다. 그 천사장이 그가 기도하고 있을 때에 임하였다.

가브리엘은 이전에도 다니엘을 찾아온 적이 있었다. 그가 숫양과 숫염소의 환상을 보면서 전전긍긍戰戰兢兢하고 있을 때 사람 모양을 한 가브리엘이 그에게 임해서 그가 궁금해 하던 환상의 뜻을 알려주었다. 그런데 이번에도 가브리엘이 임했는데, 지난 번처럼 사람처럼 그에게 다가온 것이 아니라, "빨리 날아서" 다가왔다. 이 묘사에 의하면, 가브리엘은 날개가 달린 새와 같은 모습으로 다가왔다.

여기에서 가브리엘이 "빨리 날아서" 왔다는 묘사는 하나님이 다니엘의 기도를 응답하시는 방법이었다. 그렇다! 다니엘이 하나님의 말씀에 기록된 약속을 근거로 기도를 하자, 하나님은 즉각적으로 응답하셨다. 즉각적인 응답을 강조하기 위하여 가브리엘이 "빨리 날아서" 왔다고 했다. 하나님은 즉각적으로 응답하셨지만, 실제로 가브리엘이 다니엘에게 이른 것은 "저녁 제사를 드릴 때 즈음"이었다.

유대인에게는 매일 드리는 제사가 있었는데, 곧 아침과 저녁이었다. 아침의 제사는 하루를 하나님에게 맡기는 것이나, 저녁의 제사는 하루를 무사히 마치게 해주신 하나님에 대한 감사이며, 동시에 그 밤을 하나님에게 맡기는 제사였다 (민 28:2-8). 유대인들은 이처럼 아침저녁으로 하루에 두 번씩 제사를 항상 드리기에 이를 상번제常燔祭라고 하였다. 그러니까 다니엘도 틀림없이 매일 아침저녁으로 상번제를 드렸다.

다니엘이 아침부터 베옷을 입고, 재를 뒤집어쓰고, 금식하기 시작했을 때, 하나님은 그의 기도와 간구를 이미 즉각적으로 응답하셨다. "네가 기도를 시작할 즈음에 명령이 내렸다"는 가브리엘의 말을 보아서도 그렇다. 비록 그 응답이 다니엘에게 이른 것은 저녁 제사를 드릴 때였지만 말이다. 그럼 왜 하나님은 다니엘의 기도와 간구를 즉각적으로 응답하셨는데, 그 응답이 저녁 제사를 드릴 때에야 임했는가?

그 이유는 하늘에서 있는 영적 전쟁 때문이었다. 가브리엘이 하나님의 명령이 떨어지자 바로 다니엘을 향하여 날갯짓을 하면서 빨리 날았지만, 그를 가로막는 영적 싸움이 있었다. 그런 싸움 때문에 어떤 때는 다니엘에게 하나님의 응답이 이르는데 21일이나 걸릴 때도 있었다 (단 10:12-13). 그렇게 기도의 응답이 지연되는 것 같아도, 다니엘이 하나님의 약속을 근거로 기도했기에 그의 기도는 반드시 응답되었던 것이다.


## 4. 응답의 내용

가브리엘은 그의 뜻을 전하려고 서둘러 오지 않고, 하나님의 뜻을 전하려고 왔다. 그런 이유 때문에 가브리엘은 이렇게 말했다, "곧 네가 기도를 시작할 즈음에 명령이 내렸으므로 이제 네게 알리러 왔느니라" (23절). 이 말에 의하면, 다니엘이 기도를 시작하자마자 하나님의 명령이 내려졌다. 그리고 그 명령을 받은 가브리엘은 중개자로서 그 명령을 다니엘에게 전하려고 황급히 왔던 것이다. 가브리엘은 결코 그의 뜻을 전하려고 온 것이 아니었다.

가브리엘의 말은 계속되었다, "다니엘아, 내가 이제 네게 지혜와 총명을 주려고 왔느니라"(22절). 사실 다니엘은 이미 하나님이 주신 출중한 지혜를 가지고 있었다. 그 지혜로 다니엘은 꿈도 해석할 수 있었다. "하나님이…*지혜*를 주셨으니, 다니엘은 또 모든 환상과 꿈을 깨달아 알더라"(단 1:17). 다니엘은 지혜만 뛰어난 것이 아니라, 총명에서도 남달랐다. "그 지혜와 총명이 온 나라 박수와 술객보다 십 배나 나은 줄을 아느니라"(단 1:20).

그렇게 지혜와 총명을 부여받은 다니엘에게 무엇 때문에 하나님은 지혜와 총명을 또 주시려고 가브리엘까지 보내셨는가? 그 이유는 간단하다! 다니엘은 그의 지혜와 총명으로 예레미야의 예언을 깨달았지만, 하나님은 그 깨달음을 근거로 더 많은 깨달음을 알려주기 원하셨다. 그것은 먼 훗날에 일어날 종말에 관한 것이었다. 지금까지 하나님은 종말에 관한 비밀을 누구에게도 이처럼 구체적으로 알려주신 적이 없으셨다.

예레미야가 예언한대로 70년이 차면 유다는 해방과 자유를 누리게 되리라는 것을 다니엘은 깨달았다. 그러나 하나님은 예레미야의 70년을 근거로 종말에 일어날 환난과 해방에 대하여 알려주기를 원하셨다. 종말에 관한 깨달음은 미래에 관한 것이기에 하나님이 허락하시는 것만큼만 알 수 있다. 그런데 하나님은 다니엘에게 그 비밀을 알려주기를 원하셨다. 이렇게 중요한 계시를 위하여 하나님은 천사장인 가브리엘을 보내셨던 것이다.

그러면 왜 하나님은 다니엘을 택하셔서 인간의 마지막 때, 곧 종말에 대하여 알려주기를 원하셨는가? 그 이유도 분명했다, "너는 크게 은총을 입은 자라"(23a절). 다니엘은 하나님으로부터 큰 은총을 받은 자였기 때문이다. 그가 은총을 입은 이유도 분명했다. 그는 생명을 걸고 하나님의 법을 지켰다. 그뿐 아니라, 그는 자신은 물론 유다 백성을 대신하여 죄악에 대한 회개와 회복에 대한 간구를 했기 때문이었다.

그렇다고 다니엘은 아무 대가도 없이 종말에 관한 비밀을 깨닫는 것이 아니었다. 그 비밀을 깨닫기 위하여 그가 할 일도 주어졌다, "그런즉 너는 이 일을 생각하고 그 환상을 깨달을지니라"(23b절). 다니엘은 "그 일을 생각해야" 했다. 다시 말해서, 그 환상을 마음속에 집어넣고, 묵상을 해야 깨닫게 된다는 것이다. 두말할 필요도 없이 다니엘은 기도하고, 묵상하면서 그 환상을 깨달았고 그리고 기록하였다.

## 5. 나가면서

하나님은 성도의 기도를 들어주신다! 만일 그 기도가 하나님의 뜻이라면 말이다. 그에 대한 하나님의 말씀을 들어보자, "그를 향하여 우리가 가진 바 담대함이 이것이니 그의 뜻대로 무엇을 구하면 들으심이라. 우리가 무엇이든지 구하는 바를 들으시는 줄을 안즉 우리가 그에게 구한 그것을 얻은 줄을 또한 아느니라" (요일 5:14-15). 그렇다! 하나님의 약속을 근거로 한 기도는 언제나 응답을 받는다.

다니엘의 기도를 하나님이 들어주신 것도 사실이나, 그 기도가 언제 그리고 어떻게 응답되느냐는 별개의 문제이다. 다니엘이 회개의 기도를 올렸을 때 하나님은 그 기도를 응답하시고 용서를 약속하셨다. 그뿐 아니다! 다니엘이 꿈도 꾸지 못했던 종말에 대한 계시를 받게 되었다. 그러니까 하나님은 다니엘이 간구한 것보다 훨씬 더 깊은 진리를 알려주셨다. 왜냐하면 그가 모든 것을 하나님에게 맡기고 기도했기 때문이다.

# 38

# "70 이레"

"네 백성과 네 거룩한 성을 위하여 일흔 이레를 기한으로 정하였나니, 허물이 그치며 죄가 끝나며 죄악이 용서되며 영원한 의가 드러나며 환상과 예언이 응하며 또 지극히 거룩한 이가 기름 부음을 받으리라. 그러므로 너는 깨달아 알지니라; 예루살렘을 중건하라는 영이 날 때부터 기름 부음을 받은 자 곧 왕이 일어나기까지 일곱 이레와 예순두 이레가 지날 것이요, 그 곤란한 동안에 성이 중건되어 광장과 거리가 세워질 것이며, 예순두 이레 후에 기름 부음을 받은 자가 끊어져 없어질 것이며, 장차 한 왕의 백성이 와서 그 성읍과 성소를 무너뜨리려니와 그의 마지막은 홍수에 휩쓸림 같을 것이며, 또 끝까지 전쟁이 있으리니 황폐할 것이 작정되었느니라. 그가 장차 많은 사람들과 더불어 한 이레 동안의 언약을 굳게 맺고, 그가 그 이레의 절반에 제사와 예물을 금지할 것이며, 또 포악하여 가증한 것이 날개를 의지하여 설 것이며, 또 이미 정한 종말까지 진노가 황폐하게 하는 자에게 쏟아지리라 하였느니라 하니라."

다니엘 9:24-27

## 1. 들어가면서

다니엘은 예레미야를 통하여 유다가 70년 동안 황폐되리라는 것을 깨달았다. 그런데 유다를 멸망시킨 바벨론이 메데 바사에 의하여 멸망되면서 유대인들의 소망은 부풀대로 부풀었다. 왜냐하면 예레미야가 예언한 대로 유다가 멸망한지 70년이 되어 해방의 기대를 가졌기 때문이다. 이런 사실을 깨달은 다니엘은 기도를 하기 시작했는데, 그냥 평범한 기도가 아니라 회개기도를 했다. 다니엘은 자신을 포함한 유다 백성의 죄악을 철저히 회개하였다.

다니엘의 회개기도는 응답되었는데, 그 응답의 내용이 바로 "70 이레"였다. 70년의 세월이 흐른 시점에서 다시 70 이레가 필요하다는 것이다. "이레"는 일곱 날을 뜻하는데, 이스라엘 백성은 종종 "이레"에 들어있는 하루하루를 1년으로 계산하는 경우가 있다 (창 29:27). 그렇게 계산하면 한 "이레"는 7일이니까 7년을 가리키며, 70 이레는 490년을 가리킨다. 그런데 "네 백성과 네 거룩한 성을 위하여 70 이레를 기한으로 정하였다"고 했다.

흥미롭게도 본문은 70 이레를 다시 셋으로 나누었는데, 7 이레와 62 이레와 1 이레가 그것이다. 그러면 무엇을 시발점으로 이렇게 이레들을 나누었는가? 그 시발점은 "예루살렘을 중건하라는 영이 날 때," 곧 아닥사스다 왕 12년이다 (느 2:1). 그때는 주전 445년인데, 왕은 느헤미야에게 예루살렘 성을 중건하라는 허락을 내리면서 전국적으로 느헤미야의 중건을 도우라는 조서도 내렸다 (느 2:5-9).


## 2. "70 이레"

가브리엘 천사장이 다니엘에게 보여준 대로, 70 이레가 차면 유다가 그처럼 오랫동안 기다렸던 메시야가 출현하여 모든 예언을 성취하실 것이다. 그 말씀을 다시 보자, "허물이 그치며 죄가 끝나며 죄악이 용서되며, 영원한 의가 드러나며 환상과 예언이 응하며, 또 지극히 거룩한 이가 기름 부음을 받으리라"(24절). 이 말씀에서 "지극히 거룩한 이가 기름 부음을 받으리라"는 모든 예언대로 메시야가 나타나실 것이며, 그가 만국을 통치하시게 된다는 뜻이다.

메시야의 출현과 더불어 두 가지 놀라운 일이 일어날 터인데, 하나는 소극적인 일이며, 또 하나는 적극적인 일이다. 먼저, 소극적인 일을 보자, "허물이 그치며, 죄가 끝나며, 죄악이 용서되며." 여기에서 "허물"은 하나님에 대한 반역을 뜻하는데, 그런 반역은 일찍이 사탄에 의하여, 그리고 그 사탄의 사주使嗾를 받은 아담에 의하여 자행되었다. 그러나 그런 반역이 제거되기에 더 이상 존재하지 않을 것이다.

"죄가 끝나며"는 예수 그리스도가 "세상 죄"를 다 지고 십자가에서 죽으신 결과이다. 마침내 하나님은 인간의 죄를 지워버리심으로, 인간에게 더 이상 죄가 접근하지 못하게 하신다. 그리고 "죄악이 용서되며"에서 "죄악"은 불의를 가리킨다. 그렇다! 아담 이후 모든 인간은 불의 속에 살면서 불의를 밥 먹듯 자행慈行했다. 그러나 메시야가 재림하심으로 모든 불의가 용서될 것이다. 왜냐하면 바로 그런 용서를 위하여 메시야가 십자가에서 죽으셨기 때문이다.

그 다음, 적극적인 일을 보자, "영원한 의가 드러나며 환상과 예언이 응하며, 또 지극히 거룩한 이가 기름 부음을 받으리라."

여기에서 "영원한 의가 드러나며"는 죄인을 의롭다 하시기 위하여 피를 흘리시며 죽으신 메시야를 통하여 하나님의 의가 인간에게 전가傳嫁된다는 것을 뜻한다. 이 의는 결코 인간에게서 나온 것이 아니라, 하나님에게서 나온 영원한 의다. 그 의가 인간에게 주어졌기에 죄인이 변하여 의인義人이 된다.

"환상과 예언이 응하며"는 지금까지 많은 선지자들이 영원한 나라에 대하여 환상도 보고 또 예언도 수없이 했다. 마침내 그런 환상들과 예언들이 이루어지는 순간이 온 것이다. 그렇게 오랫동안 메시야를 기다리던 사람들은 마침내 예언들이 성취되어 온전한 하나님의 나라가 도래하는 것을 보게 될 것이다. 그들은 기뻐 춤추면서 그 나라를 맞이하고 또 그 안에서 영생을 누릴 것이다.

"지극히 거룩한 이가 기름 부음을 받으리라"는 두말할 필요도 없이 예수 그리스도가 기름 부음을 받으시고 영원한 왕이 되신다는 것이다. 그분이 처음 이 세상에 오실 때는 아기로 오셔서 애굽으로 피난을 가셨다. 그리고 마침내 십자가에서 죽기까지 하셨지만, 그분이 왕 중의 왕으로 다시 오실 때는 "철장으로 만물을 다스리실 것이다"(계 12:5, 19:15). 그때에 세상은 진정한 평안이 무엇인지를 경험하고 또 알게 될 것이다.


## 3. "7 이레와 62 이레"

그러면 그 "70 이레"는 언제인가? 그것을 구체적으로 설명하기 위하여 가브리엘 천사장은 다니엘에게 또 하나의 비밀을 알려 주었는데, 그것이 바로 "7 이레"와 "62 이레"이다. 그 말씀을 다시 보자, "예루살렘을 중건하라는 영이 날 때부터 기름 부음을 받은 자 곧 왕이 일어나기까지 일곱 이레와 예순두 이레가 지날 것이요." 다시 말해서, 아닥사스다 왕이 예루살렘을 중건하라고 명령을 내린 후 49년과 434년, 도합 483년이 지나야 한다는 것이다.

이런 연도를 좀 더 구체적으로 해석해보자. 아닥사스다 왕이 예루살렘 성을 중건하라는 허락이 떨어진 후 7 이레, 곧 49년 만에 그 성이 완성되었다. 그리고 그때부터 62 이레, 곧 434년이 지난 후 기름 부음을 받은 자, 곧 예수 그리스도(메시야)가 죽음을 당하신다는 것이다. 그 말씀을 다시 들어보자, "예순두 이레 후에 기름 부음을 받은 자가 끊어져 없어질 것이며." 이처럼 분명하게 그분이 십자가에서 죽으실 때를 정확하게 예언한 곳은 많지 않다.

예수 그리스도가 이처럼 무참하게 십자가에서 처형을 당하신 후에는 당연히 "70 이레"로 연결되어야 한다. 그러면 위에서 묘사한대로, 죄악이 제거될 뿐 아니라, 모든 예언이 이루어지며, 다시 지극히 거룩한 분, 곧 예수 그리스도가 기름 부음을 받으실 것이다. 그리고 그분은 왕 중의 왕으로 세상을 통치하셔야 할 것이다. 그런데 역사적으로 그렇게 되지 않았다. 그리스도 예수가 승천하신 후 2,000년도 넘었는데 그분은 그렇게 나타나지 않으셨다.

그렇다면 다니엘에게 허락된 가브리엘의 예언은 가짜란 말인가? 물론 그렇지 않다! 여기에서 꼭 기억하지 않으면 안 될 중요한 사실이 있다. 그것은 가브리엘이 다니엘에게 알려준 예언은 유다에 관한 것이라는 사실이다. 유대인들이 예수 그리스도를 그들의 메시야로 받아들이기를 거부하고 오히려 그분을 죽였다. 그분을 죽인 이유도 간단했다! 그들이 죄인이라는 선포 때문이며 (요 9:41), 또한 그분의 놀라운 가르침과 기적 때문이었다.

유대인들은 그분의 피를 그들과 그들의 자손에게 돌리라고 하면서 그분을 십자가에 못 박았다 (마 27:25). 다니엘의 예언대로 그분은 그렇게 "끊어져 없어졌다." 그 후 예수 그리스도라는 진주는 돼지와 개 같은 이방인들에게 넘어갔다 (마 7:6). 이방인들은 감지덕지하면서 예수 그리스도를 그들의 구세주로 받아들이고, 교회를 일구었다. 그렇게 되면서 유다는 하나님 나라의 건설에서 제외되었던 것이다.

하나님은 이방인의 "충만한 수"가 차기까지 유다를 버리셨지만 (롬 11:25), 그렇다고 아주 버리신 것은 아니셨다 (롬 11:1). 어느 날 예수 그리스도는 모든 거듭난 그리스도인들을 데리고 하늘나라로 가실 것이며, 그때부터 유다의 70 번째 이레가 시작되는 것이다. 그러니까 69 이레와 70 이레 사이에 이방인의 시대, 곧 교회가 들어간 것이다. 그러나 교회가 들리는 순간 다시 유다는 하나님이 다루시는 주된 대상이 되어, 70 이레가 시작될 것이다.

# 4. "70 번째 이레"

　이렇게 70 번째 이레가 도래하면 "한 왕"이 나타날 터인데, 그가 바로 적그리스도이다. 이 적그리스도에 관한 다니엘의 묘사를 다시 보자, "장차 한 왕의 백성이 와서 그 성읍과 성소를 무너뜨리려니와" (26절). 여기에서 "장차"는 두말할 필요도 없이 69 이레가 지난 후, 70 이레가 시작될 때를 가리킨다. 그렇다! 69 이레와 70 이레 사이가 얼마나 긴 기간인지는 아무도 모른다. 다니엘은 "장차"라는 표현으로 언제가 도래할 70 이레를 가리킨다.

　이 적그리스도는 다니엘 9장에 처음 나오는 존재가 아니다. 하나님은 이미 환상을 통하여 다니엘에게 그에 대하여 알려주신 바 있었는데, 7장과 8장에 나오는 "작은 뿔"이 바로 그 작자이다 (단 7:11, 25, 8:9). 적그리스도는 이 70 번째 이레가 시작되자 유대인들과 더불어 언약을 맺는다. 다시 그 말씀을 보자, "그가 장차 많은 사람들과 더불어 한 이레 동안의 언약을 굳게 맺고" (단 9:27a).

　물론 적그리스도가 그렇게 유대인들과 언약을 굳게 맺는 이유는 종교를 업고 세계를 통치하려는 야심 때문이다. 그뿐 아니라, 그는 무력을 통하지 않고 외교술 내지 언변으로 세계를 손아귀에 넣으려는 수작이다. 그는 거짓 평안을 약속하면서 점점 세력을 확대해나가더니, 마침내 세계가 그의 손에 들어왔다고 믿게 된다. 그렇게 되기까지 7년 중 3년 6개월이 지나간다. 바로 그때, 곧 "이레 절반에" 그는 언약을 파기한다 (27b절).

언약을 파기하면서 적그리스도는 "그 성읍과 성소를 무너뜨릴" 뿐 아니라 (26절), "제사와 예물을 금지할 것이다" (27절). 이 적그리스도는 의기양양해서 하나님을 대적할 뿐 아니라, 하나님의 백성을 박해할 것이다. 다니엘의 말을 다시 들어보자, "그가 장차 지극히 높으신 이를 말로 대적하며 또 지극히 높으신 이의 성도를 괴롭게 할 것이며 그가 또 때와 법을 고치고자 할 것이며 성도들은 그의 손에 붙인 바 되어" (단 7:25).

그러나 하나님은 적그리스도를 내버려두지 않으신다. 그는 70 번째 이레 중 절반이 되었을 때 언약을 깨뜨렸기에 결국 나머지 3년 6개월 동안 사람들을 괴롭게 할 것이다. 다시 다니엘의 예언을 들어보자, "한 때와 두 때와 반 때를 지내리라" (단 7:25). 그러니까 적그리스도는 유다의 마지막 70 이레 중 전반기 3년 반은 거짓 평화를 주나, 후반기 3년 반은 유대인들을 말할 수 없이 괴롭힐 것이다. 그 괴롭힘이 얼마나 큰지 "큰 환난"이라고 표현되었다 (마 24:21).

그러나 70 번째 이레, 곧 마지막 7년은 끝날 수밖에 없다. 그 끝에 메시야이신 그리스도 예수가 왕 중의 왕으로 다시 오실 것이다. 그분은 적그리스도를 완전히 섬멸시키시어 무저갱으로 던져버리실 것이다 (계 20:2-3). 그분의 세계가 펼쳐질 것이다, "나라와 권세와 온 천하 나라들의 위세가 지극히 높으신 이의 거룩한 백성에게 붙인 바 되리니, 그의 나라는 영원한 나라이라 모든 권세 있는 자들이 다 그를 섬기며 복종하리라" (단 7:27).

# 5. 나가면서

다니엘 9장은 종말을 이해하는데 열쇠가 되는 장이기도 하다. 70년의 포로생활을 마감하면서 인간적인 해방과 자유에 마음이 부풀어있던 다니엘에게 하나님은 그런 일시적인 해방과 자유를 뛰어넘는 해방과 자유를 알려주셨다. 그렇게 알려준 계시가 바로 "70 이레"였다. 70 이레 후 유다는 영원한 해방과 자유를 누릴 것이다. 그때의 해방은 모든 죄로부터의 해방이요, 동시에 모든 예언의 성취일 것이다.

이방인 그리스도인들인 우리도 마찬가지이다. 우리는 현재 예수 그리스도의 구속사역으로 말미암아 죄의 용서와 자유를 누린다. 얼마나 감사한 일인가! 그러나 지금 우리가 맛보는 용서와 자유는 너무나 한계가 많다. 그런 한계를 뛰어넘는 용서와 자유가 우리를 기다리는데, 바로 예수 그리스도가 다시 오실 때이다. 그렇다! 그분은 여러분과 나에게 영원한 용서와 자유를 주시기 위하여 다시 오신다고 약속하셨다.

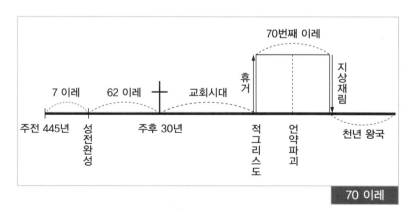

70 이레

# 39

# "69 이레와 70 이레" 사이

> "네 백성과 네 거룩한 성을 위하여 일흔 이레를 기한으로
> 정하였나니… 그러므로 너는 깨달아 알지니라! 예루살렘을
> 중건하라는 영이 날 때부터 기름 부음을 받은 자 곧 왕이
> 일어나기까지 일곱 이레와 예순두 이레가 지날 것이요…"
>
> 다니엘 9:24-25

## 1. 들어가면서

가브리엘 천사가 기도하는 중에 있는 다니엘을 찾아와서 다니엘조차도 이해할 수 없는 신비한 말씀을 전해주었다. 그 말씀은 "예루살렘을 중건하라는 영"이 선포된 시점을 기준으로 "네 백성과 네 거룩한 성을 위하여 70 이레를 기한으로 정했다"는 것이다. 한 이레를 7년으로 계산하면 그 영이 일어난 후 490만에 유다가 회복된다는 내용이었다. 그런데 490년이 지난 후에도 유다는 여전히 다른 나라의 속국<sup>屬國</sup>이었다.

여기에서 70 이레가 "7 이레와 62 이레," 곧 69 이레와 어떻게 연결되었는지가 이 신비의 말씀이 이해될 수 있는 열쇠가 될 것이다. 69 이레가 지나면 당연히 그 다음에 오는 이레는 70 이

레이다. 그러나 가브리엘이 다니엘에게 알려준 신비의 말씀은 그렇게 수치로만 풀어갈 내용이 아니었다. 왜냐하면 지난 장에서 잠깐 언급한 것처럼, 69 이레와 70 이레 사이에 교회가 삽입되었기 때문이다.

## 2. "69 이레와 70 이레" 사이

구약시대의 선지자들에게 하나님은 미래에 관하여 많은 것을 알려주셨다. 예를 들면, 예수 그리스도가 동정녀로부터 베들레헴에서 태어나실 것을 알려주셨다 (사 7:14, 미 5:2). 그분이 십자가에서 처참하게 죽으실 것도 보여주셨다 (사 53:1-12, 시 22:1-20). 심지어는 적그리스도의 출현 후 (단 7:19-27), 하나님의 나라가 이루어질 영광스러운 사실도 알려주셨다 (사 2:1-3). 마침내 새 하늘과 새 땅이 도래할 것도 알려주셨다 (사 65:17, 66:22).

이런 예언의 말씀들은 모두 이스라엘에 관한 것들이었다. 두 말할 필요도 없이 구약시대의 선지자들은 이스라엘과 그들의 메시야에 초점을 맞추고 있기 때문이었다. 당장은 그들이 개와 돼지처럼 여겼던 이방인들에게 멸망을 당했지만, 그들이 믿는 하나님이 반드시 메시야를 통하여 그들을 구원하실 것을 기대했다. 비록 *디아스포라*의 삶을 살지만, 그들이 의지하는 토라에 의하면 그들은 반드시 회복되고도 남을 것이다. 토라에서 한 곳을 인용해보자:

내가 네게 진술한 모든 복과 저주가 네게 임하므로 네가 네 하나님 여호와로부터 쫓겨간 모든 나라 가운데서 이 일이 마음에서 기억이 나거든, 너와 네 자손이 네 하나님 여호와께로 돌아와 내가 오늘 네게 명령한 것을 온전히 따라 마음을 다하고 뜻을 다하여 여호와의 말씀을 청종하면, 네 하나님 여호와께서 마음을 돌이키시고 너를 긍휼히 여기사 포로에서 돌아오게 하시되 네 하나님 여호와께서 흩으신 그 모든 백성 중에서 너를 모으시리니, 네 쫓겨간 자들이 하늘 가에 있을지라도 네 하나님 여호와께서 거기서 너를 모으실 것이며…여호와께서 또 네게 선을 행하사 너를 네 조상들보다 더 번성하게 하실 것이며…네 하나님 여호와께서 네 적군과 너를 미워하고 핍박하던 자에게 이 모든 저주를 내리게 하시리니…네 하나님 여호와께서 네 손으로 하는 모든 일과 네 몸의 소생과 네 가축의 새끼와 네 토지 소산을 많게 하시고 네게 복을 주시되 곧 여호와께서 네 조상들을 기뻐하신 것과 같이 너를 다시 기뻐하사 네게 복을 주시리라 (신 30:1-10).

그렇다! 구약시대의 선지자들은 이스라엘의 회복은 물론 그들이 모든 적군과 핍박하던 모든 원수들에게 보복하게 될 것을 믿었다. 이스라엘은 과거 어느 때보다 하나님의 축복 속에서 번성할 것을 기대했다. 그 선지자들은 이와 같은 하나님의 약속에 집중한 나머지, 이방인들에 대해선 관심이 없었다. 이방인들은 보복의 대상일 뿐이었다. 그들은 주로 이방인들로 구성된 교회를 볼 수 있는 여유도 그리고 여력도 없었다.

교회는 마치 큰 산들 속에 숨겨진 작은 집에 비유할 수 있을 것이다. 선지자들은 아주 멀리서 보이는 산들을 보았다――처녀 탄생이라는 산, 십자가라는 산, 적그리스도라는 산, 새 하늘과 새 땅이라는 산. 그러나 그 거대한 산들 사이에 숨겨진 한 작은 집, 곧 교회는 보지 못했던 것이다. 선지자들이 본 산들과 교회를 다음과 같이 도해할 수 있을 것이다.

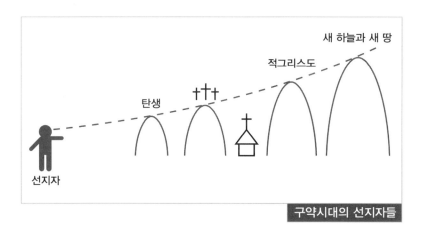

**구약시대의 선지자들**

## 3. 선지자 다니엘

다니엘도 예외는 아니었다. 가브리엘에게서 예언의 말씀을 듣고 그대로 기록해 놓긴 했지만, 69 이레 후에 당연히 70 이레가 올 것을 믿었을 것이다. 그러나 하나님의 계획은 인간의 생각과 전혀 달랐다. 69 이레와 70 이레 사이에는 엄청난 일이 일어날 것을 다니엘이 어떻게 알 수 있었겠는가? 그처럼 엄청난 일이 바로 교회의 출현이다. 그러니까 69 이레와 70 이레 사이에 교회시대가 들어간 것이다.

다니엘이 교회시대를 알지 못하고 넘어간 말씀이 있는데, 곧 7장 13~14절이다. 그 말씀을 다시 인용해보자: "내가 또 밤 환상 중에 보니 인자 같은 이가 하늘 구름을 타고 와서 옛적부터 항상 계신 이에게 나아가 그 앞으로 인도되매, 그에게 권세와 영광과 나라를 주고 모든 백성과 나라들과 다른 언어를 말하는 모든 자들이 그를 섬기게 하였으니, 그의 권세는 소멸되지 아니하는 영원한 권세요 그의 나라는 멸망하지 아니할 것이니라."

위의 말씀의 내용에 대해서는 이미 26장 "인자 같은 이"에서 설명한 바 있었다. 성부 하나님이 성자 하나님이신 예수 그리스도에게 "권세와 영광과 나라"를 하사하셨다. 그분은 그렇게 받은 "권세와 영광과 나라"를 가지고 영혼들을 구원하셨다. 그렇게 구원 받은 사람들이 그분을 섬겼던 것이다. 그렇게 섬긴 사람들은 "모든 백성과 나라들과 다른 언어를 말하는" 사람들이었다. 문자 그대로 모든 족속에서 구원받은 사람들이었다.

이 사람들이 바로 교회이다! "모든 백성과 나라들과 다른 언어를 말하는 모든 자들"은 예수 그리스도의 피 값으로 죄를 씻김 받은 사람들로, 우주적 교회를 일군 사람들이다. 시대와 장소를 초월하여 그분을 믿고 거듭난 성도들이다! 이 교회시대가 끝난 후 하나님의 나라가 도래할 것인데, 다니엘은 그 사실을 이렇게 묘사했다, "그의 권세는 소멸되지 아니하는 영원한 권세요 그의 나라는 멸망하지 아니할 것이니라.

다니엘이 교회시대를 알지 못하고 넘어간 경우가 또 있는데, 8장에서이다 (31장 두 번째 환상의 해석 참조). 헬라를 상징하는 숫염소의 머리에서 작은 뿔이 나타났다. 그 작은 뿔은 하나님을 대적할 뿐 아니라, 하나님에게 올리는 제사도 폐해버렸다. 그뿐 아니라 하나님의 성소도 헐어버렸다 (8:11). 그 작은 뿔은 70 이레 중에 나타날 적그리스도이다. 그의 행패는 다니엘 7장 25절과 9장 26-27절에서도 묘사되었다.

그렇다! 다니엘은 교회시대를 알 수 없었다. 헬라 왕국이 멸망한 후 역사적으로 적그리스도가 나타나기 이전에 교회시대를 반드시 거쳐야 했다. 그러나 이처럼 중요한 교회시대를 알지 못했던 다니엘은 헬라를 상징하는 숫염소에게서 바로 작은 뿔이 나와서 행패를 부리는 적그리스도를 등장시켰던 것이다. 그 어간에 주로 이방인으로 이루어진 우주적 교회가 들어가야 되는 중대한 사건을 알지 못했기 때문이었다.


## 4. 다른 선지자들

다른 구약시대의 선지자들도 교회시대를 알지 못했다. 그 중 한 사람은 이사야인데, 그의 예언을 보면서 설명해보자. "…여호와께서 내게 기름을 부으사 가난한 자에게 아름다운 소식을 전

하게 하려 하심이라. 나를 보내사 마음이 상한 자를 고치며 포로
된 자에게 자유를, 갇힌 자에게 놓임을 선포하며 여호와의 은혜
의 해와, 우리 하나님의 보복의 날을 선포하여 모든 슬픈 자를 위
로하되"(61:1-2).

"여호와의 은혜의 해와" 까지는 교회시대에 대한 예언이나, 그
후 "우리 하나님의 보복의 날…"은 교회시대 끝에 다시 오실 심
판의 주를 가리킨다. 그런 이유 때문에 예수 그리스도도 위의 말
씀을 인용하실 때 "여호와의 은혜의 해"까지만 읽으시면서 복음
을 전파하셨다 (눅 4:17-19). 마지막 때가 이르기 전에 복음을 통
한 교회의 시대를 선지자 이사야는 알지 못했지만, 예수 그리스
도는 잘 아셨기에 그렇게 잘라서 인용하셨던 것이다.

선지자 스가랴도 마찬가지였다. "보라! 네 왕이 네게 임하시나
니, 그는 공의로우시며 구원을 베푸시며 겸손하여서 나귀를 타
시나니 나귀의 작은 것 곧 나귀 새끼니라. 내가 에브라임의 병거
와 예루살렘의 말을 끊겠고 전쟁하는 활도 끊으리니, 그가 이방
사람에게 화평을 전할 것이요; 그의 통치는 바다에서 바다까지
이르고 유브라데 강에서 땅 끝까지 이르리라"(9:9-10). 스가랴
의 이 예언도 역시 교회의 시대를 알지 못한 것이었다.

이 예언대로 예수님은 나귀 새끼를 타고 예루살렘으로 입성<sup>入城</sup>
하셨고 그리고 십자가에서 죽으셨다. 그리고 "내가 에브라임의
병거와…활도 끊으리니…그의 통치는 바다에서 바다까지 이르
고…"는 그분이 재림하셔서 하나님의 나라를 통치하실 때를 예
언한 것이다. 선지자 스가랴가 이처럼 두 가지 다른 예언을 한 가

지인 것처럼 한 것은 그 두 예언 사이에 삽입되어 있는 교회를 알지 못했기 때문이었다.

선지자 요엘도 역시 그랬다. "그 후에 내가 내 영을 만민에게 부어 주리니 너희 자녀들이 장래 일을 말할 것이며 너희 늙은이는 꿈을 꾸며 너희 젊은이는 이상을 볼 것이며, 그 때에 내가 또 내 영을 남종과 여종에게 부어 줄 것이며, 내가 이적을 하늘과 땅에 베풀리니 곧 피와 불과 연기 기둥이라. 여호와의 크고 두려운 날이 이르기 전에 해가 어두워지고 달이 핏빛 같이 변하려니와" (2:28-31).

요엘은 이 예언을 하나의 예언으로 보았다. 왜냐하면 그도 역시 이스라엘 사람으로 이방인들로 구성될 교회를 알지 못했기 때문이다. 교회시대의 특징은 성령의 우주적 역사이다. 만민이 성령을 받아 거듭나서 교회를 일구게 된다. 그 교회시대가 끝나면 적그리스도의 출현과 함께 각종의 이적이 하늘과 땅에서 일어나서, "해가 어두워지고 달이 핏빛 같이 변하게 될 것이다"(계8:12). 결국, 요엘의 이 예언도 교회시대가 삽입되어 있지 않았다.

## 5. 나가면서

그렇다! 다니엘을 비롯하여 선지자들은 그들의 메시야, 곧 예수 그리스도의 초림과 재림 사이에 삽입될 교회를 알지도 못했고, 또 기록도 못했다. 그런데, 한 가지 놀라운 것은 다니엘이 기

록한 예언 중에 7 이레와 62 이레와 1 이레가 들어있다는 사실
이다. 그 수자가 놀라운 것은 69 이레와 70 이레를 분리해서 기
록했기 때문이다. 비록 다니엘은 그 이유를 알지 못하고 기록했
지만, 교회의 삽입이라는 하나님의 계획을 간접적으로나마 암시
한 것이었다.

구약시대에 있었던 많은 선지자들 가운데 누가 교회시대를 이
처럼 시사했는가? 물론 없다! 오로지 다니엘뿐이다! 물론 다
니엘이 교회를 구체적으로 안 것은 아니지만, 그래도 그만큼 제
시한 것은 놀라운 예언일 수밖에 없다. 비록 다니엘은 12장으로
이루어진 작은 성경이나, 그 내용에서는 어떤 대선지서 못지않은
엄청난 예언들을 담고 있다. 종말, 세상을 지배하는 이방 나라
들, 적그리스도, 69 이레와 70 이레! 과연 놀라운 선지자이다!

# 40 다니엘의 세 번째 환상

--------------------------------------------------------

"바사 왕 고레스 제삼 년에 한 일이 벨드사살이라 이름한 다니엘에게 나타났는데, 그 일이 참되니 곧 큰 전쟁에 관한 것이라. 다니엘이 그 일을 분명히 알았고 그 환상을 깨달으니라. 그 때에 나 다니엘이 세 이레 동안을 슬퍼하며, 세 이레가 차기까지 좋은 떡을 먹지 아니하며 고기와 포도주를 입에 대지 아니하며 또 기름을 바르지 아니하니라. 첫째 달 이십사일에 내가 힛데겔이라 하는 큰 강가에 있었는데, 그 때에 내가 눈을 들어 바라본즉 한 사람이 세마포 옷을 입었고, 허리에는 우바스 순금 띠를 띠었더라. 또 그의 몸은 황옥 같고, 그의 얼굴은 번갯빛 같고, 그의 눈은 횃불 같고, 그의 팔과 발은 빛난 놋과 같고, 그의 말소리는 무리의 소리와 같더라. 이 환상을 나 다니엘이 홀로 보았고, 나와 함께 한 사람들은 이 환상은 보지 못하였어도 그들이 크게 떨며 도망하여 숨었느니라. 그러므로 나만 홀로 있어서 이 큰 환상을 볼 때에 내 몸에 힘이 빠졌고 나의 아름다운 빛이 변하여 썩은 듯하였고 나의 힘이 다 없어졌으나, 내가 그의 음성을 들었는데, 그의 음성을 들을 때에 내가 얼굴을 땅에 대고 깊이 잠들었느니라."

다니엘 10:1-9

## 1. 들어가면서

다니엘은 두 부분으로 되어있는데, 7~12장은 둘째 부분이다. 그런데 거기에는 다니엘이 본 환상이 세 번 나온다. 첫 번째 환상은 7장에 나오고, 두 번째 환상은 8장에 나오며, 세 번째 환상은 10~12장에 나온다. 첫 번째 환상은 네 짐승, 곧 사자, 곰, 표범, 괴물에 관한 것이나, 두 번째 환상은 두 짐승, 곧 숫양과 숫염소에 관한 것이다. 세 번째 환상은 남방 왕과 북방 왕 사이에 일어나는 전쟁에 관한 것이다.

다니엘이 본 세 환상을 비교해보면, 처음의 환상보다는 나중의 환상이 길이도 더 길고 또 더 복잡하다. 그 이유는 무엇일까? 그 이유는 처음의 환상을 확대한 환상이 나중 환상이기 때문이다. 다른 말로 표현하면, 하나님은 다니엘에게 세 번의 환상을 보여주실 때 먼저 환상과 전혀 연관이 없는 새로운 환상을 보여주지 않으셨다. 먼저 환상을 토대로 나중 환상을 보다 자세하게 그리고 보다 세부적으로 보여주셨던 것이다.

그런 현상을 가장 잘 보여주는 것이 바로 세 번째 환상이다. 7장과 8장의 환상의 특징은 각각 한 장에 기록되었는데, 세 번째의 환상은 10~12장의 석장에 기록되었다. 물론 이 석장 모두가 한 가지 환상을 기록한 것은 아니다. 환상은 11장에서 집중적으로 기록되어 있으나, 그 환상에 앞서 환상을 소개하는 10장이 나온다. 그리고 환상의 기록이 끝난 후 환상의 후기後記와 같은 내용이 12장이다. 그러면서 동시에 다니엘도 끝을 맺는다.

## 2. 시기와 장소

다니엘이 세 번째 환상을 본 것은 고레스 왕 3년이었다. 고레스 왕 3년을 정확히 환산하면 주전 535년이다. 그런데 하나님이 다니엘에게 환상을 보여주실 때마다 다니엘은 그 연도를 정확히 기록하였다. 그가 처음으로 환상을 받을 때도 역시 그러했다. 그의 말을 직접 인용해보자, "바벨론 벨사살 왕 *원년*에 다니엘이 그의 침상에서 꿈을 꾸며 머리 속으로 환상을 받고 그 꿈을 기록하며 그 일의 대략을 진술하니라" (단 7:1).

다니엘이 두 번째 환상을 볼 때도 마찬가지였다. 다시 그의 말을 들어보자, "나 다니엘에게 처음에 나타난 환상 후 벨사살 왕 *제삼 년*에 다시 한 환상이 나타나니라" (단 8:1). 그뿐 아니라, 다니엘이 하나님의 말씀을 받을 때도 그 때를 정확히 기록하였다, "메대 족속 아하수에로의 아들 다리오가 갈대아 나라 왕으로 세움을 받던 첫 해 곧 그 통치 *원년에*…" 다니엘은 이스라엘의 해방을 깨달았다 (단 9:1-2).

다니엘은 그가 받은 환상의 시기를 정확히 기록했을 뿐 아니라, 환상들을 본 장소도 꼼꼼하게 기록하였다. 그가 첫 번째 환상을 본 장소는 어디인가? 그의 말에 의하면, 그의 침상에서였다. 다시 말해서, 그가 집에서 잠을 청하고 있을 때 환상을 보았던 것이다. 두 번째 환상을 본 장소도 분명하다, "내가 환상을 보았는데 내가 그것을 볼 때에 내 몸은 엘람 지방 수산 성에 있었고 내가 환상을 보기는 *을래 강변*에서이니라" (단 8:2).

다니엘이 세 번째 본 환상의 장소는 어디였는가? 다시 그의 말을 직접 들어보자, "첫째 달 이십사일에 내가 힛데겔이라 하는 큰 강가에 있었는데" (단 10:4). 힛데겔 강은 티그리스 강의 다른 이름이다. 그러니까 다니엘은 세 번의 환상 중 두 번이나 강가에 있을 때 환상을 보았다. *을래 강변*은 남쪽의 수산 궁 가까이에 있고, 힛데겔 강은 바벨론의 북쪽에 있는 강이었다. 어쩌면 강가에서 묵상을 하며 기도하다가 환상을 보았을 것이다.

그렇다면 왜 다니엘은 환상들을 본 시기와 장소에 대하여 그렇게 빠지지 않고 상세히 기록하였는가? 환상은 주관적인 경험이기에 어떤 개인의 환상을 객관화시키는 것은 결코 쉽지 않다. 다니엘은 비록 개인적으로 본 환상들이지만, 그 환상들이 그에게만 적용되지 않고 유다에게도 적용된다는 사실을 알았다. 그런 까닭에 그의 환상들을 모든 유대 사람들도 받아들이기를 원했다. 그렇지 않다면 그들이 어떻게 장래를 준비할 수 있겠는가?

한 발 더 나아가서, 유다의 장래는 인류와도 연관되어 있다. 그렇지 않다면 하나님은 다니엘에게 네 짐승의 환상을 보여주지 않으셨을 것이다. 4대 제국을 상징하는 네 짐승의 흥망성쇠는 유대 민족과 직접적으로 연관되어 있다. 특히 인류의 종말과 유다의 마지막은 서로 물려있다. 다니엘의 환상들은 동시에 모든 사람들을 위한 것이다. 다니엘이 본 환상들이 허구虛構가 아니라 실제라는 것을 강조하기 위하여 시기와 장소를 구체적으로 기록하였던 것이다.

# 3. 다니엘의 준비

하나님은 다니엘에게 세 번째 환상을 보여주시기로 작정하셨다. 다니엘이 그런 하나님의 뜻을 알지도 못하면서도 환상을 받을 준비를 하고 있었다. 바로 이 점이 다니엘로 하여금 위대한 선지자의 반열에 들어가게 하는 점이었다. 그렇다! 그는 항상 하나님이 보여주신다면 언제라도 그 환상을 볼 준비를 하고 있었다. 두말할 필요도 없이 하나님은 그렇게 준비된 다니엘에게 세 번째 환상을 보여주셨던 것이다.

그렇다면 다니엘은 어떻게 세 번째 환상을 볼 준비를 하고 있었는가? 그가 어떻게 하나님의 영적 계시를 받을 준비를 하고 있었는지 다시 말씀을 통하여 알아보자, "그 때에 나 다니엘이 세 이레 동안을 슬퍼하며, 세 이레가 차기까지 좋은 떡을 먹지 아니하며 고기와 포도주를 입에 대지 아니하며 또 기름을 바르지 아니하니라."(단 10:2-3). 이 묘사에 의하면 다니엘은 다음과 같이 세 가지로 준비하고 있었다.

다니엘은 "세 이레 동안을 슬퍼했다." 세 이레는 21일 간을 뜻하기에, 다니엘은 21일이란 긴 기간 동안 슬퍼했다는 것이다. 여기에서 "슬퍼했다"는 말은 틀림없이 금식을 뜻했을 것이다. 그럼 다니엘은 무엇 때문에 그렇게 오랫동안을 슬퍼했는가? 첫째 이유는 유월절과 무교절과 연루된 금식 때문이었을 것이다. 유월절은 유대인의 첫째 달 14일부터 시작되는데, 본문에서도 이렇게 기록하고 있다, "첫째 달 이십사일에"(4절).

그러니까 다니엘은 유월절과 무교절이 시작되기 전부터 슬퍼하면서 24일을 맞이하였다. 두말할 필요도 없이 유월절은 유대인이 애굽에서 해방된 절기이며, 동시에 무교절은 그들이 애굽에서 당한 고난을 기억하면서 일주일 동안 누룩 없는 떡을 먹는 절기였다. 틀림없이 다니엘은 출애굽의 역사를 생각하면서, 그리고 바벨론의 멸망과 더불어 찾아온 유대인의 해방을 염두에 두면서 슬퍼하며 금식기도를 했을 것이다.

다니엘이 그렇게 오랫동안 슬퍼한 둘째 이유는 그 당시 유대인들의 열악한 상황 때문이었을 것이다. 고레스 왕 원년에 그 왕의 특명으로 유대인들 가운데 일부가 예루살렘으로 이미 돌아간 바 있었다 (스 1:1-4). 그러나 성전건축도 방해꾼들 때문에 중단되고 (스 4:4), 예루살렘 성곽은 황폐되어서 고국으로 돌아간 유대인들의 상황은 지극히 열악했다 (느 1:3). 다니엘은 그런 상황을 들으면서 슬퍼하며 금식했던 것이다.

다니엘은 이렇게 슬퍼하면서 "좋은 떡도 먹지 아니하며, 고기와 포도주를 입에 대지 않았다." 비록 그는 육체적으로는 유대인들처럼 고통스러운 환경에 처해있지는 않았지만, 마음만은 그들과 함께 고통을 받고 있었던 것이다. 그뿐 아니라, 그는 "기름도 바르지 아니했다." 다니엘은 그의 신분에 걸맞은 차림새를 하지 않았을 뿐 아니라, 정상적인 삶도 포기한 채 유대인들과 고통을 함께 나누고 있었다. 이것이 셋째 이유였다.

# 4. "한 사람"

다니엘이 이렇게 슬퍼하며 그의 백성과 함께 고통을 나누며 기도하고 있을 때, 그에게 "한 사람"이 보였다. 도대체 이 "한 사람"은 누구인가? 왜 다니엘에서는 종종 생각하지 못했던 제3의 인물이 등장하는가? 예를 들면, 다니엘의 세 친구인 사드락과 메삭과 아벳느고가 우상에게 절하기를 거부하고 풀무 속에 던져졌을 때도 "한 사람"이 그들과 함께 하였다. 그 결과 그들은 조금도 불에 거슬리지 않았다 (단 3:24-25).

다니엘이 첫 번째 환상을 보았을 때도 역시 "한 사람"이 나타났다. 그 사람은 "인자 같은 이"로 묘사되었는데, 다시 한 번 그에 대한 묘사를 인용해보자, "…인자 같은 이가 하늘 구름을 타고 와서 옛적부터 항상 계신 이에게 나아가 그 앞으로 인도되매, 그에게 권세와 영광과 나라를 주고…모든 자들이 그를 섬기게 하였으니, 그의 권세는…영원한 권세요 그의 나라는 멸망하지 아니할 것이니라" (단 7:13-14).

여기에 나오는 "인자 같은 이"는 앞으로 영원한 하나님의 나라를 이루기 위하여 이 세상에 오실 예수 그리스도를 말한다. 그렇다면 이 장에 나오는 "한 사람"도 바로 같은 분인 예수 그리스도를 가리키고 있음에 틀림없다. 하나님이 다니엘에게 직접 임하셔서 환상을 보여주신 것이 아니다. 하나님은 "한 사람"을 다니엘에게 보내셔서 환상을 볼 수 있게 하신 것이다. 그렇게 보냄을 받은 분을 다니엘은 다음과 같이 묘사하고 있다:

"한 사람이 세마포 옷을 입었고, 허리에는 우바스 순금 띠를 띠었더라. 또 그의 몸은 황옥 같고, 그의 얼굴은 번갯빛 같고, 그의 눈은 횃불 같고, 그의 팔과 발은 빛난 놋과 같고, 그의 말소리는 무리의 소리와 같더라"(5-6절). 이런 모습을 한 분이 예수 그리스도라는 사실을 확인해주는 말씀도 있는데, 그 말씀은 요한계시록에서 찾을 수 있다. 요한계시록에서도 예수 그리스도를 영원한 하나님의 나라를 건설하기 위하여 다시 오실 분으로 묘사하고 있다.

"촛대 사이에 인자 같은 이가 발에 끌리는 옷을 입고 가슴에 금 띠를 띠고, 그의 머리와 털의 희기가 흰 양털 같고 눈 같으며, 그의 눈은 불꽃 같고, 그의 발은 풀무 불에 단련한 빛난 주석 같고 그의 음성은 많은 물소리와 같으며, 그의 오른손에 일곱별이 있고 그의 입에서 좌우에 날선 검이 나오고 그 얼굴은 해가 힘 있게 비치는 것 같더라"(계 1:13-16). 물론 문자적으로 모든 것이 같지는 않지만, 전체의 모습은 같은 분인 예수 그리스도이시다.

다니엘은 그렇게 나타나신 "한 사람"을 보았는데, 그와 함께 있던 사람들은 보지 못했다. 보기는커녕 사람들은 두려움에 휩싸여서 떨며 도망가서 숨었다. 다니엘만이 그분을 본 것이었다. 마치 다메섹으로 가던 사울만이 그에게 나타나신 예수 그리스도의 음성을 들은 것처럼 말이다 (행 9:7). 그렇다! 하나님은 언제나 준비된 사람에게만 자신을 계시하신다. 사도 요한도 그랬고, 바울 사도도 그랬고, 다니엘도 그러했다.

# 5. 나가면서

다니엘은 황옥 같은 몸에 번개 빛 같은 얼굴을 하신 분, 거기에다 횃불 같은 눈을 가지고 팔과 발은 빛난 주석 같은 모습을 하신 그 "한 사람"을 보자, 힘이 빠졌다. 힘만 빠진 게 아니라, 그는 "얼굴을 땅에 대고 깊이 잠이 들었다." 이제부터 다니엘은 그의 이성과 경험을 초월한 환상을 보고 또 받아들일 준비를 마친 셈이다. 이제부터 그 "한 사람"이 무엇을 보여주든 그는 받아들이고 또 기록할 준비를 갖추게 되었다.

그렇다! 다니엘은 유대인들의 고통을 자신의 고통으로 여기면서 "슬퍼하며…좋은 떡을 먹지 아니하며 고기와 포도주를 입에 대지 아니하며 또 기름도 바르지 아니하면서" 영적으로나 육체적으로나 정신적으로 깨어있었다. 그것도 하루 이틀이 아니라 21일씩이나 말이다. 마침내 하나님은 그렇게 준비된 다니엘에게 "한 사람"을 보내어 마지막 때의 전쟁에 관한 놀라운 환상을 보여주셨던 것이다.

# 41

# 영적 전쟁

"한 손이 있어 나를 어루만지기로 내가 떨었더니, 그가 내 무릎과 손바닥이 땅에 닿게 일으키고, 내게 이르되, '큰 은총을 받은 사람 다니엘아 내가 네게 이르는 말을 깨닫고 일어서라. 내가 네게 보내심을 받았느니라' 하더라. 그가 내게 이 말을 한 후에 내가 떨며 일어서니, 그가 내게 이르되, '다니엘아 두려워하지 말라! 네가 깨달으려 하여 네 하나님 앞에 스스로 겸비하게 하기로 결심하던 첫날부터 네 말이 응답 받았으므로 내가 네 말로 말미암아 왔느니라. 그런데 바사 왕국의 군주가 이십일 일 동안 나를 막았으므로 내가 거기 바사 왕국의 왕들과 함께 머물러 있더니, 가장 높은 군주 중 하나인 미가엘이 와서 나를 도와주므로 이제 내가 마지막 날에 네 백성이 당할 일을 네게 깨닫게 하러 왔노라. 이는 이 환상이 오랜 후의 일임이라' 하더라. 그가 이런 말로 내게 이를 때에 내가 곧 얼굴을 땅에 향하고 말문이 막혔더니, 인자와 같은 이가 있어 내 입술을 만진지라. 내가 곧 입을 열어 내 앞에 서 있는 자에게 말하여 이르되, '내 주여 이 환상으로 말미암아 근심이 내게 더하므로 내가 힘이 없어졌나이다. 내 몸에 힘이 없어졌고 호흡이 남지 아니하였사오니, 내 주의 이 종이 어찌 능히 내 주와 더불어 말씀할 수 있으리이까' 하니, 또 사람의 모양 같은 것 하나가 나를 만지며 나를 강건하게 하여 이르되, '큰 은총을 받은 사람이여, 두려워하지 말라! 평안하라! 강건하라! 강건하라!' 그가 이같이 내게 말하매 내가 곧 힘이 나서 이르되, '내 주께서 나를 강건하게 하셨사오니 말씀하옵소서.' 그가 이르되, '내가 어찌하여 네게 왔는지 네가 아느냐? 이제 내가 돌아가서 바사 군주와 싸우려니와 내가 나간 후에는 헬라의 군주가 이를 것이라. 오직 내가 먼저 진리의 글에 기록된 것으로 네게 보이리라. 나를 도와서 그들을 대항할 자는 너희의 군주 미가엘 뿐이니라.'"

다니엘 10:10-21

# 1. 들어가면서

　다니엘은 "한 사람"을 본 후 (단 10:5), 큰 충격을 받은 듯 했다. 그 충격을 그는 이렇게 기록하였다, "…이 큰 환상을 볼 때에 내 몸에 힘이 빠졌고 나의 아름다운 빛이 변하여 썩은 듯하였고 나의 힘이 다 없어졌으나" (단 10:8). 그뿐 아니라 그 사람의 음성을 들은 후 "얼굴을 땅에 대고 깊이 잠들었다" (단 10:9). 다니엘은 이미 두 번째 환상을 본 후에도 비슷한 경지에 빠져 들어간 적이 있었다 (단 8:18).

　사도 요한도 예수 그리스도에 대한 환상을 본 후 그런 경지에 들어갔다. 그의 기록을 직접 보자, "내가 볼 때에 그의 발 앞에 엎드러져 죽은 자 같이 되매…" (계 1:17). 다니엘이나 사도 요한의 경험은 주님의 영광을 볼 때 일어나는 것이다. 그분의 영광 앞에서 한편 두렵고 떨리며, 또 한편 감사와 찬양 때문에 쓰러지기도 하고 깊은 잠에 빠질 수도 있다. 그런 경험은 이사야와 바울에게도 있었다 (사 6:5, 행 9:8).

　다니엘이 그처럼 "한 사람"의 영광 앞에서 힘을 잃고 또 잠이 들었을 때, 그는 하나님의 말씀을 받을 수 있고, 또 환상도 볼 수 있게 된 것이다. 다시 말해서, 다니엘은 그 "한 사람" 앞에 완전히 굴복한 셈이다. 그렇게 굴복하지 않고, 그 자신의 인간적인 지성과 총명으로 하나님의 계시와 환상을 분석하고, 걸러내려고 했다면, 얼마나 많은 것을 놓쳤겠는가? 어떻게 수백 년 내지 수천 년 후의 일을 그의 이성으로 깨달을 수 있었겠는가?

# 2. "만지다"

다니엘은 "얼굴을 땅에 대고 깊이 잠들어" 있었다. 그때 "한 손"이 다니엘을 어루만졌다. 그런데 이 장의 본문에는 "만지다"는 동사가 세 번이나 나온다. 첫 번째는 10절--"한 손이 있어 나를 어루만지기로"--에서 나오고, 두 번째는 16절--"인자와 같은 이가 있어 내 입술을 만진지라"--에서 나오고, 세 번째는 18절--"또 사람의 모양 같은 것 하나가 나를 만지며"--에서 나온다.

다니엘이 잠들었거나, 아니면 연약할 때 그를 만져서 깨어나게 하거나 강건하게 한 사람은 틀림없이 가브리엘일 것이다. 왜냐하면 가브리엘은 기쁜 소식을 전하는 천사이기 때문이다. 실제로 예수 그리스도가 구세주로 태어나실 것을 마리아에게 알린 천사도 가브리엘이었다 (눅 1:26-35). 가브리엘은 제사장인 사가랴에게도 나타나서 그와 그의 아내가 늙은 나이에도 불구하고 아들인 요한을 낳겠다는 기쁜 소식을 전해주었다 (눅 1:11-19).

이 천사는 잠들어있는 다니엘을 어루만졌고, 다니엘은 떨면서 엉거주춤 일어났다. 그의 무릎과 손바닥이 땅에 닿을 정도로 일어났다 (단 10:10). 그러나 가브리엘은 그렇게 떨면서 제대로 일어나지도 못하는 다니엘이 하나님으로부터 "큰 은총"을 받은 자였다는 것을 알았다. 은총 받은 자가 가브리엘 앞에서 무릎을 꿇을 필요가 없었다. 그러므로 가브리엘은 그에게 꼿꼿이 일어나라고 했다. 그 말에 따라 다니엘은 일어서긴 했는데, 여전히 떨고 있었다.

그 천사는 유다가 마지막 날에 당할 일을 깨닫게 해주기 위하여 다니엘에게 왔다고 했다. 그 말을 들은 다니엘은 얼굴을 숙인 채 말문이 막혀 입을 열 수 없었다. 그때 그 천사는 두 번째로 다니엘을 만졌는데, 이번에는 입술을 만졌다. 그렇게 입술을 만지자, 다니엘은 입이 열렸고 그래서 이렇게 호소했다: "환상으로 말미암아 근심이 내게 더하므로…내 몸에 힘이 없어졌고 호흡이 남지 아니하였사오니…어찌 능히 내 주와 더불어 말씀할 수 있으리이까?"

다니엘은 한편 걱정 때문에 말문이 막혔고, 또 한편 힘이 빠져서 입을 열어 천사와 대화할 수 없다고 했다. 그러자 그 천사는 다시 다니엘을 만졌는데, 이것은 세 번째 만짐이었다. 다니엘을 만지면서 천사는 "두려워하지 말라! 평안하라! 강건하라!"고 말했다. "두려워하지 말라"는 천사의 출현과 계시가 다니엘을 위한 것이기에 두려워할 필요가 없다는 뜻이다. "평안하다"는 마음의 안정을, 그리고 "강건하라"는 육체의 회복을 각각 뜻한다.

그런데 그 천사가 다니엘을 세 번씩 만지면서 부른 것도 세 번 나온다. 첫 번째는 11절--"큰 은총을 받은 사람 다니엘아!"--에서, 두 번째는 12절--"다니엘아 두려워하지 말라!"--에서, 그리고 세 번째는 19절--"큰 은총을 받은 사람이여!"--에서이다. 그 천사가 다니엘을 이렇게 세 번씩 부른 것은 가브리엘이 다니엘의 기도 응답으로 왔다는 사실을 강조하면서, 동시에 다니엘이 하나님으로부터 은혜를 많이 받은 사람이라는 것을 강조하기 위함이다.

## 3. 전쟁의 실제

이렇게 천사가 다니엘에게 나타나서 세 번 부르면서 세 번씩이나 만진 결과 다니엘은 정상적으로 돌아왔다. 정상적으로 돌아왔을 뿐 아니라, 그는 천사에게 메시지를 전해달라고 했다. 다니엘이 메시지를 받을 만반의 준비가 되었다는 뜻이다. 그의 말을 직접 들어보자, "그가 이같이 내게 말하매, 내가 곧 힘이 나서 이르되, '내 주께서 나를 강건하게 하셨사오니 말씀하옵소서'" (단 10:19).

그러면 천사가 다니엘에게 전하고자 했던 메시지는 무엇이었는가? 그 메시지의 핵심은 전쟁에 관한 것이었다. 다니엘의 기록을 다시 인용해보자, "…곧 큰 전쟁에 관한 것이라…" (단 10:1). 다니엘에게 들려줄 메시지는 앞으로 일어날 전쟁에 관한 것이었다. 다니엘은 처음 두 번의 환상에서도 짐승들이 서로 물고 뜯으면서 싸우는 모습을 본 바 있었다. 특히 마지막 싸움은 단순한 전쟁이 아니라 적그리스도와 연루된 치열한 싸움이었다 (단 7).

천사가 다니엘에게 한 말을 다시 인용해보자, "이제 내가 마지막 날에 네 백성이 당할 일을 네게 깨닫게 하려 왔노라. 이는 이 환상이 오랜 후의 일임이라" (단 10:14). 그렇다! 하나님으로부터 큰 은총을 받은 다니엘에게 천사가 알려주려는 계시는 마지막 때 일어날 큰 전쟁에 관한 것이었다. 그 천사는 다니엘에게 그 전쟁에 대하여 너무나 상세히 알려주었는데, 그 전쟁 상황은 11장에 기록되어 있다.

그런데 그 환상이 너무나 중요하기에 다니엘에게 전달되기를 원하지 않는 세력도 있었다. 그 세력은 두말할 필요도 없이 하나님의 뜻을 방해하려고 발버둥치는 악의 무리, 곧 사탄과 그 졸개들이다. 왜 그들은 방해하려하는가? 하나님의 뜻이 다니엘에게 알려지고 또 그를 통하여 유다에게 알려지면, 그들은 당연히 하나님의 뜻 가운데서 행할 것이기 때문이다. 그들이 하나님의 뜻에 따라 행하면 그만큼 악의 세력이 위축될 것이 뻔하기 때문이다.

그러니까 다니엘이 본 세 번째 환상에는 두 가지 전쟁이 들어 있는데, 하나는 11장에 자세히 묘사되어 있고, 또 하나는 10장에 제시되어 있다. 11장에 묘사된 전쟁은 지상地上에서 일어날 실제적인 전쟁이고, 10장에 제시된 전쟁은 천상天上에서 일어날 영적 전쟁이다. 물론 영적 전쟁은 지상의 전쟁만큼 자세히 기록되지 않았지만, 그래도 그 중요성은 이루 말할 수 없다. 왜냐하면 종종 지상에서의 전쟁은 천상에서의 전쟁과 깊은 연관이 있기 때문이다.

한 번은 이스라엘과 아람 사이에 전쟁이 있었다. 이스라엘은 선지자 엘리사의 도움으로 아람 군대를 번번이 물리쳤으며, 따라서 아람 왕은 엘리사를 잡으려고 그가 있는 곳을 에워싼 적이 있었다. 이에 두려워하는 사환에게 엘리사는 기도를 통하여 그들을 호위하고 있는 하늘의 불말과 불병거들을 보여주었다 (상하

6:14-17). 그렇다! 엘리사는 전쟁터에 몸소 가지는 않았지만, 영적으로 그 전쟁에 참여하고 있었던 것이다.


## 4. 천상의 전쟁

하늘에서 일어난 영적 전쟁을 알아보기 위하여 다시 본문 가운데 일부를 인용해보자, "…내가 네게 보내심을 받았느니라" (11절). 이 말을 한 천사는 위로부터 보내심을 받아 다니엘에게 이르렀다고 했다. 그럼 왜 천사는 특별히 다니엘에게 보내졌는가? 그 이유도 그 천사는 밝히고 있다, "…네가 깨달으려 하여 네 하나님 앞에 스스로 겸비하게 하기로 결심했기" 때문이었다 (12절).

그 천사는 위로부터 보냄을 받은 것은 언제이며, 얼마나 걸려서 다니엘에게 이르렀는지도 밝히고 있다, "…스스로 겸비하게 하기로 결심하던 첫날부터 네 말이 응답 받았으므로 내가 네 말로 말미암아 왔느니라. 그런데 바사 왕국의 군주가 이십일일 동안 나를 막았으므로 내가 거기 바사 왕국의 왕들과 함께 머물러 있더니…" (12-13절). 그러니까 기도를 시작한 날에 응답 받았으나 21일이나 걸렸다는 것이다.

그러니까 다니엘이 깨닫기 위하여 "슬퍼하며…좋은 떡을 먹지 아니하며 고기와 포도주를 입에 대지 아니하며 또 기름을 바르지 아니하기로" 결심하던 첫날부터 하나님은 응답하셨다. 바로 그날 천사가 메시지를 가지고 떠났으나, 그를 가로막는 작자가 있었다. 그 작자는 바사 왕국의 군주였는데, 자그마치 21일간이나 가로막았다. 바사 왕국의 군주는 바사 왕국의 영적 수호신 내지 통치자로서 악령에 해당된다.

만일 이스라엘을 수호하는 천사장 미가엘의 도움이 없었다면 그 천사는 다니엘에게 도달하지 못했을지도 모른다. 그 천사의 말을 다시 들어보자, "…가장 높은 군주 중 하나인 미가엘이 와서 나를 도와주므로 이제 내가…왔노라"(13-14절). 그 천사는 하나님의 계시를 다니엘에게 다 전한 후에 다시 바사 군주와 전쟁을 하러 돌아갈 것이다: "…이제 내가 돌아가서 바사 군주와 싸우려니와…"(20절).

그렇다! 다니엘이 하나님의 마음에 드는 기도를 시작하자 그의 기도는 즉시 응답되었으나, 천상의 전쟁 때문에 그 응답이 21일이나 늦게 도착하였던 것이다. 물론 다니엘은 그의 기도가 21일이나 응답되지 않는 이유를 알지 못했으나, 그래도 그는 전심전력으로 기도했다. 그의 기도 때문에 하늘에서 천사들의 치열한 전쟁이 일어나고 있다는 것을 몰랐지만, 다니엘은 혼신을 다하여 기도하고 있었다.

그렇다면 이 악한 천사들은 누구인가? 그들은 일찍이 사탄을 추종함으로 타락한 존재들이다. 반면, 하나님의 뜻을 거스르지 않고 따르는 수많은 천사들도 있다. 악한 영들은 호시탐탐 하나님의 뜻을 방해하기 위하여, 그리고 기도의 응답이 지연되게 하기 위하여 수단방법을 가리지 않고 선한 천사들과 하늘에서 전쟁을 일으킨다. 이 전쟁은 자세히 알 수 없으나 수천수만의 천사들이 연루되기에 상상을 초월할 만큼 치열할 것이다.


## 5. 나가면서

이제 우리는 지상의 전쟁과 천상의 전쟁이 종종 서로 연루되어 있다는 것을 알게 되었다. 많은 지상의 전쟁을 통하여 그렇게 많은 애꿎은 사람들이 희생을 당함으로, 복음을 들을 기회를 잃게 된다. 그뿐 아니라, 많은 사람들이 행복한 삶을 영위하지 못한다. 행복한 삶이 하나님의 뜻인데도 말이다 (신 10:13). 그러므로 우리는 지상에서 일어나는 많은 전쟁을 보면서 영적 전쟁의 실제를 인식하며 기도해야 한다.

영적 전쟁은 그리스도인들의 기도생활에서도 치열하다. 그들이 하나님의 뜻대로 기도하는데도 불구하고, 얼른 응답 받지 못하는 이유가 여기에 있다. 악령들이 기도의 응답을 가로막고 있기 때문이다. 그들의 기도내용이 하나님의 뜻에 따른 것이라면, 그런데도 응답받지 못한다고 느껴지면, 천상의 전쟁을 생각해야 한다. 그리고 기도가 반드시 응답될 것을 믿고 혼신을 다하여 기도해야 한다.

# 42 지상의 전쟁

"내가 또 메대 사람 다리오 원년에 일어나 그를 도와서 그를 강하게 한 일이 있었느니라. 이제 내가 참된 것을 네게 보이리라: 보라, 바사에서 또 세 왕들이 일어날 것이요 그 후의 넷째는 그들보다 심히 부요할 것이며, 그가 그 부요함으로 강하여진 후에는 모든 사람을 충동하여 헬라 왕국을 칠 것이며, 장차 한 능력 있는 왕이 일어나서 큰 권세로 다스리며 자기 마음대로 행하리라. 그러나 그가 강성할 때에 그의 나라가 갈라져 천하 사방에 나누일 것이나, 그의 자손에게로 돌아가지도 아니할 것이요 또 자기가 주장하던 권세대로도 되지 아니하리니 이는 그 나라가 뽑혀서 그 외의 다른 사람들에게로 돌아갈 것임이라. 남방의 왕들은 강할 것이나 그 군주들 중 하나는 그보다 강하여 권세를 떨치리니 그의 권세가 심히 클 것이요, 몇 해 후에 그들이 서로 단합하리니 곧 남방 왕의 딸이 북방 왕에게 가서 화친하리라. 그러나 그 공주의 힘이 쇠하고 그 왕은 서지도 못하며 권세가 없어질 뿐 아니라, 그 공주와 그를 데리고 온 자와 그를 낳은 자와 그 때에 도와주던 자가 다 버림을 당하리라. 그러나 그 공주의 본 족속에게서 난 자 중의 한 사람이 왕위를 이어 권세를 받아 북방 왕의 군대를 치러 와서 그의 성에 들어가서 그들을 쳐서 이기고, 그 신들과 부어 만든 우상들과 은과 금의 아름다운 그릇들은 다 노략하여 애굽으로 가져갈 것이요, 몇 해 동안은 그가 북방 왕을 치지 아니하리라. 북방 왕이 남방 왕의 왕국으로 쳐들어갈 것이나 자기 본국으로 물러가리라."

다니엘 11:1-9

## 1. 들어가면서

지상의 전쟁이 천상의 전쟁과 시시때때로 밀접한 관계를 갖고 있다는 사실은 1절의 말씀에서도 잘 드러난다. 메대의 다리오가 바벨론을 멸망시킨 전쟁에서도 가브리엘 천사의 도움이 있었다고 했다. 그 도움으로 다리오는 손쉽게 바벨론을 멸망시키고, 메대 바사 왕국을 일으킬 수 있었다는 것이다. 그렇다면 왜 그 천사는 바벨론을 돕지 않고 메대 바사를 도왔는가? 그것은 하나님의 예언 때문이었다.

바벨론의 느부갓네살 왕이 유다를 멸망시킬 때 하나님은 예레미야를 통하여 70년 후에 바벨론을 멸망시키겠다고 예언하신 바 있었다. 그 놀라운 예언을 다시 보자, "여호와의 말씀이니라, 칠십 년이 끝나면 내가 바벨론의 왕과 그의 나라와 갈대아인의 땅을 그 죄악으로 말미암아 벌하여 영원히 폐허가 되게 하리라"(렘 25:12). 물론 다리오는 그의 능력으로 바벨론을 멸망시켰다고 생각했지만, 그 배후에는 하나님의 손길이 있었던 것이다.

마찬 가지로, 앞으로 이스라엘 땅에서 말할 수 없이 처참한 전쟁이 있을 터인데, 그 전쟁에도 하나님의 손길이 있을 것이다. 다시 말해서, 이스라엘과 연관된 역사는 하나님의 손길을 피할 수 없다는 것이다. 그런데 가브리엘 천사가 다니엘에게 알려줄 전쟁은 당장에 일어날 것이 아니라, 먼 훗날에 일어날 전쟁에 관한 것이다. 그런데 그 전쟁은 하나님이 미리 말씀하신대로, 반드시 일어날 참된 예언이라는 것이다.

## 2. 바사 제국

다니엘은 처음부터 끝까지 이방 나라들의 흥망성쇠를 예언한 책이다. 그런데 그 나라들의 흥망성쇠는 역사적인 사건이지만 동시에 영적 원리가 내포된 사건이다. 어떤 영적 원리가 내포되어 있는가? 유다의 과거와 현재는 물론 미래를 주장하시는 하나님은 이방 나라들의 역사도 주장하신다는 것이다. 특히, 그들의 역사가 유다와 연관이 있다면 필연적으로 하나님은 그들의 역사에도 관여하신다는 것이다.

다니엘에 의하면, 유다와 연관된 최초의 이방 나라는 바벨론 제국이었다. 왜냐하면 바벨론이 유다를 멸망시켰기 때문이다. 그 후에 일어난 제국은 메대 바사인데, 그 나라도 역시 유다와 깊이 연관되어 있었다. 왜냐하면 그 나라는 유다의 원수인 바벨론을 멸망시켰을 뿐 아니라, 유대인들이 귀국해서 성전을 재건할 수 있도록 허락했기 때문이다. 그 당시 유다의 지도자였던 에스라의 기록이 이런 사실을 분명히 알려주고 있다.

"바사 왕 고레스는 말하노니, 하늘의 하나님 여호와께서…나에게 명령하사 유다 예루살렘에 성전을 건축하라 하셨나니…너희 중에 그의 백성 된 자는 다 유다 예루살렘으로 올라가서 이스라엘의 하나님 여호와의 성전을 건축하라…그 남아 있는 백성이 어느 곳에 머물러 살든지 그 곳 사람들이 마땅히 은과 금과 그 밖의 물건과 짐승으로 도와주고, 그 외에도 예루살렘에 세울 하나님의 성전을 위하여 예물을 기쁘게 드릴지니라"(스 1:2-4).

다니엘은 느부갓네살이 꿈에 본 신상에서도 은으로 된 양팔과 가슴의 모습으로 나타난 메대 바사를 포함시켰으며 (단 2), 다니엘이 연거푸 본 환상에서도 메대 바사를 포함시켰다. 7장의 환상에서 메대 바사는 곰의 환상으로 나타났으며 (단 7:5), 8장의 두 번째 환상에서는 숫양의 모습으로 나타났다 (단 8:3-4, 20). 그리고 다니엘의 세 번째 환상에 나타난 메대 바사에 대해서는 그 왕들을 네 명씩이나 언급하였다.

이 장의 본문을 다시 보자, "보라, 바사에서 또 세 왕들이 일어날 것이요, 그 후의 넷째는 그들보다 심히 부요할 것이며, 그가 그 부요함으로 강하여진 후에는 모든 사람을 충동하여 헬라 왕국을 칠 것이며" (단 11:2). 메대 바사에는 모두 13명의 왕이 있었는데, 그 중 네 명은 특출한 왕이 될 것임에 틀림없다. 그렇지 않다면 구체적으로 "세 왕들"과 "넷째" 왕을 꼬집어서 언급할 필요가 없었을 것이다.

세 왕은 다리우스, 아하수에로 및 아닥사스다 1세일 것이다. 왜냐하면 이 세 왕은 메대 바사에서 걸출한 왕들이었기 때문이다. 이 세 왕 이외에 아닥사스다 4세는 많은 부를 축적한 왕이었는데, 그는 많은 재정을 들여서 헬라와 전쟁을 일으키기도 했다. 그러나 불행하게도 그 전쟁에서 아닥사스다 4세는 대패하였다. 그의 패배로 메대 바사 제국은 무너졌고, 그 대신 헬라 제국이 대국으로 발돋움하게 되었던 것이다.

# 3. 헬라 제국

다니엘은 헬라 제국도 메대 바사 제국 못지않게 중요시하였는데, 그 이유도 분명했다. 첫째 이유는 헬라 제국이 메대 바사 제국을 멸망시켰기 때문이다. 하나님의 섭리로 유다사람들로 하여금 귀국하게 한 메대 바사 제국의 멸망이 유다와 어떤 관련이라도 있단 말인가? 헬라 제국이 세계를 지배하면서 유다도 지배하였다. 그 지배를 통하여 유다에는 헬라의 문화가 깊숙이 침투하여 유대교에 영향을 미쳤고, 그 결과 신약성경도 헬라어로 기록되었다.

둘째 이유는 헬라 제국의 뿌리에서 나온 북방 왕국과 남방 왕국이 유다 땅에서 끊임없이 전쟁을 일으켰기 때문이다. 그 결과 유다는 거의 초토화되었는데, 그 와중에서도 유대인들이 한데 뭉치는 역사도 일어났다. 유대인들은 비록 식민지라는 억압 속에 살았지만, 그래도 시시때때로 단합하여 이방의 군대들과 맹렬히 싸웠다. 실제로 어떤 때는 오래 가진 못했지만 그래도 승리의 기쁨을 맛보기도 했었다.

셋째 이유는 헬라의 뿌리에서 나온 왕이 성전을 더럽히는 행위를 했기 때문이다. 그리고 그런 행위는 종말에 일어날 사건과 연결시키는 놀라운 촉매가 되었다. 다시 말해서, 그 사건을 빙자하여 하나님은 다니엘에게 마지막 때에 일어날 일들을 세세하게 알려주셨다. 헬라 제국도 메대 바사처럼 다니엘에서 네 번이나 등장하는데, 2장에서 놋으로 된 배와 넓적다리의 모습으로, 7장에서 표범의 모습으로, 그리고 8장에서 숫염소의 모습으로 각각 나타난다.

그리고 마지막으로 다니엘 11장에서 다시 나타난다. 다시 인용해 보자: "장차 한 능력 있는 왕이 일어나서 큰 권세로 다스리며 자기 마음대로 행하리라. 그러나 그가 강성할 때에 그의 나라가 갈라져 천하 사방에 나누일 것이나, 그의 자손에게로 돌아가지도 아니할 것이요 또 자기가 주장하던 권세대로도 되지 아니하리니, 이는 그 나라가 뽑혀서 그 외의 다른 사람들에게로 돌아갈 것임이라" (단 11:3-4).

"한 능력 있는 왕"은 두말할 필요도 없이 알렉산더 대왕이었다. 그러나 그의 예기치 못한 갑작스러운 죽음으로 제국은 발기발기 찢겨졌다. 그의 자녀들은 모조리 죽임을 당했고, 알렉산더 수하에 있던 네 장군이 제국을 나누어 가졌다. 참고로 네 장군의 이름은 다음과 같다: 카산더, 리시마커스, 셀레우코스, 프톨레미 (이에 대하여 좀 더 자세히 보려면 "두 번째 환상의 해석"을 참고하라).

이 네 왕 가운데 셀레우코스와 프톨레미는 다니엘 11장을 이해하는데 열쇠가 되는 인물들이다. 그 이유는 북방 왕 셀레우코스와 남방 왕 프톨레미가 그들의 세력을 키우고 확장하려고 했기 때문이다. 셀레우코스는 바벨론과 시리아와 거의 모든 아시아를 지배했고, 프톨레미는 유다 땅인 팔레스타인과 애굽을 지배했다. 그리고 이 두 나라는 번갈아가면서 유다 땅을 짓밟았다. 그런 이유 때문에 이 두 나라는 하나님의 눈길에서 벗어날 수 없었던 것이다.

## 4. 남방 왕국과 북방 왕국

유다 땅인 팔레스타인은 북으로는 셀레우코스 왕국과 대치했고, 남으로는 프톨레미 왕국과 대치했다. 팔레스타인은 그 두 거대한 왕국 사이에 샌드위치처럼 끼어서 항상 시달렸다. 먼저 유다 땅을 지배한 것은 프톨레미 왕국이었다. 프톨레미는 주전 301년에 팔레스타인을 정복한 후 주전 198년까지 그 지배권을 행사하였다. 그러나 프톨레미는 호시탐탐 팔레스타인을 노리는 북방 왕국을 무시할 수 없었다.

애굽의 왕 프톨레미 2세는 북방 왕과 화친할 목적으로 주전 250년경 그의 딸 버니스<sup>Bernice</sup>를 북방 왕의 둘째 아내로 보내면서 평화조약을 맺었다. 이런 사실을 이 장의 본문은 이렇게 묘사한다, "몇 해 후에 그들이 서로 단합하리니, 곧 남방 왕의 딸이 북방 왕에게 가서 화친하리라" (단 11:6a). 얼른 보기에는 화친이나, 속셈은 그의 딸을 통하여 북방 왕국을 무너뜨리는 것이었다. 그러나 그 계략은 성공하지 못했다.

그 계략이 성공하지 못한 이유는 버니스가 권력다툼에서 밀려났기 때문이었다. 그뿐 아니라, 그녀의 측근들도 버림을 받았고, 그녀와 아들도 죽임을 당했다. 이처럼 소용돌이치는 비극을 본문은 다음과 같이 묘사한다, "그러나 공주의 힘이 쇠하고, 그 왕은 서지도 못하여 권세가 없어질 뿐 아니라, 그 공주와 그를 데리고 온 자와 그를 낳은 자와 그 때에 도와주던 자가 다 버림을 당하리라"(단 11:6b). 얼마나 놀랍고도 상세한 예언이며 또 성취인가?

프톨레미 왕국은 공주를 통한 계략이 실패로 끝나자 다른 방법으로 북방 왕국을 무너뜨리려고 했다. 그 방법은 전쟁을 통한 정복이었다. 버니스 공주의 동생이기도 한 프톨레미 3세는 누나를 위한 복수심에 불타서 군대를 일으켰다. 그는 북방 왕국을 침공하여 상당한 성공을 거두었다. 본문을 다시 보자, "그러나 그 공주의 본 족속에게서 난 자 중의 한 사람이 왕위를 이어 권세를 받아 북방 왕의 군대를⋯쳐서 이기고"(단 11:7).

프톨레미 3세는 북방 왕국을 마음껏 유린했고, 또 노략물을 취하여 애굽으로 가져갔다. 그 노략물 중에는 은금으로 만든 그릇들도 있었지만, 무엇보다도 북방 왕이 존귀하게 여기는 우상들도 포함되었다. 다시 본문을 보자, "그 신들과 부어 만든 우상들과 은과 금의 아름다운 그릇들은 다 노략하여 애굽으로 가져갈 것이요⋯"(단 11:8a). 그 후 두 나라는 소강상태를 유지했다; "몇 해 동안은 그가 북방 왕을 치지 아니하리라"(단 11:8b).

한편 북방 왕국은 남방 왕국에 의하여 참패를 당한 후 절치부심切齒腐心하며 복수를 꿈꾸어왔다. 마침내 셀레우코스 2세는 주전 242년 군대를 거느리고 남방 왕국인 애굽을 침공하였다. 그러나 다시 참패를 당하고 후퇴하여 안디옥에 머물게 되었다. 이 전쟁과 패배를 본문은 이렇게 묘사한다, "북방 왕이 남방 왕의 왕국으로 쳐들어 갈 것이나, 자기 본국으로 물러가리라" (단 11:9).

## 5. 나가면서

위에서 살펴본 것처럼, 유다 땅인 팔레스타인은 북방 왕국과 남방 왕국 사이에 벌어진 전투로 말미암아 여러 번 어려움을 겪었다. 왜 하나님의 선민인 유대인들은 끊임없이 이방인들에게 짓밟히고, 나라를 잃고, 노예가 되었는가? 왜 메대 바사가 허용한 해방과 자유를 맛본 지도 얼마 지나지 않아서 다시 이처럼 이방인들의 말발굽에 짓밟혀야 하는가? 그 이유는 간단하다! 지금까지 살펴 본대로 그들의 죄악 때문이었다.

그들의 죄악은 간단히 말해서 세 가지였다. 첫째는 우상숭배였고, 둘째는 안식일을 범한 것이었고, 셋째는 성적 타락이었다. 유대인들은 그들의 죄악으로 인하여 말할 수 없는 심판을 받았지만, 그 심판은 동시에 그들을 정결하게 하는 과정이기도 했다. 왜냐하면 이런 심판의 과정을 마친 후 그들은 더 이상 우상숭배에 빠져들지 않았고, 안식일도 범하지 않았고, 또 성적으로 타락하지도 않았기 때문이다. 하나님의 심판이 치유가 되었던 것이다!

The Paradoxical Life of Daniel

# 43 북방 왕국과 남방 왕국의 전쟁

"그러나 그의 아들들이 전쟁을 준비하고 심히 많은 군대를 모아서 물이 넘침 같이 나아올 것이며 그가 또 와서 남방 왕의 견고한 성까지 칠 것이요, 남방 왕은 크게 노하여 나와서 북방 왕과 싸울 것이라. 북방 왕이 큰 무리를 일으킬 것이나 그 무리는 그의 손에 넘겨 준 바 되리라. 그가 큰 무리를 사로잡은 후에 그의 마음이 스스로 높아져서 수만 명을 엎드러뜨릴 것이나, 그 세력은 더하지 못할 것이요, 북방 왕은 돌아가서 다시 군대를 전보다 더 많이 준비하였다가 몇 때 곧 몇 해 후에 대군과 많은 물건을 거느리고 오리라. 그 때에 여러 사람이 일어나서 남방 왕을 칠 것이요 네 백성 중에서도 포악한 자가 스스로 높아져서 환상을 이루려 할 것이나, 그들이 도리어 걸려 넘어지리라. 이에 북방 왕은 와서 토성을 쌓고 견고한 성읍을 점령할 것이요, 남방 군대는 그를 당할 수 없으며 또 그가 택한 군대라도 그를 당할 힘이 없을 것이므로, 오직 와서 치는 자가 자기 마음대로 행하리니 그를 당할 사람이 없겠고 그는 영화로운 땅에 설 것이요 그의 손에는 멸망이 있으리라. 그가 결심하고 전국의 힘을 다하여 이르렀다가 그와 화친할 것이요 또 여자의 딸을 그에게 주어 그의 나라를 망하게 하려 할 것이나 이루지 못하리니 그에게 무익하리라. 그 후에 그가 그의 얼굴을 바닷가로 돌려 많이 점령할 것이나, 한 장군이 나타나 그의 정복을 그치게 하고 그 수치를 그에게로 돌릴 것이므로, 그가 드디어 그 얼굴을 돌려 자기 땅 산성들로 향할 것이나, 거쳐 넘어지고 다시는 보이지 아니하리라."

다니엘 11:10-19

# 1. 들어가면서

앞장에서 본대로, 북방 왕 셀레우코스 2세는 남방 왕국인 애굽을 침공했으나 오히려 남방 왕에게 대패하고 물러갈 수밖에 없었다. 비록 북방 왕국과 남방 왕국 사이에는 소강상태로 들어갔지만, 북방 왕은 패배를 곱씹으며 보복의 날을 기다리며 차곡차곡 준비를 했다. 그런데 이런 연쇄적인 전쟁을 통하여 알 수 있는 놀라운 사실이 있는데, 그것은 하나님의 예언과 성취가 너무나 정확하다는 사실이다.

다니엘 11장의 예언은 너무나 상세하기 때문에, 그리고 너무나 구체적으로 성취되었기 때문에, 인본적인 성경 해석자들은 그 예언을 받아들이지 못한다. 그들은 다니엘 11장이 실제로 북방 왕국과 남방 왕국 사이에 전쟁이 일어난 후에 기록되었을 것이라고 예측한다. 이렇게 예측하는 인본적인 사람들은 한 마디로 하나님이 과거와 현재와 미래를 모두 아시는 전지<sup>全知</sup>의 하나님이라는 사실을 부인하는 어리석음을 드러낼 뿐이다.

전지의 하나님이 다니엘을 감동<sup>感動</sup>시키셔서 다니엘 11장을 기록하게 하신 것이다. 그런 이유 때문에 다니엘 11장을 포함해서 1장부터 12장은 모두 하나님의 말씀이다. 그런 하나님의 예언이 이미 역사에서 어떻게 구체적으로 이루어졌는가를 알아보는 것은 너무나 감동적이다. 그러므로 영원하신 하나님이 그리스도인들에게 허락하신 하나님의 말씀에 더욱 깊이 몰입할 수 있는 특권을 누린다.

## 2. 북방 왕국의 침공 (단 11:10-12)

북방 왕국과 남방 왕국 사이에 찾아온 소강상태의 기간 중 북방의 왕들은 차곡차곡 남방 왕국에 대한 복수의 칼을 갈고 있었다. 그러던 중 한 때 남방 왕국을 침공했다가 패배한 셀레우코스 2세는 죽었고, 그의 아들들이 왕위를 이었다. 그의 첫째 아들이 왕위를 물려받았으나, 3년도 되지 않아서 그의 동생에게 살해되었다. 그 동생은 형을 살해한 후 왕위에 올라 남방 왕국을 치러 나갔는데, 그가 바로 안티우코스 3세이다.

이처럼 두 형제들이 남방 왕국의 침공을 준비하였기에 본문 말씀은 이렇게 예언한다, "그러나 그(셀레우코스 2세)의 아들들이 전쟁을 준비하고"(11:10a). 그렇다! 아버지의 패배를 만회하고, 한 발 더 나아가서, 남방 왕국을 무너뜨리려는 두 아들들의 마음은 증오심과 복수심에 활활 불타고 있었다. 안티우코스 셀레우코스 3세(이후 안티우코스 3세로 불림)는 마침내 "심히 많은 군대를 모아서 물이 넘침 같이" 진군했다 (11:10b).

도대체 얼마나 군대가 크기에 성경은 "물이 넘침 같은 군대"라고 예언하고 있는가? 안티우코스 3세는 보병 62,000명, 마병 6,000명, 코끼리 102마리를 동원했는데, 이들을 위한 보급품, 잠자리, 무기 등을 합치면 과연 대홍수가 넘치는 것 같은 장엄한 군대였을 것이다. 그는 그 기세로 남방 왕국의 막강한 요새를 침공하는데 성공했다. 본문을 다시 보자, "그가 또 와서 남방 왕의 견고한 성까지 칠 것이요" (11:10c).

북방의 침공에 견고한 요새를 잃은 남방 왕 프톨레미 4세는 앉아서 그 침공을 당하고만 있을 수 없었다. 그도 북방 왕의 많은 군대를 대항하기 위하여 대군을 일으켰다. 그의 군대를 보면 다음과 같다: 보병 70,000명, 마병 5,000명 및 코끼리 73마리. 이 두 나라의 전투는 상상을 초월한 것이었다. 이 두 나라의 전투를 본문은 이렇게 예언한다, "남방 왕은 크게 노하여 나와서 북방 왕과 싸울 것이라" (11:11a).

두말할 필요도 없이 양측에서 많은 희생자와 사망자가 나왔다. 그러나 하나님은 남방 왕의 손을 들어주셨다. 침공을 당했던 남방 왕이 전투 초기의 패배를 만회하고 승리를 거두었던 것이다. 북방 왕 안티우코스는 군인을 14,000명이나 잃었을 뿐 아니라, 그 전투에서 패배라는 수모를 다시 맛보았다. 본문을 다시 보자, "그 무리는 그의 손에 넘겨준바 되리라" (11:11b). 아버지의 전철을 다시 밟고 말았던 것이다.

남방 왕인 프톨레미 4세는 많은 북방 왕국의 군인들을 포로로 잡았고, 틀림없이 많은 전리품도 챙겼을 것이다. 그의 사기는 하늘을 찌를듯했다. 그러나 그는 너무나 교만해져서 판단력이 흐려졌다. 그는 내친김에 북방 왕국을 전멸시킬 수도 있었는데, 거기에서 화친을 하고 말았다. 본문을 또 보자, "그의 마음이 스스로 높아져서 수만 명을 엎드러뜨릴 것이나, 그 세력은 더하지 못할 것이요" (11:12b).

## 3. 북방 왕의 재침략 (단 11:13-15)

남방 왕 프톨레미가 교만하여 화친한 덕분에 북방 왕은 다시 시간적 여유를 갖게 되었다. 안티우코스 3세는 이번에는 서두르지 않고 차곡차곡 복수의 기회를 노리고 있었다. 한편 전쟁을 준비했지만, 동시에 그는 우선 그 나라 주변을 살폈다. 그는 약 14년 동안 그동안 동쪽의 잃었던 국토를 되찾는 등 위세를 회복하기 시작했다. 그렇게 국민들의 후원을 회복하지 않았다면 다시 대군을 몰고 남방 왕국을 침공하기란 거의 불가능했을 것이다.

안티우코스는 성공적인 내치內治와 외치外治를 통하여 다시 한 번 남방 왕국 토벌에 나설 수 있게 되었다. 성공적인 내치의 결과 남방 침공에 대한 국민의 지지를 받았고, 외치를 통하여 마게도니아의 왕과 연합군을 만들어 대군을 거느릴 수 있었다. 본문을 다시 보자, "북방 왕은 돌아가서 다시 군대를 전보다 더 많이 준비하였다가 몇 때, 곧 몇 해 후에 대국과 많은 물건을 거느리고 오리라"(11:13).

그런데 안티우코스를 돕는 일들이 이곳저곳에서 나타났다. 우선 남방 왕국의 불안한 상황이었다. 애굽 원주민들의 저항운동이 심했을 뿐 아니라, 아무도 알 수 없는 이유로 왕이 죽었다. 남방 왕국은 그 아들로 왕위를 잇게 했는데, 그가 너무 어려서 섭정체제로 들어갔다. 섭정자는 제멋대로 정부를 이끌다가 결국 암살을 당했다. 애굽은 정치적으로 대혼란 가운데 빠져 들어갔다. 본문을 보자, "그 때에 여러 사람이 일어나서 남방 왕을 칠 것이요"(11:14a).

안티우코스를 돕는 일이 또 있었는데, 그것은 유다 땅에서 일어난 사건 때문이었다. 먼저 본문을 보자, "네 백성 중에서도 포악한 자가 스스로 높아져서 환상을 이루려 할 것이나, 그들이 도리어 걸려 넘어지리라"(11:14b). 여기에서 "네 백성"은 유대인들을 가리키는데, 그 당시 유대인들은 남방 왕국인 애굽의 지배 하에 있었다. 그런데 유대인 지도자들은 두 패로 나뉘어서 각자가 나름대로 "환상"을 이루려고 했다.

두 패 중 한패는 북방 왕국을 따라야 하나님이 다니엘에게 8장에서 허락하신 환상――"또 스스로 서서 만왕의 왕을 대적할 것이나, 그가…깨지리라"(단8:25)――을 이룰 수 있다고 주장했으나, 다른 패는 남방 왕국을 따라야 된다고 주장했다. 이런 와중에서 유대인들의 영적 지도자들은 서로를 음해하고 죽이기까지 했다. 어떻게 이렇게 포악한 자들이 남방 왕을 도울 수 있었겠는가? 돕기는커녕 오히려 북방 왕을 도와주는 꼴이 되고 말았다.

북방 왕은 남방 왕국의 강력한 성곽을 에워쌌고 그리고 함락시켰다. 본문을 보자, "이에 북방 왕은 와서 토성을 쌓고 견고한 성읍을 점령할 것이요, 남방 군대는 그를 당할 수 없으며 또 그가 택한 군대라도 그를 당할 힘이 없을 것이므로"(11:15). 그 군대를 보강하기 위하여 남방 왕국이 시급히 보낸 지원군도 북방의 군대에게 패배하였다. 이렇게 해서 그처럼 오랜 동안 애굽의 지배 밑에 있던 팔레스타인은 북방 왕국으로 넘어갔던 것이다.

# 4. 북방 왕의 성공과 좌절 (단 11:16-19)

안티우코스의 승리를 본문을 통하여 보자, "오직 와서 치는 자가 자기 마음대로 행하리니, 그를 당할 사람이 없겠고, 그는 영화로운 땅에 설 것이요 그의 손에는 멸망이 있으리라"(11:16). 그가 "영화로운 땅에 설 것이요"라는 예언은 그가 애굽의 지배하에 있던 유다를 비롯한 팔레스타인을 점령하겠다는 것이다. 그렇다! 그는 주전 198년에 하나님이 영광스럽게 임하셨던 그 땅을 차지하게 된 것이다.

안티우코스는 내친김에 애굽까지 침공하기로 작정하였다. 그래서 모든 군대를 동원하여 침공을 시작하였다. 본문을 다시 보자, "그가 결심하고 전국의 힘을 다하여 이르렀다가"(11:17a). 그런데 그는 군사적으로나 상황적으로나 애굽을 능히 섬멸하고도 남는 여력을 가졌음에도 불구하고 도중에 포기했다. 포기했을 뿐 아니라, 애굽과 평화조약을 맺었다. 본문을 보자, "그와 화친할 것이요"(11:17b).

도대체 승리를 코앞에 두고 무엇 때문에 화친했는가? 그것은 근자에 막강한 세력으로 일어나기 시작한 로마 제국을 생각하지 않을 수 없기 때문이었다. 만일 그가 애굽까지 내려간 사이에 로마가 그의 나라를 침공한다면 속수무책束手無策으로 당할 수밖에 없었을 것이다. 그는 심사숙고 끝에 남방 왕국으로 전진하지 않고 그 대신 화친을 제안했던 것이다. 화친의 상징으로 안티우코스는 프톨레미 5세에게 그의 딸을 아내로 주었다.

그가 애굽 왕에게 준 딸은 저 유명한 클레오파트라$^{Cleopatra}$였다. 안티우코스의 속셈은 그의 딸을 통하여 애굽을 멸망시키려는 흉계를 가지고 있었다. 다시 본문을 보자, "또 여자의 딸을 그에게 주어 그의 나라를 망하게 하려 할 것이나" (11:17c). 이런 흉계는 바로 미인계$^{美人計}$였는데, 이 미인계는 성공하지 못했다. 그 이유는 클레오파트라가 아버지보다는 남편 편을 들었기 때문이다. 본문을 보자, "이루지 못하리니 그에게 무익하리라" (11:17d).

안티우코스는 남방 왕국의 본토를 포기하고 그 대신 남방 왕국에 속한 지역을 침공하기 시작했다. 그의 전투는 성공적이어서 많은 승전$^{勝戰}$을 경험했다. 다시 본문을 보자, "그 후에 그가 그의 얼굴을 바닷가로 돌려 많이 점령할 것이나" (11:18a). 그런데 문제가 생겼는데, 그것은 그의 의식 중에 잠재하던 로마였다. 그는 로마의 장군에 의하여 패배의 쓴 맛을 보았다. 본문은 이렇게 예언한다, "한 장군이 나타나 그의 정복을 그치게 하고" (11:18b).

그는 봉신$^{封臣: 봉건 군주에서 영지를 받은 제후}$의 칭호와 아들이 볼모로 로마로 끌려가는 수치를 당했다. 본문의 예언이다, "그 수치를 그에게로 돌릴 것이므로" (11:18b). 또한 그는 매년 조공을 바쳐야 했다. 그는 본국으로 돌아와 조공을 마련하려고 성전에서 도둑질하다가 죽임을 당하는 최후를 맞이했다. 다시 놀라운 그 예언을 보자, "그가 드디어 그 얼굴을 돌려 자기 땅 산성들로 향할 것이나, 거쳐 넘어지고 다시는 보이지 아니하리라" (11:19).

# 5. 나가면서

　하나님의 예언은 얼마나 상세하며 얼마나 정확하게 성취되었는가? 그 당시 북방 왕과 남방 왕에 대한 예언이 역사적으로 어떻게 이루어졌는가를 볼 때, 그리스도인들은 몇 가지 반응을 일으키지 않을 수 없다. 첫째 반응은 전지의 하나님을 경외하게 된다는 사실이다. 그렇다! 하나님은 과거와 현재와 미래가 모두 한 시점이며 그런 까닭에 모든 것을 알고 계신다. 그리스도인들은 그런 하나님을 경배할 수밖에 없을 것이다.

　둘째 반응은 하나님의 말씀이 모든 다른 책과는 다르다는 것이다. 어떤 책도 하나님의 말씀처럼 영원한 진리를 담고 있지 못하다. 그런 이유 때문에 사도 요한은 말씀이 곧 하나님이라고 선언했다 (요 1:1). 셋째 반응은 그리스도인들이 그런 하나님의 말씀을 읽고, 암송하고, 묵상하고, 연구하고, 적용하는 것을 게을리해서는 안 된다. 그리할 때 그들은 하나님의 뜻을 준행하는 거룩하고도 능력 있는 그리스도인들이 될 것이다.

# 44 안티우코스 에피파네스

"또 그의 왕위를 이을 자는 한 비천한 사람이라. 나라의 영광을 그에게 주지 아니할 것이나, 그가 평안한 때를 타서 속임수로 그 나라를 얻을 것이며, 넘치는 물 같은 군대가 그에게 넘침으로 말미암아 패할 것이요 동맹한 왕도 그렇게 될 것이며 그와 약조한 후에 그는 거짓을 행하여 올라올 것이요, 소수의 백성을 가지고 세력을 얻을 것이며, 그가 평안한 때에 그 지방의 가장 기름진 곳에 들어와서 그의 조상들과 조상들의 조상이 행하지 못하던 것을 행할 것이요 그는 노략하고 탈취한 재물을 무리에게 흩어 주며 계략을 세워 얼마 동안 산성들을 칠 것인데 때가 이르기까지 그리하리라. 그가 그의 힘을 떨치며 용기를 다하여 큰 군대를 거느리고 남방 왕을 칠 것이요, 남방 왕도 심히 크고 강한 군대를 거느리고 맞아 싸울 것이나 능히 당하지 못하리니, 이는 그들이 계략을 세워 그를 침이니라. 그의 음식을 먹는 자들이 그를 멸하리니 그의 군대가 흩어질 것이요 많은 사람이 엎드려져 죽으리라. 이 두 왕이 마음에 서로 해하고자 하여 한 밥상에 앉았을 때에 거짓말을 할 것이라 일이 형통하지 못하리니 이는 아직 때가 이르지 아니하였으므로 그 일이 이루어지지 아니할 것임이니라. 북방 왕은 많은 재물을 가지고 본국으로 돌아가리니 그는 마음으로 거룩한 언약을 거스르며 자기 마음대로 행하고 본토로 돌아갈 것이며, 작정된 기한에 그가 다시 나와서 남방에 이를 것이나 이번이 그 전번만 못하리니, 이는 깃딤의 배들이 이르러 그를 칠 것임이라 그가 낙심하고 돌아가면서 맺은 거룩한 언약에 분노하였고 자기 땅에 돌아가서는 맺은 거룩한 언약을 배반하는 자들을 살필 것이며, 군대는 그의 편에 서서 성소 곧 견고한 곳을 더럽히며 매일 드리는 제사를 폐하며, 멸망하게 하는 가증한 것을 세울 것이며."

다니엘 11:20-31

# 1. 들어가면서

안티우코스 3세가 도적질하다가 살해된 후 새롭게 왕위에 오른 사람은 그의 둘째 아들 안티우코스 4세였다. 그는 새롭게 등장한 통치자였는데, 중요한 인물로 부각된 이유는 그가 유다를 무자비하게 짓밟은 작태綽態 때문이었다. 그는 유대인들을 위한 행정을 펼칠 수도 있었는데, 실제로는 그 반대였다. 그는 유대인들을 짓밟고, 유대인들의 생명과도 같은 성전 더럽히기를 주저하지 않았다. 그는 저 악명 높은 안티우코스 에피파네스였다.

안티우코스 에피파네스는 다니엘의 예언에서 너무나 중요한 역할을 하기에, 그의 등장도 네 번씩이나 언급된다. 첫 번째 언급은 다니엘의 첫 번째 환상에서 열한 번째 뿔로 나오는데, 성도들을 괴롭게 할 것이라고 했다 (단 7:25). 두 번째 언급은 다니엘의 두 번째 환상에서 숫염소의 작은 뿔로 나와서 "매일 드리는 제사를 없애 버렸고 그의 성소를 헐었다"고 했다 (단 8:11). 그는 참으로 악한 자이며 또한 하나님은 물론 그 백성들을 괴롭힐 자였다.

세 번째 언급은 다니엘이 깊은 회개기도를 마쳤을 때, 가브리엘 천사가 와서 종말에 대한 시기를 알려주면서였다. 그가 나타나면 이런 악한 일들을 행할 것이라고 언급한다, "…그 성읍과 성소를 무너뜨리려니와…그가 장차 많은 사람들과 더불어 한 이레 동안의 언약을 굳게 맺고 그가 그 이레의 절반에 제사와 예물을 금지할 것이며…" (단 9:26-27). 그리고 네 번째 언급은 다니엘 11장에서이다.

## 2. 안티우코스 에피파네스의 등장 (단 11:20-24)

위에서 살짝 언급한 것처럼, 안티우코스 3세가 암살을 당한 후 잠깐 그의 첫째 아들이 왕위를 계승하였다. 그는 불행한 왕이었는데, 로마에 조공을 바쳐야하는 아버지의 유업을 물려받았기 때문이었다. 그는 그의 신하(압제자)를 전국에 보내어 재물을 모으게 하였으나, 성공하지 못하고 아버지처럼 암살당했다. 본문을 보자, "그 왕위를 이을 자가 압제자를 그 나라의 아름다운 곳으로 두루 다니게 할 것이나…몇 날이 못 되어 망할 것이요" (11:20).

안티우코스 3세는 일찍이 로마의 군대에 의하여 패배를 당한 바 있었다. 그는 로마에 조공을 바쳐야 했을 뿐 아니라, 그의 둘째 아들을 볼모로 로마에 보냈었다. 그 둘째 아들이 바로 안티우코스 4세인데, 후에 안티우코스 에피파네스로 불렸다. 본문에 의하면, 그는 "비천한 사람"이었다 (11:21a). 그의 아버지가 암살되자, 그의 왕위는 자연스럽게 첫째 아들에게 물려준바 되었으나, 얼마 지나지 않아서 신하들에 의하여 암살을 당하고 말았다.

그러나 둘째 아들인 안티우코스는 다시 말하거니와 "비천한 사람"이었다. 그는 오랫동안 볼모로 로마에서 비천한 삶을 영위했기에 그렇게 불리어졌다. 그러나 동시에 "비천한 사람"이란 간교하고, 무례하고, 비열한 사람이라는 뜻도 지녔다. 다니엘의 예언에 의하면, 원래 그는 "나라의 영광"을 물려받지 못할 처지였다. 본문을 보자, "또 그의 왕위를 이을 자는 비천한 사람이라.

나라의 영광을 그에게 주지 아니할 것이냐…" (11:21b).

이 예언에 의하면, 안티우코스 4세는 왕위에 오를 수 없는 처지였는데도, 마침내 왕위를 이은 사람이 되었다. 어떻게 가능했는가? 본문에 의하면, 그는 교활한 방법으로 왕위를 차지하게 되었다. 다시 그 예언을 보자, "그가 평안한 때를 타서 속임수로 그 나라를 얻을 것이며" (11:21c). 그가 왕위에 오른 과정은 그렇게 단순하지 않았다. 왜냐하면 큰 군대가 그를 가로막았기 때문이다. 그 군대는 죽은 왕의 신하가 이끄는 군대와 애굽의 동맹군이었다.

본문을 다시 보자, "넘치는 물 같은 군대가 그에게 넘침으로 말미암아 패할 것이요, 동맹한 왕도 그렇게 될 것이요" (11:22). 이 본문은 명확하지는 않지만, 그래도 그 뜻은 위에서 언급한 것처럼, 신하의 군대와 애굽의 동맹군이 안티우코스에 의하여 패배되었다는 것이다. 그는 일련의 속임수를 통하여 세력을 불려나갔다. 본문을 또 보자, "그와 약조한 후에 그는 거짓을 행하여 올라올 것이요, 소수의 백성을 가지고 세력을 얻을 것이며" (11:23).

안티우코스는 예루살렘("그 지방의 가장 기름진 곳")에서 정통파 제사장들과 진보파 제사장들에게 제사장 직분을 번갈아가면서 팔아 많은 자금을 긁어모았다. 이런 짓거리는 유다에서는 없었던 일이었다 ("그의 조상들과 조상들의 조상이 행하지 못하던 것을 행할 것이요"). 그렇게 모은 자금으로 사람들을 매수하였다. 본문을 보자, "그는 노략하고 탈취한 재물을 무리에게 흩어

주며 계략을 세워…" (11:24b). 그는 이렇게 중앙무대에 등장하였던 것이다.

## 3. 안티우코스 에피파네스의 전쟁 (11:25-28)

　한편 애굽에서는 클레오파트라의 아들이 왕위를 이어 받았는데, 그가 곧 프톨레미 6세였다. 그가 왕위에 오르자 북방 왕국에 빼앗긴 팔레스타인을 되찾기 원했다. 그렇게 되면 영토의 확장은 물론 그의 업적으로 치부될 것이기 때문이었다. 이런 애굽 왕의 계획은 즉각적으로 북방 왕인 안티우코스에게 보고되었다. 안티우코스도 그의 위세를 떨치기 위하여, 그리고 팔레스타인을 보호하기 위하여 대군을 거느리고 남쪽으로 진군해 내려왔다.

　두 왕은 모든 군대와 전략을 동원하여 서로를 진멸시키려고 했다. 다시 본문을 보자, "그가 그의 힘을 떨치며 용기를 다하여 큰 군대를 거느리고 남방 왕을 칠 것이요, 남방 왕도 심히 크고 강한 군대를 거느리고 맞아 싸울 것이나…" (11:25a). 두 왕국 간의 피할 수 없는 전투가 주전 169년 애굽 국경에 있는 펠루시움<sup>Pelusium</sup> 요새에서 이루어졌다. 그러나 간교한 북방 왕이 남방 왕을 이기고 승리하였다.

　안티우코스는 애굽의 신하들을 매수하여 그들로 하여금 애굽 왕을 배반하게 하였던 것이다. 본문을 보자, "[남방 왕이] 능히 당하지 못하리니, 이는 그들이 계략을 세워 그를 침이니라. 그의 음식을 먹는 자들이 그를 멸하리니, 그의 군대가 흩어질 것이요 많은 사람이 엎드러져 죽으리라" (11:25b-26). 여기에서 "그의 음식을 먹는 자들"은 애굽의 신하들로 그들의 왕을 배반하여 그 군대를 흐트러지게 한 것을 가리킨다.

애굽 왕 프톨레미 6세는 패배를 인정하고 평화협정을 맺으면서 안티우코스의 꼭두각시 왕으로 전락하였다. 마침 그때 애굽에서는 패장인 왕을 폐위시키고, 왕의 동생인 프톨레미 7세를 왕으로 옹립(擁立)하였다. 안티우코스와 프톨레미 6세는 자리를 같이하면서 공동의 목적을 숙의하였다. 안티우코스는 꼭두각시 왕을 복권시키어 그를 통해 애굽을 지배하기를 원해서였고, 프톨레미 6세는 다시 왕권을 찾기 위해서였다.

본문을 또 보자, "이 두 왕이 마음에 서로 해하고자 하여 한 밥상에 앉았을 때 거짓말을 할 것이라" (11:27a). 그러나 그들의 계획은 이루어지지 않았다. 왜냐하면 아직 때가 이르지 않았기 때문이다. 다시 본문을 보자, "일이 형통하지 못하리니, 이는 아직 때가 이르지 아니하였으므로 그 일이 이루어지지 아니할 것임이니라" (11:27b). 비록 계획은 왕들이 할지라도 이루시는 이는 하나님이시다 (잠 16:9). 한 마디로, 하나님이 허락하지 않으셨던 것이다.

안티우코스 에피파네스는 애굽 지배라는 목적은 달성하지 못했지만, 그래도 팔레스타인을 보호했고, 또 큰 전투에서 승리를 거두었다. 그는 펠루시움에 든든한 수비대를 남겨놓고 돌아갔는데, 맨손으로 돌아가지 않았다. 그는 많은 전리품을 챙겨서 의기양양하게 귀국했던 것이다. 본문은 이렇게 언급한다, "북방 왕은 많은 재물을 가지고 본국으로 돌아가리니"(11:28a). 그의 마음은 한껏 부풀려져 있었다.

# 4. 적그리스도의 모형 (11:29-31)

다니엘을 통하여 하나님이 유대인들에게 허락하신 예언의 말씀은 그저 입을 다물지 못하게 할 정도로 놀랍다. 어떻게 그렇게 자세히 예언되었으며, 또 역사적으로 어떻게 그렇게 세세하게 성취되었는가! 그런데 시시때때로 하나님의 예언은 이중적으로 성취되기도 한다. 그 중 하나가 바로 안티우코스 에피파네스이다. 그는 다니엘을 통하여 예언된 북방 왕이었다. 다니엘이 하나님의 예언을 받아서 기록한 것은 대략 주전 500년경이었다.

그리고 그 예언이 구체적으로 성취된 것은 북방 왕 안티우코스 에피파네스를 통해서였다. 그는 주전 215년에 태어났으며, 주전 175년 곧 그가 40세가 되었을 때 왕이 되었다. 그리고 그가 죽던 주전 164년까지 북방 왕국을 통치하였다. 결국 다니엘 11장의 예언은 대략 320년 후에 안티우코스 에피파네스를 통하여 성취되었다. 그러나 다니엘의 예언은 이차적인 성취를 기다리고 있는데, 그때는 다니엘이 몇 번 암시한 종말의 때이다.

종말에 적그리스도가 나타나서 먼저 유대인과 평화조약을 맺었다가, 중간에 그 조약을 깨고 유대인들을 크게 핍박할 것이다.

그 핍박이 얼마나 큰지 "큰 환난"이라고 성경은 묘사한다 (마 24:21, 계 7:14). 그런데 그때 적그리스도가 하는 짓거리와 북방 왕 안티우코스가 한 짓거리는 너무나 유사하기에, 안티우코스는 적그리스도의 모형이 되었다. 도대체 그가 어떤 짓거리를 했는 데, 적그리스도와 유사하단 말인가?

북방 왕은 다시 남방 왕을 공격하기 위하여 군대를 이끌고 내려왔다. 본문을 또 보자, "작정된 기한에 그가 다시 나와서 남방에 이를 것이나 이번이 그 전번만 못하리니" (11:29). 이때는 먼저 번의 전쟁이 있은 지 불과 2년만의 거사巨事였다. 그러니까 군인들의 사기도 전만 못했고, 국민들의 지지도 약했다. 그러나 안티우코스의 교만해진 마음을 돌이킬 수 있는 사람은 그 나라에 아무도 없었다.

그런데 이렇게 안티우코스가 남침南侵을 할 때는 애굽이 이미로마와 동맹을 맺고 있었기에 그의 목적은 좌절되었다. 본문을 보자, "이는 깃딤의 배들이 이르러 그를 칠 것임이라" (11:30a: 여기에서 깃딤은 로마를 가리킨다). 그는 한편 낙심하고 또 한편 분노하였는데, 그 분노를 유대인들에게 쏟았던 것이다. "그는 마음으로 거룩한 언약을 거스렸다" (11:28b). 이것은 주전 169년에 있었던 성전약탈을 가리킨다.

안티우코스는 팔레스타인에서 그를 배반하고 애굽 편을 들었던 유대인들과 제사장들을 죽였다. 본문을 보자, "거룩한 언약을 배반하는 자들을 살필 것이며" (11:30b). 그뿐 아니라, 그는 "성소…를 더럽히며 매일 드리는 제사를 폐하며, 멸망하게 하는 가증한 것을 세울 것이며" (11:31b). 그는 유대인들이 그처럼 중요시하는 매일의 제사를 폐하고 대신 돼지를 제물로 드렸다. 또한 성소에 제우스 신상을 제단에 세웠다.

# 5. 나가면서

안티우코스 에피파네스는 다니엘의 예언과 성취에서 아주 중요한 인물이다. 왜냐하면 그는 다니엘의 예언을 역사적으로 성취시킨 장본인이기 때문이다. 그러나 그 못지않게 중요한 사실은 그의 역사적 성취가 인간의 역사 끝자락에서 일어날 "큰 환난"과 연관되어 있다는 사실이다. 그가 유대인들에게 행한 반인륜적 행위와 유대인들이 생명보다 귀하게 여기는 성전과 제사를 무너뜨린 행위는 그 당시 유대인들에게 크나큰 상처가 되었다.

동시에 그의 행위는 인류의 종말에 유대인들에게 일어날 적그리스도의 행위와 너무나 유사했다. 마치 적그리스도가 안티우코스 에피파네스라는 인물 속에 들어가서 행동한 것처럼 말이다. 그의 행위는 유대인들에게 다시 그대로 재현될 것이다. 그런 이유 때문에 다니엘의 예언은 이중적으로 성취된다. 그러므로 다니엘 11장을 이해하기 위해서는 팔레스타인을 중심으로 일어난 역사적 사건도 알아야 하고, 또 종말에 일어날 사건도 알아야 한다.

# 45

# 왕의 행패

"그가 또 언약을 배반하고 악행하는 자를 속임수로 타락시킬 것이나, 오직 자기의 하나님을 아는 백성은 강하여 용맹을 떨치리라. 백성 중에 지혜로운 자들이 많은 사람을 가르칠 것이나, 그들이 칼날과 불꽃과 사로잡힘과 약탈을 당하여 여러 날 동안 몰락하리라. 그들이 몰락할 때에 도움을 조금 얻을 것이나 많은 사람들이 속임수로 그들과 결합할 것이며, 또 그들 중 지혜로운 자 몇 사람이 몰락하여 무리 중에서 연단을 받아 정결하게 되며 희게 되어 마지막 때까지 이르게 하리니, 이는 아직 정한 기한이 남았음이라. 그 왕은 자기 마음대로 행하며 스스로 높여 모든 신보다 크다 하며, 비상한 말로 신들의 신을 대적하며 형통하기를 분노하심이 그칠 때까지 하리니, 이는 그 작정된 일을 반드시 이룰 것임이라. 그가 모든 것보다 스스로 크다 하고, 그의 조상들의 신들과 여자들이 흠모하는 것을 돌아보지 아니하며 어떤 신도 돌아보지 아니하고, 그 대신에 강한 신을 공경할 것이요, 또 그의 조상들이 알지 못하던 신에게 금 은 보석과 보물을 드려 공경할 것이며, 그는 이방신을 힘입어 크게 견고한 산성들을 점령할 것이요, 무릇 그를 안다 하는 자에게는 영광을 더하여 여러 백성을 다스리게도 하며 그에게서 뇌물을 받고 땅을 나눠 주기도 하리라. 마지막 때에 남방 왕이 그와 힘을 겨룰 것이나, 북방 왕이 병거와 마병과 많은 배로 회오리바람처럼 그에게로 마주 와서 그 여러 나라에 침공하여 물이 넘침 같이 지나갈 것이요, 그가 또 영화로운 땅에 들어갈 것이요, 많은 나라를 패망하게 할 것이나, 오직 에돔과 모압과 암몬 자손의 지도자들은 그의 손에서 벗어나리라. 그가 여러 나라들에 그의 손을 펴리니 애굽 땅도 면하지 못할 것이니, 그가 권세로 애굽의 금 은과 모든 보물을 차지할 것이요, 리비아 사람과 구스 사람이 그의 시종이 되리라. 그러나 동북에서부터 소문이 이르러 그를 번민하게 하므로 그가 분노하여 나가서 많은 무리를 다 죽이며 멸망시키고자 할 것이요, 그가 장막 궁전을 바다와 영화롭고 거룩한 산 사이에 세울 것이나 그의 종말이 이르리니 도와 줄 자가 없으리라."

다니엘 11:32-45

# 1. 들어가면서

안티우코스 에피파네스 왕의 교만은 하늘을 찌를 듯 높아졌다. 그러나 그의 자만심은 남침이 실패로 돌아가자 꺾일 대로 꺾였다. 비록 애굽과 로마의 동맹군에 의하여 그가 계획했던 대로 애굽을 점령하지 못하고 귀국의 길로 돌아올 수밖에 없었지만, 그렇게 꺾어진 자만심은 언제라도 그의 감정을 뚫고 밖으로 튀쳐나올 지경이 되었다. 그의 분노는 다시 하늘을 찌를 듯 높아졌다. 그 분노를 속에서 그대로 삭혀버릴 왕이 아니었다.

안티우코스는 그의 분노를 표출할 대상을 필요로 했는데, 그 대상을 고국으로 돌아가는 길에서 만나게 되었다. 그 대상은 팔레스타인에 거주하는 유대인들이었다. 유대인들은 안티우코스의 분노를 폭발시키게 한 빌미도 제공했던 것이다. 어떻게 빌미를 제공했는가? 안티우코스가 애굽에서 전투를 벌이고 있을 때, 유다에는 안티우코스가 전사戰死했다는 소문이 퍼지기 시작했다. 그 소문은 팔레스타인 전역으로 삽시간에 퍼져나갔다.

안티우코스가 죽었다는 소식에 그의 반대파는 안티우코스가 세운 제사장을 쫓아내고 반대파가 유다를 지배했을 뿐 아니라, 성전을 중심으로 일어나는 모든 제사를 주장하였다. 이 소식은 안티우코스의 분노에 기름을 부은 꼴이 되었다. 그는 유다의 반란을 진압하고자 안식일에 예루살렘으로 진격하였다. 성난 파도와 같이 밀려오는 안티우코스의 군대를 유대인들이 막는다는 것은 불가능했다. 그렇게 유다를 점령한 안티우코스는 그의 분노를 쏟기 시작했다.

## 2. 정치적인 행패 (11:32-35)

유다에는 서로 다른 두 그룹이 있었는데, 안티우코스가 예루살렘을 다시 점령했을 때도 마찬가지였다. 한 그룹은 안티우코스를 따르는 무리들로, 그들은 현재 정치에 야합하는 작자들이었다. 그러나 그들은 맹목적으로 야합하지 않으면서 그들의 명분을 내세웠다. 그들의 명분은 유다가 구태의연한 구습<sup>舊習</sup>에만 묶여있지 말고, 현세대의 추세를 따라야 된다는 것이었다. 그 당시의 추세인 헬라문화를 수용해야 된다는 주장이었다.

또 다른 그룹은 전통적으로 전래된 유대교의 가르침을 준수하고, 신앙의 순수성을 지키려는 정통에 충성된 자들이었다. 그런데 바로 그렇게 충성된 자들에게 안티우코스의 분노가 쏟아졌던 것이다. 그는 그의 칙령<sup>勅令</sup>을 거부한 무리들에게 "언약을 배반했다"고 하면서, 그들의 배반이라는 "악행"을 물으면서, 그들의 신앙을 저버리게 하려고 노력했다. 본문을 보자, "속임수로 타락시킬 것이나"(11:32b).

비록 유다에는 정치적으로 야합하고 유대교의 전통을 저버리는 유대인들이 있었지만, 그 못지않게 그들의 신앙을 사수<sup>死守</sup>하는 사람들도 적지 않았다. 그들의 신앙도 하늘을 찌를 듯한 안티우코스의 분노를 대항할 만큼 하늘을 찌를 듯했다. 본문을 보자,

"오직 자기의 하나님을 아는 백성은 강하여 용맹을 떨치리라" (11:32c). 그들의 용맹은 결코 인간적인 것만은 아니었다. 그들이 믿고 의지하는 야웨 하나님이 그들에게 주신 것이라고 믿고 있었다.

그렇게 충성된 유대인들은 얼마나 용맹한지 그들이 믿는 바를 다른 많은 사람들에게 가르치며 전파했다. 물론 모든 용맹한 자들이 가르친 것은 아니지만, 그래도 그 가운데 지혜로운 자들이 앞장서서 가르쳤다. 다시 본문을 보자, "백성 중에 지혜로운 자들이 많은 사람을 가르칠 것이나" (11:33a). 물론 이들은 시시때때로 도움도 받았는데, 그 도움은 틀림없이 안티우코스를 대항한 마카비 가문the Maccabees의 도움을 뜻했다 (11:34b).

불행하게도 많은 사람들이 마카비 운동에 참여했으나 그것은 속임수 때문이었다는 것이다 ("많은 사람들이 속임수로 그들과 결합할 것이며"). 이렇게 폭군의 명령을 거스릴 뿐 아니라, 그에 반대한 전통을 가르치는 유대인들을 안티우코스가 그냥 놓아둘 이유가 없었다. 그들을 향한 그의 분노는 아무도 막을 수 없었다. 이 장의 본문은 "그들이 칼날과 불꽃과 사로잡힘과 약탈을 당하여 여러 날 동안 몰락하리라"고 예언한다 (11:33b).

이렇게 지혜로운 사람들이 몰락하는 중에도, 다시 말해서, 환난 중에도 그들의 신앙이 연단되어 정결하게 되는 사람들도 생길 것이라고 본문은 예언한다. 그러면서 그들이 받을 환난이 "마지막 때까지 이르게 된다"고 한다 (11:35b). 그렇다! 안티우코스의 만행은 결국 마지막 때에 일어날 적그리스도에 대한 모형이다.

비록 충성된 사람들은 신앙 때문에 고난을 감수하지만, 그들에게는 종말의 보상이라는 놀라운 소망이 있는 것이다.

## 3. 종교적인 행패 (11:36-39)

안티우코스는 이제 유대인들과 그들의 성전에 대한 행패를 자행했을 뿐 아니라. 하나님에 대해서도 행패를 자행했다. 유대인들과 성전에 대한 행패는 지상地上의 공격이나, 하나님에 대한 행패는 천상天上의 공격이었다. 결국, 안티우코스는 땅에 있는 종교적인 사람들과 신전에 대한 공격만으로는 만족할 수 없었다. 그는 공격의 범주를 확대했는데, 하늘에 계신 하나님에 대해서까지 손을 뻗쳤던 것이다. 그의 분노는 아무도 끌 수 없는 활화산과 같았다.

그의 행패를 본문을 통하여 보자, "그 왕은 자기 마음대로 행하며, 스스로 높여 모든 신보다 크다 하며, 비상한 말로 신들의 신을 대적하며…" (11:36a). 이런 행패는 모름지기 마귀가 하나님을 대적하면서 하나님의 자리를 넘보는 것과 조금도 다를 바 없는 작태였다 (사 14:12-14). 실제로 그의 이름에 덧붙인 *에피파네스*는 "하나님의 현현顯現이라는 뜻인데, 십중팔구 이때부터 그렇게 사용되었을 것이다.

안티우코스의 기고만장氣高萬丈한 태도는 거기에서 끝나지 않았다. 그는 북방 왕국이 섬기는 신들과 남방 왕국이 섬기는 신을 모두 무시했다. 본문을 보자, "…그의 조상들의 신들과 여자들이 흠모하는 것을 돌아보지 아니하며 어떤 신도 돌아보지 아니하고" (11:37). 이 본문에서 "그의 조상들의 신들"은 그 나라의 신들이고, "여자들이 흠모하는 것"은 애굽의 신들을 가리킨다. 결국, 그는 두 나라의 신들보다 자신을 높였던 것이다.

그는 자신을 이처럼 신격화神格化하면서 신성모독의 죄를 범했을 뿐 아니라, 한 발 더 나아가서 권력의 신god of power을 섬겼다. 실제로 그 신도 자신을 상징하는 것으로, 그의 통치 아래에 있는 모든 사람들이 그를 섬기게 하였던 것이다. 본문을 보자, "그 대신에 강한 신을 공경할 것이요, 또 그의 조상들이 알지 못하던 신에게 금 은 보석과 보물을 드려 공경할 것이며" (11:38). 그리고 그것을 빙자하여 재물을 거두어들였다.

안티우코스는 그가 의지한 이방 신의 이름으로 하나님이 좌정하신 것으로 여겨지는 예루살렘 성전을 점령하였다. 본문을 읽고 설명하자, "그는 이방신을 힘입어 크게 견고한 산성들을 점령할 것이요" (11:39a). 여기에서 "크게 견고한 산성들"은 예루살렘 성전을 가리키는데, 그 이유는 유대인들은 하나님의 보호 때문에 그 성전이 가장 견고하다고 믿었기 때문이다. 그러니까 안티우코스는 이방신의 이름으로 야웨 하나님의 성전을 점령했던 것이다.

유다에는 두 그룹의 사람들이 있었다고 언급한 바 있었는데, 한 그룹은 정치적이고 또 한 그룹은 종교적이었다. 안티우코스가 이렇게 예루살렘 성전과 유다를 점령하자, 정치적인 그룹의 세상이 된 것이나 다름이 없었다. 안티우코스는 그들로부터 뇌물을 받고 그들의 지위를 한껏 높여주었다. 본문을 다시 보자, "무릇 그를 안다하는 자에게는 영광을 더하여 여러 백성을 다스리게도 하며, 그에게서 뇌물을 받고 땅을 나눠 주기도 하리라" (11:39b).

## 4. 주변국에 대한 악행 (11:40-45)

안티우코스의 행패는 갈수록 그 도를 더해서 마침내 주변 나라들에게까지 미쳤다. 그러나 그런 행패 때문에 그의 생애가 생각밖에 일찍 마감될 줄을 그가 알았겠는가? 40절이 시작되면서 기록된 "마지막 때에"는 그의 마지막 행보를 가리킨다. 그래도 그의 마지막 행보는 화려하게 시작되었다. 왜냐하면 그때 마침 남방 왕이 침공을 해왔는데, 남방 왕은 물론 그와 동맹한 여러 나라들을 패배시켰기 때문이다 (40절 참조).

안티우코스는 다시 한 번 팔레스타인으로 돌아가서 유대인들은 물론 그들을 돕는 자들을 무참하게 짓밟아버렸다. 본문을 보자, "또 영화로운 땅에 들어갈 것이요 많은 나라를 패망하게 할 것이나" (11:41a). 그런데 유대인들에 대한 그의 분노와 복수심이 너무나 커서 그는 그 주변 국가들에 대해 마음을 줄 겨를이 없었다. 그런 이유 때문에 본문은 이렇게 덧붙인다, "오직 에돔과 모압과 암몬 자손의 지도자들은 그의 손에서 벗어나리라" (11:41b).

실제로 북방 왕국과 남방 왕국 사이에 팔레스타인이 있어서 그곳은 안티우코스의 말발굽에 짓밟히는 통로가 되었지만, 애돔과 모압과 암몬은 요단 강 건너편에 있었기에 그의 발길에서 빗겨져 있었다. 그러나 그의 발길을 가로막는 나라들은 인정사정도 없이 패망시켰다. 다시 본문을 통하여 그 사실을 확인하자, "그가 여러 나라들에 그의 손을 펴리니, 애굽 땅도 면하지 못할 것이니"(11:42).

안티우코스는 애굽에 넘쳐나는 모든 보물을 전리품으로 챙겼다. 그 당시 애굽은 오랜 동안 다른 나라들이 누리지 못한 부요를 누렸었다. 그들이 누리던 보석은 물론, 왕을 포함한 귀족, 예술품, 동상, 서적, 전쟁 도구 등 수많은 전리품을 챙겼다. 한 발 더 나아가서, 그는 리비아와 구스 사람들까지도 종으로 삼았다. 본문을 보자, "그가 권세로 애굽의 금 은과 모든 보물을 차지할 것이요, 리비아 사람과 구스 사람이 그의 시종이 되리라"(11:43).

그런데 동쪽과 북쪽에 있는 국가들이 안티우코스의 나라를 넘보고 있다는 소식이 들려왔다. 그는 많은 고민 중에 그들을 멸망시키기로 작정하였다. 다시 본문의 설명을 보자, "그러나 동북에서부터 소문이 이르러 그를 번민하게 하므로, 그가 분노하여 멸망시키고자 할 것이요"(11:44). 동쪽에서 넘보는 나라는 파르티아<sup>Parthia</sup> 왕국이고, 북쪽에서 넘보는 나라는 아르메니아<sup>Armenia</sup>였다.

안티우코스는 지중해와 시온 산 사이에 궁전 같은 화려한 장막들을 세우고 분노에 가득해서 그 나라들을 섬멸시키려했으나, 갑자기 그는 죽음을 맞이했다. 그러나 그를 위험에서, 그리고 죽음에서 구출해줄 사람은 아무도 없었다. 그처럼 굴곡이 많았던 그의 생애는 그렇게 갑자기 끝났던 것이다. 그것이 11장 마지막 절의 묘사이다. "그가 장막 궁전을 바다와 영화롭고 거룩한 산 사이에 세울 것이나, 그의 종말이 이르리니 도와 줄 자가 없으리라."

## 5. 나가면서

안티우코스 에피파네스는 비천한 사람일 뿐 아니라, 교활한 사람이었다. 특히 그가 유대인들과 야웨 하나님에 대한 증오심은 단순히 한 인간에게서 나온 것이 아니었다. 그는 스스로를 하나님의 자리에 올림으로 마귀와 같은 역할을 했다. 그런 이유 때문에 그는 마지막 때에 출현할 적그리스도의 모형이었다. 다니엘을 통하여 하나님이 보여주신 예언은 그렇게 안티우코스를 통하여 일차적으로 성취되었다.

그러나 그의 교만과 분노 때문에 그는 왕이 된지 10년 만에, 그러니까 그가 51세라는 이른 나이에 죽음을 맞이했다. 그것도 역시 적그리스도의 모형이었다. 마지막 때에 적그리스도는 유대인들과 하나님에게 그의 분노를 쏟을 것이다. 그러나 그와 그를 좇는 무리들의 기대와는 전혀 다르게 그의 마지막이 너무 빨리 다가올 것이다. 그는 "한 때와 두 때와 반 때," 곧 3년 6개월 만에 전능하신 하나님의 손에 잡혀 무저갱으로 던져질 것이다.

# 46

# "그 때에"

"그 때에 네 민족을 호위하는 큰 군주 미가엘이 일어날 것
이요 또 환난이 있으리니, 이는 개국 이래로 그 때까지 없
던 환난일 것이며, 그 때에 네 백성 중 책에 기록된 모든
자가 구원을 받을 것이라. 땅의 티끌 가운데에서 자는 자
중에서 많은 사람이 깨어나 영생을 받는 자도 있겠고, 수
치를 당하여서 영원히 부끄러움을 당할 자도 있을 것이며,
지혜 있는 자는 궁창의 빛과 같이 빛날 것이요, 많은 사람
을 옳은 데로 돌아오게 한 자는 별과 같이 영원토록 빛나
리라. 다니엘아 마지막 때까지 이 말을 간수하고 이 글을
봉함하라. 많은 사람이 빨리 왕래하며 지식이 더하리라."

다니엘 12:1-4

## 1. 들어가면서

안티우코스 에피파네스가 유대인들과 그들이 그처럼 중요하게
여기는 성전에 대한 증오심은 특이했다. 그는 유대인들을 박해
하고, 재산을 몰수하고, 투옥시키고, 죽이는 등 말할 수 없는 고
통을 주었다. 그뿐 아니라, 그는 하나님의 성전을 유린하고
더럽혔다. 그곳에 제우스 신상도 세우고 또 돼지를 제물로 올렸
다. 유대인들은 전통적으로 그리고 율법적으로 돼지를 절대로
제단에 올리지 못했는데도 말이다 (레 11:7).

그러나, 이미 앞장에서 살펴본 것처럼, 안티우코스는 모든 사람들의 기대와는 달리 일찍 생애를 마감했다. 인간적으로는 이해할 수 없는 일이 일어났다. 유대인들은 공개적으로 하나님을 대항한 죄에 대하여 하나님이 그를 공개적으로 심판하고 생명을 빼앗아가셨다고 믿었다. 유다에 대한 안티우코스의 악랄한 행위와 일찍 죽음에 이른 것은 역사적인 성취였다. 그러나 전에 언급한 것처럼, 이 예언은 종말에서 또 한 번 성취될 것이다.

종말에도 유다에 거의 같은 상황이 전개될 것이다. 적그리스도가 출현하여 유대인들을 박해하고, 죽이는 등 그의 악행은 이루 다 묘사할 수 없다. 그뿐 아니라, 적그리스도는 성전예배를 폐하고, 스스로를 높이어 하나님이라고 칭할 것이다. 바울이 한 예언을 보자, "그는 대적하는 자라; 신이라고 불리는 모든 것과 숭배함을 받는 것에 대항하여, 그 위에 자기를 높이고 하나님의 성전에 앉아 자기를 하나님이라고 내세우느니라" (살후 2:4).


## 2. 환난

그러나 안티우코스가 일찍 죽임을 당한 것처럼, 적그리스도의 횡포도 오래가지 않을 것이다. 그의 악행은 "한 때와 두 때와 반 때," 곧 3년 6개월이 고작이었다 (단 12:7). 생각지 않은 때에 우리 주 예수 그리스도의 재림으로 그의 악행도 끝날 것이다. 주님은 적그리스도와 그를 따르는 졸개들을 붙잡아서 무저갱으로 던져버리실 것이다. 그에 대한 구체적인 예언을 보자, "[적그리스도를] 무저갱에 던져 넣어 잠그고 그 위에 인봉하여…"(계 20:3).

실제로 적그리스도를 이렇게 심판하실 주님에 대하여 다니엘도 일찍이 이렇게 예언했다: "내가 보니 왕좌가 놓이고, 옛적부터 항상 계신 이가 좌정하셨는데, 그의 옷은 희기가 눈 같고 그의 머리털은 깨끗한 양의 털 같고, 그의 보좌는 불꽃이요 그의 바퀴는 타오르는 불이요, 불이 강처럼 흘러 그의 앞에서 나오며 그를 섬기는 자는 천천이요 그 앞에서 모셔 선 자는 만민이며 심판을 베푸는데 책들이 펴 놓였더라"(단 7:9-10).

적그리스도는 그의 운명을 알지도 못한 채 등장하여 온갖 전쟁과 속임수로 세상을 잠시 통치할 것이다. 유대인들이 그처럼 "큰 환난"을 무사히 통과한다는 것은 인간적으로 거의 불가능할 것이다. 그러므로 이 장의 본문은 이렇게 시작된다, "그 때에 네 민족을 호위하는 큰 군주 미가엘이 일어날 것이요, 또 환난이 있으리니 이는 개국 이래로 그 때까지 없던 환난일 것이며, 그 때에 네 백성 중 책에 기록된 모든 자가 구원을 얻으리라"(12:1).

적그리스도의 출현은 역사적이면서도 동시에 영적이다. 그러므로 천사장 미가엘도 등장하는데, 미가엘은 앞에서 본 것처럼 이스라엘을 보호하는 천사장이다 (단 10:13, 21). 그 천사장이 유대인들을 보호하기에 그들은 그나마 환난을 견디어 낼 수 있을 것이다. 예수 그리스도도 그런 사실을 이렇게 우회적으로 설명하셨다, "그 날들을 감하지 아니하면 모든 육체가 구원을 얻지 못할 것이나, 그러나 택하신 자들을 위하여 그 날들을 감하시리라" (마 24:22).

그런데 12장 1절에서만 "그 때"라는 표현이 세 번씩 나오는데, 그 이유는 앞으로 있을 마지막 때를 강조하기 위함이다. 첫 번째 "그 때"에는 미가엘이 등장할 것이며, 두 번째 "그 때"에는 환난이 생길 것이며, 세 번째 "그 때"에는 구원의 역사가 일어날 것이다. 그러니까 이 세 가지 현상은 동시에 일어나기에 "그 때"가 세 번씩 사용된 것이다. 환난은 한편 미가엘을 출현하게 하지만, 동시에 구원의 시작이기도 하다.

누가 구원을 받는단 말인가? "네 백성 중 책에 기록된 모든 자"가 구원을 받을 것이다. "네 백성 중"이란 표현은 그처럼 무서운 환난을 통과한 유대인들을 가리킨다. 그런데 그들은 "책에 기록된 모든 자"라고 묘사된다. 그 책에는 구원받을 유대인들의 이름이 기록되어 있는데, 모세도 그 중 하나이다. 그의 말을 들어보자, "그러나 이제 그들의 죄를 사하시옵소서! 그렇지 아니하시오면… 주께서 기록하신 *책*에서 내 이름을 지워버려 주옵소서" (출 32:32).

## 3. 영생

다니엘의 시대에 살던 유대인들은 참으로 불행한 자들이었다. 그들은 가족과 전토도 잃었고, 나라도 잃었다. 그뿐 아니라, 그들은 성전도 잃었고, 하나님도 잃었다. 그들은 적국의 포로가 되어 이방 나라에서 우상을 섬기는 사람들의 종노릇을 하지 않으면 안 되었다. 물론 유대인들의 죄악 때문이었지만, 그들 가운데는 다니엘과 같이 신앙의 순결을 지키는 자들도 없잖아 있었다. 그들은 왜 그런 고난과 환난을 겪어야만 하는가?

그런 질문에 다니엘이 답했는데, 그 답이 들어있는 말씀을 보자, "땅의 티끌 가운데에서 자는 자 중에서 많은 사람이 깨어나 영생을 받는 자도 있겠고, 수치를 당하여서 영원히 부끄러움을 당할 자도 있을 것이며" (12:2). 다니엘의 답에 의하면, 인간은 한 번 죽지만 반드시 부활한다는 것이다. 단순히 부활의 생명만 누리는 것이 아니라, 그들의 삶에 따른 심판이 있다는 것이다. 비록 많은 유대인들이 당장은 고난을 당해도 부활의 소망이 있다는 것이다.

단순한 부활의 소망이 아니라, 보상이 있는 생명의 부활이라는 것이다. 고난과 경건을 겸비한 다니엘에게만 계시된 내세에 관한 놀라운 예언이다. 그 후 수백 년이 지나서 다니엘에게 보여 준 이런 계시가 하나님만이 주실 수 있다는 사실을 증언이라도 하듯, 예수 그리스도도 같은 약속의 예언을 하셨다, "선한 일을 행한 자는 생명의 부활로, 악한 일을 행한 자는 심판의 부활로 나오리라" (요 5:29).

다니엘의 예언에서 "땅의 티끌 가운데에서 자는 자"는 두말할 필요도 없이 육체적으로 죽은 자들이다. 칼과 기근과 환난 중에 죽은 유대인들도 포함된다. 그들뿐 아니라, 먼 훗날 적그리스도의 주도하에 죽을 많은 유대인들도 포함된다. 죽음에서 깨어날 자들이 또 있는데, 모든 사람들이다. 그들은 잠자다가 부스스 일어나는 것처럼 깨어날 것이다. 왜 깨어나는가? 육체적 죽음이 종착역이 아닌 사실 때문이다.

그러면 어떤 사람들은 영생을 얻고, 또 어떤 사람들이 부끄러움을 당할 것인가? 영생을 얻는 사람들은 야웨 하나님을 의지하여 신앙의 정조를 지킨 사람들이고, 부끄러움을 당할 사람들은 그 하나님을 거부했을 뿐 아니라, 특히 신앙의 정조를 지킨 사람들을 박해하고, 투옥시키고, 죽인 사람들이다. 그러니까 신앙 때문에 고난과 죽음을 감내堪耐한 사람들은 영생으로, 그리고 그들을 박해한 사람들은 부끄러움을 당하게 될 것이다.

다니엘이 예언한 영생은 보상도 포함될 수 있는 것이다. "지혜 있는 자"와 "많은 사람을 옳은 데로 돌아오게 한 자"는 하늘의 빛처럼 그리고 별처럼 빛날 것이다. 이 성도들은 하나님에게서 받은 "지혜"를 많은 사람들에게 전했고 또 영향을 끼쳤다. 그런 사역을 하는 동안 그들 중에는 박해를 당하고 순교한 사람들도 생겼다. 그들은 하늘의 빛처럼 그리고 별처럼 영원히 빛날 것이며 또한 기억될 것이다. 참으로 놀라운 보상이다!

## 4. 영벌永罰

부활의 생명은 영생으로만 이어지는 것은 아니다. 부활된 사람들 중에는 "수치를 당하여서 영원히 부끄러움을 당할 자도 있을 것이다." 물론 이 표현은 예수님의 말씀을 빌리자면 "심판의 부활"이다. "영원히 부끄러움을 당할 자"와 "심판의 부활"을 결합하면 영벌을 받을 자들을 가리킨다. 그렇다면 이렇게 부활하여 심판을 받을 사람들은 누구인가? 다니엘을 중심으로 알아보면 다음과 같은 사람이 그 범주에 들어갈 것이다.

첫째로 유다로 하여금 하나님으로부터 버림을 받게 한 사람들일 것이다. 그 결과가 얼마나 참혹했는가? 그들은 무엇보다도 우상을 섬긴 사람들이다. 그들은 하나님의 거듭된 경고에도 불구하고 그들을 애굽에서 구출하고 또 나라를 선물로 주신 하나님을 등지고 우상을 섬겼다. 그들은 각종 짐승에게 향불을 올렸고 (겔 8:10), 여인들은 애굽의 신 담무스를 위하여 애곡했고 (겔 8:14), 한 발 더 나아가서 태양을 경배하였다 (겔 8:16).

둘째로 하나님이 유다를 버리게 하신 행위는 안식일을 범한 악행이었다. 하나님의 약속과 심판을 보자, "또 내가 그들을 거룩하게 하는 여호와인 줄 알게 하려고 내 안식일을 주어 그들과 나 사이에 표징을 삼았노라" (겔 20:12). 그러나 그들은 그처럼 중요한 안식일을 범하여 심판을 자취했다. "그러나 그들의 자손이⋯나의 규례를 지켜 행하지 아니하였고 나의 안식일을 더럽힌지라.⋯이에 내가 이르기를, '그들에게 내 진노를 이루리라'" (겔 20:21).

셋째로 유다로 하나님의 버림을 받게 한 악행은 성적 타락이었다. 예루살렘은 총체적으로 타락했다. 하나님이 말씀하신 진단을 보자, "네가 네 누추한 것을 쏟으며 네 정든 자와 행음함으로 벗은 몸을 드러내며⋯내가 너희 즐거워하는 정든 자와 사랑하던 모든 자를 모으되…너를 대적하게 할 것이요, 또 네 벗은 몸을 그 앞에 드러내 그들이 그것을 다 보게 할 것이라"(겔16:36-37). 성 적으로 타락한 그들을 기다리는 것은 공의의 심판뿐이었다.

넷째로 하나님이 유다를 버릴 수밖에 없었던 또 하나의 요인은 거듭되는 하나님의 경고를 무시한 악행이었다. 하나님은 예레미야와 같은 선지자들을 통하여 거듭거듭 돌이키라고 말씀하셨건만, 그들은 조금도 귀를 기울이지 않았다. 하나님의 말씀을 보자, "너희가 나에게 순종하지 아니하고…실행하지 아니하였은 즉 내가 너희를 대적하여 칼과 전염병과 기근에게 자유를 주리라…내가 너희를 세계 여러 나라 가운데에 흩어지게 할 것이라"(렘34:17).

다섯째로 하나님의 심판의 도구가 되어 유다를 처벌하게 한 이 방인들의 악행이었다. 그들은 하나님이 허락하신 범위를 훨씬 지나쳐서 잔인하게 유다에게 횡포를 행했다. 그 중 대표적인 나라가 바벨론이었다. 하나님의 예언과 경고를 보자, "바벨론을 둘러 대열을 벌이고 활을 당기는 모든 자여, 화살을 아끼지 말고 쏘라. 그가 여호와께 범죄하였음이라"(렘50:14). 그렇다! 하나님의 백성을 박해하는 자들도 영벌을 면치 못할 것이다.

## 5. 나가면서

다니엘은 마지막 때에 대한 예언을 마치면서 "이 말을 간수하고 봉함하라”고 충고한다. 그 이유는 간단하다! 마지막 때에 유대인들이 어떻게 환난을 감당해야할지, 또 어떻게 슬기롭게 대처할지를 알아야 하기 때문이다. 그 비결이 다니엘 예언서에 기록되어 있기에 끝까지 잘 간수하고 또 때가 되면 말씀대로 대처하라는 충고이다. 비록 많은 사람들이 여기저기 다니면서 종말에 대한 지식을 얻지만, 궁극적으로 다니엘을 의지하라는 충고이다.

그렇다! 지금도 이 세상은 종말을 향하여 꿈틀꿈틀 움직여나가고 있다. 그러나 다니엘의 예언에 의하면, 적그리스도가 나타나서 세계를 통치할 것이나 잠깐일 뿐이다. 종말이 머지않은 시기에 사는 성도들은 다니엘처럼 기도하며, 깨끗한 삶을 유지하며, 하나님을 두려워하는 삶을 영위해야 할 것이다. 그 이유는 간단하다! 마지막 때가 다가오고 있기 때문이다. 마지막 때가 되면 성도들은 삶에 책임을 져야하기 때문이다.

# 47 마지막 때

"나 다니엘이 본즉 다른 두 사람이 있어 하나는 강 이쪽 언덕에 섰고, 하나는 강 저쪽 언덕에 섰더니, 그 중에 하나가 세마포 옷을 입은 자 곧 강물 위쪽에 있는 자에게 이르되, '이 놀라운 일의 끝이 어느 때까지냐?' 하더라. 내가 들은즉 그 세마포 옷을 입고 강물 위쪽에 있는 자가 자기의 좌우 손을 들어 하늘을 향하여 영원히 살아 계시는 이를 가리켜 맹세하여 이르되, '반드시 한 때 두 때 반 때를 지나서 성도의 권세가 다 깨지기까지이니, 그렇게 되면 이 모든 일이 다 끝나리라' 하더라. 내가 듣고도 깨닫지 못한지라. 내가 이르되, '내 주여 이 모든 일의 결국이 어떠하겠나이까?' 하니, 그가 이르되, '다니엘아 갈지어다. 이 말은 마지막 때까지 간수하고 봉함할 것임이니라. 많은 사람이 연단을 받아 스스로 정결하게 하며 희게 할 것이나, 악한 사람은 악을 행하리니 악한 자는 아무것도 깨닫지 못하되, 오직 지혜 있는 자는 깨달으리라. 매일 드리는 제사를 폐하며, 멸망하게 할 가증한 것을 세울 때부터 천이백구십 일을 지낼 것이요, 기다려서 천삼백삼십오 일까지 이르는 그 사람은 복이 있으리라. 너는 가서 마지막을 기다리라! 이는 네가 평안히 쉬다가 끝날에는 네 몫을 누릴 것임이라.'"

다니엘 12:5-13

## 1. 들어가면서

다니엘은 환상을 세 번 보았다. 첫 번째는 7장에서 네 짐승을 보았고, 두 번째는 8장에서 두 짐승을 보았다. 세 번째는 적그리스도에 대한 환상이었는데, 그 환상은 이중적으로 성취되었다.

먼저는 북방 왕인 안티우코스 에피파네스를 통해서 성취되었고, 또 한 번은 마지막 때에 나타날 적그리스도를 통하여 성취될 것이다. 그런데 이 세 번째 환상은 너무나 중요하고 상세하기에 석 장씩이나 할애하여 기록되었는데, 곧 10~12장이다.

이 석장을 좀 더 깊이 보면 10장은 서론에 해당하고 12장은 결론에 해당한다. 그렇다면 환상 자체를 기록한 것은 두말할 필요도 없이 11장이다. 11장에서 북방 왕국과 남방 왕국의 오랜 기간을 접전 중에 나타난 안티우코스 에피파네스는 다니엘의 종말론에서 말할 수 없이 중요한 인물이다. 그 이유는 지금까지 살펴본 대로, 그는 마지막 때에 나타날 적그리스도의 모형이기 때문이다.

다니엘은 세 번째 환상에 대한 결론을 맺으면서 다시 서론에서 묘사된 강으로 돌아간다. 두 천사가 강 양쪽 언덕에 서 있고, 강물 위에는 세마포 옷을 입은 분이 서 있었다. 세마포를 입은 분은 10장에서 소개된 분으로, 마지막 때에 나타나서 적그리스도를 단칼에 처치하실 예수 그리스도이시다 (단 10:5-6). 그러니까 다니엘이 이 환상을 보기 시작했을 때는 천사가 하나였는데, 마칠 때는 천사가 하나 더 나타난 것이다.


## 2. "마지막 때"

두 천사 중 하나가 세마포 옷을 입은 분에게 질문을 던졌다, "…이 놀라운 일의 끝이 어느 때까지냐?" 이 질문에 의하면, 다니엘이 세 번째 본 환상은 분명히 마지막 때의 사건이었다. 그렇지 않다면 천사는 "이 놀라운 일의 끝이 어느 때까지냐"고 묻지 않았을 것이다. "놀라운 일"이란 다니엘에게 보여준 환상을 뜻하고, 그 환상이 마지막 때의 일이라는 것은 "끝이 어느 때까지냐"라는 질문에 들어있다.

그런데 다니엘이 본 세 번째 환상이 마지막 때의 사건이라는 사실을 강조한 표현이 있는데, 바로 "마지막 때"이다. 세 번째 환상이 마지막 때의 환상이지만, 동시에 다니엘을 마감하는 12장에서 "마지막 때"를 뜻하는 표현이 세 번씩이나 나오는 것은 자못 의미심장하다고 할 수 있다. "마지막 때"가 먼저 4절과 9절에서 각각 나온다. 그리고 마지막으로는 13절에서 "마지막"으로 나오는데, "때"는 없지만 실제로 "마지막 때"의 뜻을 지닌다.

이 본문에서 4절과 9절은 같은 내용을 포함시켰는데, 9절을 다시 인용하면서 그 뜻을 좀 더 찾아보자, "그가 이르되, '다니엘아 갈지어다. 이 말은 마지막 때까지 간수하고 봉함할 것임이니라.'" 왜 이처럼 중요한 "마지막 때"의 예언을 "간수하고 봉함하라"는 명령을 다니엘이 받았는가? 처음부터 이런 계시를 많은 사람들에게 보여주면 그들이 보다 깊은 신앙을 갖지 않았겠는가? 그러나 실제는 그렇지 않다.

여기에 포함된 예언이 그처럼 먼 훗날에 대한 것이기에 사람들은 그것을 읽어도 그 뜻을 전혀 알지 못할 것이다. 그러나 봉함된 예언이 마지막이 가까워지면서 읽혀진다면, 그것을 읽는 성도들은 그처럼 오래 전에 이루어진 예언의 정확성에 놀라움을 금치 못할 것이다. 그뿐 아니라, 인간의 눈에 수천 년의 세월도 하나님의 눈에는 현재라는 사실을 깊이 깨닫게 될 것이다. 그들은 그런 하나님이 허락하신 다니엘을 하나님의 말씀으로 받아들일 것이다.

세 번째로 "마지막 때"의 뜻으로 묘사된 곳은 13절의 말씀이다, "너는 가서 마지막을 기다리라. 이는 네가 평안히 쉬다가 끝날에는 네 몫을 누릴 것임이라." 다니엘의 이 마지막 부탁에는 세 가지가 들어있는데, 먼저는 "마지막을 기다리라"이다. 이 말씀은 비록 다니엘이 늙은 나이지만, 인생의 마무리를 잘 하라는 부탁이다. 그가 지금까지 그에게 맡겨진 업무와 삶에 최선을 다한 것처럼, 여생도 똑같이 살라는 것이다.

그 다음, "이는 네가 평안히 쉬다가"는 죽음을 뜻한다. 왜 죽음을 쉼으로 묘사했는가? 다니엘의 일생은 참으로 파란 많은 생애였다. 그런 굴곡과 기도와 기적의 삶을 마무리하고 영원히 쉬라는 애정의 표현이었다. 마지막으로, "끝날에는 네 몫을 누릴 것임이라"는 내세來世의 쉼은 단순한 쉼이 아니라, 보상이 있는 쉼이라는 것이다. 현세現世의 삶에 따른 영원한 내세의 보상을 누리며, 영원한 삶을 마음껏 누리라는 약속이다.

## 3. "마지막 때"의 설명

강 언덕에 있던 한 천사가 세마포 옷을 입은 분에게 "마지막 때"에 대하여 질문을 던진다, "이 놀라운 일의 끝이 어느 때까지냐?" (12:6b). 세마포 옷을 입은 분은 두 손을 높이 들어 "하늘을 향하여 영원히 살아 계시는 이를 가리켜 맹세하면서" 대답했다 (12:7b). 왜 그냥 대답하지 않고 두 손을 하나님에게 들면서 말씀하셨는가? 그 이유는 간단하다! 하나님이 증인이시라는 고백이다. 그러니 그분의 설명은 확실하다는 뜻이다.

그분의 대답은 두 가지를 포함하고 있는데, 첫째는 "한 때 두 때 반 때"를 지나야 하며, 둘째는 "성도의 권세가 다 깨지기까지"라고 하셨다 (12:7c). 지금까지 몇 번 언급된 것처럼, "한 때와 두 때와 반 때"는 3년 6개월이다. 그 기간은 도대체 어디에서 나왔는가? 물론 다니엘 9장에서 나왔다 (9:27). 그 말씀에 의하면, 적그리스도가 나타나서 유대인들과 거짓 평화조약을 맺으면서 정치적·종교적 통치자가 된다.

그러나 그 약속 기간인 7년을 기다리지 못하고 적그리스도는 평화조약을 파기하는데, 그 시기는 7년의 중간에서이다. 그러니까 정확히 거짓 평화조약을 한 후 3년 6개월 만에 그 조약을 파기한다. 그때부터 7년이 찰 때까지 3년 6개월, 곧 1,260일 동안에 적그리스도는 유대인들을 박해하고, 재산을 몰수하고, 죽이기까지 한다. 성경에서 거듭거듭 언급하는 "큰 환난"의 기간이다. 그 환난의 3년 6개월을 "한 때 두 때 반 때"라고 묘사한 것이다.

"성도의 권세가 다 깨지기까지"라는 묘사는 무엇을 뜻하는가? 그렇게 3년 6개월, 곧 42개월 동안 적그리스도는 유대인들을 멸절시키려고 온갖 수단을 동원할 것이다. 마침내 유대인들은 초토화되어 "다 깨진"거나 다름없는 상태에 들어간다. 인간의 방법과 힘으로는 그처럼 "큰 환난"에서 빠져나올 길이 없다. 그러나 유대인들의 완전 포기가 바로 그들이 구원의 시작이다. 왜냐하면 바로 그 때 메시야가 나타나서 적그리스도를 사로잡으실 것이기 때문이다.

이미 앞에서 몇 번씩 표현했지만, 적그리스도는 유대인들만 미워하는 것이 아니다. 그는 유대인들이 섬기는 야웨 하나님과 그 성전도 증오하였다. 적그리스도는 자신보다 높거나 능력이 많은 사실을 받아들일 수 없기 때문이다. 그런 이유로 그는 "매일 드리는 제사를 폐하며, 멸망하게 할 가증한 것을 세울" 것이다. 그는 유대인들이 매일 아침저녁으로 드리는 상번제를 폐하고 (민 28:3-8), 하나님 대신에 제우스신을 세울 것이다.

한 가지 흥미로운 것이 있는데, "한 때 두 때 반 때," 곧 1,260일이 "큰 환난"의 때라는 실존實存을 다니엘은 반복적으로 언급하였다. 그런데 본문에서 1,290일과 1,335일은 왜 나오는가? 그 의미는 무엇인가? "큰 환난"이 끝난 후 30일 동안에는 더러워진 성전이 정결하게 되며 세상이 청소될 것이다. 그 후 45일 동안에는 마태복음 25장에 나오는 열국에 대한 심판이 있을 것이다. 그래야 유다와 세상은 천년왕국을 맞이할 준비를 마친 셈이다.

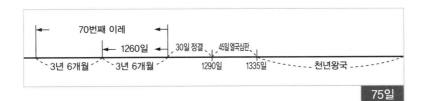

75일

# 4. 견디는 자들

　유대인들은 "큰 환난" 중에 말할 수 없는 박해를 당하게 될 것이다. 이처럼 큰 환난은 전대미문前代未聞의 사건일 될 것이다. 예수 그리스도도 이 환난이 얼마나 큰지 다음과 같이 말씀하셨다, "이는 그 때에 큰 환난이 있겠음이라. 창세로부터 지금까지 이런 환난이 없었고 후에도 없으리라"(마 24:21). 누구도 이 환난을 스스로 통과할 수 없다고 이어서 말씀하셨다. "그 날들을 감하지 아니하면 모든 육체가 구원을 얻지 못할 것이라"(마 24:22).

　또 주님은 그 환난을 통과하기 위하여 이런 주문도 하셨다, "그러나 끝까지 견디는 자는 구원을 얻으리라"(마 24:13). 끝까지 견디면서 구원을 얻는 방법도 다니엘의 마지막 부분인 본문에서 함축적으로 밝히고 있다. 첫째 방법은 하나님의 말씀에 의지하여 살라는 것이다. "이 말을 간수하라"는 부탁은 중요하다. 하나님은 유대인들에게 모든 것을 알려주지 않으셨으나, 그래도 그들이 신앙을 지키면서 견딜 수 있는 말씀을 주셨다.

　하나님이 허락하신 말씀을 의지해서 살라는 것은 유대인들에게 처음부터 전래된 중요한 전통이었다. 모세의 말을 들어보자, "감추어진 일은 우리 하나님 여호와께 속하였거니와, 나타난 일은 영원히 우리와 우리 자손에게 속하였나니 이는 우리에게 이 율법의 모든 말씀을 행하게 하심이니라"(신 29:29). 그렇다! 하나님은 유대인들에게 마지막 때에 있을 고난을 알려주셨고, 또 얼마나 견디어야 되는지도 알려주셨다. 그들은 순종하기만 하면 된다.

유대인들이 환난에도 끝까지 견딜 수 있는 둘째 방법은 정결한 삶을 유지하는 것이다. 다니엘에게 전해준 천사의 직언直言을 다시 보면서 정결의 중요성을 알아보자, "많은 사람이 연단을 받아 스스로 정결하게 하며 희게 할 것이나, 악한 사람은 악을 행하리니 악한 자는 아무것도 깨닫지 못하되 오직 지혜 있는 자는 깨달으리라" (12:10). 그렇다! 환난은 두 종류의 사람들을 양산하게 될 것이다. 하나는 정결케 된 사람들이고, 또 하나는 악한 사람들이다.

환난에도 끝까지 견디는 자들은 당연히 연단을 받아 깨끗하게 된다. 얼마나 깨끗한지 "희게 되었다"고 묘사한다. 그렇게 희게 된 모습은 그들의 메시야이신 예수 그리스도를 닮았다는 것을 뜻하기도 한다. 왜냐하면 다니엘이 세 번째 환상을 보기 전에 그에게 임하여 힘을 주신 분이 "세마포 옷"을 입으셨기 때문이다 (단 11:5, 12:6). 물론 그분처럼 깨끗한 삶을 영위하기 위하여 그분과 깊은 만남과 교제의 시간을 가져야 한다.

환난을 끝까지 견디는 셋째 방법은 미래와 내세에 대한 소망이다. 비록 현재에 적그리스도로부터 박해를 당하며 심지어 목숨까지 잃는다손 치더라도, 그들이 부활의 생명, 영원한 생명이 소망을 갖고 있다면, 그들은 끝까지 견딜 수 있을 것이다. 왜냐하면 그 부활의 때에 그들을 괴롭히던 적그리스도와 그 졸개들은 심판을 받게 될 것이고, 그들은 영원한 쉼과 보상을 받을 것이기 때문이다. 바로 이런 소망 때문에 다니엘도 지금까지 견디었던 것이다.

# 5. 나가면서

　　과연 다니엘은 대선지자였다. 그의 초점은 이 세상의 역사의 배후에 전지 · 전능 · 전재<sup>全在</sup>하신 하나님이 계시다는 사실이었다. 비록 유다가 하나님을 등지고 나라를 잃었지만, 그런 비극도 하나님의 허용적인 뜻 가운데서 발생하였다. 비록 악인들이 유대인들과 하나님을 대적하여 잠깐은 이기는 것 같으나, 그들도 여전히 하나님의 손아래서 움직이는 존재에 지나지 않는다. 거기다가 인간 역사의 끝자락, 곧 하나님 나라의 완성으로 나아가고 있는 것이다.

　　다니엘은 유다의 성전에 계셨던 하나님이 우상의 나라인 바벨론에도 계시면서 그와 동행하신다는 사실을 경험하였다. 그가 위기에 처할 적마다 하나님은 저버리지 않고 그를 도우셨다. 그뿐 아니라, 그를 위대한 인물, 두 나라의 총리로 만드셨다. 그리고 그에게 마지막 때의 일을 그처럼 자상하게 알려주셨다. 하나님만을 의지한 다니엘도 위대하지만, 그 다니엘에게 인류의 종말을 보여주신 하나님은 훨씬 더 위대하시다.

전지, 전능, 전재全在의 하나님은 다른 어떤 선지자들에게도 보여주지 않으시고, 오직 선지자 다니엘에게만 보여주신 것이 있는데, 그것은 다름 아닌 "작은 뿔"이다. 이 "작은 뿔"에 대해서는 두 번씩이나 연거푸 보여주셨는데, 첫 번째는 넷째 짐승의 환상에서, 그리고 두 번째는 숫염소의 환상에서 각각 보여주셨다. 구체적으로 "작은 뿔"은 넷째 짐승에 이미 있던 열 뿔 사이에서 나왔고 (7:8, 11), 또 숫염소에게 있던 네 뿔 중 하나에게서 나왔다 (8:9).

그리고 하나님은 이 "작은 뿔"이 하는 짓거리도 제법 자세하게 보여주셨다. 다니엘을 직접 인용해서 이 "작은 뿔"이 행할 짓거리를 보자: "…그 후에 또 하나가 일어나리니 그는 먼저 있던 자들과 다르고 또 세 왕을 복종시킬 것이며, 그가 장차 지극히 높으신 이를 말로 대적하며, 또 지극히 높으신 이의 성도를 괴롭게 할 것이며, 그가 또 때와 법을 고치고자 할 것이며, 성도들은 그의 손에 붙인 바 되어 한 때와 두 때와 반 때를 지내리라" (7:24-25).

이 말씀에 의하면, "작은 뿔"은 네 가지 못된 짓거리를 할 것인데, 첫째는 세 왕을 복종시킬 것이며, 둘째는 지극히 높으신 이, 곧 하나님을 말로 대적할 것이며, 셋째는 하나님의 성도를 괴롭게 할 것이며, 넷째는 하나님의 때와 법을 바꿀 것이다. 이런 악행은 평범한 인간이 할 수 있는 일은 아니다. 어떻게 한 인간이 하나님을 대적하며, 하나님의 백성인 유대인들을 괴롭게 할 수 있단 말인가?

　"작은 뿔"의 횡포는 거기에서 끝나지 않는다. 8장에 기록된 "작은 뿔"의 행위를 보자. "그 중 한 뿔에서 또 작은 뿔 하나가 나서…영화로운 땅을 향하여 심히 커지더니 그것이 하늘 군대에 미칠 만큼 커져서 그 군대와 별들 중의 몇을 땅에 떨어뜨리고 그것들을 짓밟고, 또 스스로 높아져서 군대의 주재를 대적하며, 그에게 매일 드리는 제사를 없애 버렸고, 그의 성소를 헐었으며, … 또 진리를 땅에 던지며 자의로 행하여 형통하였더라 (8:9–12).

　"작은 뿔"이 행한 짓거리는 영화로운 땅 곧 예루살렘을 짓밟고 그 지도자들을 죽였다. 그뿐 아니라 이 "작은 뿔"은 군대의 주재, 곧 하나님을 대적하는데, 구체적으로 하나님의 백성이 하나님에게 매일 드리는 제사를 금한다. 물론 제사를 드리는 장소, 곧 성소를 헐어버린다. 성소는 한편 하나님의 임재를 뜻하며, 또 한편 유다가 하나님의 백성이라는 사실을 알려주는 상징물이다. 그리고 하나님의 진리를 땅에 던져버린다.

　위의 7장과 8장에서 묘사된 "작은 뿔"의 짓거리를 보면, 그는 단순한 인간이 아니라 적그리스도이다. 다시 말해서, 세상의 마지막 때에 나타나서 한편 세상을 통치하며, 또 한편 하나님을 대적하며 하나님의 백성을 괴롭힐 적그리스도이다. 그에 대한 바울의 설명을 보자: "그는 대적하는 자라 신이라고 불리는 모든 것과 숭배함을 받는 것에 대항하여, 그 위에 자기를 높이고 하나님의 성전에 앉아 자기를 하나님이라고 내세우느니라" (살후 2:4).

　지금까지 보여주신 이 "작은 뿔"의 악행도 엄청난데 다니엘은 거기에서 중단하지 않는다. 이 "작은 뿔"의 횡포를 더 보자. "예순두 이레 후에 기름 부음을 받은 자가 끊어져 없어질 것이며, 장차 한 왕의 백성이 와서 그 성읍과 성소를 무너뜨리려니와 그의 마지막은 홍수에 휩쓸림 같을 것이며 또 끝까지 전쟁이 있으리니 황폐할 것이 작정되었느니라" (9:26). 장차 나타날 왕은 곧 "작은 뿔"이다. 그는 예루살렘과 거기에 있는 성소를 무너뜨릴 것이다.

이 예언에 중요한 내용이 들어있는데, 곧 "기름 부음을 받은 자가 끊어져 없어질 것이라"는 사실이다. 두말할 필요도 없이 기름 부음을 받은 자는 예수 그리스도이시다. 그분이 "끊어져 없어진다"는 것은 십자가에서 죽으실 것을 가리킨다. 그런데 중요한 것은 그분의 죽음도 이 "작은 뿔"과 연루되어 있다는 것이다. 실제로 그분을 십자가에 죽게끔 넘겨준 작자는 가룟 유다인데, 그에게 사탄, 곧 적그리스도가 들어가서 한 행위였다 (요 13:26-27).

이 "작은 뿔," 곧 적그리스도에 대한 다니엘의 예언은 계속된다: "그가 장차 많은 사람들과 더불어 한 이레 동안의 언약을 굳게 맺고, 그가 그 이레의 절반에 제사와 예물을 금지할 것이며, 또 포악하여 가증한 것이 날개를 의지하여 설 것이며 또 이미 정한 종말까지 진노가 황폐하게 하는 자에게 쏟아지리라…" (9:27). 마지막 때에 적그리스도는 유대인들과 7년간의 평화조약을 맺을 것이다. 그러나 그 절반, 곧 3년 6개월 후 그 조약을 깬다.

유대인들은 그 7년 동안 말할 수 없는 고통과 괴로움을 당할 것이다. 특히 그 7년 중 후기 3년 6개월간 그들이 감내해야 될 핍박, 고문, 투옥, 죽음 등은 인간의 말과 글로는 다 묘사할 수 없다. 그들이 당할 고통에 대하여는 구약성경 중 레위기 26장에서, 그리고 신약성경에서는 요한계시록에서 찾을 수 있다. 특히 요한계시록 6장, 8장, 16장에서 묘사된 인印 심판, 나팔 심판, 대접 심판은 사람이 가늠할 수 없을 정도이다.

그러면, 왜 하나님은 그분이 선택하신 유다를 그토록 무서운 고통을 통과하게 하시는가? 유대인들의 죄 때문이다. 이미 언급된 대로, 유대인은 세 가지 죄를 범함으로 하나님을 배반했다. 그 세 가지 죄는 우상숭배와 안식일 파괴와 성적 타락이었다. 이런 죄들은 하나님의 성민으로서는 결코 가당치 않은 것들이었다. 하나님은 그들을 애굽에서 건져내셨을 뿐 아니라, 젖과 꿀이 흐르는 가나안 땅을 선물로 주셨다.

그뿐 아니라, 그들에게 하나님은 율법도 주셨고, 하나님을 언제라도 만날 수 있는 성소도 주셨다. 유다가 하나님의 법을 따랐을 때, 하나님은 그들을 축복하셔서 부강한 나라로 만들어주셨다. 그런데 바로 그들이 하나님을 등지고 우상을 섬기다니 있을 수 없는 일이었다. 하나님의 백성의 표징인 안식일을 깨뜨리다니 있을 수 없는 일이었다 (출 31:13). 정결하게 살아야 될 그들이 동물처럼 성적으로 타락하다니 있을 수 없는 일이었다.

그런데, 유다를 충동하여 죄를 범하게 한 작자가 있었는데, 그가 바로 사탄, 곧 적그리스도였다. 사탄은 아담과 하와가 불순종할 때도 개입하였다. 사탄은 욥이 말할 수 없는 시험을 받을 때도 역시 개입하였다. 사탄은 하나님의 백성을 다스리는 다윗에게도 개입하여 수만 명이 죽게 하였다 (대상 21:1, 14). 사탄은 유다에게도 개입했는데, 그가 세상에 하나님을 전하는 "제사장 나라"로 쓰임 받기를 원하지 않았기 때문이었다.

물론 유대인들이 자의적으로 범죄하였지만, 그 배후에는 이와 같은 사탄의 모략이 숨겨져 있었던 것이다. 하나님은 아담과 욥과 다윗을 다루듯이 유다를 다루셨다. 유다는 하나님의 심판을 받고 바벨론에 의하여 멸망되었다. 그 멸망 중에 하나님이 다니엘에게 보여주신 환상이 바로 종말에 생길 유다의 결말結末이다. 궁극적으로 유다는 회복될 것이며, 또 반드시 회복되어야 한다. 왜냐하면 하나님이 그들을 선택하신 목적 때문이다.

하나님의 목적은 유다가 세상을 위하여 "제사장 나라"가 되는 것이다 (출 19:6). 제사장 나라는 그들이 하나님을 이 세상에 전파해야 하는 사명을 가진 나라를 뜻한다. 그런데 그들은 그 사명을 수행하기는커녕 오히려 세상 사람들을 개나 돼지처럼 대했다. 뿐만 아니라, 스스로 교만해져서 우상을 섬기며, 안식일을 깨뜨리며, 성적으로 더러워졌다. 나중에는 한 발 더 나아가서, 세상의 구주이신 예수 그리스도를 십자가에 못 박게 하였다.

유다가 바벨론에 의하여 멸망당한 것은 너무나 당연한 일이었다. 그뿐 아니라, 그들이 마지막 때 큰 환난을 당할 것도 너무나 당연한 일이다. 오히려 7년이란 짧은 기간 동안만 환난을 감내堪耐해야 되는 것은 진노 중에서도 그들에게 부어주신 하나님의 은총이다. 하나님의 은총은 짧은 기간의 환난만이 아니다. 그 환난의 극치는 아마겟돈 전쟁에서 완전한 패배를 당한 유대인들의 낮아짐이다. 그들의 교만은 마침내 꺾일 것이기 때문이다.

그들의 교만이 그처럼 철저하게 깨어지자 하나님은 그들에게 회개의 영을 부어주실 것이다. 그에 대한 예언의 말씀을 읽어보자: "내가 다윗의 집과 예루살렘 주민에게 은총과 간구하는 심령을 부어 주리니, 그들이 그 찌른 바 그를 바라보고 그를 위하여 애통하기를 독자를 위하여 애통하듯 하며 그를 위하여 통곡하기를 장자를 위하여 통곡하듯 하리로다"(슥 12:10). "그 찌른 바 그"는 그들이 언젠가 십자가에 내어준 예수 그리스도이시다.

마침내 유대인들이 회개하면서 예수 그리스도를 그들의 메시야로 받아들이자, 하나님은 두 가지 역사를 이루신다. 첫째는 유다로 하여금 하나님을 떠나가게 하면서 괴롭히던 사탄, 곧 적그리스도를 심판하신다. 다른 말로 표현하면, 유다의 구원과 적그리스도의 심판은 동시적인 사건이며, 또 서로 연관된 사건이다. 하나님은 사탄을 무저갱으로 보내실 것이다. 다시는 하나님을 대적하지 못하며 하나님의 성도를 괴롭히지 못할 것이다.

그런 심판에 대한 사도 요한의 예언을 직접 들어보자: "또 내가 보매 천사가 무저갱의 열쇠와 큰 쇠사슬을 그의 손에 가지고 하늘로부터 내려와서 용을 잡으니 곧 옛 뱀이요 마귀요 사탄이라 잡아서 천 년 동안 결박하여, 무저갱에 던져 넣어 잠그고 그 위에 인봉하여 천 년이 차도록 다시는 만국을 미혹하지 못하게 하였는데, 그 후에는 반드시 잠깐 놓이리라"(계 20:1-3). 이런 것이 다니엘이 예언한 대로 "작은 뿔"의 운명이다.

다니엘의 예언을 다시 보자: "그러나 심판이 시작되면 그는 권세를 빼앗기고 완전히 멸망할 것이요, 나라와 권세와 온 천하 나라들의 위세가 지극히 높으신 이의 거룩한 백성에게 붙인 바 되리니, 그의 나라는 영원한 나라이라. 모든 권세 있는 자들이 다 그를 섬기며 복종하리라" (단 7:26-27). 그렇다! 하나님은 한편 "작은 뿔"을 심판하시고, 또 한편 그렇게 오랫 동안 "작은 뿔"에 의하여 괴롭힘을 당하던 유다를 해방시키신다.

그것이 바로 유대인들이 회개하자 하나님이 그들을 위하여 하신 둘째 역사이다. 그들의 나라는 영원한 나라이다. 그런데 "작은 뿔"이 누구에게 심판을 받을지도 하나님은 다니엘에게 보여주신 바 있었다. 그분은 다니엘 2장에서 보여주신 "손대지 아니한 돌"이며 (2:45), 7장에서 보여주신 "인자 같은 이"이신데, 곧 예수 그리스도이시다. 그분이 7년 큰 환난이 끝나자 세상에 다시 오셔서 유다를 회복시키실 것이기 때문이다.

다니엘의 예언을 다시 보자: "내가 또 밤 환상 중에 보니 인자 같은 이가 하늘 구름을 타고 와서 옛적부터 항상 계신 이에게 나아가 그 앞으로 인도되매, 그에게 권세와 영광과 나라를 주고 모든 백성과 나라들과 다른 언어를 말하는 모든 자들이 그를 섬기게 하였으니, 그의 권세는 소멸되지 아니하는 영원한 권세요 그의 나라는 멸망하지 아니할 것이니라" (7:13-14). 얼마나 놀라운 예언이며, 또 얼마나 놀라운 성취인가!

그 나라가 바로 천년왕국이다. 다시 사도 요한의 예언을 보자, "또 내가 보좌들을 보니 거기에 앉은 자들이 있어 심판하는 권세를 받았더라. 또 내가 보니 예수를 증언함과 하나님의 말씀 때문에 목 베임을 당한 자들의 영혼들과 또 짐승과 그의 우상에게 경배하지 아니하고 그들의 이마와 손에 그의 표를 받지 아니한 자들이 살아서 그리스도와 더불어 천 년 동안 왕 노릇 하니" (계 20:4). 다니엘의 예언과 사도 요한의 예언은 조금도 다르지 않다!

이렇게 천년왕국이 시작되면 완전히 회복된 유다는 세계 방방곡곡을 찾아다니면서 그들을 "작은 뿔," 곧 적그리스도에게서 해방시키고, 죄의 사슬을 끊어주신 하나님을 증언할 것이다. 그뿐 아니라, 그들을 위하여 십자가에서 죽으셨다가 부활하신 그들의 메시야이며 세상의 구주이신 예수 그리스도를 전파할 것이다. 하나님이 일찍이 그들과 세우신 언약을 마침내 이루시게 되는 영광의 역사가 될 것이다 (출 19:4-6).

이런 제사장의 모습이 유다의 결말이다. 동시에 이런 평화의 나라가 세상의 결말이다. 이런 장엄한 구속의 역사와 결말을 하나님으로부터 환상을 통하여 받은 다니엘은 과연 놀라운 선지자이다. 영원한 나라를 일구기 위하여 잠깐이지만 느부갓네살도 사용하시고, 그리고 "작은 뿔"도 사용하셨다는 사실을 하나님은 다니엘에게 보여주셨다. 다니엘은 참으로 역설적인 인생을 산 대선지자이다!

# 참고도서

Barne, Albert. *Barne's Notes on the Old Testament: Daniel*. Grand Rapids, MI: Baker Book House, 1981.

Baxter, J. Sidlow. *Explore the Book*, 제7쇄. Grand Rapids, MI: Zondervan Publishing House, 1972.

Benson, Joseph. *Benson's Commentary on the Old Testament*. New York, NY: T. Carlton & J. Porter, 1854.

Boice, James Montgomery. *Daniel: An Expositional Commentary*. Grand Rapids, MI: Baker Books, 1989.

Goldingay, John E. *Daniel. 30 Word Biblical Commentary*. Dallas, TX: Word Books, Publisher, 1989.

LaHaye, Tim. 편집. *Tim LaHaye's Prophecy Bible*. Grand Rapids, MI: AMG Publishers, 2000.

Lugt, Herb Vander. *The Daniel Papers: Daniel's Prophecy of 70 Weeks*. Grand Rapids, MI: RBC Ministries, 2009.

Russell, D. S. *Daniel: The Daily Study Bible*. Philadelphia, PA: The Westminster Press, 1981.

Towner, W. Sibley. *Daniel: Interpretation: A Bible Commentary for Teaching and Preaching*. Atlanta, GA: John Knox Press, 1984.

배정훈. 『정경해석 방법으로 바라본 다니엘서 연구』. 대전: 대전신학대학교, 2004.

석원태. 『다니엘서 강해』. 서울: 도서출판 경향문화사, 1986.

이동원. 『이렇게 종말을 대비하라: 다니엘서 강해설교』. 서울: 도서출판 나침반사, 1992.

칼빈, 존. 『다니엘』 『구약성경주석 24』. 서울: 성서교재간행사, 1982.

홍성철. 『불타는 전도자 존 웨슬리』., 제8쇄. 서울: 도서출판 세복, 2013.

_____. 『주님의 지상명령: 성경적 의미와 적용』, 제2쇄. 서울: 도서출판 세복, 2006.

_____. 『회개하라! 천국이 가까이 왔느니라』. 서울: 도서출판 세복, 2016.

_____. 『기독교의 8가지 핵심진리』, 제2쇄. 서울: 도서출판 세복, 2015.